JN434731

개정판

E LABOR

체크포인트 근로감독 대응실무

김복수·정호영 공저

근로감독에 대한
제대로 된 준비 방법

"임시방편, 이벤트식 대처로는
절대로 문제를 해결할 수 없다"

※ 체크리스트 – 체크포인트 – 법령/행정해석/판례
– 위반사례 및 해결방안 – 실무 적용점

인사노무
담당자의
필독서

중앙경제

체크포인트
근로감독대응실무

◦ **초 판 발 행** 2020년 6월 10일
◦ **개정판발행** 2023년 5월 2일

◦ **지 은 이** 김 복 수 · 정 호 영
◦ **펴 낸 이** 김 남 진
◦ **펴 낸 곳** 중앙경제
◦ **내지디자인** 이 지 훈
◦ **표지디자인** 최 가 영

◦ **주 소** 서울시 중구 다산로11길 19(신당동 355-8)
백석빌딩 신관 4층
◦ **전 화** 02)2231-7293
◦ **팩 스** 02)2235-5344
◦ **홈 페 이 지** www.elabor.co.kr
◦ **출 판 등 록** 80.6.21 제2-66호

◦ **I S B N** 978-89-7017-593-3 (93330)
◦ **정 가** 45,000원

• 이 책은 저작권법에 따라 보호받는 저작물이므로 무단전재와 복제를 금지하며, 이 책 내용의 전부 또는 일부를 이용하려면 반드시 저작권자와 중앙경제의 서면 동의를 받아야 합니다.

• 잘못된 책은 교환하여 드리며, 글쓴이와 협의에 의하여 인지를 생략합니다.

체크포인트

근로감독대응실무

김 복 수 · 정 호 영 공저

중앙경제

Micha 6 : 8

He has shown you, O mortal, what is good. And what does the LORD require of you?
To act justly and to love mercy and to walk humbly with your God.

근로감독대응실무 개정판을 내면서

체크포인트 근로감독 대응실무 초판을 출판한지도 벌써 3년여 가량의 시간이 흘렀다. 초판을 출간할 당시 COVID-19 확산이 막 시작된 때이고, 수 개월 정도면 잦아들 것이라는 기대가 컸었다. 그런데 햇수로는 4년 만으로 거의 3년에 걸친 시간이 흐르게 될 줄은 꿈에도 생각하지 못했다.

그 사이 전국 시·도지사·기초지방자치단체장 선거와 대통령선거라는 두 번의 큰 선거가 있었고, 노동관계법령도 상당수 개편이 일어났다. 물론 고용노동정책도 뚜렷한 변화가 있는 것 같다. 4차 산업혁명과 ICT로 일컬어지는 융합의 시대에 향후 노동법제는 또 어떠한 변화가 있을지 기대와 두려움이 공존한다.

COVID-19가 기승을 부리는 사이 고용노동부의 근로감독도 많이 위축되었던 듯 하다. 고용노동부 노사누리 통계를 살펴보니 2020년 5,740건으로 예년 평균에 비해 거의 4분의 1정도로 줄었고, 2021년에야 11,191건으로 예년의 50% 수준을 회복한 것으로 확인되었다.

저자들은 교육기관에서 근로감독과 관련한 강의를 연간 수차례 하고 있는데, 강의현장에서 수강생이 COVID-19 상황 이전보다 확연히 줄어들었던 것도 느낄 수 있었다. 근로감독 횟수가 줄어든 만큼 기업의 노무관리 우선 순위에서 근로감독이 후순위로 밀려난 것이 아닌가 하는 생각도 들었다. 하지만 이제 위드 코로나 상황으로 본격적으로 진입하는 등 상황과 여건의 변화로 근로감독도 다시 활성화되지 않을까 생각한다.

하지만 초판 머리글에서 말씀드렸듯이 평소에 노무관리를 잘해오셨다면 그렇게 걱

정할 이유는 없다고 할 것이다. 일상적인 건강관리를 열심히 하신 분이라면 편안하게 건강검진을 받으실 수 있는 것처럼 말이다. 이 책의 발간 목적도 근로감독을 일회성으로 잘 받기 위한 도깨비 방망이가 아닌 평소에 노무관리를 건강하게 점검하고, 개선할 수 있는 툴(Tool)로써 사용되기를 바라는 마음이었다. 개정판에서도 이러한 저희의 초심이 잘 유지되고, 독자 분들도 이러한 관점에서 잘 활용하실 수 있기를 기대한다.

이번 개정판에서는 초판 이후 새롭게 개정된 노동관계법령을 수정 반영하였고, 일부 사족과 같은 부분을 간략히 정리하였다. 또한 늘 새 책이 출간되면 보이는 오・탈자 등도 최선을 다하여 수정 보완하였다.

이 책이 나오기까지 많은 분들의 도움을 받았다. 먼저, 이 책의 초판 출간 당시 아이디어와 제안을 주신 중앙경제 김남진 대표님과 개정판 출간을 물심양면으로 도와주신 김태윤 상무님, 그리고 촉박한 시간에도 정성스럽게 편집과 디자인을 위해 애써주신 이지훈 과장님께도 감사를 전한다.

그리고 노무법인 예담HR컨설팅에서 원팀(One-Team)이 되어 일하고 있는 장내석 노무사님, 강민석 노무사님, 이은정 프로, 이민주 프로에게도 감사의 말을 전한다. 특히 강민석 노무사는 개정법과 오・탈자, 최신 판례/행정해석을 본인의 책처럼 꼼꼼히 챙겨주어 너무나 큰 도움을 주었는데, 앞으로 공인노무사와 컨설턴트로서 큰 그릇이 될 것을 확신한다.

마지막으로 저자들의 사랑하고 또 사랑하는 가족들에게 고마움을 전한다. 사랑하는 아내 보연과 딸 민서(저자 김복수의 가족) 그리고 사랑하는 아내 은정과 아들 이건(저자 정호영의 가족)의 변함없는 기도와 지지는 늘 엄청난 에너지를 공급해 준다.

이 개정판을 통하여 대한민국의 많은 회사가 건강하게 성장하고, 구성원이 행복해 질 수 있는 일터가 되기를 진심으로 소망한다.

2023. 4.

노무법인 예담HR컨설팅

저자 ***김복수・정호영*** *드림*

근로감독대응실무를 출간하면서

요즘은 건강관리에 대한 관심이 높아져 많은 분들이 정기적인 건강검진을 통해서 본인의 건강상태와 식습관, 운동습관 등을 체크하고 있다. 그리고 검진 후 치료가 필요하거나 습관의 개선이 필요한 부분을 찾아내어 보다 건강하고 아름다운 삶을 오래 유지하기 위하여 즉, 건강관리를 잘 하기 위하여 노력한다. 하지만 만약 어떤 사람이 평소에 건강관리는 제대로 하지 않고 마음대로 살다가 건강검진을 며칠 앞두고 부랴부랴 병원을 찾아 건강검진결과만 아무 문제없이 잘나오는 방법을 알려달라고 한다면 이 사람이 과연 건강관리를 잘하고 있다고 말할 수 있을까?

가끔 회원사 사장님이나 인사담당자로부터 매우 다급한 전화가 걸려오는 것을 받게 되는 경우가 있다. 회사가 근로감독 대상 사업장으로 선정되었다는 공문을 받았다고 말하면서 본인의 회사가 왜 하필 근로감독 대상이 되었는지, 도대체 무엇을, 어떻게 준비해야하는지 등 연이은 질문들을 쏟아낸다. 평소에 인사노무관리를 잘 해오던 회사나, 그렇지 않은 회사 모두 당황해하는 기색이 역력하다.(당연히 인사노무관리에 거의 신경을 쓰지 않는 회사가 더욱 당황해 하는 것이 일반적이기는 하다.) 어떻게든 피하고 싶은 그것과 조우한 느낌이랄까? 그리고 내심 이런 전화통화 속에는 필자들에게 자문노무사로서 짧은 기간 내에 근로감독에 대비한 슈퍼히어로의 모습을 보여 달라는 기대, 아무런 문제없이 이번만 잘 넘어가게만 해주었으면 하는 그런 기대가 포함되어 있음을 직감한다.

필자들은 고용노동부의 근로감독이 회사에 주는 부담(시정명령이나 처벌 등)을 너무나 잘 알기에 그 분들의 반응이 별로 과하지는 않다고 생각한다. 하지만 다른 한편으로는 근로감독을 단순 이벤트성 '때우기 식' 행사로 접근하여 "회사가 우연히 근로감독 대상으로 선정되었는데, 어떻게든 문제만 생기지 않도록 잘 넘어가자."는 수준을 넘어서지 못하고 있는 점 또한 너무나 안타깝다. 하지만 이러한 단편적 대응방식은 앞서 말한 것처럼 종합건강검진을 앞두고 있으신 분이 평소에 건강관리는 거의 하지 않다가 검진을 며칠 앞두고 검진결과가 잘 나오는 노하우만 묻는 것과 다를 바가 없다고 생각한다. 이러한 방식으로는 근본적인 회사의 건강관리가 이루어지기는 매우 어렵기 때문이다.

회사(조직)는 살아 움직이는 유기체로서 생명력이 넘쳐야 한다. 그 생명력을 관리하는 것이 회사(조직)의 건강관리라고 할 수 있으며, 회사(조직)의 건강관리 요소 중 인사노무관리영역과 관련하여 중요한 한 축을 차지하고 있는 것이 바로 노무관리의 건강성이라고 할 수 있다. 이러한 노무관리의 건강성은 인사관리와 조직관리, 노사관계 관리의 건강성에도 큰 영향을 미치게 된다. 따라서 노무관리는 노동관계법령의 준수여부의 확인과 개선을 통하여 평소에 적극적으로 이루어져야 한다. 그리고 이처럼 평소에 이루어진 회사 노무관리의 건강성을 공식적으로 평가하는 제도가 바로 '근로감독'이라 할 수 있다.

필자들은 바로 이러한 관점을 유지하면서 이 책을 쓰기로 결정하였다. 단순히 일시적인 근로감독에 대응하는 단편적 방안을 내놓기보다는 회사가 일상적으로 노무관리의 건강성을 회복할 수 있는 근본적인 대안을 '근로감독'이라는 이정표(里程標)를 통해서 찾을 수 있도록 접근한 것이다. 이를 통해 회사 노무관리의 건강성이 회복되고, 인사노무관리 영역 전반의 질적 수준이 향상되는데 조력하여 회사가 건강한 유기체로서 살아 움직이는데 도움이 될 수 있기를 원한다.

이러한 관점을 견지하면서 정리한 이 책의 특징은 다음의 3가지 정도로 요약할 수 있다.

첫 번째, 근로감독제도에 대한 구체적인 이해와 접근을 통하여 많은 사람들이 갖고 있는 근로감독에 대한 막연한 두려움을 해소하고, 회사의 CEO나 인사담당자 등 누구나 쉽게 근로감독제도를 이해할 수 있도록 하였다.

두 번째, 이 책을 읽는 독자들이 근로감독을 위한 진단 체크리스트를 통하여 회사의 노무관리 핵심사항을 진단하고 그 현상을 구체적으로 확인 할 수 있도록 하였다.

세 번째, 주제별 체크포인트와 관계법령과 행정해석 및 판례, 위반사례 및 해결 방안 그리고 전반적인 실무 적용점까지 제시하여 회사 노무관리의 건강성을 실질적으로 확보할 수 있도록 하였다.

이 책이 나오기까지 많은 분들의 노고와 배려가 있었다. 2018년 초 근로감독과 관련하여 좋은 아이디어는 물론 서적 출간까지 제안해주신 ㈜중앙경제 김남진 대표님께 감사의 말씀을 전한다. 그리고 출판의 시작과 마무리 과정에서 수고해주신 김태윤 상무님, 또한 이 책의 편집과 디자인을 위해 물심양면으로 노력해준 이지훈 대리께도 진심으로 감사하다.

무엇보다 노무법인 예담에서 동거동락(同居同樂)하고 있는 장내석 노무사님, 이은정 과장님, 이민주 대리님에게도 감사함을 표시하고 싶다. 늘 책을 출간할 때마다 밝혔지만 노무법인 예담 가족들의 헌신과 노력 없이는 이 책이 나올 수 없었을 것이라 확신한다.

마지막으로 저자들의 사랑하는 가족들에게 고마움을 전한다. 사랑하는 아내 보연과 딸 민서(저자 김복수의 가족) 그리고 사랑하는 아내 은정과 아들 이건(저자 정호영의 가족)의 기도와 지지는 보이지 않는 곳에서 늘 큰 힘이 된다.

아무쪼록 이 책을 통해 회사의 건강한 성장과 구성원의 행복 증진에 조금이나마 기여할 수 있기를 간절히 소망한다.

2020. 5.

노무법인 예담

저자 ***김복수·정호영*** *드림*

이 책의 차례

제4장 근로시간 관련 체크포인트

제5장 휴식 관련 체크포인트

제6장 임금 관련 체크포인트

제7장 모성보호 등 관련 체크포인트

제8장 취업규칙 및 퇴직 관련 체크포인트

제9장 비정규직 등 관련 체크포인트

제10장 노사협의회 관련 체크포인트

제11장 노동관계법 위반 신고 등 형사절차 체크포인트

第12장 근로감독 사전 진단 체크리스트

第13장 근로감독 참고자료

제1장

개 관

1. 근로감독대응실무를 시작하며
2. 근로감독이란 무엇인가?
3. 이 책을 쓴 이유
4. 이 책의 구성과 기대효과

제1장 개 관

1. 근로감독대응실무를 시작하며

근로감독은 '어렵다' '까다롭다' '번거롭다' '힘들다' '두렵다'

사업을 운영하거나 회사에서 인사노무 담당자로 일하면서 근로감독을 경험해 본 사람이라면 누구나 고백하는 단어들이다. 그리고 사업장이 속한 고용노동부의 관할 지청으로부터 근로감독과 관련한 공문이나 연락을 받았을 때 이를 두 팔 벌려 환영하는 회사는 거의 본적이 없다. 이러한 두려움의 원인은 여러 가지가 있겠지만, 세 가지 정도로 나눠서 생각해 볼 수 있다.

먼저, 근로감독이 무엇인지 잘 모른다는 것이다. 회사로서는 어떤 기관에서 담당하며, 누가 근로감독을 나오는지, 근로감독 대상은 무엇이며, 근로감독 시행절차가 어떻게 되는지, 법 위반 사항이 나오면 어떤 처벌을 받게 되는지 너무 막연하게 느껴진다.

두 번째는 가장 근본적인 문제일 수 있으나 회사가 회사의 노무관리 상황을 스스로 객관적이고 정확하게 파악하지 못하고 있다는 것이다. 여전히 많은 회사가 회사 노무관리의 허점과 법 위반 문제가 있는지 여부에 대해 깊이 검토해보거나 진단을 받아 본 경험이 없다. 이 부분에 있어서 노무관리의 전문성이 상대적으로 높은 대기업은 사정이 그나마 조금 낫다고 볼 수 있지만, 중소기업은 정말 열악한 상황이다.

마지막으로는 적극적이며 예방적 관리의 관점에서 노무관리를 접근하는 경우가 거의 없다는 점이다. 대기업은 그나마 자체인력으로 또는 공인노무사 등 전문가의 도움을 받아 근로감독에 대비하는 경우가 대부분이지만, 상당수의 중소기업은 비용적인 문제, 인력부족, 노무관리의 전문성 부족 등을 이유로 아직도 이러한 예방적 관점의 접근은 엄두를 못내는 실정이다.

2. 근로감독이란 무엇인가?

그렇다면 많은 이들이 막연하게 거부감을 나타내고 두려움을 가지는 근로감독을 노동관계법령은 어떻게 정의하고 있는가? 근로감독관 집무규정 제11조에서 그 정의를 다음과 같이 규정하고 있다.

관계법령

[근로감독관 집무규정]

제11조 【**사업장 근로감독의 정의**】 사업장 근로감독(이하 "사업장 감독"이라 한다)이란 감독관이 근로조건의 기준을 확보하기 위하여 사업장, 그 밖의 부속건물에 임검하여 노동관계법령 위반 여부를 점검하고 법 위반사항을 시정하도록 하거나 행정처분 또는 사법처리하는 일련의 과정을 말한다.

해당 조문을 보면 근로감독의 표면적인 목적이 기업의 노동관계법령 위반 여부를 적발하여 시정조치를 내리거나 관계법령에 근거한 처벌 등 조치를 취하는 것에 있음을 알 수 있다. 그리고 이러한 점 때문에 근로감독이라고 하면 시정조치, 처벌이라는 단어가 먼저 떠오르는 것을 부정할 수는 없다.

하지만 근로감독의 목적을 단순히 위반사항에 대하여 시정조치와 처벌조치를 취하는 것에만 있다고 생각한다면 보다 더 중요한 목적을 놓치게 된다. 즉, 국가가 엄청난 인력과 비용을 들여 사업장의 근로감독을 실시하는 것은 그저 시정조치를 내리거나 처벌조치를 취하는 것을 넘어서서 이를 통하여 궁극적으로 사용자와 근로자 모두 노동관계법령을 잘 이해하고, 이를 준수하도록 하여 기업의 건강한 성장과 근로자의 보호를 동시에 도모하려는 것에 본연의 목적이 있음을 간과해서는 안 될 것이다.

이러한 측면에서 이제부터라도 우리 기업들이 근로감독을 바라보는 관점을 변화시키는 것이 우선 필요하다. 지금까지는 많은 경우 기업이 근로감독을 법 위반에 대한 지적과 질책 등 문제가 발생하는 관점에서 접근하다보니 올바른 노동관계법령의 이해와 인사노무 현황의 객관적인 진단 및 개선의 기회로 삼지 못했던 것이 사실이다.

3. 이 책을 쓴 이유

세상에는 100% 완벽한 노무관리를 할 수 있는 기업은 없으며, 어느 기업이나 크고 작은 노동관계법 상 문제를 지니고 있다. 실제로 고용노동부의 e-고용노동지표[1]에서 발표하고 있는 자료에 따르면 2021년의 경우 11,191개 사업체에 대한 근로감독이 실시되었고, 그 중 무려 86.8%에 해당하는 9,711개 사업체에서 법 위반 사항이 발견되었다. 그리고 법 위반 사업체 당 3.8개 정도의 법 위반 건수가 적발된 것을 확인할 수 있으며, 2016년 이후 적발률은 평균 80%를 훌쩍 넘기고 있으며, 적발건수도 3건 이상으로 점점 증가하고 있다.

[참고] 연도별 위반업체당 적발건수, 적발률

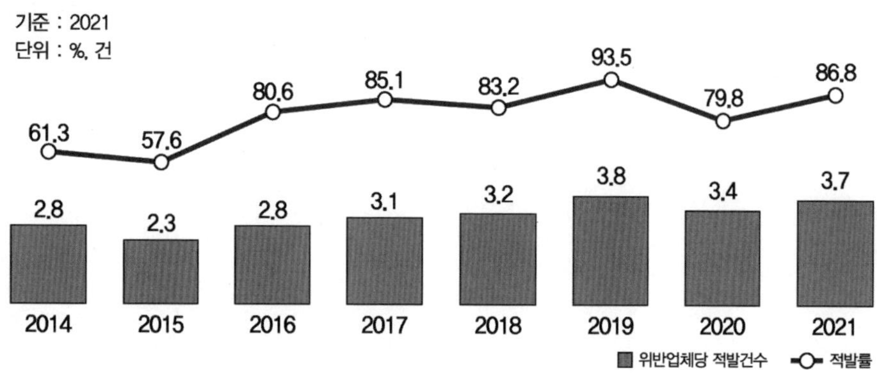

※ 출처 : 고용노동부 노사누리

이것이 우리의 현실이다. 하지만 인건비 증가 문제, 업무관행 등 현실적인 어려움을 이유로 문제를 알고 있으면서도 섣불리 개선하지 못하는 경우가 더 많다는 것이다. 그러다보니 근로감독에 대한 막연한 두려움과 공포심은 더 커지고, 근로감독이 나온다는 공문을 받고나서야 이벤트성 근로감독 대응 수준의 업무처리를 하고, 또 다시 기존의 노무관리 방식으로 돌아가는 악순환을 반복하고 있다.

1) 고용노동부 e-고용노동지표 홈페이지(https://eboard.moel.go.kr)

그러나 필자는 기업들이 이 책을 통하여 근로감독을 건강한 노무관리 변화의 계기로 삼을 것을 권하고 싶다. 평소 노무관리를 수행하는 과정에서 정기적으로 근로감독에 대비한 주요 포인트를 점검하고, 수정하는 것이 일상화 되어야 한다. 그리고 평소에 다소 부족한 점이 있었다고 하더라도 근로감독을 계기로 회사의 노동관계법 위반 문제를 수면 위에 올려두고 적극적으로 개선방안을 논의함으로써 보다 건강한 노무관리를 시행할 수 있는 기회로 활용할 수 있으면 좋겠다. 이와 같은 접근을 통해 기업은 근로감독을 보다 더 생산적이고 긍정적인 관점에서 이해하고 예방적 관점에서 회사 성장의 기회로 바라볼 수 있을 것이다.

4. 이 책의 구성과 기대효과

이 책은 근로감독과 근로감독관 등 근로감독제도 체계의 기본적인 이해를 바탕으로, 일반근로감독 중심의 근로계약체결, 근로시간, 휴식, 임금, 모성보호, 취업규칙, 퇴직, 비정규직, 노사협의회 각 부분에 걸친 근로감독 체크포인트를 짚어보고 관련법령 및 행정해석, 판례를 통하여 위반여부를 직접 진단할 수 있도록 하면서도 근로감독 시 가장 많이 발생하는 사례와 해결방안, 실무 적용점을 함께 이해하도록 하였다.

이 책을 통해 독자 여러분들 얻기를 원하는 것은 다음의 세 가지이다.

첫 번째, 근로감독에 대한 체계적인 정보를 얻음으로써 근로감독을 생각할 때 함께 떠오르는 뿌연 안개가 걷혀 근로감독에 대한 막연한 두려움이 사라지기를 기대한다.

두 번째, 이 책의 각 파트에서 제공하는 체크리스트를 점검해봄으로써 회사 노무관리의 현황을 구체적으로 진단해보고, 노무관리 문제점과 원인에 대한 해결책을 제대로 고민할 수 있는 기회가 될 것이라 생각한다.

세 번째, 일상적인 노무관리의 중요성을 다시 한 번 이해하여 안정적인 노무관리 정착의 계기를 마련하고, 회사의 건강한 성장과 구성원의 행복을 도모할 수 있기를 기대한다.

제2장
근로감독제도의 이해

1. 근로감독제도와 그 변화 모습
2. 근로감독 분야와 법적 규율기준
3. 근로감독관 집무규정의 이해
4. 근로감독관의 이해
5. 근로감독의 이해

제2장 근로감독제도의 이해

1. 근로감독제도와 그 변화 모습

현재의 근로감독제도를 제대로 이해하기 위해서는 언제 근로감독제도가 도입되었고, 근로감독제도가 도입되고 난 이후 어떤 제도적 변화가 있었는지 살펴보는 것이 필요하다고 생각하며, 간단하게나마 그 제도의 변화모습을 살펴보고 가장 최근의 근로감독에 대한 정책적 변화내용까지 함께 이해하여 보도록 한다.

우리나라는 1953년 근로기준법의 제정과 함께 최초의 근로감독제도를 도입하였으며, 이후 1957년 6월 근로감독 사무촉탁이 각 시・도에 주재하여 근로감독사무를 담당하도록 하였다.

그리고 근로감독제도의 실질적인 정착을 위하여 1961년 「근로감독관규정」(국무원령 제205호)이 공포되면서 본격적인 근로감독 행정업무가 시작되었으며, 같은 해 6월 25일 특별사법경찰관의 지위를 갖는 근로감독관 55명이 각 시・도에 배치되면서 근로감독 행정업무의 활성화가 시작되었다. 1965년에는 비로소 「근로감독관 집무규정」을 제정하여 직무집행의 기준을 구체화하면서 근로감독관의 직무(사업장 감독, 신고사건처리, 법령질의 처리, 사법경찰관의 직무, 인허가 및 승인사무, 취업규칙 등의 심사, 노동동향 파악 및 노사분규 예방 등)을 명확히 수립하였다. 또한 1987년 근로기준법 개정으로 사업장 특별감독제도를 도입하여 기존의 정기감독 및 수시감독체계에 변화를 주면서 문제가 많은 사업장에 대한 감독이 강화될 수 있도록 하였다.

1991년 유엔가입과 함께 ILO의 자동회원국이 된 의미있는 한 해로, 1992년 2월 10개의 국제노동기준을 비준하였는데 그 중 제81호 근로감독협약도 포함하여 비준하게 되었다. 1995년에는 규제완화와 기업의 자율개선 유도차원에서 정기감독을 유보하고 문제발생 사업장을 중심으로 하는 특별감독을 실시하도록 하였다.

2000년부터는 관점의 변화가 많이 일어나면서 예방점검 기능이 도입되어 2007년까지는 예방 점검 위주의 근로감독이 시행되었다. 무엇보다 2003년부터는 '사업장 감독 종합시행계획'이 수립 및 시행되어 근로감독이 보다 계획적이며 체계화되었고, 취약계층(비정규직 및 외국인 등) 및 취약분야(최저임금 및 근로시간)를 중심으로 감독업무를 진행하도록 하였다.

2007년에는 감독의 종류를 예방점검, 정기감독, 특별감독, 수시감독으로 개념을 재정립되었다. 특히 2008년에는 자율점검(사업주가 스스로 근로조건을 점검) 및 감독청원제(신고감독의 일종)가 도입되어 자율을 중시하면서도 근로자의 권익을 더욱 보장할 수 있게 되었다. 이러한 정책의 연장선에서 2009년에는 정기감독의 일환으로 근로조건 자율점검을 확대하여 실시하였으며, 2010년 자율개선 지원사업이 정기감독으로부터 분리되어 노무관리지도의 일환으로 독립하게 되었다.

2012년에는 정기감독의 비중을 줄이고, 기획형 수시 및 특별감독의 감독체계를 강화하는 한편, 2013년에는 각 지역의 특성을 고려한 특별감독 및 기획형 수시감독을 시행하였고, 2014년에는 정기감독을 수시감독체제로 전환하였다. 그리고 2018년에는 사법경찰직무법을 개정하여 '고용보험수사관'제도를 도입하고 고용보험법 등 부정수급에 관한 사무에 종사하는 공무원에게 사법경찰권을 부여하여 전문성을 확보할 수 있도록 하였다.

근로감독제도는 사업장 감독의 범위가 점차 확대되면서 불법파견, 임금체불, 부당노동행위, 사내하도급, 취약계층 노동인권 감독, 차별시정 등 다양한 분야까지 확대되었으며, 적발과 처벌 보다는 스스로 점검하고 개선할 수 있는 기회를 부여하고, 실질적인 근로자의 권익향상에 기여할 수 있는 방향으로 변화되어 왔다.

[참고] 근로감독제도의 변화 모습

- **1953년** 근로기준법 제정 및 근로감독관제 도입
- **1961년** 근로감독관 규정 제정 **1965년** 근로감독관 집무규정 제정
- **1987년** 특별감독 규정 신설
- **2000년** 예방점검 도입
- **2003년** 사업장 감독 종합 시행계획 수립·시행
- **2007년** 근로감독 종류 제정립 (정기, 수시, 특별)
- **2008년** 감독청원제·자율 개선지원제 시행
- **2013년** 지역 고려 기획형 수시·특별 감독 시행
- **2018년** 고용보험수사관 도입

※ 자료 : 김근주·박은정·전형배, 「근로감독제도의 정책적 개선방안」, 한국노동연구원, 2018.4, 18p 인용

고용노동부는 최근 들어 임금체불·근로시간 위반 등 노동관계법 수사 및 근로감독 과정에서 디지털 증거 분석을 활용하고 있음을 알리고 있다.

[참고] 연도별 디지털 증거 분석 실적

연도	계	근로시간 위반	임금체불	불법파견	부당노동행위	부정수급	기타
2017년	245	101	17	30	30	3	63
2018년	251	41	41	23	43	30	73
2019년 6월	418	139	78	28	28	37	108

디지털 증거 분석(Digital Forensic)이란 컴퓨터 · 스마트폰 · 폐쇄회로 텔레비전(CCTV) 등의 디지털 자료에 대해 위변조 탐지, 삭제자료 복원, 문서분석 등을 통해 증거를 찾는 과학수사 기법으로 명칭은 혈흔 · 지문 등을 통해 범인을 찾는 포렌식(Forensic)에서 유래됐다고 한다.

최근 기업에서 인사노무 관리를 컴퓨터 등으로 처리하는 것이 보편화되면서 장부나 종이문서에 의존하는 기존의 근로감독 방식에 대한 한계가 있었고, 디지털 자료의 특성상 쉽게 위조나 삭제가 가능해 사업주가 고의적으로 증거를 은폐할 경우 노동관계법 위반의 범죄 혐의 입증이 어려운 상황이었다.

고용노동부는 휴대폰, 컴퓨터, 사내 서버 등에 대한 증거 분석을 통해 법 위반 확인과 사건 해결에 큰 기여를 하고 있다고 평가하고 있다.

기업들이 과거에는 출력된 문서 등으로만 근로감독을 받는 것에 익숙해져 있어 급하게 형식적으로 서류를 만드는 등 임기응변식 대처만하면 된다고 생각하는 경향이 강하였으나 디지털 증거 분석이 강화되면서 평상 시 인사노무관리를 적법하게 잘 관리하는 것이 더 중요해졌음을 인식하여야 하겠다.

[참고] 디지털 증거 분석 유형별 주요 사례

증거물 유형	사건 개요	증거분석 사례
휴대폰	• (임금체불) 출퇴근 기록이 없는 상황에서 연장·야간·휴일 근로수당 미지급으로 진정을 제기	• 진정인과 피진정인과의 카카오톡, 문자메시지 대화내용을 분석하여 연장근로 사실을 확인하여 체불임금 산정
	• (불법파견) 병원시설 보수공사를 위탁한 병원에서 하청업체 보수공사 인부들을 관리·감독한 사건	• 병원(원청)에서 단체 카톡방을 이용해 하청 노동자의 출퇴근시간, 연장근로 관리 및 업무를 직접 지시한 내용을 확인하여 불법파견 확인
컴퓨터	• (부당노동행위) 회사 임원이 노동조합 운영에 지배·개입한 사건수사과정에서 정황만 있을 뿐 관련 증거자료 확보에 애로	• 회사 임원의 지시로 인사담당자가 노조동향문서(노조원인사·성향, 노조관리방안 등)를 작성한 후 삭제하였으나, 압수수색을 통하여 문서를 복구하여 지배개입 사실을 확인
	• (증거인멸) 감독과정에서 임금을 과소 지급한 사실이 의심되었으나, 재무담당 컴퓨터가 포맷되어 체불임금 확인이 불가능	• 포맷된 재무담당자의 컴퓨터 저장 장치(하드디스크)를 복구하여, 임금체불 사실 확인
사내 서버	• (임산부 연장근로) 임산부 노동자에게 연장근로를 시켰으나, 사업주는 임신한 사실을 몰랐다고 항변	• 사내 쪽지창(메신저) 대화를 분석하여 인사담당자가 여성노동자의 임신 사실을 사전에 인지한 사실을 확인하고, 출퇴근 기록을 분석하여 연장·휴일근로 확인
	• (공짜노동) 병원 업종의 만연한 연장·야간·휴일근로 확인이 필요하나 출퇴근 기록이 없고 다양한 교대근무형태로 근로시간 산정에 애로	• 자체 개발한 근로시간 분석 프로그램을 활용, 1년간의 진료기록 1억2천만 건을 분석하여 노동자별 근로시간 분석·확인
이동식 저장매체 (USB)	• (불법파견) 도급계약을 체결한 제조회사에서 협력업체 직원에게 생산공정 배치 및 직접적인 업무지시를 하는 정황은 있으나 증거가 없는 상황	• 압수수색을 통하여 원청 관리자의 이동식 저장매체(USB)에 저장된 20만 건의 문서를 분석하여 불법파견 사실 확인
금융 계좌	• (횡령) 임금지급을 회피하기 위해 사업주 가족명의 계좌로 법인자금을 유용·횡령한 정황	• 자체개발한 금융계좌 분석 프로그램을 활용하여 총 32개의 피의자, 가족명의계좌, 법인계좌를 분석 → 상호 이체내역, 인출내역, 자금이동 시점을 자동 분석하여 법인 자금 횡령사실 확인
통신 영장	• (사업주 잠적) 임금체불 후 잠적한 사업주의 소재를 파악이 불가하여 사건처리가 지연	• 통신영장으로 피의자의 6개월 동안 휴대폰 사용기록을 입수하여 통화/문자메시지를 분석하여 근거지를 파악하여 체포

2. 근로감독 분야와 법적 규율기준

근로감독제도는 헌법, 근로기준법, 최저임금법 등 노동관계법제가 명시하고 있는 근로자의 권리와 근로조건이 실제 사업장에서 제대로 보장 및 이행되고 있는지의 여부를 관리하고 감독하는 고용노동부의 행정이라고 할 수 있다.[2] 전체적으로 근로감독제도의 유형은 크게 근로감독분야에 따라 (일반)근로감독, 산업안전보건 근로감독, 선원근로감독, 고용보험수사로 나눌 수 있다.

[참고] 근로감독분야별 법적 규율기준

<table>
<tr><th></th><th>(일반)
근로감독</th><th>산업안전보건
근로감독</th><th>선원
근로감독</th><th>고용보험
수사</th></tr>
<tr><td rowspan="2">법령</td><td colspan="3">근로기준법</td><td rowspan="2">고용보험법,
근로자직업
능력개발법</td></tr>
<tr><td></td><td>산업안전
보건법, 진폐법</td><td>선원법</td></tr>
<tr><td>대통령령</td><td colspan="2">근로감독관규정</td><td>선원
근로감독관
규정</td><td></td></tr>
<tr><td>훈령</td><td>근로감독관
집무규정
(고용노동부
훈령)</td><td>근로감독관
집무규정(산업
안전보건)(고용
노동부훈령)</td><td>선원근로
감독관
집무규정
(해양수산부
훈령)</td><td>고용보험수사
관집무규정
(고용노동부
훈령)</td></tr>
</table>

※ 자료 : 김근주 · 박은정 · 전형배, 「근로감독제도의 정책적 개선방안」, 한국노동연구원, 2018.4, 25p 수정 인용

2) 김진 외(2017), 「근로감독관 집무규정 분석」, 2017년 국회사무처 정책연구 과제보고서, p3 ; 김근주 · 박은정 · 전형배, 「근로감독제도의 정책적 개선방안」, 한국노동연구원, 2018.4, 25p 재인용

그리고 근로감독제도를 법적으로 규율하는 근거는 기본적으로 헌법 제32조 제3항(근로조건 법정주의)를 근간으로 하여 법률 상 근로기준법 제11장(근로감독관 등)에 법적 근거를 두고 있으나, 근로감독분야에 따라 산업안전보건법, 진폐법, 선원법, 고용보험법, 국민 평생 직업능력 개발법 등을 추가적인 법적 근거로 본다.

또한 실제적인 근로감독행정을 위해서 근로감독관규정(대통령령) 또는 선원근로감독관규정(대통령령) 등에 따라 근로감독관을 임명하며, 이에 따라 직무배치를 받은 근로감독관의 직무집행을 위하여 근로감독관 집무규정(고용노동부 훈령), 근로감독과 집무규정(산업안전보건)(고용노동부 훈령), 선원근로감독관 집무규정(해양수산부 훈령), 고용보험수사관 집무규정(고용노동부 훈령)이 마련되어 있다.

3. 근로감독관 집무규정의 이해

일반근로감독을 중심으로 살펴보면, 근로감독관 집무규정은 근로감독관의 직무 집행에 필요한 사항을 규정해 놓은 것으로 쉽게 말해 근로감독관이 업무를 처리하는 기준이라고 볼 수 있다. 동 규정에는 근로감독관의 직무와 집무자세, 직무교육 및 집무절차 등에 관한 세부 내용이 규정되어 있어 근로감독을 이해하는 핵심이 된다.

전체적으로 제1장 총칙, 제2장 사업장 지도감독, 제3장 신고사건 처리, 제4장 사법경찰관의 업무, 제5장 일반 행정사무 등 총 5장으로 구성되어 있고, 구체적인 조치기준과 관련서식 등이 별표 형태로 함께 첨부되어 있다.

그 성격은 고용노동부의 훈령으로써 1965년 7월 12일 제정된 이후 수십 차례 개정되었고(최근 개정, 훈령 제374호, 2021.10.25. 시행), 고용노동부 본부 및 지방고용노동관서에서 근로기준법 기타 노동관계법령의 집행 및 특별사법경찰관 업무를 수행하는 근로감독관에게 적용한다.

회사의 인사담당자가 근로감독을 제대로 이해하려면 기본적으로 근로감독관집무규정을 잘 이해하는 것이 필요하다. 바로 이 집무규정이 근로감독관이 업무를 집행하고 처리하는 기준과 근거가 되기 때문이다.

4. 근로감독관의 이해

1) 개요

근로감독관은 근로조건의 기준을 확보하기 위하여 고용노동부와 그 소속 기관에서 배치되어 근로감독 등 업무를 수행하는 공무원을 의미하며, 노동관계법에 대한 신고사건 처리 및 근로감독 · 지도 등을 수행한다.[3] 당연직 근로감독관[4]과 임명직 근로감독관[5]으로 구성된다. 임명과 배치는 근로감독관규정(대통령령)에 따르며, 직무집행은 근로감독관 집무규정(훈령)에 따른다.

2) 근로감독관의 권한

① 임검 · 자료제출요구, 심문, 검진(근로기준법 제102조 제1항)

근로감독관의 직무와 관련하여 먼저 근로감독관은 사업장, 기숙사, 그 밖의 부속 건물에 임검(臨檢)하고 장부와 서류의 제출을 요구할 수 있으며 사용자와 근로자에 대하여 심문(尋問)할 수 있다.

② 보고 · 출석요구권(근로기준법 제13조)

근로감독관은 사용자와 근로자에 대하여 보고 또는 출석요구를 할 수 있으며, 사용자와 근로자는 이에 응하여야 한다.

---

3) 고용노동부는 근로감독관 인원을 2021년 7월말 현재 2,742명으로 발표하고 있음.

4) 일정 직위에 임용되는 날부터 임명되는 일반직공무원을 말함.(근로감독관규정 제2조) 근로감독업무를 수행하는 부서(본부 · 지방관서)에 소속된 3~7급 공무원을 당연직 근로감독관으로 임명함.

5) 특별한 사유가 있어 임명절차를 거치는 공무원을 말함.(근로감독관규정 제3조) 8~9급 공무원 중 검찰청 검사장 지명을 받은 자(사법경찰리 자격부여)

③ 사법경찰관의 직무집행권(근로기준법 제102조 제5항 등)

근로기준법 제102조 제5항에서는 “근로감독관은 이 법이나 그 밖의 노동관계 법령 위반의 죄에 관하여 「사법경찰관리의 직무를 행할 자와 그 직무범위에 관한 법률」에서 정하는 바에 따라 사법경찰관의 직무를 수행한다.”라고 규정하고 있으며, 이에 따라 근로감독관은 그의 관할 구역 안에서 발생하는 근로기준법 기타 노동관계법령 위반의 죄에 관하여 사법경찰관의 직무를 행하며, 근로기준법 기타 노동관계 법령 위반 사건에 대한 수사를 전담한다.

관계법령

[근로감독관의 수사대상 법령(16개 법률)]

사법경찰관리의 직무를 행할 자와 그 직무범위에 관한 법률 제6조의2 【근로감독관등】

① 「근로기준법」에 따른 근로감독관은 그의 관할 구역에서 발생하는 다음 각 호의 법률에 규정된 범죄에 관하여 사법경찰관의 직무를 수행한다.

1. 근로기준법
2. 최저임금법
3. 남녀고용평등과 일·가정 양립 지원에 관한 법률
4. 임금채권보장법
5. 산업안전보건법
6. 진폐의 예방과 진폐근로자의 보호
7. 노동조합 및 노동관계조정법
8. 교원의 노동조합 설립 및 운영등에 관한 법률
9. 근로자 참여 및 협력증진에 관한 법률
10. 근로자복지기본법
11. 건설근로자의 고용개선 등에 관한 법률
12. 파견근로자 보호 등에 관한 법률
13. 근로자퇴직급여 보장법
14. 공무원의 노동조합 설립 및 운영 등에 관한 법률
15. 기간제 및 단시간 근로자 보호 등에 관한 법률
16. 고용상 연령차별금지 및 고령자고용촉진에 관한 법률

따라서 회사는 근로감독을 받게 되는 경우 근로감독관을 일반 행정공무원이 아닌 노동관계법령 영역에서 수사권을 가진 특별사법경찰관으로 인식하는 것이 필요하며, 근로감독관의 세부 직무내용은 근로감독관 집무규정에서 상세하게 규정하고 있다.

관계법령

[근로감독관 집무규정] (훈령 제374호, 2021.10.25. 시행)

제2조(근로감독관의 직무) ① 근로감독관(이하 "감독관"이라 한다)은 다음 각 호의 직무를 수행한다.〈개정 2009.3.20〉

1. 노동관계법령과 그 하위규정의 집행을 위한 다음 각 목의 업무
   가. 제11조에 따른 사업장 근로감독
   나. 제33조에 따른 신고사건의 접수 및 처리
   다. 각종 인·허가 및 승인
   라. 취업규칙 등 각종 신고의 접수·심사 및 처리
   마. 과태료 부과
2. 노동관계법령 위반의 죄에 대한 수사 등 사법경찰관의 직무
3. 노동조합의 설립·운영 등과 관련한 업무
4. 노사협의회의 설치·운영 등과 관련한 업무
5. 노동동향의 파악, 노사분규 및 집단체불의 예방과 그 수습지도에 관한 업무
6. 「근로복지기본법」에 따른 우리사주조합의 설립·운영 및 사내근로복지기금의 설립·운영 등과 관련한 업무〈개정 2011.12.23〉
7. 〈삭제 2011.12.23〉
8. 「건설근로자의 고용개선 등에 관한 법률」에 따른 건설근로자퇴직공제사업의 운영 등과 관련한 업무
9. 「파견근로자 보호 등에 관한 법률」(이하 '파견법'이라 한다)에 따른 파견사업의 적정한 운영과 파견근로자의 근로조건 보호·차별시정 등과 관련한 업무〈개정 2012.7.31〉
10. 「근로자퇴직급여 보장법」에 따른 퇴직급여제도의 설정 및 운영에 관한 업무
11. 「남녀고용평등과 일·가정 양립 지원에 관한 법률」에 따른 고용에서의 남녀평등, 성별에 따른 근로조건 차별 시정 등과 관련한 업무〈신설 2019.8.30〉
12. 「기간제 및 단시간근로자 보호 등에 관한 법률」(이하 "기간제법"이라 한다)에 따른 기간제 및 단시간근로자의 근로조건 보호·차별시정 등과 관련한 업무〈개정 2012.7.31〉

13. 「고용상 연령차별금지 및 고령자고용촉진에 관한 법률」 제1장의2(고용상연령차별금지)의 적용과 위반사항 조치에 관한 업무
14. 「임금채권보장법」에 따른 근로자의 임금채권보장에 관한 업무〈개정 2016.3.8.〉
15. 그 밖에 노동관계법령의 운영과 관련하여 고용노동부장관(이하 "장관"이라 한다)이 지시하는 업무

3) 근로감독관의 의무

근로기준법 제103조에서는 "근로감독관은 직무상 알게 된 비밀을 엄수하여야 한다. 근로감독관을 그만 둔 경우에도 또한 같다."라고 규정하여 엄격한 비밀유지의 의무를 부여하고 있으며, 근로기준법 제114조에 따라 이를 위반 시 500만원 이하의 벌금에 처해질 수 있다. 또한 근로기준법 제108조에 따르면 근로감독관이 이 법을 위반한 사실을 고의로 묵과하면 3년 이하의 징역 또는 5년 이하의 자격정지에 처할 수 있도록 하고 있다.

5. 근로감독의 이해

1) 근로감독의 정의

사업장 근로감독이란 근로감독관이 근로조건의 기준을 확보하기 위하여 사업장, 기숙사 그 밖의 부속건물에 임검하여 노동관계법령 위반 여부를 점검하고 법 위반사항을 시정하도록 하거나 이러한 시정에 응하지 않은 사용자에 대하여 행정처분 또는 사법처리하는 일련의 과정을 말한다.(근로감독관 집무규정 제11조)

직접적으로는 노동관계법령 위반사항을 적발하고 시정조치 등 법적 조치를 취함을 목적으로 하면서도, 사용자와 근로자가 노동관계법령을 제대로 이해하고 이를 준수할 수 있도록 돕는 것이 궁극적 목적이라고 이해할 수 있다.

근로감독과 관련한 규정은 근로기준법 제11장과 근로감독관 집무규정 제2장 제1절 제11조~제23조에 구체적으로 규정되어 있다.

2) 사업장 지도감독과 사업장 근로감독

근로감독관 집무규정 상 제2장 사업장 지도감독은 제1절 사업장 근로감독과 제2절 사업장 노무관리지도, 제3절 체불임금 청산지도, 제4절 노동동향 파악 및 노사분규 예방으로 구성되어 있다. 일반적으로 근로감독이라고 하면 사업장 지도감독 중 제1절의 사업장 근로감독을 의미한다. 다만, 노무관리에 대한 지도 및 지원, 예방적 기능을 강조하는 관점에서 제2절의 사업장 노무관리지도까지 포함하여 이해하는 것이 좋다. 근로조건 자율개선사업 개선과 노무관리 지도 신설 등이 제2절에 근거하고 있는 것이다.

근로감독관 집무규정 제24조 내지 제25조에 따르면 근로조건과 기업복지제도 등의 준수여부를 스스로 점검하여 위반사항을 자율적으로 개선하고 지도, 교육할 수 있는 노무관리지도가 가능하다. 최근 「근로감독행정 종합개선방안」에서 신설하였다고 언급한 노무관리 지도는 집무규정에는 원래부터 명문화되어있었으나 사실상 사문화되어 있던 것을 맞춤형 예방 지도 관점에서 신설하여 운영하게 된 것으로 이해할 수 있다.

특히 근로감독관 집무규정 제25조의 근로조건 자율개선은 소규모 기업 등 취약 사업장을 중심으로 이루어지며(공인노무사회 또는 각종 사업주단체가 업무지원), 근로감독은 아니지만 이와 유사한 효과를 얻을 수 있다. 다만, 필요한 경우 근로조건 자율개선 사업장에 대하여 사업장 근로감독을 실시할 수 있으며, 최근 「근로감독행정 종합개선방안」에서 컨설팅과 상담을 강화하고 근로감독과 연계성을 강화하는 개선안을 발표하였다.

그리고 근로감독관 집무규정 제27조에 따르면 근로감독관은 임금체불이 발생한 경우에는 신속히 청산될 수 있도록 체불임금 발생보고 및 청산지도를 하도록 하고 있으며, 금품청산을 지도하였으나 청산이 어려운 경우 형사처벌 절차를 진행하게 된다. 또한 근로감독관 집무규정 제29조 내지 제32조에 따르면 근로감독관은 노동시장 및 노사관계의 동향 파악, 임금·단체교섭지도, 노사분규 예방 및 수습지도, 공무원·교원 노사관계 지원 업무를 수행하게 된다.

이 책에서는 근로감독관 집무규정 상 사업장 지도감독 중 사업장 근로감독을 중심으로 하여 설명하게 된다.

3) 사업장 근로감독의 이해

근로감독 집무규정 제12조에서는 사업장 근로감독을 정기감독, 수시감독, 특별감독 등 3가지로 구분하고 있으며, 아래의 표와 같이 세부적으로 나누어 볼 수 있다.

[참고] 사업장 근로감독의 세부 유형

구분	정기감독	수시감독	특별감독
1. 근거	근로감독집무규정 제12조 제1호	근로감독집무규정 제12조 제2호	근로감독집무규정 제12조 제3호
2. 개념	사업장근로감독종합(세부)시행계획에 따라 실시하는 근로감독	사업장근로감동종합(세부)시행계획이 확정된 이후 정기감독계획에 반영하지 못한 사항에 대하여 별도의 계획을 수립하여 실시하는 근로감독	노사분규, 상습체불, 불법파견 등 문제 사업장의 노동관계법령 위반사실을 수사하기 위해 실시하는 근로감독
3. 시행 시기	매년 시행	수시 시행	특정사유 발생한 경우 시행
4. 감독 범위	• 노동관계법령 관련 사항 전반에 걸쳐 종합적으로 실시함을 원칙으로 하되, 감독종합계획에서 그 범위를 따로 정하거나 사업장 감독 목적에 따라 달리 정할 수 있음 • 사업장감독 과정에서 해당 사업장과 도급계약 또는 근로자파견계약 등의 관계에 있는 사업장에서 노동관계법령 위반 사실이 있다고 판단되는 경우에는 해당 도급업체·수급업체·근로자파견업체·파견근로자 사용업체 등에 대해서도 사업장 감독을 실시할 수 있음 • 정기감독 및 수시감독은 실시일 이전 1년간 해당 사업장에서 이루어진 노동관계법령 관련사항. 단, 특별감독은 실시일 이전 3년간 해당 사업장에서 이루어진 노동관계법령 관련사항 • 기간제법 제8조와 파견법 제21조 제1항 위반에 대한 사업장 감독은 실시일 이전 6개월 동안 해당 사업장에서 이루어진 노동관계법령 관련사항을 대상으로 함		
5. 사후 조치	• 시정지시 이행 시 행정종결, 불이행 시 사법처리 또는 행정처분 특별감독, 최근 3년간 동일사항 위반, 자율점검결과 허위보고, 고의 또는 중과실로 사회적 물의를 야기한 경우는 시정기회 부여 없이 사법처리 또는 행정처분 • 사업장 근로감독 결과 확인된 위법사항에 대하여는 위반사항 조치기준에 따라 처리하며, 시정기한을 부여하는 경우도 있으나, 즉시범죄인지 또는 과태료 부과하는 경우도 있음		

※ 자료 : 김근주·박은정·전형배, 「근로감독제도의 정책적 개선방안」, 한국노동연구원, 2018.4, 33p 수정인용

첫 번째, 정기감독이란 고용노동부 사업장 근로감독 종합시행계획에 따라 실시하는 근로감독을 말한다.

두 번째, 수시감독이란 정기감독 계획에 반영하지 못한 사항 중 다음 어느 하나에 해당하는 사업장 또는 업종을 대상으로 별도의 계획을 수립하여 실시하는 근로감독을 말한다.

- 동향, 제보, 언론보도 등을 통하여 노동관계법령 위반 가능성이 있다고 판단되는 사업장
- 근로감독 청원 등이 접수되어 사업장 감독이 필요하다고 인정되는 사업장[6)]
- 제3장에 따른 신고사건을 처리하는 과정에서 해당 사업장의 다수의 근로자에 대한 노동관계법령 위반의 가능성이 있다고 판단되는 사업장
- 상기 어느 하나의 사유에 해당하거나 그에 준하는 사유가 있는 사업장 또는 업종에 대하여 본부에서 수시감독 계획을 시달한 경우

세 번째, 특별감독이란 다음 어느 하나에 해당하는 사업장에 대하여 노동관계법령 위반사실을 수사하기 위해 실시하는 근로감독을 말한다.

- 노동관계법령 · 단체협약 · 취업규칙 및 근로계약 등을 위반하는 중대한 행위로 인하여 노사분규가 발생하였거나 발생 우려가 큰 사업장
- 임금 등 금품을 지급기일 내에 지급하지 아니하여 다수인 관련 민원이 발생하거나 상습체불 등으로 사회적 물의를 일으킨 사업장
- 불법파견 또는 기간제 · 단시간 · 파견근로자에 대한 차별적 처우 등으로 사회적 물의를 일으킨 사업장
- 폭언, 폭행, 직장 내 성희롱, 괴롭힘 등 근로자에 대한 부당한 대우로 사회적 물의를 일으킨 사업장

---

6) 또한 근로감독관 집무규정 상에는 존재하지 않으나, 본인이 일하는 곳에서 임금, 근로시간 등 근로조건에 관한 사항이 열악(본인은 물론 동료 근로자가 법상의 근로기준을 확보하지 못함)하여 고용노동부에 전반적인 근로조건 준수여부에 대한 근로감독을 신청하는 제도인 '근로감독청원제(Inspection Please)'도 시행하고 있다. 근로감독청원제의 근거는 청원법 제10조이며, 청원대상은 근로감독관 집무규정 제2조 제1항 제1호 '가'목의 '사업장 근로감독 업무'이다. 근로자 개인 또는 노동조합이 청원권자이며, 실명으로 요청함이 원칙이나 익명도 가능하다.

• 상기 어느 하나의 사유에 해당하거나 그에 준하는 사유가 발생할 우려가 있는 사업장에 대하여 본부에서 특별감독계획을 시달한 경우

최근 고용노동부는 앞서 살펴본 근로감독행정 종합개선방안을 통하여 교육 · 홍보, 근로조건 자율개선, 노무관리지도, 근로감독(정기감독)의 체계적인 연계를 통해 근로감독행정의 실효성을 제고하고 있으며, 수시 · 특별감독을 전략적으로 시행하여 정기감독과 차별화를 두면서도 효과성을 향상시키려는 노력을 기울이고 있다. 무엇보다 빅 데이터 분석에 근거하여 근로감독대상을 선정하고, 디지털 증거 분석을 활성화하여 정보 분석에 기반한 근로감독을 강화함으로서 필요한 사업장을 중심으로 사업장을 선정하고 있다는 점을 이해하고, 사업장 근로감독의 방향을 제대로 알아 둘 필요가 있다.

[참고] 최근 근로감독 등 현황[7]

(단위 : 개소)

구분	2016년	2017년	2018년	2019년	2020년	2021년
근로감독	21,347	21,512	26,082	25,415	5,740	11,191

[참고] 연도별 사업장감독 실시업체수, 적발업체수

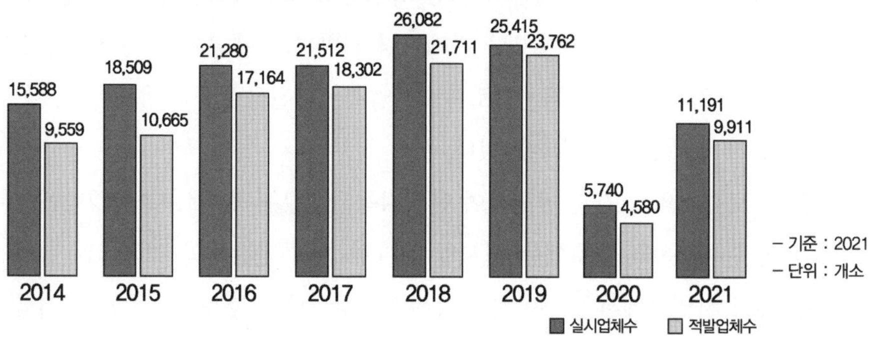

※ 출처 : 고용노동부 노사누리

7) 고용노동부 e-고용노동지표 인용(http://eboard.moel.go.kr/indicator/detail?menu_idx=48)

[참고] 주요사항별 사업장감독 적발건수

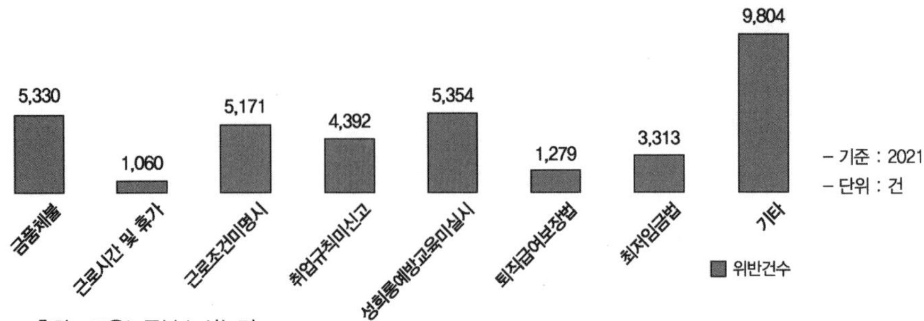

※ 출처 : 고용노동부 노사누리

4) 사업장 근로감독의 범위

근로감독관 집무규정 제14조 및 제14조의2 에서는 사업장 근로감독의 범위를 규정하고 있다.

먼저, 사업장 근로감독의 범위와 관련하여 근로감독관 집무규정 제14조 제1항 및 제3항에서는 노동관계법령 관련 사항 전반에 걸쳐 종합적으로 실시함을 원칙으로 한다. 다만, 감독종합계획에서 그 범위를 따로 정하거나 사업장감독의 목적에 따라 달리 정할 수 있다.

그리고 사업장 근로감독 과정에서 해당 사업장과 도급계약 또는 근로자파견계약 등의 관계에 있는 사업장에서 노동관계법령 위반 사실이 있다고 판단되는 경우에는 해당 도급업체·수급업체·근로자파견업체·파견근로자 사용업체 등에 대해서도 사업장 감독을 실시할 수 있다.

사업장 근로감독의 기간과 관련하여 근로감독관 집무규정 제14조 제2항에서는 정기감독과 수시감독의 경우에는 실시일 전 1년간, 특별감독의 경우에는 실시일 전 3년간 해당 사업장에서 이루어진 노동관계법령 위반사항을 대상으로 실시함을 원칙으로 한다. 다만, 노동관계법령 위반 행위가 그 이전부터 반복되거나 그 이전에 법 위반 행위가 있었다고 판단할 만한 상당한 이유가 있는 경우에는 점검 종료일 현재 공소시효가 완료되지 아니한 법 위반사항까지 감독대상을 확대할 수 있다.

특별감독 시 근로감독의 범위가 3년인 것은 특별감독은 노사분규, 임금체불, 불법파견, 직장 내 성희롱 등 큰 문제가 발생한 경우에 실시하는 근로감독이기 때문이라고 생각된다.

또한 근로감독관 집무규정 제14조의2에서는 차별 관련 사업장 근로감독의 범위를 규정하면서 기간제 및 단시간 근로자 보호 등에 관한 법률(이하 '기간제법'이라 함)과 파견근로자 보호 등에 관한 법률(이하 '파견법'이라 함) 상 차별에 대한 사업장 감독은 실시일 전 6개월 동안 해당 사업장에서 이루어진 노동관계법령 위반사항을 대상으로 실시함을 원칙으로 하고 있다. 다만, 계속되는 차별적 처우에 대해서는 감독 실시일 현재 그 차별적 처우가 종료된 날부터 6개월이 지나지 않은 경우 점검 종료일 현재 관계 근로자 권리의 소멸시효가 완료되지 아니한 법 위반사항을 대상으로 한다.

5) 정기감독 대상의 면제

근로감독관 집무규정 제15조에서는 3년 간 정기감독 대상에서 제외하는 사유를 규정하고 있다. 기업은 면제 사유를 사전에 검토하여 정기감독 대상의 면제에 해당할 경우 근로감독관에게 면제를 요청하여야 할 것이다. 다만, 정기감독이 면제 되는 경우라도 수시감독과 특별감독 대상에는 포함될 수 있으므로 주의하여야 한다.

관계법령

[근로감독관 집무규정] (훈령 제374호, 2021.10.25. 시행)

제15조(정기감독 대상의 면제) ① 지방관서장은 다음 각 호의 어느 하나에 해당하는 사업장의 경우 그 사유가 발생한 날부터 3년간 정기감독 대상에서 제외하여야 한다.〈개정 2011.12.23〉

1. 〈삭제 2001.8.1.〉
2. 「숙련기술장려법」의 내용과 관련한 다음 각 목의 사업장〈개정 2012.7.31〉
   가. 「숙련기술장려법 시행령」 제9조에 따라 "우수 숙련기술자"로 선정된 사람이 2명 이상이거나 동법 시행령 제12조에 따라 "대한민국 명장"으로 선정된

사람이 1명 이상인 사업장 중 선정 다음 연도 1년간 자격상실자가 없는 사업장으로서 「중소기업기본법」 제2조에 따른 중소기업사업장〈개정 2013.10.15〉

나. 「숙련기술장려법 시행령」 제20조에 따라 "숙련기술 장려 모범업체"로 선정된 사업장

3. 「장애인고용촉진 및 직업재활법」 제24조에 따라 장애인 고용 우수 사업주로 선정된 사업장〈개정 2012.7.31〉
4. 노사문화 우수기업지원제도에 따라 '노사문화 우수기업 및 노사문화대상'으로 선정된 사업장 또는 「남녀고용평등과 일·가정 양립 지원에 관한 법률」 제6조에 따른 '남녀고용평등 우수기업'으로 선정된 사업장. 다만, '노사문화 우수기업 및 노사문화 대상' 선정유효기간(3년) 중에 일정한 취소요건에 해당하여 취소 결정된 경우에는 제외한다.
5. 〈삭제 2012.7.31〉
6. 대한민국 일자리 으뜸기업으로 선정된 사업장〈개정 2019.8.30〉
7. 〈삭제 2019.8.30〉
8. 인적자원개발 우수기관 인증을 받은 사업장〈신설 2013.10.15〉
9. 제12조제1호에 따른 정기감독을 받은 사업장〈신설 2013.10.15.〉
10. 근무혁신 인센티브제 참여 기업 중 우수 기업으로 선정된 사업장. 다만, 근무혁신 우수기업 유효기간 중에 취소 요건에 해당하여 취소가 결정된 경우에는 제외한다.〈신설 2019.8.30〉

6) 근로감독반의 편성 등

근로감독관 집무규정 제16조 제1항에 따르면 사업장 근로감독 시 지방노동관서장은 감독관 2명 이상을 1개조로 감독관을 편성하도록 하고 있다. 또한 필요시 정기감독과 수시감독의 경우 부서간 또는 감독관간 관할구역이 교차되도록 감독반을 편성할 수 있다.

또한 수시감독 또는 특별감독 대상 사업장이 같은 지방고용노동청 소속 2개 이상 지방관서의 관할에 걸치는 경우에는 지방청장이 감독반을 편성하거나 지방관서를 지정하여 실시할 수 있다.

7) 근로감독 통보

근로감독관 집무규정 제17조에서는 "지방관서장은 정기감독을 실시하려는 경우에 특별한 사유가 없는 한 감독일 10일 전에 해당사업장에 그 사실을 문서로 통보하여야 하며, 사업장의 요청이 있는 경우에 10일의 범위에서 감독일자를 조정할 수 있다."라고 규정하고 있다. 따라서 정기감독의 경우에는 사전에 회사에 공문을 발송하지만 수시감독과 특별감독의 경우에는 그렇지 않다는 점을 기억할 필요가 있다. 그리고 근로감독 시 가장 중요한 사항은 준비서류라고 할 수 있다. 근로감독 시 준비해야할 주요서류를 근로감독관 집무규정 〈별표2〉을 기준으로 살펴보면 다음과 같다.

관계법령

사업장감독 시 점검 확인 주요서류(근로감독관 집무규정 별표 2)[8)]

1. 근로기준법 분야
   - 취업규칙, 기숙사 규칙, 인사규정, 징계규정, 단체협약
   - 근로계약서, 근로자 명부, 출근부
   - 임금결정 · 지급방법 또는 계산의 기초에 관한 사항(임금협약, 급여규정 등)
   - 상여금 지급기준 및 지급서류(상여금지급규정 등)
   - 단시간근로자의 근로조건 관련서류
   - 임금대장(근로시간, 통상임금 산정의 적정여부 등)
   - 승급 또는 감급 관련
   - 해고 · 퇴직 관련
   - 평균임금 산정 관련
   - 경영상 이유에 의한 고용조정 관련
   - 퇴직금 지급 관련
   - 취직인허증 및 연소근로자 취업동의서
   - 산전후휴가, 시간외근로, 경미한 근로 전환 관련 등
   - 근로시간제도 관련서류(탄력적 근로시간제, 선택적 근로시간제, 근로시간계산의 특례, 근로시간 및 휴게시간의 특례 도입관련 서면합의서 등)
   - 인가 · 허가 · 승인 · 인정 관련서류(야업 · 휴일근로 인가시 법 제68조제3항에

의한 근로자대표와의 협의서류)
- 연·월차 유급휴가 적치·사용대장
- 재해보상 서류
- 사용증명서 발급 관련

2. 최저임금법 분야
- 최저임금 적용제외 인가 서류
- 최저임금사항 주지 관련 서류
- 도급으로 사업을 행하는 경우 인건비 단가 등 도급계약 관련 서류
- 감시적 또는 단속적 근로종사자에 대한 적용제외 승인서, 수습근로자의 근로계약서 등 최저임금 감액적용 관련 서류

3. 근로자퇴직급여 보장법 분야
- 퇴직급여제도의 선택·변경 관련 근로자 대표의 동의서
- 퇴직연금제도의 내용 변경 관련 근로자 대표의 의견청취자료 및 동의서
- 퇴직연금규약
- 규약에서 정한 사항의 이행 관련 서류
- 운용관리업무 및 자산관리업무의 수행 계약서
- 퇴직연금제도 가입자의 교육실시와 관련된 서류
- 규약에서 정한 사항의 이행 관련 서류(DB제도 재정 검정 관련 서류, DC제도 부담금 납입관련 서류 등)

4. 근로자 참여 및 협력증진에 관한 법률 분야
- 노사협의회 규정
- 노사협의회 회의록
- 노사협의회 설치 및 규정신고 관련
- 노사협의회 위원 구성 관련
- 정기노사협의회 개최 관련
- 고충처리위원 선임 및 처리 관련

---

8) 상기 사업장감독 시 점검 확인 주요서류는 〈별표2〉 내용 중 일부를 발췌한 것으로 주요서류 전체에 대해서는 본서 제13장의 「근로감독 참고자료」를 참고하기 바람.

8) 근로감독 실시

사업장 근로감독은 근로감독관이 사업장을 방문하여 서류의 제출을 요구하고 이를 확인하는 방식으로 이루어진다. 그리고 사업장 근로감독 결과 위법사항이 확인된 경우 감독점검표에 그 내용을 기재하고 사용자와 근로자대표의 기명날인 또는 서명을 받는 절차가 시행된다.(근로감독관 집무규정 제19조)

이 경우 근로자대표란, (i) 근로자의 과반수로 조직된 노동조합이 있는 경우에는 그 노동조합의 대표자, (ii) 근로자의 과반수로 조직된 노동조합이 없는 경우에는 근로자 대표 또는 노사협의회 근로자위원, (i), (ii)에 해당하는 자가 없는 경우에는 근로감독관이 지명하는 근로자를 말한다.

9) 근로감독결과 조치

가. 원칙

사업장 근로감독 결과 위법사항에 대해서는 근로감독관 집무규정 별표3과 별표4에 의해서 처리하는 것을 원칙으로 한다. 다만 예외적으로 특별한 사유에 해당하는 경우에는 조치기준과 무관하게 즉시 범죄인지 또는 과태료가 부과될 수 있다.(근로감독관 집무규정 제21조)

관계법령

개별근로관계법 위반사항 조치기준(근로감독관 집무규정 별표 3)

• 일반조치기준

1. 사건처리기간 범위 내에서 조치기준란에 기재된 시정기간내에 시정하도록 서면 지시하되, 기한내에 시정완료하면 내사종결하고, 기한내에 시정하지 아니하면 범죄인지 보고 후 수사에 착수한다.(행정질서벌의 경우는 과태료 부과)
2. 조치기준란의 반의사불벌 관련사항
   - 피해자가 처벌을 희망하지 아니하는 명시적인 의사표시가 있는 경우 진정사건 또는 사업장근로감독 사안은 내사종결하고 범죄인지사건, 고소・고발 사

건은 불기소의견으로 검찰 송치한다.

3. "즉시시정"의 경우 시정완료하면 내사종결하고 시정하지 아니하면 범죄인지(과태료 부과) 한다.
4. "즉시범죄인지" 또는 시정기간이 명시되지 않은 경우에는 즉시 범죄인지 보고(과태료 부과)한다.
5. 처리기간의 계산은 민원처리에 관한 법률 제19조의 처리기간의 계산에 의한다.
6. 위의 1호부터 5호까지는 별표4 「집단 노동관계법령 위반사항 조치기준」에도 준용한다.
7. 기간제법 제8조 및 파견법 제21조를 위반한 경우에는 시정기간 내에 시정하도록 서면으로 지시하되, 기한까지 시정을 완료하면 행정종결하고, 기한까지 시정하지 아니하면 별지 제51호서식의 차별적처우내용 통보서에 관련 서류 사본을 첨부하여 관할 지방노동위원회에 통보한다.

• 근로감독관 집무규정(별표3) 「근로감독 결과 위반사항 조치기준」(일부 발췌)[9]

구분	법조문	위반 사례	조치기준
근로기준법	제17조	주요 근로조건 서면 명시 및 교부의무 위반	시정기간 14일 이내 (미시정시 범죄인지)
	제36조	각종금품 미청산	시정기간 14일 이내 (미시정시 범죄인지, 반의사불벌) - 다만, 평균임금 산정 등 임금 계산상의 단순 착오로 인한 체불인 경우 시정기간 25일 이내
	제43조	임금의 체불, 부정기불, 비통화불, 간접불	시정기간 14일 이내 (미시정시 범죄인지, 반의사불벌) - 다만, 평균임금 산정 등 임금 계산상의 단순 착오로 인한 체불인 경우 시정기간 25일 이내

9) 상기 조치기준은 〈별표3〉 내용 중 일부를 발췌한 것으로 조치기준 전체에 대해서는 본서 제13장의 「근로감독 참고자료」를 참고하기 바람.

구분	법조문	위반 사례	조치기준
	제53조 제1항, 제2항, 제4항	연장근로한도 위반	시정기간 3개월 이내 (미시정시 범죄인지)
	제55조	주휴일 미부여	즉시 시정 (미시정시 범죄인지)
	제60조 제1항, 제2항, 제4항, 제5항	연차유급휴가 미부여	시정기간 25일 이내 (미시정시 범죄인지)
	제74조 제1항	출산전후휴가 90일 미부여	즉시 범죄인지 (다만, 출산지연으로 산후 45일이 안되는 경우 내사종결)
	제93조	취업규칙 미신고	시정기간 25일 이내 (미시정시 과태료)
최저임금법	제6조 제1항, 제2항	최저임금액 미달	즉시 시정 (미시정시 범죄인지) - 다만, 최근 3년 이내 최저임금액 미달로 행정지도 또는 범죄인지 한 사실이 있는 경우에는 즉시 범죄인지 보고 후 수사에 착수
남녀고용 평등과 일·가정 양립 지원에 관한 법률	제13조 제1항	직장 내 성희롱의 예방을 위한 교육 미실시	최근 1년 이내(회계년도 기준) 교육을 미실시하였을 경우 25일 이내에 교육을 실시하도록 시정지시 (미시정시 과태료) - 다만, 최근 3년 이내 2회 이상 교육을 미실시하였을 경우 즉시 과태료
	제19조 제1항	육아휴직 미부여	즉시 시정 (미시정시 범죄인지)
근로자 퇴직급여 보장법	제9조	퇴직금 미청산	시정기간 14일 이내 (미시정시 범죄인지, 반의사불벌) - 다만, 평균임금 산정 등 임금 계산상의 단순 착오로 인한 체불인 경우 시정기간 25일 이내
기간제 및 단시간근로자 보호 등에 관한 법률	제17조	근로조건의 서면명시 의무 위반	즉시 과태료

근로감독 시 조치기준은 크게 즉시 범죄인지, 즉시 과태료, 즉시 시정, 시정기간 7일 이내, 시정기간 14일 이내, 시정기간 25일 이내 등으로 구분된다. 회사가 근로감독 시 유의해야 할 사항은 바로 즉시 범죄인지와 즉시 과태료에 해당하는 위반사항이다. 즉시 범죄인지(예시 : 출산전후휴가 90일 미부여 등)에 해당하는 사항은 적발 시 범죄로 인지되어 처벌로 이어지게 되고 즉시 과태료(예시 : 기간제 근로자 등에 대한 서면명시 의무 위반 등)에 해당하는 사항은 적발 시 과태료 처분이 이루어지게 된다. 따라서 근로감독관 집무규정 상 즉시 범죄인지와 즉시 과태료에 해당하는 사항은 더욱 주의깊게 체크하는 것이 필요하다.

나. 조치기준의 예외적 적용

그리고 근로감독관 집무규정 제21조 제1항 후단에 따르면 특별한 사유에 해당하는 경우에는 일반적인 처리기준과는 무관하게 즉시 범죄인지 또는 과태료가 부과될 수 있다.

관계법령

[근로감독관 집무규정] (훈령 제374호, 2021.10.25. 시행)

제21조(감독결과 조치) ① 감독관은 사업장감독 결과 확인된 위법사항에 대하여는 별표3 및 별표4의 위반사항 조치기준에 따라 처리하되, 다음 각 호의 어느 하나에 해당하는 경우에는 즉시 범죄인지 또는 과태료 부과 조치를 하여야 한다. 다만, 본부에서 위반사항과 조치해야 할 내용 등을 고려하여 별도의 조치기준이 시달된 경우에는 이에 따른다.

1. 제12조제3호에 따른 특별감독 결과 위법사항을 확인한 경우
2. 감독실시일 기준 최근 3년간 근로감독결과 별표3 또는 별표4 조치기준의 동일한 사항을 다시 위반한 경우
3. 근로조건 자율개선 지원을 받은 사용자가 점검결과를 허위로 보고한 경우
4. 고의 또는 중과실로 주요 근로조건을 위반하여 사회적 물의를 일으켜 즉시 범죄인지 또는 과태료 부과가 필요하다고 판단되는 경우

특별한 조치기준에 해당하면 시정기간을 부여하는 시정조치가 이루어지는 경미한 경우에도 즉시 범죄인지 또는 과태료 부과가 이루어지기 때문에 매우 유의하여야 한다. 특별한 조치기준에 해당하는 사유 중 특히 주의해야 할 사항은 근로감독관 집무규정 제21조 제1항 제2호에 해당하는 '감독실시일 기준 최근 3년간 근로감독결과 별표 3 또는 별표 4 조치기준의 동일한 사항을 다시 위반한 경우'이다.

대부분의 기업이 경미한 사항에 대한 시정조치는 별 문제가 없다고 생각하는 경우가 많다. 그러나 해당 법위반 사항이 최근 3년간 동일한 사항에 대해 다시 발생한 경우에 해당한다면 즉시 범죄인지 또는 과태료 부과가 이루어질 수 있다는 점을 반드시 기억할 필요가 있다.

[참고] 사업장 상시 근로자수에 따른 노동관계법 적용 범위

[5인 미만]	[5인 이상~10인 미만]	[10인 이상~30인 미만]	[30인 이상]
			• 근로자참여 및 협력 증진에 관한 법률 (노사협의회 적용) +
		• 근로기준법 전부 적용 (취업규칙 적용) +	[10인 이상 ~ 30인 미만] 적용사항 당연 적용
	• 근로기준법 전부 적용 (단, 취업규칙 미적용) • 비정규직 차별금지 적용 +	[5인 이상 ~ 10인 미만] 적용사항 당연 적용	
• 근로기준법 일부 적용 (연장・야간・휴일 가산수당, 연차휴가, 생리휴가, 휴업수당, 근로시간, 해고의 제한 등 미적용) • 최저임금 적용 • 퇴직급여 적용	[5인 미만] 적용 사항 당연 적용		

※ 주 1) 근로기준법을 중심으로 근로감독 시 주요 점검사항에 대하여 검토한 내용임.
2) 5인 미만 사업장의 근로기준법 적용사항은 근로기준법 시행령 [별표 1]을 참고하기 바람.

제3장

근로계약체결 관련 체크포인트

1. 근로조건 서면 명시
2. 근로계약서 교부
3. 근로기준법 주요내용과 취업규칙 게시
4. 근로자명부 작성
5. 계약서류의 보존
6. 연소자 증명서
7. 금지되는 근로계약

제3장 근로계약체결 관련 체크포인트

1. 근로조건 서면 명시(근로기준법 제17조 제2항)
2. 근로계약서 교부(근로기준법 제17조 제2항)
3. 근로기준법 요지와 취업규칙 게시(근로기준법 제14조)
4. 근로자명부 작성(근로기준법 제41조)
5. 계약서류의 보존(근로기준법 제42조)
6. 연소자 증명서(근로기준법 제66조)
7. 금지되는 근로계약(근로기준법 제20조, 제21조, 제22조)

근로계약체결 관련 체크포인트는 근로감독 시 가장 기초적인 점검사항이면서도 가장 중요한 점검사항이다. 근로계약체결 관련 체크포인트의 핵심은 근로계약서 작성과 교부이다. 근로계약서가 법률적으로 문제없이 작성되었다면 근로감독의 가장 핵심적인 사항이 잘 준비되었다고 보아도 좋을 것이다. 또한 근로감독관은 근로감독 시 근로계약서를 통해서 회사의 노동법 준수 수준을 1차적으로 판단하게 된다. 본 장에서는 근로조건 서면 명시와 교부, 근로기준법 취업규칙 게시, 근로자명부 작성, 계약서류의 보전, 연소자 증명서, 금지되는 근로계약(위약예정의 금지, 전차금 상계의 금지, 강제 저금의 금지)에 대한 세부내용을 살펴보도록 한다.

1. 근로조건 서면 명시(근로기준법 제17조 제2항)

1) 체크리스트

<table>
<tr><th>구분</th><th>점검 내용</th><th>점검 결과</th><th>근로감독 결과
위반 시 조치 기준</th></tr>
<tr><td rowspan="3">근로
조건
서면
명시</td><td rowspan="3">• 근로기준법에서 정하는 근로조건을 서면으로 명시하는지 여부 〈근로기준법 제17조 제2항〉
서면명시사항
1. 임금 구성항목
2. 임금 계산방법
3. 임금 지급방법
4. 소정근로시간
5. 제55조에 따른 휴일
6. 제60조에 따른 연차유급휴가
※ 위반 시 500만원 이하 벌금</td><td>① 근로기준법에서 정하는 근로조건을 모두 서면으로 명시함</td><td rowspan="3">시정기간 14일 이내
(미시정시 범죄인지)</td></tr>
<tr><td>② 근로기준법에서 정하는 근로조건을 일부는 서면으로 명시하고 일부는 서면으로 명시하지 않음
[미명시 근로조건
(번호로 표기) :]</td></tr>
<tr><td>③ 근로기준법에서 정하는 근로조건을 모두 서면으로 명시하지 않음</td></tr>
</table>

2) 체크포인트

근로감독 시 가장 기본적인 점검사항은 근로조건의 서면명시 사항이다. 근로기준법 제17조 제2항에서는 근로계약 체결 시 임금, 소정근로시간, 제55조에 따른 휴일, 제60조에 따른 연차유급휴가를 서면으로 명시하도록 규정하고 있다. 세부적으로 살펴보면 임금의 경우 임금의 구성항목, 계산방법, 지급방법을 서면으로 명시해야 한다. 임금의 구성항목이란 기본급, 직무수당, 식대 등 지급하기로 정한 항목을 의미한다. 그리고 임금의 계산방법이란 임금을 시급으로 할 것인지, 주급이나 월급으로 할 것인지를 의미한다. 또한 임금의 지급방법이란 당월 임금을 언제 그리고 어떤 방식으로 지급할 것인지를 의미한다.

해당 조문에서 말하는 소정근로시간이란 법정기준근로시간 범위 내에서 당사자가 근무하기로 약정한 근로시간으로서 시업시간과 종업시간의 형태로 표기되며 휴게시간을 고려하여야 한다. 그리고 휴일이란 근로기준법 제55조 상 제1항의 주휴일 그리고 제2항에서 유급휴일로 정하고 있는 '관공서의 공휴일에 관한 규정 상 휴일'을 모두 포함하게 된다. 개정 전 근로기준법 제55조는 '주휴일'으로만 구성되어 있었으나, 개정 이후에는 제2항이 추가되면서 근로기준법 제17조에서 서면명시사항의 하나로 규정하고 있는 제55조의 휴일은 '주휴일'과 '관공서의 공휴일에 관한 규정 상 공휴일' 모두를 포함하게 된다. 마지막으로 근로기준법 제60조에 따른 연차유급휴가를 명시하여야 한다.

※ 근로조건의 서면명시와 관련하여서는 일반근로자(정규직과 무기계약직 ; 근로기준법 제17조)와 기간제 및 단시간근로자(비정규직 ; 기간제 및 단시간근로자의 보호 등에 관한 법률 제17조)에 대해 다르게 규정하고 있기 때문에 구분하여 살펴보는 것이 매우 중요하다. 기간제 및 단시간근로자의 서면명시에 대해서는 별도로 설명하도록 한다.

[예시] 근로계약서(일반근로자)

4. 소정근로시간 : ____시 ____분부터 ____시 ____분까지(일 ○시간, 주○시간)
5. 휴일
   - 주휴일 매주 ____요일
   - 관공서의 공휴일에 관한 규정상 공휴일
6. 임금
   - 월(일, 시간)급 : ________________원
   - 상여금 : 있음 (　　) ________________원, 없음 (　　)
   - 기타급여(제수당 등) : 있음 (　　), 없음 (　　)
     ________________원, ________________원
   - 임금지급일 : 매월(매주 또는 매일) ____일(휴일의 경우는 전일 지급)
   - 지급방법 : 근로자 명의 예금통장에 입금(　　), 근로자에게 직접지급(　　)
7. 연차유급휴가
   - 연차유급휴가는 근로기준법에서 정하는 바에 따라 부여함

3) 관련법령/행정해석/판례

관계법령

[근로기준법]

제17조(근로조건의 명시) ① 사용자는 근로계약을 체결할 때에 근로자에게 다음 각 호의 사항을 명시하여야 한다. 근로계약 체결 후 다음 각 호의 사항을 변경하는 경우에도 또한 같다.

1. 임금
2. 소정근로시간
3. 제55조에 따른 휴일
4. 제60조에 따른 연차 유급휴가
5. 그 밖에 대통령령으로 정하는 근로조건

② 사용자는 제1항제1호와 관련한 임금의 구성항목·계산방법·지급방법 및 제2호부터 제4호까지의 사항이 명시된 서면을 근로자에게 교부하여야 한다. 다만, 본문에 따른 사항이 단체협약 또는 취업규칙의 변경 등 대통령령으로 정하는 사유로 인하여 변경되는 경우에는 근로자의 요구가 있으면 그 근로자에게 교부하여야 한다.

행정해석

연봉확인서를 전자문서로 개인별로 열람, 출력케 한 경우 근로조건 서면명시로 인정되는지 여부

사용자가 개인별 연봉계약서의 비밀을 유지하기 위하여, 노사 당사자간에 연봉액을 합의할 때 연봉과 관련된 근로조건은 별도의 연봉확인절차로 갈음토록 근로계약서를 작성한 후, 근로자가 지정된 인터넷사이트에서 개인별 연봉확인서를 서면으로 출력하여 보관하도록 하였을 경우, 근로계약서 및 연봉확인서에 임금의 구성항목, 계산방법 및 지불방법에 관한 사항이 포함되어 있다면 근로조건을 서면으로 명시하였다고 볼 수 있음.

근로기준팀-812, 2005.10.28.

행정해석

근로계약서에 근로시간의 상한만을 규정하고 매주 주간 근무표에 의하여 근로시간을 정하는 경우 근로조건 서면명시 의무 위반 여부

질의한 사안에서 사용자가 근로시간을 확정적으로 정하여 청약의 의사표시를 하지 않았으며 최초의 '단기간고용계약' 시점은 근로자가 자신의 선택 여부에 따라 근로제공 여부를 결정할 수 있는 단계이므로 최초의 '단기간고용계약' 시점에는 그 명칭에도 불구하고 실질적으로 법에 따른 근로계약을 체결한 것으로 판단하기는 어려울 것으로 사료됨. 따라서 근로계약의 체결은 최초의 단기간고용계약을 체결한 시점이 아니라 매주 단위로 실제로 근로를 제공하여야 하는 날의 1주일 전에 사용자가 근로를 제공받을 수 있는 시점을 인터넷 Web-Site에 게시하고 (청약의 의사표시) 이에 대하여 근로자가 근로를 제공할 수 있는 시간을 신청(승낙의 의사표시)하면 근로계약이 체결되는 것으로 볼 수 있으며 체결당시 계약내용 등을 토대로 법 제17조에 따른 근로계약 체결 명시 및 교부 위반여부를 판단해야 할 것임.

근로기준정책과-5951, 2015.11.18.

행정해석

임금의 계산방법에 대한 서명 명시 방법

귀하께서 질의하신 근로기준법 제17조상 적시되는 임금의 계산방법이란, 임금을 계산하는 방식을 시간급으로 할 것인지, 주급이나 월급으로 할 것인지 등을 명시하여, 근로시간과 같은 여타 근로조건 등과 복합적인 검토를 통해 임금 등을 확인할 수 있도록 하라는 취지로 사료되오니 참고하시기 바랍니다.

근로개선지도1과-25098, 2019.9.25.

4) 근로감독 시 자주 발생하는 위반 사례 및 해결 방안

case 01

☑ **위반 사례**

○○유통은 근로계약서 작성 시 임금(임금의 구성항목, 계산방법, 지급방법), 근로시간에 대해서는 서면으로 명시하였으나, 휴일과 연차유급휴가에 대해서는 공란으로 두고 내용을 작성하지 않음 → 근로조건 서면명시 의무 위반

☑ **해결 방안**

서면명시 사항 6가지 모두에 대하여 서면으로 명시하여야 함

case 02

☑ **위반 사례**

○○산업 ○○○근로자의 임금은 기본급 300만원, 직무수당 10만원, 식대 10만원으로 구성되어 있음. ○○산업은 ○○○근로자와 근로계약 체결 시 임금의 구성항목을 명시하지 않고 근로계약서에 임금 월 320만원으로만 표기함 → 근로조건 서면명시 의무 위반

☑ **해결 방안**

임금의 구성항목(기본급, 직무수당, 식대 등)이 구분되는 경우 구성항목을 서면으로 명시하여야 함

case 03

☑ **위반 사례**

○○철강과 ○○○근로자는 최초 입사 시 근로계약서를 작성함. 그러나 매년 연봉 인상으로 ○○○근로자의 임금이 변경되었음에도 불구하고 근로계약서를 재작성하지 않음 → 근로조건 서면명시 의무 위반 및 교부 의무 위반

☑ **해결 방안**

근로조건(임금, 소정근로시간, 휴일 등)이 변경되는 경우에도 근로계약서를 재작성하여야 함

case 04

☑ **위반 사례**

○○마트은 명절 세일기간(7일)동안 배달업무를 수행할 배달인력을 채용함. 채용 시 아르바이트생은 일용직이므로 계약서 작성이 필요없다고 생각하고 근로계약서를 작성하지 않음 → 근로조건 서면명시 의무 위반 및 교부 의무 위반

☑ **해결 방안**

일용직 근로자의 경우에도 반드시 근로계약서를 작성하여야 함

case 05

☑ **위반 사례**

○○유통은 근로계약서 작성 시 소정근로시간을 명확히 명시하지 않고 "근로시간은 5시간~8시간으로 한다"라고 작성함 → 근로조건 서면명시 의무 위반

☑ **해결 방안**

소정근로시간은 범위로 표현할 수 없으며 명확한 시간으로 서면명시하여야 함

5) 근로감독 대비 실무 적용점

- 근로기준법 제17조에서 규정하고 있는 서면명시 사항 6가지를 반드시 서면으로 명시한다.
- 임금의 경우 구성항목, 계산방법, 지급방법 등 3가지를 서면으로 명시하여야 한다.
- 근로조건 변경시에도 근로조건 서면명시 의무를 이행하여야 한다.

2. 근로계약서 교부(근로기준법 제17조 제2항)

1) 체크리스트

구분	점검 내용	점검 결과	근로감독 결과 위반 시 조치 기준
근로 계약서 교부	• 근로계약서를 근로자에게 교부하는지 여부 〈근로기준법 제17조 제2항〉 ※ 위반 시 500만원 이하 벌금	① 교부함	시정기간 14일 이내 (미시정시 범죄인지)
		② 교부하지 않음	

2) 체크포인트

근로기준법 제17조 제2항에서는 "사용자는 제1항 제1호와 관련한 임금의 구성항목 · 계산방법 · 지급방법 및 제2호부터 제4호(1.임금, 2.소정근로시간, 3.제55조에 따른 휴일, 4.제60조에 따른 연차유급휴가)까지의 사항이 명시된 서면을 근로자에게 교부하여야 한다."라고 규정하고 있다.

이를 근로계약서의 교부 의무라고 부른다. 회사는 근로계약서를 교부한 후 향후 입증 책임 문제가 발생할 수 있다. 따라서 근로계약서에 교부 의무 이행여부에 대한 문구를 삽입하거나 근로계약서 교부 대장을 운영하는 등의 대비가 필요하다.

[예시] 근로계약서

8. 근로계약서 교부
   - "사업주"는 근로계약을 체결함과 동시에 본 계약서를 사본하여 "근로자"의 교부요구와 관계없이 "근로자"에게 교부함(근로기준법 제17조 이행)

3) 관련법령/행정해석/판례

관계법령

[근로기준법]

제17조(근로조건의 명시) ① 사용자는 근로계약을 체결할 때에 근로자에게 다음 각 호의 사항을 명시하여야 한다. 근로계약 체결 후 다음 각 호의 사항을 변경하는 경우에도 또한 같다. 〈개정 2010.5.25.〉

1. 임금
2. 소정근로시간
3. 제55조에 따른 휴일
4. 제60조에 따른 연차 유급휴가
5. 그 밖에 대통령령으로 정하는 근로조건

② 사용자는 제1항제1호와 관련한 임금의 구성항목·계산방법·지급방법 및 제2호부터 제4호까지의 사항이 명시된 서면(「전자문서 및 전자거래 기본법」 제2조제1호에 따른 전자문서를 포함한다)을 근로자에게 교부하여야 한다. 다만, 본문에 따른 사항이 단체협약 또는 취업규칙의 변경 등 대통령령으로 정하는 사유로 인하여 변경되는 경우에는 근로자의 요구가 있으면 그 근로자에게 교부하여야 한다.〈신설 2021.1.5.〉

[근로기준법 시행령]

제8조의2(근로자의 요구에 따른 서면 교부) 법 제17조제2항 단서에서 "단체협약 또는 취업규칙의 변경 등 대통령령으로 정하는 사유로 인하여 변경되는 경우"란 다음 각 호의 경우를 말한다. 〈개정 2021.3.30.〉

1. 법 제51조제2항, 제51조의2제1항, 같은 조 제2항 단서, 같은 조 제5항 단서, 제52조제1항, 같은 조 제2항제1호 단서, 제53조제3항, 제55조제2항 단서, 제57조, 제58조제2항·제3항, 제59조제1항 또는 제62조에 따른 서면 합의로 변경되는 경우
2. 법 제93조에 따른 취업규칙에 의하여 변경되는 경우
3. 「노동조합 및 노동관계조정법」 제31조제1항에 따른 단체협약에 의하여 변경되는 경우
4. 법령에 의하여 변경되는 경우

행정해석

전자근로계약서 방식의 근로계약체결 가능여부

사용자와 근로자는 전자근로계약서를 작성하는 방법으로 근로계약을 체결할 수 있습니다. 이 경우 근로계약에 관한 분쟁을 사전에 예방할 수 있도록 가급적 당사자의 서명을 포함한 문서를 전자화하거나 「전자서명법」에 의한 전자서명을 하는 등의 방법으로써 해당 계약 당사자 쌍방의 의사가 합치하여 전자근로계약서에 명시된 내용대로 근로계약을 체결하였음을 명확히 하여야 합니다. 또한 최종 작성 또는 서명 이후에 어느 일방이 임의로 수정할 수 없도록 위변조 방지를 위한 장치를 마련하여야 합니다.(근로기준정책과-5455, 2016.9.1, 전자근로계약서 활성화를 위한 가이드라인)

귀 질의 내용과 같이 회사가 「근로기준법」 제17조에 맞게 근로계약의 내용이 입력된 전자장치를 마련하여 근로자는 사원 인증 후 스마트 폰으로 전자서명을 하게한다면 유효한 근로계약체결로는 볼 수 있으나 이러한 전자근로계약서가 비록 근로자가 스스로 출력할 수 있는 상황이라 하더라도 회사 서버에만 저장되어 있다면 사용자의 교부의무를 다하였다고 볼 수는 없을 것이며, 근로자가 전자근로계약서를 수신할 정보처리시스템을(e메일 등) 지정하게 하고 사용자가 해당 정보처리시스템에 전자근로계약서를 입력(발송)한 때 사용자가 근로계약서를 교부한 것으로 볼 수 있을 것입니다. 만약 근로자가 정보처리시스템으로의 수신에 동의하지 않을 경우 사용자는 근로계약서를 직접 교부하여야 할 것입니다.

근로기준정책과-6384, 2016.10.12.

4) 근로감독 시 자주 발생하는 위반 사례 및 해결 방안

case 01

☑ **위반 사례**

○○테크는 ○○○근로자와 근로계약서를 2부 작성하였으나, 근로계약서 2부 모두를 회사가 보관하고 근로자에게 교부하지 않음 → 근로계약서 교부의무 위반

☑ **해결 방안**

근로계약서를 2부 작성한 경우 반드시 1부를 근로자에게 교부하여야 함

case 02

☑ **위반 사례**

○○카페 점주는 근로자와 근로계약 체결 시 근로계약서 1부를 작성하였으나 사본을 근로자에게 교부하지 않음 → 근로계약서 교부의무 위반

☑ **해결 방안**

근로계약서를 1부 작성하는 경우 반드시 사본을 근로자에게 교부하여야 함

case 03

☑ **위반 사례**

○○마트는 ○○○근로자와 소정근로시간을 1일 5시간, 1주 20시간으로 하여 근로계약을 체결함. 약 6개월 근무 후 근무성적이 우수하여 1일 8시간, 1주 40시간으로 근로조건을 변경함(시급은 동일함). 이 경우 ○○마트는 최초 입사시에는 근로계약서를 작성하고 교부하였으나 근로조건 변경시에는 근로계약서를 재작성하지 않음 → 근로조건 서면명시 의무 위반 및 교부 의무 위반

☑ **해결 방안**

근로조건(임금, 소정근로시간, 휴일 등)이 변경되는 경우에는 근로계약서를 재작성하고 교부하여야 함

case 04

☑ **위반 사례**

○○공사는 전자근로계약서 방식으로 근로계약을 체결하고 있음. 그러나 전자근로계약서를 근로자 개인에게 송부하지 않고 회사 서버에만 보관하고 있음 → 근로계약서 교부의무 위반

☑ **해결 방안**

전자근로계약서 방식으로 근로계약을 체결하는 경우 반드시 근로자에게 전자근로계약서를 송부하여야 함

5) 근로감독 대비 실무 적용점

- 근로계약서를 반드시 서면으로 교부한다.
- 최초 입사 시 뿐만 아니라 근로조건 변경 시에도 근로계약서를 서면으로 교부한다.
- 향후 근로계약서 서면교부 입증 책임 문제에 대비한다.(근로계약서에 교부 의무 이행여부에 대한 문구를 삽입 또는 근로계약서 교부 대장 운영 등)

3. 근로기준법 주요내용과 취업규칙 게시(근로기준법 제14조)

1) 체크리스트

<table>
<tr><th>구분</th><th>점검 내용</th><th>점검 결과</th><th>근로감독 결과
위반 시 조치 기준</th></tr>
<tr><td rowspan="3">근로
기준법
요지와
취업
규칙
게시</td><td rowspan="3">• 근로기준법과 동법 시행령의 주요내용과 취업규칙 등을 게시하는지 여부
〈근로기준법 제14조〉

게시사항
1. 근로기준법과 시행령 주요내용
2. 취업규칙
3. 기숙사규정과 규칙
(기숙사가 있을 경우에 한함)
※ 위반 시 500만원 이하 과태료</td><td>① 모두 게시함</td><td rowspan="3">시정기간 14일 이내
(미시정시 과태료)</td></tr>
<tr><td>② 일부 게시함
[미게시 사항
(번호로 표기) :]</td></tr>
<tr><td>③ 모두 게시하지 않음</td></tr>
</table>

2) 체크포인트

사용자는 근로기준법 제14조에 따라 근로기준법과 근로기준법 시행령의 주요내용과 취업규칙을 근로자가 자유롭게 열람할 수 있는 장소에 항상 게시하여야 한다.

또한 기숙사가 있을 경우 기숙사 규정과 규칙을 기숙사에 게시하여야 한다. 근로기준법과 시행령 요지의 경우 별도로 작성할 필요 없이 법제처 홈페이지에서 근로기준법과 근로기준법 시행령 내용을 출력하여 게시하면 된다.

흔히 사업장에서 취업규칙 등 작성과 신고 의무는 잘 이해하고 있지만, 이를 사업장에 게시하여 근로자가 자유롭게 열람할 수 있도록 해야 한다는 게시의무가 있다는 점을 알지 못하여 근로감독 시 적발되는 경우가 자주 발생한다. 또한 취업규칙만 게시하는 것이 아니라 근로기준법과 근로기준법 시행령의 주요내용까지 함께 게시해야 하므로 취업규칙만 게시하여서는 온전한 법규 준수라고 보기 어렵다는 점도 반드시 기억해야 한다.

3) 관련법령/행정해석/판례

관계법령

[근로기준법]

제14조(법령 주요 내용 등의 게시) ① 사용자는 이 법과 이 법에 따른 대통령령의 주요 내용과 취업규칙을 근로자가 자유롭게 열람할 수 있는 장소에 항상 게시하거나 갖추어 두어 근로자에게 널리 알려야 한다. 〈개정 2021.1.5.〉

② 사용자는 제1항에 따른 대통령령 중 기숙사에 관한 규정과 제99조제1항에 따른 기숙사규칙을 기숙사에 게시하거나 갖추어 두어 기숙(寄宿)하는 근로자에게 널리 알려야 한다.

행정해석

사업장 홈페이지에 취업규칙을 게시한 경우 법적 효력 여부

사용자로 하여금 취업규칙에 대하여 주지 및 게시토록 한 취지는 근로자에게 근로조건과 복무규율이 규정되어 있는 취업규칙을 열람할 수 있는 기회를 보장하려는 것으로 근로자에게 취업규칙의 열람권이 보장된다면 전자메일을 통해 전근로자에게 통보하거나, 홈페이지에 게시하거나, 회사 인트라넷에 게시한 후 근로자에게 사용권한을 주더라도 무방할 것임. 다만, 인터넷 사용에 익숙하지 아니한 근로자도 있으므로 근로자가 자유롭게 열람할 수 있는 장소에 서면의 취업규칙을 게시하거나 갖추어 두는 것이 바람직할 것으로 사료됨.

근로기준팀-1404, 2007.10.11.

4) 근로감독 시 자주 발생하는 위반 사례 및 해결 방안

case 01

☑ **위반 사례**

○○갈비 대표이사는 취업규칙은 회사의 기밀사항이기 때문에 근로자에게 공개하지 않아야 한다고 생각하고 취업규칙을 인사팀에 보관함 → 취업규칙 게시 의무 위반

☑ **해결 방안**

취업규칙은 근로자가 자유롭게 열람할 수 있는 장소(게시판, 휴게실 등)에 항상 게시하여야 함

case 02

☑ **위반 사례**

○○코리아는 게시판에 취업규칙만 게시함 → 근로기준법과 시행령 주요내용 게시 의무 위반

☑ **해결 방안**

근로기준법과 근로기준법 시행령 주요내용과 취업규칙을 모두 게시하여야 함

5) 근로감독 대비 실무 적용점

- 취업규칙과 함께 근로기준법령 주요내용(근로기준법 및 근로기준법 시행령)을 휴게공간 등에 게시한다.(즉, 취업규칙만 게시하면 안됨)

4. 근로자명부 작성(근로기준법 제41조)

1) 체크리스트

구분	점검 내용	점검 결과	근로감독 결과 위반 시 조치 기준
근로자 명부 작성	• 근로자 명부를 작성하는지 여부 〈근로기준법 제41조〉 **근로자명부 기재사항** 1. 성명 2. 성별 3. 생년월일, 주소 4. 이력 5. 종사하는 업무의 종류 6. 고용 또는 고용갱신 연월일 7. 계약기간을 정한 경우에는 그 기간, 그 밖의 고용에 관한 사항 8. 해고, 퇴직 또는 사망한 경우에는 그 연월일과 사유 9. 그 밖에 필요한 사항 ※ 위반 시 500만원 이하 과태료	① 근로자 명부를 작성하고 기재사항을 모두 기재함 ② 근로자 명부는 작성하였으나 기재사항 일부를 기재하지 않음 [미게시 사항 (번호로 표기) :] ③ 근로자명부를 작성하지 않음	시정기간 14일 이내 (미시정시 과태료)

2) 체크포인트

사용자는 근로기준법 제41조에 따라 각 사업장별로 근로자 명부를 작성하여야 한하며, 근로자 명부에 작성할 사항이 변경된 경우에도 지체없이 정정하여야 한다.

근로자 명부 양식은 근로기준법 시행규칙 별지 서식에 규정되어 있기 때문에 회사의 인사카드 등의 양식이 근로기준법 상의 근로자 명부와 다를 경우 시정지시가 내려질 수 있다. 따라서 회사의 근로자 명부 양식이 근로기준법상 별지 서식과 일치하는지에 대해서 점검하는 것이 필요하다.

다만, 근로자 명부 양식을 그대로 사용하면 근로감독의 관점에서 보면 가장 좋은 방식이라 볼 수 있으나 사용자가 작성하여 보관하고 있는 근로자 명부의 양식이 정하고 있는 규정과 다르다고 하더라도 근로기준법 시행규칙 별지 서식에서 정하고 있는 항목이 모두 포함되어 있다면 근로감독 시 문제가 된다고 볼 수는 없을 것이다.

[참고] 근로기준법 시행규칙[별지 제16호 서식]

<table>
<tr><th colspan="6">근로자 명부</th></tr>
<tr><td colspan="2">① 성명</td><td></td><td colspan="2">② 생년월일</td><td></td></tr>
<tr><td colspan="2">③ 주소</td><td colspan="4">(전화 :)</td></tr>
<tr><td colspan="2">④ 부양가족</td><td>명</td><td colspan="2">⑤ 종사업무</td><td></td></tr>
<tr><td rowspan="4">이력</td><td>⑥ 기능 및 자격</td><td></td><td rowspan="4">퇴직</td><td>⑩ 해고일</td><td>년 월 일</td></tr>
<tr><td>⑦ 최종 학력</td><td></td><td>⑪ 퇴직일</td><td>년 월 일</td></tr>
<tr><td>⑧ 경력</td><td></td><td>⑫ 사유</td><td></td></tr>
<tr><td>⑨ 병역</td><td></td><td>⑬ 금품청산 등</td><td></td></tr>
<tr><td colspan="2">⑭ 고용일(계약기간)</td><td>년 월 일
( )</td><td colspan="2">⑮ 근로계약갱신일</td><td>년 월 일</td></tr>
<tr><td colspan="2">⑯ 근로계약조건</td><td colspan="4"></td></tr>
<tr><td colspan="2">⑰ 특기사항
(교육, 건강, 휴직 등)</td><td colspan="4"></td></tr>
</table>

3) 관련법령/행정해석/판례

관계법령

[근로기준법]

제41조(근로자의 명부) ① 사용자는 각 사업장별로 근로자 명부를 작성하고 근로자의 성명, 생년월일, 이력, 그 밖에 대통령령으로 정하는 사항을 적어야 한다. 다만, 대통령령으로 정하는 일용근로자에 대해서는 근로자 명부를 작성하지 아니할 수 있다. 〈개정 2021.1.5.〉

② 제1항에 따라 근로자 명부에 적을 사항이 변경된 경우에는 지체 없이 정정하

여야 한다.

[근로기준법 시행령]

제20조(근로자 명부의 기재사항) 법 제41조 제1항에 따른 근로자 명부에는 고용노동부령으로 정하는 바에 따라 다음 각 호의 사항을 적어야 한다.

1. 성명
2. 성(性)별
3. 생년월일
4. 주소
5. 이력(履歷)
6. 종사하는 업무의 종류
7. 고용 또는 고용갱신 연월일, 계약기간을 정한 경우에는 그 기간, 그 밖의 고용에 관한 사항
8. 해고, 퇴직 또는 사망한 경우에는 그 연월일과 사유
9. 그 밖에 필요한 사항

제21조(근로자 명부 작성의 예외) 사용기간이 30일 미만인 일용근로자에 대해서는 근로자 명부를 작성하지 아니할 수 있다.

4) 근로감독 시 자주 발생하는 위반 사례 및 해결 방안

case

☑ **위반 사례**

ㅇㅇ테크는 ERP시스템을 통하여 인사기록카드를 관리하고 있음. 그러나 인사기록카드가 근로기준법상 근로자명부 양식에서 요구하는 '종사업무'가 누락됨
→ 근로자명부 작성 의무 위반

☑ **해결 방안**

회사의 인사기록가드 또는 직원명부 구성항목이 근로기준법 상 근로자명부와 일치되도록 함

5) 근로감독 대비 실무 적용점

- 회사의 인사카드 등의 양식이 근로기준법상의 근로자명부와 일치하는지를 확인한다.
- 근로기준법상 근로자명부를 기준으로 직원의 인사정보를 관리한다.
- 일용근로자의 경우 30일 이상 근무자에 대해서는 근로자명부를 작성이 필요하다.

5. 계약서류의 보존(근로기준법 제42조)

1) 체크리스트

구분	점검 내용	점검 결과	근로감독 결과 위반 시 조치 기준
계약 서류의 보존	• 근로자명부와 근로계약에 관한 중요한 서류를 3년간 보존하고 있는지 여부 〈근로기준법 제42조〉 **보존 계약 서류** 1. 근로자명부 2. 근로계약서 3. 임금대장 4. 임금의 결정 · 지급방법과 임금계산의 기초에 관한 서류 5. 고용 · 해고 · 퇴직에 관한 서류 6. 승급 · 감급에 관한 서류 7. 휴가에 관한 서류 8. 탄력적, 선택적, 사업장밖간주근로시간제, 근로시간의 특례 관련 서면합의 서류 9. 연소자증명 서류 ※ 위반 시 500만원 이하 과태료	① 근로계약에 관한 중요한 서류를 모두 보존함	시정기간 14일 이내 (미시정시 과태료)
		② 근로계약에 관한 중요한 서류 중 일부를 보존하지 않음 [미보존 서류 (번호로 표기) :]	
		③ 근로계약에 관한 중요한 서류를 모두 보존하고 있지 않음	

2) 체크포인트

사용자는 근로기준법 제42조에 따라 근로자 명부와 대통령령으로 정하는 근로계약에 관한 중요한 서류를 3년간 보존하여야 한다. 해당 조문에서 대통령령으로 정하는 서류란 근로계약서, 임금대장, 임금의 결정 · 지급방법과 임금계산의 기초에 관한 서류, 고용 · 해고 · 퇴직에 관한 서류, 승급 · 감급에 관한 서류, 휴가에 관한 서류, 탄력적 근로시간제, 선택적 근로시간제, 사업장 밖 간주근로시간제, 근로시간의 특례 관련 서면합의 서류, 연소자증명 서류를 말한다.(동법 시행령 제22조 제1항)

사용자는 근로감독 시 상기 서류에 대해서 근로감독관이 당연히 준비서류로 요구한다고 생각하고 평소에 서류관리를 잘 하는 것이 요구된다. 일상적으로 챙겨야 하는 가장 중요한 근로감독 포인트라고 이해하면 좋겠다.

3) 관련법령/행정해석/판례

관계법령

[근로기준법]

제42조(계약 서류의 보존) 사용자는 근로자 명부와 대통령령으로 정하는 근로계약에 관한 중요한 서류를 3년간 보존하여야 한다.

[근로기준법 시행령]

제22조(보존 대상 서류 등) ① 법 제42조에서 "대통령령으로 정하는 근로계약에 관한 중요한 서류"란 다음 각 호의 서류를 말한다.

1. 근로계약서
2. 임금대장
3. 임금의 결정·지급방법과 임금계산의 기초에 관한 서류
4. 고용·해고·퇴직에 관한 서류
5. 승급·감급에 관한 서류
6. 휴가에 관한 서류
7. 삭제
8. 법 제51조제2항, 법 제52조, 법 제58조제2항·제3항 및 법 제59조에 따른 서면 합의 서류
9. 법 제66조에 따른 연소자의 증명에 관한 서류

행정해석

근로자명부와 근로계약에 관한 중요한 인사기록서류 등의 보존기간

근로자명부와 근로계약에 관한 중요한 인사기록서류 등은 舊 근로기준법 제33조(現 근로기준법 제42조)의 규정에 의거 3년간 보존토록 되어 있으나, 이는 최소한도의 보존기간을 규정한 것으로서 퇴직한 근로자가 3년이 경과한 후에도 사용자증명을 舊 근로기준법 제31조(現 근로기준법 제39조)에 의거 요구할 때에는 동 증명서를 발급하여야 할 경우가 있을 것이므로, 구체실정을 감안하여 처리하기 바람.

법무 811-9027, 1980.4.15.

4) 근로감독 시 자주 발생하는 위반사례 및 해결 방안

case

☑ **위반 사례**

○○신용정보는 근로계약서와 임금대장 등 근로계약관련 서류를 2년간만 보관하고 폐기함 → 계약서류 보존 의무 위반

☑ **해결 방안**

근로계약에 관한 중요한 서류는 3년간 보존하여야 함

5) 근로감독 대비 실무 적용점

- 근로기준법상 보존해야 할 서류를 명확히 확인하고, 일상적인 점검목록화하여 근로감독 시 급하게 준비하는 일이 없도록 한다.
- 특히, 근로계약서와 임금관련 서류는 근로감독 및 향후 분쟁에 대비하여 철저히 관리한다.

6. 연소자 증명서(근로기준법 제66조)

1) 체크리스트

구분	점검 내용	점검 결과	근로감독 결과 위반 시 조치 기준
연소자 증명서	• 18세 미만 근로자(연소자)에 대하여 관련 서류를 갖추고 있는지 여부 〈근로기준법 제66조〉 **연소자 증명서** 1. 가족관계 기록사항에 관한 증명서 2. 친권자 또는 후견인 동의서 ※ 위반 시 500만원 이하 과태료	① 관련서류를 모두 비치함 ② 관련서류를 일부 비치함 [미비치 서류 (번호로 표기) :] ③ 관련서류를 모두 비치하지 않음	즉시 시정 (미시정시 과태료)

※ 가족관계 기록사항에 관한 증명서 : 가족관계증명서, 주민등록 등·초본 등

2) 체크포인트

사용자는 근로기준법 제66조에 따라 18세 미만인 사람(연소자)에 대하여는 그 연령을 증명하는 가족관계 기록사항에 관한 증명서와 친권자 또는 후견인의 동의서를 사업장에 갖추어 두어야 한다.

즉, 연소자를 채용하였을 경우 회사는 가족관계증명서와 친권자 또는 후견인 동의서를 받아야 한다. 일반적으로 볼 때 고등학교 2학년에서 3학년에 재학 중인 학생을 근로자로 채용하였다면 18세 미만 연소자에 해당할 수 있으므로 연령을 체크하여 해당 조문 법 위반 문제가 발생하지 아니하도록 규정에 따른 조치를 하여야 할 것이다.

3) 관련법령/행정해석/판례

관계법령

[근로기준법]

제66조 (연소자 증명서) 사용자는 18세 미만인 사람에 대하여는 그 연령을 증명하는 가족관계 기록사항에 관한 증명서와 친권자 또는 후견인의 동의서를 사업장에 갖추어 두어야 한다.

4) 근로감독 시 자주 발생하는 위반 사례 및 해결 방안

case

☑ **위반 사례**

○○마트는 고3학생을 계산직 직원으로 채용하였음. 채용 시 만18세 미만(연소근로자)이었음에도 불구하고 별도의 서류를 요구하지 않고 근로를 개시함 → 연소자 증명서 비치 위반

☑ **해결 방안**

연소자의 경우 반드시 친권자 동의서 및 가족관계증명서를 요구하고 해당 서류를 사업장에 비치함

5) 근로감독 대비 실무 적용점

- 연소자 채용여부를 확인하고 연소자에 대해서는 가족관계 기록사항에 관한 증명서와 친권자 또는 후견인의 동의서를 비치한다.

7. 금지되는 근로계약(근로기준법 제20조, 제21조, 제22조)

1) 체크리스트

구분	점검 내용	점검 결과	근로감독 결과 위반 시 조치 기준
위약 예정의 금지	• 근로계약 불이행에 대한 위약금 또는 손해배상액을 예정하는 계약을 체결하는지 여부 〈근로기준법 제20조〉 ※ 위반시 500만원 이하 벌금	① 위약금 또는 손해배상액을 예정하는 근로계약을 체결하지 않음	즉시 범죄인지
		② 위약금 또는 손해배상액을 예정하는 근로계약을 체결함	
전차금 상계의 금지	• 전차금이나 그 밖에 근로할 것을 조건으로 하는 전대채권과 임금을 상계하는 계약을 체결하는지 여부 〈근로기준법 제21조〉 ※ 위반시 500만원 이하 벌금	① 전차금 또는 전대채권과 임금을 상계하는 근로계약을 체결하지 않음	즉시 범죄인지
		② 전차금 또는 전대채권과 임금을 상계하는 근로계약을 체결함	
강제 저금의 금지	• 근로계약에 덧붙여 강제 저축 또는 저축금의 관리를 규정하는 계약을 체결하는지 여부 〈근로기준법 제22조 제1항〉 ※ 위반 시 2년 이하의 징역 또는 2천만원 이하의 벌금	① 강제저축 또는 저축금의 관리를 규정하는 계약을 체결하지 않음	즉시 범죄인지
		② 강제저축 또는 저축금의 관리를 규정하는 계약을 체결함	

2) 체크포인트

근로기준법에서는 사용자와 근로자간 금지되는 근로계약에 대하여 규정하고 있다.

첫 번째는 위약예정의 금지이다. 근로기준법 제20조에서는 사용자는 근로계약 불이행에 대한 위약금 또는 손해배상액을 예정하는 근로계약을 체결하지 못하도록 규정하고 있다. 두 번째는 전차금상계의 금지이다. 근로기준법 제21조에서는 사용자는 전차금이나 그 밖에 근로할 것을 조건으로 하는 전대채권과 임금을 상계하지 못하도록 규정하고 있다. 세 번째는 강제저금의 금지이다. 근로기준법 제22

조 제1항에서는 사용자는 근로계약에 덧붙여 강제 저축 또는 저축금의 관리를 규정하는 계약을 체결하지 못하도록 규정하고 있다. 금지되는 근로계약 중 가장 유의해야할 사항은 위약예정의 금지이다. 최근 전직금지 약정 시 위약예정의 금지위반에 해당하는 경우가 종종 발생하고 있다.

3) 관련법령/행정해석/판례

관계법령

[근로기준법]

제20조(위약 예정의 금지) 사용자는 근로계약 불이행에 대한 위약금 또는 손해배상액을 예정하는 계약을 체결하지 못한다.

제21조(전차금 상계의 금지) 사용자는 전차금(前借金)이나 그 밖에 근로할 것을 조건으로 하는 전대(前貸)채권과 임금을 상계하지 못한다.

제22조(강제 저금의 금지) ① 사용자는 근로계약에 덧붙여 강제 저축 또는 저축금의 관리를 규정하는 계약을 체결하지 못한다.

행정해석

근로자의 부정행위시 임금 등을 지급하지 아니한다는 약정의 유효성 판단

사용자가 근로계약체결시 근로자로부터 부정 수입행위를 하다 적발된 경우에는 임금 및 퇴직금을 지급하지 않겠다는 각서를 받은 경우에, 근로자의 부정행위는 해고 등 징계요건으로 할 수 있지만 금품을 지급하지 아니한다고 한 약정은 舊 근로기준법 제24조(現 근로기준법 제20조) 위반이다.

근기 1455-20480, 1982.7.23.

행정해석

퇴직 후의 영업비밀 유출에 대한 위약금 예정의 유효성 판단

舊 근로기준법 제27조(現 근로기준법 제20조)에 의해 사용자는 근로계약 불이행에 대한 위약금 또는 손해배상액을 예정하는 계약을 체결할 수 없음. 귀 질의 내용이 불분명하나, 근로계약 불이행에 따른 위약금 또는 손해배상액을 예정한 것이 아니라 퇴직 후에 유사업종에 종사함으로써 영업비밀 유출에 대한 위약금 또는 손해배상액을 예정한 것이라면 동법 동조 위반으로 보기는 어렵다고 사료되며, 민사적으로 해결해야 할 것으로 사료됨.

근기 68207-2217, 2002.6.17.

판례

교육비 반환 약정의 유효성 판단

기업체에서 비용을 부담 지출하여 직원을 해외에 파견하여 위탁교육을 시키고 이를 이수한 직원이 교육 수료일자로부터 일정한 의무재직기간이상 근무하지 아니할 때에는 기업체가 부담한 해당 교육비용의 전부 또는 일부를 상환하도록 하되 위 의무재직기간동안 근무하는 경우에는 이를 면제하기로 한 기업체의 교육훈련규정 및 위탁교육 관리세칙의 규정은 舊 근로기준법 제24조(現 근로기준법 제20조)에서 금지된 위약금 또는 손해배상예정의 약정은 아니라 할 것이다.

대법원 1992.2.25. 선고, 91다26232 판결

판례

근로자가 일정 기간 동안 근무하기로 하되 이를 위반할 경우 일정 금원을 사용자에게 지급하기로 한 약정의 유효성 판단

회사에 입사해 사측과 영업비밀 보호계약을 체결하면서 10년간 일하고 그 이전에 퇴사하면 10억원을 배상하기로 하는 약정을 한 경우 이는 피고가 약정근무기간 이전에 퇴직하는 등 위 약속을 위반하기만 하면 그로 인하여 사용자에게 어떤 손해가 어느 정도 발생하였는지 묻지 않고 바로 미리 정한 10억원을 사용자에게 손해배상액으로 지급하기로 하는 것으로, 舊 근로기준법 제27조(現 근로기준법 제20조)가 금지하는 전형적인 위약금 또는 손해배상액의 예정에 해당하여 그 효력을 인정할 수 없다.

대법원 2008.10.23. 선고, 2006다37274 판결

4) 근로감독 시 자주 발생하는 위반 사례 및 해결 방안

case 01

☑ **위반 사례**

○○방송은 촬영기사와 근로계약 체결 시 '근로자는 본인의 고의 또는 과실로 카메라 손망실이 발생하였을 경우 200만원을 배상한다'라는 내용의 근로계약서를 작성함 → 위약예정의 금지 위반

☑ **해결 방안**

근로계약 체결 시 근로계약 불이행에 대한 손해배상액을 예정하는 계약을 체결할 수 없음. 다만, 회사는 실제 손해에 대하여 손해배상청구를 할 수 있음

case 02

☑ **위반 사례**

○○산업은 해외 MBA 지원프로그램을 운영하고 있음. ○○산업은 ○○○근로자와 'MBA 수료 후 1년 이내에 퇴직 시 MBA 교육비용과 해당기간 중 지급 받은 임금을 반환한다'라는 약정을 체결함 → 위약예정의 금지 위반

☑ **해결 방안**

교육비용 반환약정은 유효하지만 임금반환약정은 근로계약 불이행에 대한 위약금 또는 손해배상액을 예정하는 계약이므로 무효임

case 03

☑ **위반 사례**

○○엔지니어링은 입사 시 '5년 이상을 근무하지 않고 퇴사할 경우 1억원을 배상한다'라는 근로계약을 체결함 → 위약예정의 금지 위반

☑ **해결 방안**

근로계약 체결 시 일정기간을 근무하지 않을 경우 실제 어느 정도의 손해가 발생하였는지 여부를 판단하지 않고 사전에 정한 일정액을 배상하기로 하는 약정은 위약예정 금지에 해당하여 무효임

5) 근로감독 대비 실무 적용점

- 위약금 또는 손해배상액을 예정하는 내용이 근로계약서에 포함되어 있는지 확인한다.
- 사내 대출을 시행할 경우 대출상환금과 급여를 사용자가 일방적으로 상계하는 것은 불가능하다는 점을 명확히 이해한다.
- 입사 시 저축금 관리가 이루어질 경우 강제가 아니라 본인의 자발적 의사에 의한 것임을 서면으로 명확히 기재한다.

제4장

근로시간 관련 체크포인트

1. 일반근로자 근로시간
2. 일반근로자 연장근로 제한[주52시간 상한제]
3. 연소근로자 근로시간
4. 여성근로자 야간 및 휴일근로
5. 임신근로자 근로시간
6. 출산 후 1년 미만 근로자 근로시간
7. 보상휴가제
8. 특별연장근로 인가제도
9. 근로시간 및 휴게시간의 특례
10. 유연근로시간제
11. 근로시간 적용의 제외

제4장 근로시간 관련 체크포인트

1. 일반근로자 근로시간(근로기준법 제50조)
2. 일반근로자 연장근로 제한 [주52시간 상한제](근로기준법 제53조 제1항, 제2항)
3. 연소근로자 근로시간(근로기준법 제69조, 제70조 제2항, 제3항)
4. 여성근로자 야간 및 휴일근로(근로기준법 제70조 제1항)
5. 임신근로자 근로시간(근로기준법 제74조 제5항, 제70조 제2항, 제3항)
6. 출산 후 1년 미만 근로자 근로시간(근로기준법 제71조, 제70조 제2항, 제3항)
7. 보상휴가제(근로기준법 제57조)
8. 특별연장근로 인가제도(근로기준법 제59조 제4항)
9. 근로시간 및 휴게시간의 특례(근로기준법 제59조)
10. 유연근로시간제(근로기준법 제51조, 제52조, 제58조 제1항~제3항)
11. 근로시간 적용의 제외(근로기준법 제63조)

근로시간은 근로감독 시 매우 준비하기 까다로운 영역이다. 근로시간에 대한 개념과 기준이 매우 복잡하기 때문이다. 근로시간은 법정기준근로시간, 소정근로시간, 실 근로시간 등으로 나누어진다. 그리고 일반근로자, 임신근로자, 출산 후 1년 미만근로자, 연소근로자 등에 대해서 근로시간 기준을 별도로 정하고 있다. 따라서 근로시간 부분은 깊이 있는 학습을 통한 체계적인 준비가 필요하다. 또한 주52시간 상한제 도입으로 근로시간 관리의 중요성이 더욱 높아졌다. 그리고 주52시간 상한제와 함께 유연근로시간제(탄력적 근로시간제, 선택적 근로시간제, 사업장 밖 간주 근로시간제, 재량간주 근로시간제 등)가 매우 빠르게 확산되고 있기 때문에 이에 대한 준비도 필요하다. 본 장에서는 근로시간, 보상휴가제, 근로시간의 예외와 제외, 유연근로시간제도 등에 대한 세부 내용을 살펴보도록 한다.

1. 일반근로자 근로시간(근로기준법 제50조)

1) 체크리스트

구분	점검 내용	점검 결과	근로감독 결과 위반 시 조치 기준
일반 근로자 근로 시간	• 근로계약 시 소정근로시간이 법정기준근로시간을 초과하는지 여부 〈근로기준법 제50조〉 ※ 위반 시 2년 이하의 징역 또는 2천만원 이하의 벌금	① 소정근로시간이 휴게시간을 제외하고 1주 40시간 또는 1일 8시간을 초과하지 않음	시정기간 14일 이내 (미시정시 범죄인지)
		② 소정근로시간이 휴게시간을 제외하고 1주 40시간 또는 1일 8시간을 초과함	

2) 체크포인트

근로기준법 제50조에서는 1주간의 근로시간은 휴게시간을 제외하고 40시간을 초과할 수 없고 1일의 근로시간은 휴게시간을 제외하고 8시간을 초과할 수 없도록 규정하고 있다. 즉, 법정근로시간이 1주 40시간, 1일 8시간으로 규정되어 있는 것이다. 따라서 소정근로시간은 반드시 법정기준근로시간 이내로 정하여야 한다.

가끔 기업 현장에서는 법정기준근로시간을 초과하는 소정근로시간을 정하는 근로계약을 체결하는 경우가 종종 있다. 예를 들어 '소정근로시간 1일 9시간으로 한다'라는 표현을 근로계약에 명시하는 방식으로 근로계약을 체결하는 경우이다.

그러나 그와 같이 소정근로시간을 초과하는 근로계약은 근로기준법 위반에 해당하게 된다. 따라서 근로계약 체결 시 소정근로시간을 정하는 경우 법정기준근로시간을 준수하였는지를 점검하는 것이 중요하다.

구분		기준 근로시간		연장근로	야간·휴일근로
		1일	1주		
남성 일반근로자		8시간	40시간	당사자 합의로 1주일 12시간 한도	-
연소근로자		7시간	35시간	당사자 합의로 1일 1시간, 1주 5시간 한도	본인의 동의 고용노동부장관 인가 근로자대표 협의
여성	일반근로자	8시간	40시간	당사자 합의로 1주일 12시간 한도	본인의 동의
	산후1년이 경과되지 않은 근로자	8시간	40시간	단체협약이 있는 경우에도 1일 2시간 1주 6시간, 1년 150시간 초과 금지	본인의 동의 고용노동부장관 인가 근로자대표 협의
	임신중인 근로자	8시간	40시간	불가	본인의 명시적 청구 고용노동부장관 인가 근로자대표 협의
유해·위험작업근로자		6시간	34시간	불가	-

주 1) 연소근로자 : 만18세 미만 근로자

2) 유해·위험작업근로자 : 잠함 또는 잠수작업 등 높은 기압에서 하는 작업

3) 관련법령/행정해석/판례

관계법령

[근로기준법]

제50조(근로시간) ① 1주 간의 근로시간은 휴게시간을 제외하고 40시간을 초과할 수 없다.

② 1일의 근로시간은 휴게시간을 제외하고 8시간을 초과할 수 없다.

③ 제1항 및 제2항에 따른 근로시간을 산정하는 경우 작업을 위하여 근로자가 사용자의 지휘·감독 아래에 있는 대기시간 등은 근로시간으로 본다.

행정해석

사용자가 업무량 변동 등을 이유로 일방적으로 소정근로시간을 변경하는 것이 가능하지 여부

근로계약 체결 이후 사용자와 근로자간 합의에 의해 소정근로시간을 변경하는 것은 가능하나, 사용자가 업무량 변동 등을 이유로 일방적으로 이를 임의 조정하는 것은 허용되기 어렵다 할 것임.

근로기준정책과-1724, 2015.4.28.

4) 근로감독 시 자주 발생하는 위반 사례 및 해결 방안

case

☑ **위반 사례**

ㅇㅇ금속은 연장근로가 매우 빈번하게 발생하는 회사임. ㅇㅇ금속은 근로계약 체결 시 법정근로시간을 초과하여 1일 9시간, 1주 48시간을 소정근로시간으로 하는 근로계약을 체결함 → 법정기준근로시간 한도 위반

☑ **해결 방안**

소정근로시간은 법정기준근로시간(1일 8시간, 1주 40시간)을 이내로 체결되어야 함

5) 근로감독 대비 실무 적용점

- 근로계약 체결 시 법정기준근로시간을 초과하지 않도록 근로계약을 체결한다.
- 남성근로자, 연소근로자 여성근로자 등으로 구분하여 근로시간을 체계적으로 관리하여야 한다.
- 특히, 연장・야간・휴일근로는 별도로 관리하여야 한다.

2. 일반근로자 연장근로 제한[주52시간 상한제](근로기준법 제53조 제1항, 제2항)

1) 체크리스트

구분	점검 내용	점검 결과	근로감독 결과 위반 시 조치 기준
일반 근로자 연장 근로 제한	• 연장근로시간이 1주간에 12시간을 초과하는지 여부 〈근로기준법 제53조 제1항, 제2항〉 ※ 위반 시 2년 이하의 징역 또는 2천만원 이하의 벌금	① 연장근로시간이 1주간에 12시간을 초과하지 않음 ② 연장근로시간이 1주간에 12시간을 초과함	시정기간 3개월 이내 (미시정시 범죄인지)

2) 체크포인트

근로기준법 제53조에서는 당사자 간에 합의하면 1주간에 12시간을 한도로 법정기준근로시간을 초과하여 근로할 수 있다고 규정하고 있다.

그리고 동 조에서 1주란 근로기준법 제2조 제1항 7호 상 정의에 따라 '휴일을 포함한 7일'을 의미한다. 이에 따라 근로자는 1주에 총 52시간(법정기준근로시간 40시간+연장근로시간 12시간)을 초과하여 근로할 수 없다. 상기 제도를 소위 '주52시간 상한제'라고 부르고 있으며, 주52시간 상한제는 2018년 7월 1일부터 사업장 규모에 따라서 단계적으로 시행되고 있다.

근로시간 관련 근로감독 시 연장근로시간 한도 위반은 반드시 점검하는 영역이므로 매우 철저히 대비하는 것이 필요하다.

3) 관련법령/행정해석/판례

관계법령

[근로기준법]

제53조(연장 근로의 제한) ① 당사자 간에 합의하면 1주 간에 12시간을 한도로 제50조의 근로시간을 연장할 수 있다.

② 당사자 간에 합의하면 1주 간에 12시간을 한도로 제51조 및 제51조의2의 근로시간을 연장할 수 있고, 제52조제1항제2호의 정산기간을 평균하여 1주 간에 12시간을 초과하지 아니하는 범위에서 제52조제1항의 근로시간을 연장할 수 있다.

행정해석

조기출근시간의 근로시간 해당 여부

시업시간과 종업시간은 소정근로시간의 길이와 위치를 명확히 하기 위한 것으로 사업장이나 업종에 따라 그 시업시각은 다르므로 舊 근로기준법 제94조(現 근로기준법 제93조)(취업규칙의 작성신고)에서 사업주가 정하여 시행하도록 규정하고 있는 바, 근로시간 측정에 있어서 시업시간은 사업주가 시업시간으로 정하여 시행하는 시각부터가 근로시간이 되는 것임. 다만, 시업시간 이전에 조기출근토록 하여 시업에 지장이 없도록 하는 것을 근로시간으로 인정하여 임금이 지급되어야 할 것인가 여부는 조기출근을 하지 않을 경우 임금을 감액하거나 복무 위반으로 제재를 가하는 권리의무관계라면 근로시간에 해당될 것이나 그렇지 않다면 근로시간에 해당되지 않음.

근기 01254-13305, 1988.8.30.

행정해석

근로자가 본인의 의사에 의하여 성과수당을 더 받기 위하여 연장근로를 했을 경우 연장근로 인정 여부

연장근로가산수당은 사용자가 근로자에게 법정 근로시간을 초과하여 근로를 시킨 경우, 그 초과한 시간에 대하여 舊 근로기준법 제55조(現 근로기준법 제56조)에 따라 가산임금을 지급하는 것을 의미함. 사용자와 근로자의 합의에 의하여 연장근로가 이루어진 것이 아니라, 사용자의 요구와 관계없이 근로자가 채권회수성과를 높여 성과수당을 더 받기 위하여 자기의 의사에 의하여 연장근로를 했을 뿐 아니라, 사용자의 채권회수 독려가 단순히 성과를 높이라는 독려일 뿐 명시적으로 근로자들에게 연장근로를 요구한 것은 아니라면, 달리 볼 사정이 없는 한 사용자가 舊 근로기준법 제55조(現 근로기준법 제56조)에 의한 연장근로가산수당을 지급할 의무는 없음.

근로기준과-4380, 2005.8.22.

4) 근로감독 시 자주 발생하는 위반 사례 및 해결 방안

case 01

☑ **위반 사례**

○○백화점 ○○○근로자는 평일(월~금)에 40시간을 근무하고 추가로 12시간의 연장근로를 하였음. 그런데 바겐세일 기간이기 때문에 휴일(일요일)에도 근로함 → 연장근로 제한 위반

구분	월	화	수	목	금	토	일
소정근로시간	8	8	8	8	8	휴무일	휴일
실근로시간 (연장근로시간)	11 (3)	11 (3)	10 (2)	10 (2)	10 (2)	–	8 (8)
1주 총근로시간 (연장근로시간)	60 (20)						

☑ **해결 방안**

연장근로는 1주에 12시간을 초과할 수 없음. 1주는 휴일을 포함한 7일을 의미함

case 02

☑ **위반 사례**

○○산업은 최근 물량 증가로 연장근로를 실시함. 금주 납품기일 준수를 위해 일요일에 근무하고 차주 수요일에 대체휴일을 부여함(휴일대체 시행) → 연장근로 제한 위반

구분	1주							2주						
	월	화	수	목	금	토	일	월	화	수	목	금	토	일
소정근로시간	8	8	8	8	8	휴무일	휴일	8	8	8	8	8	휴무일	휴일
실근로시간 (연장근로시간)	10 (2)	10 (2)	10 (2)	11 (3)	11 (3)	–	8 (8)	10	10	대체휴일	10	10	–	–
1주 총근로시간 (연장근로시간)	60 (20)							40 (8)						

☑ **해결 방안**

휴일대체의 경우에도 연장근로는 1주에 12시간을 초과할 수 없음. 휴일대체를 시행하는 경우 연장근로 위반 여부를 사전에 반드시 검토하여야 함

case 03

☑ **위반 사례**

○○요양원의 요양보호사는 주3일 근무하여 일별 근로시간은 5시간인 단시간 근로자임. 그러나 요양원의 인력부족으로 월, 수, 금 각각 5시간의 연장근로를 시행함 → 연장근로 제한 위반

구분	월	화	수	목	금	토	일
소정근로시간	5		5		5	휴무일	휴일
실근로시간 (연장근로시간)	10 (5)		10 (5)		10 (5)	–	–
1주 총근로시간 (연장근로시간)	30 (15)						

☑ **해결 방안**

단시간 근로자의 경우 소정근로시간을 초과하는 근로는 연장근로에 해당함. 따라서 단시간 근로자도 연장근로가 1주에 12시간을 초과하지 않도록 근로시간을 관리하여야 함

case 04

☑ **위반 사례**

○○테크는 주52시간제 시행에 대비하기 위하여 직무 특성을 고려하여 유연근로시간 제도를 도입함. 생산직의 경우 탄력적 근로시간제(3개월 이내), 사무직은 선택적 근로시간제(정산기간 1개월)를 도입하였으며 제도 도입 이후 1주 52시간을 초과하는 경우가 발생하고 있음. 그러나 ○○테크는 제도 도입 시 근로자 대표와 서면합의를 생략하고 전사 유연근로시간제도 도입 설명회 후 제도를 시행함 → 연장근로 제한 위반

☑ **해결 방안**

유연근로시간제(탄력적 근로시간제, 선택적 근로시간제, 사업장 밖 간주근로시간제, 재량 간주근로시간제)를 도입할 경우 법률에서 규정하고 있는 절차를 반드시 준수하여야 함. 상기 사례의 경우 근로자 대표와 서면합의를 반드시 시행하여야 함

5) 근로감독 대비 실무 적용점

- 1주간 연장근로가 12시간을 초과하지 않도록 근로시간을 관리한다.
- 휴일대체의 경우 해당 주 휴일대체근로를 포함하여 연장근로 초과문제가 발생하는지를 사전에 확인한다.
- 직무특성을 고려하여 유연근로시간제(탄력적, 선택적, 사업장 밖 간주, 재량간주 근로시간제) 도입을 검토한다.

3. 연소근로자 근로시간(근로기준법 제69조, 제70조 제2항, 제3항)

1) 체크리스트

구분	점검 내용	점검 결과	근로감독 결과 위반 시 조치 기준
연소 근로자 근로 시간	• 연소근로자 근로계약 시 소정근로시간이 법정기준근로시간을 초과하는지 여부 〈근로기준법 제69조 본문〉 ※ 위반 시 2년 이하의 징역 또는 2천만원 이하의 벌금	① 연소근로자의 소정근로시간은 휴게시간을 제외하고 1주 35시간 또는 1일 7시간을 초과하지 않음	즉시 시정 (미시정시 범죄인지)
		② 연소근로자의 소정근로시간은 휴게시간을 제외하고 1주 35시간 또는 1일 7시간을 초과함	
연소 근로자 연장 근로 제한	• 연소근로자의 연장근로시간이 1일 1시간 또는 1주간에 5시간을 초과하는지 여부 〈근로기준법 제69조 단서〉 ※ 위반 시 2년 이하의 징역 또는 2천만원 이하의 벌금	① 연소근로자의 연장근로시간이 1일 1시간 또는 1주간에 5시간을 초과하지 않음	즉시 시정 (미시정시 범죄인지)
		② 연소근로자의 연장근로시간이 1일 1시간 또는 1주간에 5시간을 초과함	
연소 근로자 야간·휴일 근로 동의	• 연소근로자를 야간 또는 휴일에 근로시키는 경우 근로기준법에서 정한 절차를 준수하는지 여부(본인의 동의, 고용노동부장관 인가, 근로자대표 협의) 〈근로기준법 제70조 제2항, 제3항〉 ※ 제70조 제2항 위반 시 2년 이하의 징역 또는 2천만원 이하의 벌금 ※ 제70조 제3항 위반 시 500만원 이하의 벌금	① 연소근로자를 야간 또는 휴일에 근로시키는 경우 근로기준법에서 정한 절차를 준수함	• 제70조 제2항 위반 - 본인의 동의 또는 고용노동부장관 인가가 없는 경우 : 즉시 시정 (미시정시 범죄인지) • 제70조 제3항 위반 - 인가 전 근로자대표 미협의 : 시정기한 14일 이내 (미시정시 범죄인지)
		② 연소근로자를 야간 또는 휴일에 근로시키는 경우 근로기준법에서 정한 절차를 준수하지 않음	

2) 체크포인트

연소근로자(만18세 미만 근로자)에 대한 근로시간 관리는 소정근로시간, 연장근로제한, 야간·휴일근로시행절차로 구분하여 살펴볼 필요가 있다. 사용자는 연소근로자와 1주 35시간, 1일 7시간을 초과하는 근로계약을 체결하지 못한다.(일반근로자 1주 40시간, 1일 8시간) 또한 연소근로자에게는 1일 1시간, 1주 5시간을 한도로 연장근로를 할 수 있다.(18세이상 일반근로자는 1주 12시간을 한도로 하며, 1일 근로시간 제한이 없음.)

그리고 연소근로자를 야간 또는 휴일에 근로시키기 위해서는 본인의 동의, 고용노동부 장관의 인가, 근로자대표와 협의를 하여야 한다. 연소근로자는 만18세 미만 근로자를 의미하기 때문에 회사가 고등학교 재학생을 채용할 경우 각별한 주의가 요구된다.

3) 관련법령/행정해석/판례

관계법령

[근로기준법]

제69조(근로시간) 15세 이상 18세 미만인 사람의 근로시간은 1일에 7시간, 1주에 35시간을 초과하지 못한다. 다만, 당사자 사이의 합의에 따라 1일에 1시간, 1주에 5시간을 한도로 연장할 수 있다.

제70조(야간근로와 휴일근로의 제한) ② 사용자는 임산부와 18세 미만자를 오후 10시부터 오전 6시까지의 시간 및 휴일에 근로시키지 못한다. 다만, 다음 각 호의 어느 하나에 해당하는 경우로서 고용노동부장관의 인가를 받으면 그러하지 아니하다.

1. 18세 미만자의 동의가 있는 경우
2. 산후 1년이 지나지 아니한 여성의 동의가 있는 경우
3. 임신 중의 여성이 명시적으로 청구하는 경우

③ 사용자는 제2항의 경우 고용노동부장관의 인가를 받기 전에 근로자의 건강 및 모성 보호를 위하여 그 시행 여부와 방법 등에 관하여 그 사업 또는 사업장

의 근로자대표와 성실하게 협의하여야 한다.

[근로감독관 집무규정]

제71조(임산부 및 18세 미만인 자의 야간·휴일근로인가 요건) ①「근로기준법」 제70조제2항에 따른 임산부 및 18세미만인 자의 야간·휴일근로 인가 대상은「근로기준법」 제69조 및 제71조의 근로시간의 준수가 가능하다고 인정되고 다음 각 호의 어느 하나에 해당하는 사유의 야간 또는 휴일근로에 한한다.

1. 교대제 실시로 인하여 야간근로가 불가피할 것
2. 운송·방송 등 일상생활에 필수적인 공익사업에 해당하여 야간 또는 휴일근로가 불가피할 것
3. 업종의 특성상 야간에 가동(영업)하지 아니하면 사업의 계속적인 영위가 곤란하여 야간근로가 불가피할 것
4. 일시적인 주문량 증가 등으로 야간 또는 휴일근로가 불가피할 것
5. 그 밖에 위 각 호의 어느 하나에 준하는 사유가 발생할 것

② 제1항에도 불구하고 18세 미만자의 심야시간(24시~익일 6시) 근로는 생계곤란 등으로 불가피하고 사업장 근무실태 및 업무강도를 연소근로자가 감내할 수 있다고 판단되는 경우에 한하여 인가할 수 있다.

③ 임산부 및 18세 미만인 자에 대한 야간·휴일근로인가는「근로기준법 시행규칙」 별지 제12호서식에 인가종류, 근로자의 성명, 생년월일, 근무부서 및 업무, 인가기간, 근로시간(18세 미만자의 야간근로의 경우)등을 표시한 "인가자현황"을 첨부하여 발급하여야 한다. 다만, 임신근로자에 대한 야간 및 휴일근로 인가시 인가대상 임신근로자에게 야간·휴일근로의 명시적인 청구 여부, 모성보호 협의 및 임신근로자의 야간·휴일근로 필요성 등을 직접 확인해야 한다.

행정해석

18세미만 연소근로자 야간 및 휴일근로인가 처리 지침

- 야간 및 휴일근로인가서 신청자 및 처리관서 : 신청자가 근로기준법상 사용자로 되어 있어 '사업주'의 개념과 명확히 구분, 특히 패스트푸드점과 같은 전국적인 영업점을 가지고 있는 경우 각 지점장이 인가대상 근로자를 채용하여 임금 등의 근로조건 결정에 관해 직접 또는 위임받아 행위를 하고 있는 경우 지점장이 사

용자가 될 것임. 또한 인가대상이 "18세 미만자"이므로 근로자 개개인에 대한 승인을 해야하는 만큼 각 지점(사업장)별로 인가신청서를 처리하며, 부득이한 경우를 제외하고 본사에서 일괄 처리하는 것을 지양

- **근로자대표에 대한 해석** : 인가신청시 근로기준법 제70조제3항에 의거 근로자대표와 성실한 협의를 거치도록 되어 있으나, 이때 근로자대표 선정 방법에 관해 별도 규정한 바 없으므로 근로기준법 제24조제3항에 규정된 근로자대표 관련사항을 준용하여 처리하되 근로자대표는 당해사업장 18세 미만 연소근로자 중에서 선출하는 것이 아니라 전체근로자 과반수 이상이 지지하는 자이면 되는 것임. 또한, 인가시 협의를 거치도록 되어 반드시 당사자간 의견이 일치되지 않아도 됨에도 합의서를 요구하는 사례가 있는 바 협의를 거쳤다는 사실만으로 절차상 하자가 없음. 주요 협의사항은 야업·휴일근로의 업무범위 및 실시 필요성, 근로자 보호방안, 작업형태 및 근무조 편성 등이며, 최초 협의 후 18세 미만자가 발생할 때마다 협의할 필요는 없으나 업무내용, 근로방법 등 근무형태와 작업환경에 변동이 있어 야업 및 휴일근로에 영향이 미칠 경우 노사간 새로이 합의를 하여야 할 것임.
- **인가기간 명시** : 인가기간에 대해 별도로 규정한 바 없으므로 일반적으로 1년 이내 범위에서 사업장에서 요청하는 기간을 승인하면 될 것임(1년 이내 18세가 도래하는 경우 도래일 전일까지 승인)
- **기타사항** : 법 시행규칙 제12조에 따라 신청서와 함께 당해 근로자의 동의서 및 근로자대표와의 협의결과 사본만 첨부토록 되어 있으므로 불필요한 서류를 요구하는 사례를 지양하고, 다만 일부사업장에서 사업주(사용자) 임의로 근로자 대표를 선정하는 사례가 확인된 바, 업무처리시 근로자 대표의 정당성 여부는 반드시 확인해야 할 것임.

근로기준팀-7384, 2007.11.4.

행정해석

연소근로자 휴일근로 제한의 휴일근로의 범위

舊 근로기준법 제56조(現 근로기준법 제70조)는 여자와 연소근로자를 특별히 보호하기 위해 원칙적으로 휴일근로를 법으로 금지함으로써 최소한 주 1회의 휴일을 확보하게 하는데 그 취지가 있다 할 것이므로, 동 조항의 휴일의 범위에는 舊

근로기준법 제45조(現 근로기준법 제55조)의 주휴일과 근로자의 날 등 법정휴일이 포함되는 것이며 노사자치의 원리상 노사당사자가 취업규칙이나 단체협약으로 쉬도록 정하는 약정휴일까지를 의미하는 것은 아니므로 동 약정휴일에 근로할 필요가 있는 경우 당해 근로자의 동의 외에 노동부장관의 인가까지 필요한 것은 아니라고 할 것임.

근기 01254-795, 1993.5.1.

4) 근로감독 시 자주 발생하는 위반 사례 및 해결 방안

case 01

☑ **위반 사례**

○○스키장은 겨울 성수기동안 고3학생을 기간제 근로자로 채용하였음. 채용 시 만18세 미만(연소근로자)이었음에도 불구하고 일반 성인근로자와 동일하게 1일 8시간, 1주 40시간을 소정근로시간으로 하는 근로계약을 체결함 → 연소근로자 법정기준근로시간 한도 위반

☑ **해결 방안**

연소근로자의 경우 근로계약 체결 시 소정근로시간이 1일 7시간, 1주 35시간을 초과하지 않도록 함

case 02

☑ **위반 사례**

○○리조트는 여름 성수기동안 고3학생을 기간제 근로자로 채용하였음. 채용 시 만18세 미만(연소근로자)이었음에도 불구하고 업무량이 너무 많아 1주 10시간의 연장근로를 시행함 → 연소근로자 연장근로 제한 위반

☑ **해결 방안**

연소근로자의 경우 1일에 1시간, 1주에 5시간을 한도로 근로시간을 연장할 수 있음. 따라서 연소근로자 여부를 확인하여 연장근로한도를 초과하지 아니하도록 함

case 03

☑ **위반 사례**

○○하이테크는 24시간 교대제(4조 2교대제)로 반도체 부품을 생산하고 있음. ○○하이테크는 학교의 추천을 받아서 고3학생을 채용하였으며 3학년 2학기(매년 9월)부터 근무를 시작하고 있음. 근무 시 일부 학생은 만 18세 미만자(연소근로자)임에도 불구하고 본인의 동의만을 받고 교대제에 의한 야간근로를 시행함.
→ 연소근로자 야간근로 절차 위반

☑ **해결 방안**

연소근로자의 경우 야간 또는 휴일근로 시 본인의 동의 외에도 고용노동부장관의 인가를 받아야 하며, 근로자대표와 협의절차를 거쳐야 함

5) 근로감독 대비 실무 적용점

- 연소근로자(만 18세 미만) 여부를 사전에 철저히 확인한다.
- 연소근로자는 근로계약 체결, 근로시간 운영 시 별도로 관리함을 원칙으로 한다.
- 연소근로자가 만 18세가 되는 시점부터 일반근로자로 분류하여 운영한다.

4. 여성근로자 야간 및 휴일근로(근로기준법 제70조 제1항)

1) 체크리스트

구분	점검 내용	점검 결과	근로감독 결과 위반 시 조치 기준
여성 근로자 야간 및 휴일 근로	• 여성근로자를 야간 또는 휴일에 근로시키는 경우에 근로자의 동의를 받는지 여부 〈근로기준법 제70조 제1항〉 ※ 위반 시 2년 이하의 징역 또는 2천만원 이하의 벌금	① 여성근로자의 동의를 받음	시정기간 14일 이내 (미시정시 범죄인지)
		② 여성근로자의 동의를 받지 않음	

2) 체크포인트

사용자는 근로기준법 제70조 제1항에 따라 18세 이상의 여성을 야간 또는 휴일에 근로시키려면 그 근로자의 동의를 받아야 한다. 남성근로자의 경우 야간 또는 휴일근로에 대하여 별도로 정하지 않고 있으나 여성근로자의 경우 명문으로 근로자의 동의를 요구한다는 점이 매우 중요하다.

고용노동부는 행정해석(근로개선지도2과-10699, 2017.7.28)에서 해당 조문이 반드시 서면동의를 의미하지는 않는다고 해석하지만 동의 여부에 대하여 다툼이 생길 여지가 있기 때문에 가급적 서면동의를 권고하고 있다. 그리고 동 행정해석에서는 야간·휴일근로를 할 때마다 매번 동의를 받을 필요는 없으며, 단체협약·취업규칙·근로계약에서 야간·휴일근로에 대한 포괄적인 합의를 사전에 하는 것도 가능하다고 보고 있다.

대부분의 기업들이 여성근로자의 야간 또는 휴일근로에 대해서 구두(口頭) 상 동의를 받고, 근무 후 가산수당은 잘 지급하고 있다. 그러나 근로자 동의를 서면으로 받지 않는 경우가 많으며 이러한 점은 법률적 안정성 확보 측면에서 개선이 요구된다고 할 것이다.

3) 관련법령/행정해석/판례

관계법령

[근로기준법]

제70조(야간근로와 휴일근로의 제한) ① 사용자는 18세 이상의 여성을 오후 10시부터 오전 6시까지의 시간 및 휴일에 근로시키려면 그 근로자의 동의를 받아야 한다.

행정해석

여성근로자 휴일 및 야간근로 동의 방법

[질의]

1) 회사가 여성근로자와 동의 시 서면동의를 받아야 하는지 여부
2) 만약 서면동의를 받아야 한다면 휴일근로와 야간근로 발생 시 마다 받아야 하는지 아니면 근로계약 체결 시점에서 받는 것이 가능한지 여부
3) 회사가 휴일근로 신청서 또는 야간근로 신청서를 받는 경우 신청서가 동의서로 인정될 수 있는지 여부

[회시]

사용자가 18세 이상의 여성을 오후 10시부터 오전 6시까지의 시간 및 휴일에 근로시킬 때 그 근로자의 동의를 받는 방식과 절차에 대하여 법령 등에서 달리 정한 바가 없기 때문에 서면 합의나 구두 합의가 모두 가능하다고 할 것이나, 추후 동의가 있었는지 여부에 대하여 당사자 간에 다툼이 벌어질 여지가 있으므로 가급적 서면으로 근로자의 동의하는 의사를 명시하는 것이 바람직하다고 판단됨.

야간·휴일근로를 할 때마다 매번 동의를 받을 필요는 없으며, 단체협약·취업규칙·근로계약에서 야간·휴일근로에 대한 포괄적인 합의를 사전에 하는 것도 가능함(근로기준정책과–1911, 2015.5.6). 다만, 포괄적 사전합의에 의한 사용자의 야간·휴일 근로명령을 근로자는 거부할 수 있음.

신청서 또는 동의서와 같은 문서의 명칭을 불문하고 야간·휴일근로에 대한 개별 근로자의 동의 의사가 서면으로 명시된다면, 야간·휴일근로에 대한 근로자의 동의가 있었다고 볼 수 있음.

근로개선지도2과–10699, 2017.7.28.

행정해석

여성근로자 휴일근로 제한의 휴일근로의 범위

舊 근로기준법 제56조(現 근로기준법 제70조)는 여자와 연소근로자를 특별히 보호하기 위해 원칙적으로 휴일근로를 법으로 금지함으로써 최소한 주 1회의 휴일을 확보하게 하는데 그 취지가 있다 할 것이므로, 동 조항의 휴일의 범위에는 舊 근로기준법 제45조(現 근로기준법 제55조)의 주휴일과 근로자의 날 등 법정휴일이 포함되는 것이며 노사자치의 원리상 노사당사자가 취업규칙이나 단체협약으로 쉬도록 정하는 약정휴일까지를 의미하는 것은 아니므로 동 약정휴일에 근로할 필요가 있는 경우 당해 근로자의 동의 외에 노동부장관의 인가까지 필요한 것은 아니라고 할 것임.

근기 01254-795, 1993.5.1.

[예시] 야간 · 휴일근로 동의서(여성근로자)

- 인적사항

가. 성　명 :

나. 부서명 :

다. 직　급 :

본인의 근로기준법 상 야간근로와 휴일근로를 실시하는 것에 대하여 동의합니다.

20　　년　　월　　일

작성자 ○ ○ ○

주식회사 ○○ 대표이사 귀중

4) 근로감독 시 자주 발생하는 위반 사례 및 해결 방안

case

☑ **위반 사례**

○○할인점은 영업시간은 10시부터 23시임. ○○할인점은 오전파트(09시~18시)와 오후파트(14시~23시)로 구분하여 인력을 운영하고 있음. 오후파트 여성근무자(진열직무, 계산직무 등)는 근로계약서는 작성하였으나 별도의 절차 없이 야간근로를 시행함 → 여성근로자 야간근로 절차 위반

☑ **해결 방안**

여성근로자의 경우 야간 · 휴일근로 시 별도의 동의를 받아야 함. 다만, 구두(口頭)동의도 동의의 효력이 있으나, 향후 당사자간 분쟁을 예방하기 위하여 근로계약서 상 동의문구를 삽입하여 두거나, 입사 시 별도의 야간 · 휴일근로 동의서를 받아 두도록 함

5) 근로감독 대비 실무 적용점

- 여성근로자 야간 · 휴일근로가 발생하는 사업장의 경우 근로계약서 내용 중 '근무기간 중 발생하는 야간 · 휴일근로를 실시하는 것에 동의한다'는 문구를 삽입하여 두거나 동일한 내용으로 별도의 동의서를 받아두는 것이 필요하다.

5. 임신근로자 근로시간(근로기준법 제74조 제5항, 제70조 제2항, 제3항)

1) 체크리스트

구분	점검 내용	점검 결과	근로감독 결과 위반 시 조치 기준
임신 근로자 연장 근로	• 임신근로자에게 시간외근로(연장근로)를 시행하는지 여부 〈근로기준법 제74조 제5항〉 ※ 위반 시 2년 이하의 징역 또는 2천만원 이하의 벌금	① 임신근로자에게 연장근로를 시행하지 않음	즉시 시정 (미시정시 범죄인지)
		② 임신근로자에게 연장근로를 시행함	
임신 근로자 야간 및 휴일 근로	• 임신근로자를 야간 또는 휴일에 근로시키는 경우 근로기준법에서 정한 절차를 준수하는지 여부(본인의 명시적 청구, 고용노동부장관 인가, 근로자대표 협의) 〈근로기준법 제70조 제2항, 제3항〉 ※ 제70조 제2항 위반 시 2년 이하의 징역 또는 2천만원 이하의 벌금 ※ 제70조 제3항 위반 시 500만원 이하의 벌금	① 임신근로자를 야간 또는 휴일에 근로시키는 경우 본인의 명시적 청구와 근로기준법에서 정한 절차를 준수함	• 제70조 제2항 위반 - 본인의 명시적 청구 또는 고용노동부장관 인가가 없는 경우 : 즉시 시정 (미시정시 범죄인지) • 제70조 제3항 위반 - 인가 전 근로자대표 미협의 : 시정기한 14일 이내 (미시정시 범죄인지)
		② 임신근로자를 야간 또는 휴일에 근로시키는 경우 근로기준법에서 정한 절차를 준수하지 않음	

2) 체크포인트

임신근로자의 근로시간 관리는 근로감독 시 매우 빈번하게 지적사항이 발생하는 영역이다. 먼저 사용자는 근로기준법 제74조 제5항에 따라 임신근로자에게 절대적으로 시간외근로(연장근로)를 시킬 수 없다. 또한 임신근로자를 야간 또는 휴일에 근로시키기 위해서는 본인의 명시적 청구, 고용노동부장관의 인가, 근로자대표와 협의를 하여야 한다. 이는 매우 엄격하게 임신근로자에 대한 야간 또는 휴일 근로를 허용하겠다는 의미로 이해할 필요가 있다.

다만, 임신한 근로자에 대한 연장근로의 금지 시점과 관련하여 고용노동부는 행정해석(여원 68240-375, 2001.9.8.)에서 「사업주가 임신중인 여성근로자를 시간외근로 대상에서 제외해야 하는 시기는 원칙적으로 임신사실이 있을 때부터일 것이나 현실적으로는 사업주가 임신한 근로자의 통보, 체형의 변화, 고충처리중 인지 등 통상적인 방법으로 당해 근로자의 임신사실을 알게 된 때부터 시간외근로를 시키지 않을 경우 법위반에 해당하지 않는 것으로 사료됨」이라고 해석하고 있음을 알 수 있다. 사용자는 이러한 점을 감안하여 임신사실 통지 등을 제도화하는 것이 도움이 될 수 있으리라 생각한다.

3) 관련법령/행정해석/판례

관계법령

[근로기준법]

제74조 (임산부의 보호) ⑤ 사용자는 임신 중의 여성 근로자에게 시간외근로를 하게 하여서는 아니 되며, 그 근로자의 요구가 있는 경우에는 쉬운 종류의 근로로 전환하여야 한다.

제70조(야간근로와 휴일근로의 제한) ② 사용자는 임산부와 18세 미만자를 오후 10시부터 오전 6시까지의 시간 및 휴일에 근로시키지 못한다. 다만, 다음 각 호의 어느 하나에 해당하는 경우로서 고용노동부장관의 인가를 받으면 그러하지 아니하다.

1. 18세 미만자의 동의가 있는 경우
2. 산후 1년이 지나지 아니한 여성의 동의가 있는 경우
3. 임신 중의 여성이 명시적으로 청구하는 경우

③ 사용자는 제2항의 경우 고용노동부장관의 인가를 받기 전에 근로자의 건강 및 모성 보호를 위하여 그 시행 여부와 방법 등에 관하여 그 사업 또는 사업장의 근로자대표와 성실하게 협의하여야 한다.

[근로감독관 집무규정]

제71조(임산부 및 18세 미만인 자의 야간·휴일근로인가 요건) ① 「근로기준법」 제70조제2항에 따른 임산부 및 18세미만인 자의 야간·휴일근로 인가 대상은 「근

로기준법」 제69조 및 제71조의 근로시간의 준수가 가능하다고 인정되고 다음 각 호의 어느 하나에 해당하는 사유의 야간 또는 휴일근로에 한한다.

1. 교대제 실시로 인하여 야간근로가 불가피할 것
2. 운송·방송 등 일상생활에 필수적인 공익사업에 해당하여 야간 또는 휴일근로가 불가피할 것
3. 업종의 특성상 야간에 가동(영업)하지 아니하면 사업의 계속적인 영위가 곤란하여 야간근로가 불가피할 것
4. 일시적인 주문량 증가 등으로 야간 또는 휴일근로가 불가피할 것
5. 그 밖에 위 각 호의 어느 하나에 준하는 사유가 발생할 것

② 제1항에도 불구하고 18세 미만자의 심야시간(24시~익일 6시) 근로는 생계곤란 등으로 불가피하고 사업장 근무실태 및 업무강도를 연소근로자가 감내할 수 있다고 판단되는 경우에 한하여 인가할 수 있다.

③ 임산부 및 18세 미만인 자에 대한 야간·휴일근로인가는 「근로기준법 시행규칙」 별지 제12호서식에 인가종류, 근로자의 성명, 생년월일, 근무부서 및 업무, 인가기간, 근로시간(18세 미만자의 야간근로의 경우)등을 표시한 "인가자 현황"을 첨부하여 발급하여야 한다. 다만, 임신근로자에 대한 야간 및 휴일근로 인가시 인가대상 임신근로자에게 야간·휴일근로의 명시적인 청구 여부, 모성보호 협의 및 임신근로자의 야간·휴일근로 필요성 등을 직접 확인해야 한다.

행정해석

임신중인 근로자에 대한 시간외근로 금지와 관련하여 임신여부에 대한 확인방법

사업주가 임신중인 여성근로자를 시간외근로 대상에서 제외해야 하는 시기는 원칙적으로 임신사실이 있을 때부터일 것이나 현실적으로는 사업주가 임신한 근로자의 통보, 체형의 변화, 고충처리중 인지 등 통상적인 방법으로 당해 근로자의 임신사실을 알게 된 때부터 시간외근로를 시키지 않을 경우 법위반에 해당하지 않는 것으로 사료됨 한편, 임신중인 여성근로자의 근로시간을 1일 8시간, 1주 44시간을 초과하도록 정한 근로계약은 舊 근로기준법 제72조 제2항(現 근로기준법 제74조 제5항)에 위반되며, 동 근로계약은 舊 근로기준법 제22조(現 근로기준법 제15조)에 의거 무효에 해당함 또한, 임신중인 여성근로자에 대해 시간외근로를 시키지 않는 것은 동법상의 근로조건 저하에 해당되지 않으며 현실적으로 시간외근로를

하지 못한 만큼 임금이 줄어드는 것도 舊 근로기준법 제2조(現 근로기준법 제3조)의 법정근로기준을 이유로 한 근로조건 저하에 해당하지 않는 것으로 사료됨.

여원 68240-375, 2001.9.8.

행정해석

임산부의 야간·휴일근로 인가와 관련하여 근로자대표의 동의가 반드시 요구되는지 여부

舊 근로기준법 제68조 제2항(現 근로기준법 제70조 제2항)은 사용자에게 임산부를 야업 및 휴일근로에 시키지 못하도록 규정하고, 다만 산후 1년이 경과되지 아니한 여성의 동의가 있는 경우와 임신중인 여성이 명시적으로 청구하는 경우에 노동부장관의 인가를 얻어 근로를 시키도록 하고 동조 제3항에서는 노동부장관의 인가를 얻기 이전에 근로자의 건강 및 모성보호를 위하여 그 시행여부와 방법 등에 관하여 근로자대표와 성실하게 협의를 하도록 하고 있으며, 근로자대표의 동의를 요건으로 정하고 있지는 않음. 따라서, 귀하가 근로자대표와의 성실한 협의를 위한 노력을 다하였음에도 불구하고 근로자대표가 정당한 이유없이 협의에 응하지 아니한 경우라면 근로자대표와 지금까지의 협의결과 사본을 첨부하여 사업장을 관할하는 지방노동사무소 근로감독과에 인가신청을 할 수 있을 것임.

여원 68240-76, 2002.2.16.

행정해석

사업주 변경과 야간근로를 하는 여성근로자가 증원된 경우 새롭게 고용노동부 장관이 인가를 받아야 하는지 여부

근로형태가 변경되지 아니하였다 하더라도 증원된 여성근로자에 대하여 야간근로가 필요한 경우, 동 증원 인원에 대하여는 당해 근로자의 동의서를 첨부하여 노동부장관의 인가를 받아야 하는 것이며, 업무편의상 사업주 변경 여부를 통보하는 것은 별론으로 하더라도 사업이 동일성을 유지하면서 유기적 관계를 가지고 계속적으로 영위되는 한, 단순히 사업주가 변경되었다하여 이를 새로운 인가사유가 발생한 것으로 볼 수 없을 것임.

여원 68240-88, 1999.12.31.

행정해석

임신근로자에게 실제 '시간외 근로'의 유·무와는 상관없이 지급하는 수당을 지급할 수 있는지 여부

舊 근로기준법 제74조 제4항(現 근로기준법 제74조 제5항)에 따라 임신 중인 여성 근로자에게는 모성 보호를 위하여 본인의 동의, 신청 여부와는 상관없이 '시간외 근로'를 시킬 수 없습니다. 또한 귀 대학에서 지급하는 시간외 근로수당이 실제 '시간외 근로'의 유·무와는 상관없이 매월 정액(20시간 분)을 근로자에게 지급하는 금품이라면, 임신 중의 여성 근로자가 실제로 시간외 근로를 하지 않더라도 이를 지급하는 것은 무방하다 할 것입니다.

근로조건지도과-4492, 2008.10.15.

4) 근로감독 시 자주 발생하는 위반 사례 및 해결 방안

case 01

☑ **위반 사례**

○○전자의 생산직 근로자는 근로시간을 기준으로 연장근로수당을 지급받고 있음. 임신 근로자 ○○○씨는 경제적인 어려움으로 인하여 연장근로를 희망하였고 본인의 동의하에 임신 중 연장근로를 시행함 → 임신근로자 연장근로 금지 위반

☑ **해결 방안**

임신근로자의 경우 본인이 동의하더라도 연장근로가 절대적으로 금지됨

case 02

☑ **위반 사례**

○○산업은 24시간 교대제(4조 3교대제)로 운영하고 휴대폰 부품을 생산하고 있음. 임신근로자 ○○○씨는 본인의 동의하에 교대제에 의한 야간근로를 시행함 → 임신근로자 야간 및 휴일근로 절차 위반

☑ **해결 방안**

임신근로자의 경우 야간 또는 휴일근로를 시키기 위해서는 본인의 동의가 아닌

명시적 청구가 필요하며, 사용자가 고용노동부장관의 인가를 얻어야 하며, 근로자대표와 협의절차를 거쳐야 함

5) 근로감독 대비 실무 적용점

- 임신근로자는 시간외근로(연장근로)를 할 수 없다.
- 임신초기에 시간외근로(연장근로)를 시행한 경우 임신통보, 고충처리면담 등 임신인지시점을 확인하여 근로감독에 대비한다.
- 임신근로자 야간 또는 휴일근로 시 근로기준법 상의 절차를 준수한다.(근로자의 명시적 청구, 고용노동부장관 인가, 근로자대표 협의)

6. 출산 후 1년 미만 근로자 근로시간(근로기준법 제71조, 제70조 제2항, 제3항)

1) 체크리스트

구분	점검 내용	점검 결과	근로감독 결과 위반 시 조치 기준
출산 후 1년 미만 근로자 연장 근로	• 출산 후 1년 미만 근로자에게 시간외근로를 1일 2시간, 1주 6시간, 1년 150시간을 초과하여 시행하는지 여부 〈근로기준법 제71조〉 ※ 위반 시 2년 이하의 징역 또는 2천만원 이하의 벌금	① 출산 후 1년 미만 근로자에게 시간외 근로 시간 한도를 준수함 ② 출산 후 1년 미만 근로자에게 시간외 근로 시간 한도를 준수하지 않음	즉시 시정 (미시정시 범죄인지)
출산 후 1년 미만 근로자 야간 및 휴일 근로	• 출산 후 1년 미만 근로자를 야간 또는 휴일에 근로시키는 경우 근로기준법에서 정한 절차를 준수하는지 여부(본인의 동의, 고용노동부장관 인가, 근로자대표 협의) 〈근로기준법 제70조 제2항, 제3항〉 ※ 제70조 제2항 위반 시 2년 이하의 징역 또는 2천만원 이하의 벌금 ※ 제70조 제3항 위반 시 500만원 이하의 벌금	① 출산 후 1년 미만 근로자를 야간 또는 휴일에 근로시키는 경우 근로기준법에서 정한 절차를 준수함 ② 출산 후 1년 미만 근로자를 야간 또는 휴일에 근로시키는 경우 근로기준법에서 정한 절차를 준수하지 않음	• 제70조 제2항 위반 - 본인의 동의 또는 고용노동부장관 인가가 없는 경우 : 즉시 시정 (미시정시 범죄인지) • 제70조 제3항 위반 - 인가 전 근로자대표 미협의 : 시정기한 14일 이내 (미시정시 범죄인지)

2) 체크포인트

출산 후 1년 미만 근로자에 대해서는 별도의 근로시간 관리가 필요하다. 사용자는 근로기준법 제71조에 따라 출산 후 1년이 지나지 아니한 여성에 대해서는 단체협약이 있는 경우라도 1일에 2시간, 1주에 6시간, 1년에 150시간을 초과하여 시간외근로를 시키지 못한다. 또한 출산 후 1년 미만 근로자를 야간 또는 휴일에 근로시키기 위해서는 본인의 동의, 고용노동부 장관의 인가, 근로자대표와 협의를 하여야 한다.

여전히 많은 기업은 출산휴가 후 복귀한 근로자를 일반 여성근로자와 동일한 기준을 적용하여 연장근로, 야간근로, 휴일근로 관리를 하고 있다. 그러나 근로기준법에는 출산 후 1년 미만 근로자에 대해서도 임신 중인 근로자 못지않게 매우 엄격한 보호를 규정하고 있다. 사용자는 이 점에 유의하여 출산 후 1년 미만 근로자에 대한 근로시간 관리를 시행해야 할 것이다.

3) 관련법령/행정해석/판례

관계법령

[근로기준법]

제71조(시간외근로) 사용자는 산후 1년이 지나지 아니한 여성에 대하여는 단체협약이 있는 경우라도 1일에 2시간, 1주에 6시간, 1년에 150시간을 초과하는 시간외근로를 시키지 못한다.

제70조(야간근로와 휴일근로의 제한) ② 사용자는 임산부와 18세 미만자를 오후 10시부터 오전 6시까지의 시간 및 휴일에 근로시키지 못한다. 다만, 다음 각 호의 어느 하나에 해당하는 경우로서 고용노동부장관의 인가를 받으면 그러하지 아니하다.

1. 18세 미만자의 동의가 있는 경우
2. 산후 1년이 지나지 아니한 여성의 동의가 있는 경우
3. 임신 중의 여성이 명시적으로 청구하는 경우

③ 사용자는 제2항의 경우 고용노동부장관의 인가를 받기 전에 근로자의 건강 및 모성 보호를 위하여 그 시행 여부와 방법 등에 관하여 그 사업 또는 사업장의 근로자대표와 성실하게 협의하여야 한다.

행정해석

임신 4개월 이후에 발생하는 유·사산의 경우에도 산후 1년 미만자에 해당하여 휴일·야간근로가 제한되는지 여부

근로기준법상 '산(産)'의 개념은 정상적인 만기출산 뿐만 아니라 임신 4개월 이후에 발생하는 유·사산의 경우까지 포함되고, 산후 1년이 경과되지 아니한 여성에 대하여는 출산으로 인하여 손상된 모체의 회복을 위하여 원칙적으로 야간 및 휴일근로를 시키지 못하며(본인의 동의 및 노동부장관의 인가를 얻은 경우 예외), 1일에 2시간, 1주일에 6시간, 1년에 150시간을 초과하는 시간외근무는 시키지 못함. 따라서 임신 4개월 이후에 발생하는 유·사산의 경우에도 산후 1년이 경과되지 아니한 경우에는 위 야간 및 휴일근로, 시간외근로 등이 제한된다고 사료됨.

여성고용과-3007, 2004.12.24.

4) 근로감독 시 자주 발생하는 위반 사례 및 해결 방안

case 01

☑ **위반 사례**

ㅇㅇ할인점의 근로자는 평상시에 연장근로를 주당 10시간을 시행하고 있음. 출산 후 1년 미만 근로자에게도 일반근로자와 동일하게 1주 10시간의 연장근로를 시행함 → 출산 후 1년 미만 근로자 연장근로 제한 위반

☑ **해결 방안**

출산 후 1년 미만 근로자의 경우 1일 2시간, 1주 6시간, 1년 150시간을 초과하는 연장근로를 할 수 없음

case 02

☑ **위반 사례**

ㅇㅇ산업은 24시간 교대제(4조 3교대제)로 운영하고 휴대폰 부품을 생산하고 있음. 출산 후 1년 미만 근로자 ㅇㅇㅇ씨는 본인의 동의하에 교대제에 의한 야간근로를 시행함 → 출산 후 1년 미만 근로자 야간근로 절차 위반

☑ **해결 방안**

출산 후 1년 미만 근로자의 경우 야간 또는 휴일근로 시 본인의 동의가 있어야 하며, 사용자가 고용노동부장관의 인가를 얻어야 하고, 근로자대표와 협의를 하여야 함

5) 근로감독 대비 실무 적용점

- 출산 후 1년 미만 근로자에 대해서 제한 기준에 따른 연장근로, 야간근로, 휴일근로 관리를 시행한다.
- 출산 후 1년이 도과한 시점부터 일반 여성근로자와 동일한 근로시간 관리가 가능하다는 점을 기억한다.

7. 보상휴가제(근로기준법 제57조)

1) 체크리스트

구분	점검 내용	점검 결과	근로감독 결과 위반 시 조치 기준
보상휴가제	• 근로자대표와의 서면합의에 따라 연장근로·야간근로 또는 휴일근로에 대하여 임금을 지급하는 것에 갈음하여 휴가를 부여하는지 여부 (보상휴가는 임금기준 시간으로 부여해야 함. 예시 : 4시간을 연장근로 시 6시간(4시간×150%)의 보상휴가 부여) 〈근로기준법 제57조〉 ※ 처벌규정은 없으나, 보상휴가제가 적법하게 부여되지 않은 경우 근로기준법 제56조 위반으로 처벌받을 수 있음(3년 이하의 징역 또는 3천만원 이하의 벌금)	① 보상휴가를 적법하게 부여함 ② 보상휴가를 적법하게 부여하지 않음	별도의 조치기준은 없으나, 근로기준법 제56조 위반 시 조치기준을 적용할 수 있음 시정기한 14일 이내(미시정시 범죄인지, 반의사불벌)

2) 체크포인트

보상휴가제는 실무적으로 매우 실수가 많이 발생하는 항목이다. 보상휴가제란 연장·야간·휴일근로에 대하여 임금을 지급하는 대신 휴가를 부여하는 제도이다. 근로기준법 제57조에서는 "사용자는 근로자대표와의 서면합의에 따라 제51조의3, 제52조 제2항 제2호 및 제56조에 따른 연장근로·야간근로 및 휴일근로에 대하여 임금을 지급하는 것을 갈음하여 휴가를 줄 수 있다"라고 규정하고 있다.

보상휴가제 운영 시 가장 주의할 점은 시행의 조건이 '근로자와의 개별합의'가 아닌 '근로자 대표와의 서면합의'가 있어야 한다는 것이다. 그리고 사용자가 수당지급에 갈음하여 보상휴가를 부여하는 경우 연장근로 등에 대한 가산수당을 지급하는 것처럼 휴가부여 시에도 법정가산율 반영이 필요하다는 점을 반드시 기억할 필요가 있다.[예시 : 4시간을 연장근로 시 6시간(4시간×150%)의 보상휴가를 부여해야 함].

3) 관련법령/행정해석/판례

관계법령

[근로기준법]

제57조(보상 휴가제) 사용자는 근로자대표와의 서면 합의에 따라 제51조의3, 제52조제2항제2호 및 제56조에 따른 연장근로·야간근로 및 휴일근로에 대하여 임금을 지급하는 것을 갈음하여 휴가를 줄 수 있다.

행정해석

1년간의 연장·야간·휴일근로시간을 계산하여 다음연도에 보상휴가를 부여하고 미사용분에 대하여 그 다음연도에 금전보상하는 합의의 유효성

노사서면 합의에 의거, 1년간의 연장·야간·휴일근로시간을 계산하여, 다음연도 1월 1일에 휴가로 부여하고 1년간 사용하게 하며, 미사용한 휴가를 그 다음연도 1월 급여지급시에 금전으로 보상해 줄 경우, 연장·야간·휴일근로시간이 최초로 발생한 년도로부터(선택적보상휴가를 사용하지 않았을 경우) 2년 후에야 금전보상을 받게 되는 사항에 대해 위법사항이 있는지 여부를 가려주시기 바람. 舊 근로기준법 제55조의2(現 근로기준법 제57조)에는 '사용자는 근로자대표와의 서면합의에 따라 舊 근로기준법 제55조(現 근로기준법 제56조)의 규정에 의한 연장근로·야간근로 및 휴일근로에 대하여 임금을 지급하는 것에 갈음하여 휴가를 부여할 수 있다'고 규정하고 있는 바, 이 경우 보상휴가의 대상이 되는 연장근로·야간근로 및 휴일근로의 범위와 보상휴가를 부여하는 기간 등에 대하여도 노사가 서면합의로 정할 수 있다고 보아야 할 것이므로, 귀 질의와 같이 사용자가 근로자대표와의 서면합의에 의하여 1년간의 연장근로·야간근로 및 휴일근로시간을 계산하여 다음연도에 1년간 휴가를 사용하게 하고, 미사용한 휴가에 대하여 그 다음연도 첫 번째 달의 임금정기지급일에 금전으로 보상하기로 합의한다하더라도 이를 반드시 위법하다고 보기는 어려울 것임.

근로기준과-779, 2005.2.14.

4) 근로감독 시 자주 발생하는 위반 사례 및 해결 방안

case 01

☑ **위반 사례**

○○병원은 간호사 ○○○은 응급실 당직 변경으로 휴일에 8시간 근로함. 그리고 해당 휴일근로에 대하여 보상휴가제를 적용하여 그 다음 주 수요일 8시간 휴가를 받음 → 보상휴가제 위반

☑ **해결 방안**

근로기준법 제57조에 보상휴가제에 따른 보상휴가를 부여하는 경우에 휴일근로 할증률을 반영하여야 함. 따라서 휴일 8시간의 휴일근로에 대하여 12시간(8시간×150%)의 보상휴가를 부여하여야 함

case 02

☑ **위반 사례**

○○산업은 경영악화가 심각한 상황임. ○○산업은 금주 일요일(휴일) 급한 납품건으로 휴일근로를 시행하고 근로자의 동의하에 수당지급 대신 보상휴가를 부여하기로 함 → 보상휴가제 위반

☑ **해결 방안**

보상휴가제는 근로자의 개별 동의가 아니라 근로자대표와의 서면합의를 요함

5) 근로감독 대비 실무 적용점

- 보상휴가제는 휴일대체와는 다른 개념이다. 따라서 보상휴가 부여 시 임금기준시간을 기준으로 보상휴가를 부여해야 한다.(휴일대체는 근로일과 휴일을 사전에 대체하는 것으로 보상휴가제와는 다른 개념임)
- 보상휴가제 시행 시 사전에 근로자대표와 서면합의를 시행한다.

8. 특별연장근로 인가제도(근로기준법 제53조 제4항)

1) 체크리스트

구분	점검 내용	점검 결과	근로감독 결과 위반 시 조치 기준
특별 연장 근로 인가 제도	• 특별한 사정이 있는 경우 고용노동부장관의 인가와 근로자의 동의를 받아 1주 12시간을 초과하는 연장근로를 시행하는지 여부 〈근로기준법 제53조 제4항 본문〉 ※ 위반 시 2년 이하의 징역 또는 2천만원 이하의 벌금	① 특별연장근로 시 법률을 준수함 ② 특별 연장근로 시 법률을 준수하지 않음	별도의 조치기준은 없으나 근로기준법 제53조 제1항 위반 시 조치기준을 적용할 수 있음 시정기한 3개월 이내 (미시정시 범죄인지)
특별 연장 근로 사후 승인	• 특별 연장근로 시 사태가 급박하여 사전에 고용노동부 장관의 인가를 받지 못한 경우 사후에 고용노동부 장관의 인가를 받는지 여부 〈근로기준법 제53조 제4항 단서〉 ※ 위반 시 500만원 이하의 벌금	① 사후에 고용노동부 장관의 인가를 받음 ② 사후에도 고용노동부 장관의 인가를 받지 않음	별도의 조치기준은 없으나 근로기준법 제53조 제1항 위반 시 조치기준을 적용할 수 있음 시정기한 3개월 이내 (미시정시 범죄인지)

2) 체크포인트

사용자는 근로기준법 제53조에 따라 특별한 사정이 있으면 고용노동부장관의 인가와 근로자의 동의를 받아 1주 12시간을 초과하여 근로시간을 연장할 수 있다. 다만, 사태가 급박하여 고용노동부 장관의 인가를 받을 시간이 없는 경우에는 사후에 지체없이 승인을 받아야 한다.

2018년 7월 1일부터 300인 이상 사업장의 경우 주52시간 상한제가 시행되었기 때문에 근로시간 위반 문제가 발생할 가능성이 높다. 따라서 상기 특별연장근로 인가 사유에 해당하는 경우 반드시 고용노동부장관의 인가와 근로자의 동의를 받아야 한다. 또한 2020년 1월 31일부터 특별연장근로 인가사유(근로기준법 시행규칙 제9조)를 확대하여 시행하고 있다는 점을 참고할 필요가 있다.

3) 관련법령/행정해석/판례

관계법령

[근로기준법]

제53조(연장근로의 제한) ④ 사용자는 특별한 사정이 있으면 고용노동부장관의 인가와 근로자의 동의를 받아 제1항과 제2항의 근로시간을 연장할 수 있다. 다만, 사태가 급박하여 고용노동부장관의 인가를 받을 시간이 없는 경우에는 사후에 지체 없이 승인을 받아야 한다.

⑤ 고용노동부장관은 제4항에 따른 근로시간의 연장이 부적당하다고 인정하면 그 후 연장시간에 상당하는 휴게시간이나 휴일을 줄 것을 명할 수 있다.

[근로기준법 시행규칙]

제9조(특별한 사정이 있는 경우의 근로시간 연장 신청 등) ① 법 제53조제4항 본문에서 "특별한 사정"이란 다음 각 호의 어느 하나에 해당하는 경우를 말한다.

1. 「재난 및 안전관리 기본법」에 따른 재난 또는 이에 준하는 사고(이하 이 호에서 "재난등"이라 한다)가 발생하여 이를 수습하기 위한 조치가 필요하거나 재난등의 발생이 예상되어 이를 예방하기 위하여 긴급한 조치가 필요한 경우
2. 사람의 생명을 보호하거나 안전을 확보하기 위하여 긴급한 조치가 필요한 경우
3. 갑작스런 시설·설비의 장애·고장 등 돌발적인 상황이 발생하여 이를 수습하기 위한 긴급한 조치가 필요한 경우
4. 통상적인 경우에 비해 업무량이 대폭적으로 증가한 경우로서 이를 단기간 내에 처리하지 않으면 사업에 중대한 지장이 초래되거나 손해가 발생되는 경우
5. 「소재·부품전문기업 등의 육성에 관한 특별조치법」 제2조제1호 및 제2호에 따른 소재·부품 및 소재·부품 생산설비의 연구개발 등 연구개발을 하는 경우로서 고용노동부장관이 국가경쟁력 강화 및 국민경제 발전을 위하여 필요하다고 인정하는 경우

② 사용자는 법 제53조제4항에 따라 근로시간을 연장하려는 경우와 연장한 경우에는 별지 제5호서식의 근로시간 연장 인가 또는 승인 신청서에 근로자의 동의서 사본 및 근로시간 연장의 특별한 사정이 있음을 증명할 수 있는 서류 사본을 첨부하여 관할 지방고용노동관서의 장에게 제출해야 한다.

③ 관할 지방고용노동관서의 장은 제2항에 따른 근로시간 연장 인가 또는 승인 신청을 받은 날부터 3일 이내에 신청을 반려하거나 별지 제6호서식의 근로시간

연장 인가서 또는 승인서를 신청인에게 내주어야 한다. 다만, 부득이한 사유로 본문의 처리기간을 준수하지 못하는 경우에는 신청인에게 그 사유와 예상되는 처리기간을 알려주고 처리기간을 연장할 수 있다.

④ 관할 지방고용노동관서의 장은 제3항에 따라 근로시간 연장 인가 또는 승인을 하는 경우, 근로시간을 연장할 수 있는 기간은 특별한 사정에 대처하기 위하여 필요한 최소한으로 하고, 사용자가 근로자의 건강을 보호하기 위한 적절한 조치를 하도록 지도할 수 있다.

4) 근로감독 시 자주 발생하는 위반 사례 및 해결 방안

case

☑ **위반 사례**

○○석유화학은 합성수지제품을 생산하는 회사 임. 생산공정 중 냉각기 고장으로 인하여 설비가동이 전면 중단된 상황 임. 설비가동중단 문제를 해결은 특별연장근로 인가 사유에 해당한다고 판단하여 고용노동부장관의 승인 없이 해당주 1주 12시간이 넘는 연장근로를 실시 함 → 특별연장근로 인가제도 위반

☑ **해결 방안**

특별연장근로 인가 사유에 해당한다고 하여도 근로자 동의(근로자 동의서 별도 징구 필요)와 고용노동부 장관의 사전 인가를 받아야 함. 다만, 사태가 급박한 경우 사후에라도 지체 없이 승인을 받아야 함

5) 근로감독 대비 실무 적용점

- 특별연장근로 인가제도 시행 시 특별한 사정에 해당하는지 여부를 사전에 확인한다.
- 특별연장근로 인가제도를 시행할 경우 근로자의 동의와 고용노동부장관의 인가를 받는다.
- 만약, 사태가 급박하여 고용노동부 장관의 인가를 받지 못하고 특별연장근로 인가제도를 시행한 경우 반드시 사후에 고용노동부 장관이 인가를 받는다.

9. 근로시간 및 휴게시간의 특례(근로기준법 제59조)

1) 체크리스트

구분	점검 내용	점검 결과	근로감독 결과 위반 시 조치 기준
근로 시간 및 휴게 시간 특례	• 근로시간과 휴게시간의 특례 적용 시 법률에서 정한 사업에 해당하는지와 근로자대표와 서면 합의를 하는지 여부 〈근로기준법 제59조 제1항〉 ※ 처벌규정은 없으나, 특례가 적법하게 시행되지 않은 경우 근로기준법 제53조 제1항 및 제54조 위반으로 처벌받을 수 있음(2년 이하의 징역 또는 2천만원 이하의 벌금)	① 근로시간과 휴게시간 특례 적용 시 법률을 준수함 ② 근로시간과 휴게시간 특례 적용 시 법률을 준수하지 않음	별도의 조치기준은 없으나 근로기준법 제53조 제1항 및 제54조 위반 시 조치기준을 적용할 수 있음 시정기한 3개월 이내 (미시정시 범죄인지)
11시간 연속 휴식 시간 부여	• 근로시간 및 휴게시간의 특례 사업장에서 11시간 연속휴식시간 부여 여부 〈근로기준법 제59조 제2항〉 ※ 위반 시 2년 이하의 징역 또는 2천만원 이하의 벌금	① 11시간 연속휴식시간을 부여함 ② 11시간 연속휴식시간을 부여하지 않음	시정기한 3개월 이내 (미시정시 범죄인지)

2) 체크포인트

근로기준법 제59조에서는 근로시간과 휴게시간의 특례를 규정하고 있다. 근로시간 특례에 해당하는 사업의 경우 사용자가 근로자대표와 서면으로 합의한 경우에는 주12시간을 초과하여 연장근로를 하게 하거나 휴게시간을 변경할 수 있다.

그리고 특례 적용 사업장의 경우 사용자는 근로일 종료 후 다음 근로일 개시 전까지 근로자에게 연속하여 11시간 이상의 휴식을 주어야 한다. 2018년 7월 1일부터 특례업종이 대폭 축소되었기 때문에 특례사업장 해당 여부를 다시 한번 점검할 필요가 있다.

3) 관련법령/행정해석/판례

관계법령

[근로기준법]

제59조(근로시간 및 휴게시간의 특례) ①「통계법」 제22조제1항에 따라 통계청장이 고시하는 산업에 관한 표준의 중분류 또는 소분류 중 다음 각 호의 어느 하나에 해당하는 사업에 대하여 사용자가 근로자대표와 서면으로 합의한 경우에는 제53조제1항에 따른 주(週) 12시간을 초과하여 연장근로를 하게 하거나 제54조에 따른 휴게시간을 변경할 수 있다.

1. 육상운송 및 파이프라인 운송업. 다만,「여객자동차 운수사업법」 제3조제1항제1호에 따른 노선(路線) 여객자동차운송사업은 제외한다.
2. 수상운송업
3. 항공운송업
4. 기타 운송관련 서비스업
5. 보건업

② 제1항의 경우 사용자는 근로일 종료 후 다음 근로일 개시 전까지 근로자에게 연속하여 11시간 이상의 휴식 시간을 주어야 한다

행정해석

근로기준법 제59조의 특례 업종에 대하여
휴게시간을 전혀 주지 않거나 이를 단축할 수 있는지 여부

근로기준법 제59조에서 운수업 등 일부 사업의 경우 사용자가 근로자대표와 서면 합의를 하면 같은 법 제54조에 따른 휴게시간을 변경할 수 있도록 규정하고 있다고 하더라도, 그 변경은 위와 같은 휴게제도의 본래 취지에 맞게 이루어져야 할 것입니다. 따라서, 이는 법률에서 정한 휴게시간의 최저기준은 유지하되 공중의 편의 또는 업무의 특성 등을 고려하여 휴게시간의 간격이나 시간대를 변경할 수 있다는 제한적 의미로 이해되어야 할 것이고, 이를 벗어나 휴게시간을 법률에서 정한 기준보다 줄이거나 전혀 주지 않도록 변경할 수 있다는 의미는 아니라고 할 것입니다.

법제처 15-0068, 2015.3.27.

4) 근로감독 시 자주 발생하는 위반 사례 및 해결 방안

case

☑ **위반 사례**

○○코리아는 항공기 지상조업사임. ○○코리아는 근로기준법 제59조 상 근로시간 특례 사업 중 '기타 운송관련서비스업'에 해당하기 때문에 주당 12시간을 초과하여 연장근로를 시행하고 있음. 그러나 ○○코리아 인사팀은 근로자대표 서면합의 등 근로시간 특례 적용을 위한 별도의 조치를 취하지 않음 → 근로시간 및 휴게시간의 특례 위반

☑ **해결 방안**

근로시간 및 휴게시간의 특례 적용을 위해서는 첫 번째, 회사의 업종이 특례업종에 해당하여야 하고 두 번째, 근로자대표와 서면합의를 하여야 함. 즉 특례업종에 해당한다고 당연히 특례 적용이 되는 것이 아니라 근로자대표 서면합의라는 특례 적용 절차를 밟아야 함

5) 근로감독 대비 실무 적용점

- 근로시간 및 휴게시간 특례 해당 사업장 여부를 정확히 확인한다.
- 근로시간 및 휴게시간 특례를 적용하기 위해서는 반드시 근로자대표와의 서면합의를 하여야 한다.

10. 유연근로시간제(근로기준법 제51조, 제51조의2, 제52조, 제58조 제1항~제3항)

1) 체크리스트

구분	점검 내용	점검 결과	근로감독 결과 위반 시 조치 기준
탄력적 근로 시간 제도	• 탄력적 근로시간제도를 적법하게 운영하고 있는지 여부 〈근로기준법 제51조, 제51조의2〉 ※ 처벌 규정 없음	① 탄력적 근로시간제도를 적법하게 운영함	조치기준 없음
		② 탄력적 근로시간제도를 적법하게 운영하지 않음	
선택적 근로 시간 제도	• 선택적 근로시간제도를 적법하게 운영하고 있는지 여부 〈근로기준법 제52조〉 ※ 처벌 규정 없음	① 선택적 근로시간제도를 적법하게 운영함	조치기준 없음
		② 선택적 근로시간제도를 적법하게 운영하지 않음	
사업장 밖 간주 근로 시간 제도	• 사업장 밖 간주근로시간제도를 적법하게 운영하고 있는지 여부 〈근로기준법 제58조 제1항 제2항〉 ※ 처벌 규정 없음	① 사업장 밖 간주근로시간 제도를 적법하게 운영함	조치기준 없음
		② 사업장 밖 간주근로시간 제도를 적법하게 운영하지 않음	
재량 간주 근로 시간 제도	• 재량 간주 근로시간제도를 적법하게 운영하고 있는지 여부 〈근로기준법 제58조 제3항〉 ※ 처벌 규정 없음	① 재량 간주근로시간제도를 적법하게 운영함	조치기준 없음
		② 재량 간주근로시간제도를 적법하게 운영하지 않음	

※ 주 1) 처벌규정은 없으나, 제도시행요건 불비로 탄력적 근로시간제 등 유연근로시간제의 유효성을 인정받지 못하는 경우 근로기준법 제53조 제1항 위반으로 처벌받을 수 있음(2년 이하의 징역 또는 2천만원 이하의 벌금)

2) 근로감독 시 별도의 조치기준은 없으나, 제도시행요건 불비로 탄력적 근로시간제 등 유연근로시간제의 유효성을 인정받지 못하는 경우 근로기준법 제53조 제1항 위반에 준하여 조치기준이 적용될 수 있음 [시정기한 3개월 이내(미시정시 범죄인지)]

2) 체크포인트

최근 주52시간 상한제 시행에 따라 유연근로시간제도가 급속도로 확대되고 있다. 유연근로시간제도는 탄력적 근로시간제도, 선택적 근로시간제도, 사업장 밖 간주근로시간제도, 재량간주근로시간제도로 구분된다.

첫 번째 탄력적 근로시간제도란 일이 많은 주(월)의 근로시간을 늘리는 대신 다른 주(월)의 근로시간을 줄여 평균적으로 법정근로시간내로 근로시간을 맞추는 근무제도를 말한다. 탄력적 근로시간제도는 계절적 수요가 있는 업종 및 직무에 적용할 수 있다.

두 번째 선택적 근로시간제도란 일정기간의 단위로 정해진 총 근로시간 범위 내에서 업무의 시작 및 종료시각, 1일의 근로시간을 근로자가 자율적으로 결정할 수 있는 근무제도를 말한다. 근로시간의 선택권을 근로자에 부여할 수 있는 사무직 또는 연구직에 적합하다.

세 번째 사업장 밖 간주근로시간제는 출장 등 사유로 근로시간의 전부 또는 일부를 사업장 밖에서 근로하여 근로시간을 산정하기 어려운 경우에 소정근로시간 또는 업무수행에 통상 필요한 시간을 근로한 것으로 인정하는 근무제도를 말한다. 근로가 사업장 밖에서 이루어지는 영업직 또는 A/S기사 등에 적용할 수 있다.

마지막으로 재량간주근로시간제란 업무의 성질에 비추어 업무수행 방법을 근로자의 재량에 위임할 필요가 있는 업무의 경우에 사용자가 근로자대표와 서면합의로 정한 근로시간을 근로한 것으로 인정하는 근무제도를 말한다. 근로기준법 시행령 제31조에서 정한 직무에 한하며 보통 연구·디자인·방송 등 업무에 적용한다. 이와 같이 유연근로시간제는 직무특성을 고려하여 주52시간 상한제 대비 또는 일가정 양립 등의 목적으로 활발하게 활용되고 있다. 이러한 유연근로시간제와 관련하여 중요한 점은 유연근로시간제는 법률에서 정하고 있는 요건과 절차가 규정되어 있다는 것이다. 따라서 근로시간과 관련한 근로감독 시 유연근로시간제 시행을 하고 있는 사업장은 요건과 절차에 대한 점검이 이루어질 수 있기 때문에 이에 대한 사전 대비가 필요하다고 할 것이다.

[참고] 유연근로시간제도

구분	탄력적 근로시간제도	선택적 근로시간제도	사업장밖간주 근로시간제도	재량간주 근로시간제도
근거 법률	근로기준법 제51조, 제51조의2	근로기준법 제52조	근로기준법 제58조 제1항~제2항	근로기준법 제58조 제3항
개념	일이 많은 주의 근로시간을 늘리는 대신 다른 주의 근로시간을 줄여 평균적으로 법정근로시간내로 근로시간을 맞추는 근무제도	일정기간의 단위로 정해진 총 근로시간 범위 내에서 업무의 시작 및 종료시각, 1일의 근로시간을 근로자가 자율적으로 결정할 수 있는 근무제도	출장 등 사유로 근로시간의 전부 또는 일부를 사업장 밖에서 근로하여 근로시간을 산정하기 어려운 경우에 소정근로시간 또는 업무수행에 통상 필요한 시간을 근로한 것으로 인정하는 근무제도	업무의 성질에 비추어 업무수행방법을 근로자의 재량에 위임할 필요가 있는 업무의 경우에 사용자가 근로자대표와 서면합의로 정한 근로시간을 근로한 것으로 인정하는 근무제도
단위(정산)기간	2주 또는 3개월 이내, 3개월 초과 6개월 이내 단위기간	1개월 이내 정산기간 (단, 신상품 또는 신기술 연구개발의 경우 3개월 이내)	제한 없음 (보통 1주 또는 1일)	제한 없음 (보통 1주 또는 1일)
근로시간 산정	단위기간 내 근로시간	정산기간 내 근로시간	원칙 : 소정근로시간 또는 업무수행에 통상 필요한 시간 합의시 : 합의로 정한 근로시간	합의로 정한 근로시간
서면합의 주요내용	1. 대상근로자의 범위 2. 단위기간 3. 단위기간의 근로일과 그 근로일별 근로시간 4. 서면합의 유효기간	1. 대상근로자의 범위 2. 정산기간 3. 정산기간의 총 근로시간 4. 의무 근로시간대 5. 선택가능한 근로시간대 6. 표준근로시간	서면합의는 필수요건이 아니지만 서면합의를 하는 경우 그 업무수행에 통상 필요한 시간	1. 대상업무 2. 사용자가 업무의 수행 수단 및 시간 배분 등에 관하여 근로자에게 구체적인 지시를 하지 않는다는 내용 3. 근로시간 산정은 서면합의로 정한 바에 따른다는 내용
직무특성	근로일과 근로일별 근로시간이 사전에 확정될 수 있어야 함 (단, 3개월 초과단위의 경우 주별 근로시간)	근로시간의 선택권을 근로자에게 부여할 수 있어야 함	근로시간의 일부가 사업장 밖에서 이루어져야 함	근로기준법 시행령에서 정한 직무이고 근로자에게 재량권을 부여할 수 있어야 함
업무수행	1. 근로시간은 근무스케쥴에 의해서 결정됨 2. 업무수행방법의 구체적 지시 가능함	1. 근로시간은 근로자가 결정함(단, 의무근로시간대 가능) 2. 업무수행방법의 구체적 지시 가능함	1. 근로시간은 근무스케쥴에 의해서 결정됨 2. 업무수행방법의 구체적 지시 가능함(다만, 사업장 밖에서 근로하기 때문에 제한적일 수 있음)	1. 근로시간은 근로자가 결정함 2. 업무수행방법의 구체적 지시가 어려움
적합직무	생산직, 프로젝트 등	사무직, 연구직	영업직, A/S업무	연구직 등

3) 관련법령/행정해석/판례

가. 탄력적 근로시간제

관계법령

[근로기준법]

제51조(3개월 이내의 탄력적 근로시간제) ① 사용자는 취업규칙(취업규칙에 준하는 것을 포함한다)에서 정하는 바에 따라 2주 이내의 일정한 단위기간을 평균하여 1주 간의 근로시간이 제50조제1항의 근로시간을 초과하지 아니하는 범위에서 특정한 주에 제50조제1항의 근로시간을, 특정한 날에 제50조제2항의 근로시간을 초과하여 근로하게 할 수 있다. 다만, 특정한 주의 근로시간은 48시간을 초과할 수 없다.

② 사용자는 근로자대표와의 서면 합의에 따라 다음 각 호의 사항을 정하면 3개월 이내의 단위기간을 평균하여 1주 간의 근로시간이 제50조제1항의 근로시간을 초과하지 아니하는 범위에서 특정한 주에 제50조제1항의 근로시간을, 특정한 날에 제50조제2항의 근로시간을 초과하여 근로하게 할 수 있다. 다만, 특정한 주의 근로시간은 52시간을, 특정한 날의 근로시간은 12시간을 초과할 수 없다.

1. 대상 근로자의 범위
2. 단위기간(3개월 이내의 일정한 기간으로 정하여야 한다)
3. 단위기간의 근로일과 그 근로일별 근로시간
4. 그 밖에 대통령령으로 정하는 사항

③ 제1항과 제2항은 15세 이상 18세 미만의 근로자와 임신 중인 여성 근로자에 대하여는 적용하지 아니한다.

④ 사용자는 제1항 및 제2항에 따라 근로자를 근로시킬 경우에는 기존의 임금 수준이 낮아지지 아니하도록 임금보전방안(賃金補塡方案)을 강구하여야 한다.

제51조의2(3개월을 초과하는 탄력적 근로시간제) ① 사용자는 근로자대표와의 서면 합의에 따라 다음 각 호의 사항을 정하면 3개월을 초과하고 6개월 이내의 단위기간을 평균하여 1주간의 근로시간이 제50조제1항의 근로시간을 초과하지 아니하는 범위에서 특정한 주에 제50조제1항의 근로시간을, 특정한 날에 제50조제2항의 근로시간을 초과하여 근로하게 할 수 있다. 다만, 특정한 주의 근로시간은 52시간을, 특정한 날의 근로시간은 12시간을 초과할 수 없다.

1. 대상 근로자의 범위
2. 단위기간(3개월을 초과하고 6개월 이내의 일정한 기간으로 정하여야 한다)
3. 단위기간의 주별 근로시간
4. 그 밖에 대통령령으로 정하는 사항

② 사용자는 제1항에 따라 근로자를 근로시킬 경우에는 근로일 종료 후 다음 근로일 개시 전까지 근로자에게 연속하여 11시간 이상의 휴식 시간을 주어야 한다. 다만, 천재지변 등 대통령령으로 정하는 불가피한 경우에는 근로자대표와의 서면 합의가 있으면 이에 따른다.

③ 사용자는 제1항제3호에 따른 각 주의 근로일이 시작되기 2주 전까지 근로자에게 해당 주의 근로일별 근로시간을 통보하여야 한다.

④ 사용자는 제1항에 따른 근로자대표와의 서면 합의 당시에는 예측하지 못한 천재지변, 기계 고장, 업무량 급증 등 불가피한 사유가 발생한 때에는 제1항제2호에 따른 단위기간 내에서 평균하여 1주간의 근로시간이 유지되는 범위에서 근로자대표와의 협의를 거쳐 제1항제3호의 사항을 변경할 수 있다. 이 경우 해당 근로자에게 변경된 근로일이 개시되기 전에 변경된 근로일별 근로시간을 통보하여야 한다.

⑤ 사용자는 제1항에 따라 근로자를 근로시킬 경우에는 기존의 임금 수준이 낮아지지 아니하도록 임금항목을 조정 또는 신설하거나 가산임금 지급 등의 임금보전방안(賃金補塡方案)을 마련하여 고용노동부장관에게 신고하여야 한다. 다만, 근로자대표와의 서면합의로 임금보전방안을 마련한 경우에는 그러하지 아니하다.

⑥ 제1항부터 제5항까지의 규정은 15세 이상 18세 미만의 근로자와 임신 중인 여성 근로자에 대해서는 적용하지 아니한다.

[근로기준법 시행령]

제28조(3개월 이내의 탄력적 근로시간제에 관한 합의사항 등) ① 법 제51조제2항제4호에서 "그 밖에 대통령령으로 정하는 사항"이란 서면 합의의 유효기간을 말한다.

② 고용노동부장관은 법 제51조제4항에 따른 임금보전방안(賃金補塡方案)을 강구하게 하기 위해 필요한 경우에는 사용자에게 그 임금보전방안의 내용을 제출하도록 명하거나 직접 확인할 수 있다.〈개정 2021.3.30.〉

제28조의2(3개월을 초과하는 탄력적 근로시간제에 관한 합의사항 등) ① 법 제51조의2제1항제4호에서 "그 밖에 대통령령으로 정하는 사항"이란 서면 합의의 유효기간을 말한다.

② 법 제51조의2제2항 단서에서 "천재지변 등 대통령령으로 정하는 불가피한 경우"란 다음 각 호의 어느 하나에 해당하는 경우를 말한다.

1. 「재난 및 안전관리 기본법」에 따른 재난 또는 이에 준하는 사고가 발생하여 이를 수습하거나 재난 등의 발생이 예상되어 이를 예방하기 위해 긴급한 조치가 필요한 경우
2. 사람의 생명을 보호하거나 안전을 확보하기 위해 긴급한 조치가 필요한 경우
3. 그 밖에 제1호 및 제2호에 준하는 사유로 법 제51조의2제2항 본문에 따른 휴식 시간을 주는 것이 어렵다고 인정되는 경우

행정해석

취업규칙 등에 2주단위 탄력적 근로시간제를 명시적으로 도입하지 않은 상태에서 토요격주 휴무제 시행 시 탄력적 근로시간제 도입의 유효성 인정여부

귀 질의의 경우처럼 취업규칙 또는 이에 준하는 것에서 2주단위 탄력적 근로시간제를 명시적으로 도입하지 않은 상태에서 토요격주 휴무제(1주는 40시간, 1주는 48시간)를 시행하고 있다면 이는 근로기준법상 탄력적 근로시간제를 도입하였다고 볼 수 없음. 따라서 근로기준법상의 탄력적 근로시간제를 도입하지 않은 상태에서 근로자가 특정주에 48시간을 근로하였다면 주44시간을 초과한 4시간분에 대한 연장근로수당을 지급함이 타당하다고 사료됨.

근기 68207-2997, 2000.9.29.

행정해석

탄력적 근로시간제 시행 시 근로자대표와의 합의 대신 근로자 과반수의 동의를 받은 경우

근로기준법 제51조 제2항에 의한 3개월 이내 단위의 탄력적 근로시간제를 도입하려면 근로자 대표와의 서면 합의를 법적 요건으로 하고 있는바, 사용자와 서면

합의 할 수 있는 근로자 대표는 "그 사업 또는 사업장에 근로자 과반수로 조직된 노동조합이 있는 경우에는 그 노동조합, 근로자의 과반수로 조직된 노동조합이 없는 경우에는 근로자의 과반수를 대표하는 자"를 말합니다. 따라서 3개월 이내 단위 탄력적 근로시간제를 도입하면서 근로자 대표와의 서면 합의가 아닌 대상 근로자 과반수의 개별적 서면 동의를 받는 경우에는 법적 요건을 충족하지 못한 것으로 보아야 할 것입니다.

근로조건지도과-1167, 2008.4.29.

나. 선택적 근로시간제

관계법령

[근로기준법]

제52조(선택적 근로시간제) ① 사용자는 취업규칙(취업규칙에 준하는 것을 포함한다)에 따라 업무의 시작 및 종료 시각을 근로자의 결정에 맡기기로 한 근로자에 대하여 근로자대표와의 서면 합의에 따라 다음 각 호의 사항을 정하면 1개월(신상품 또는 신기술의 연구개발 업무의 경우에는 3개월로 한다) 이내의 정산기간을 평균하여 1주간의 근로시간이 제50조제1항의 근로시간을 초과하지 아니하는 범위에서 1주 간에 제50조제1항의 근로시간을, 1일에 제50조제2항의 근로시간을 초과하여 근로하게 할 수 있다. 〈개정 2021.1.5.〉

1. 대상 근로자의 범위(15세 이상 18세 미만의 근로자는 제외한다)
2. 정산기간
3. 정산기간의 총 근로시간
4. 반드시 근로하여야 할 시간대를 정하는 경우에는 그 시작 및 종료 시각
5. 근로자가 그의 결정에 따라 근로할 수 있는 시간대를 정하는 경우에는 그 시작 및 종료 시각
6. 그 밖에 대통령령으로 정하는 사항

② 사용자는 제1항에 따라 1개월을 초과하는 정산기간을 정하는 경우에는 다음 각 호의 조치를 하여야 한다.〈신설 2021.1.5.〉

1. 근로일 종료 후 다음 근로일 시작 전까지 근로자에게 연속하여 11시간 이상의 휴식 시간을 줄 것. 다만, 천재지변 등 대통령령으로 정하는 불가피한 경우에는 근로자대표와의 서면 합의가 있으면 이에 따른다.

2. 매 1개월마다 평균하여 1주간의 근로시간이 제50조제1항의 근로시간을 초과한 시간에 대해서는 통상임금의 100분의 50 이상을 가산하여 근로자에게 지급할 것. 이 경우 제56조제1항은 적용하지 아니한다.

[근로기준법 시행령]

제29조(선택적 근로시간제에 관한 합의사항 등) ① 법 제52조제1항제6호에서 "그 밖에 대통령령으로 정하는 사항"이란 표준근로시간(유급휴가 등의 계산 기준으로 사용자와 근로자대표가 합의하여 정한 1일의 근로시간을 말한다)을 말한다.
② 법 제52조제2항제1호 단서에서 "천재지변 등 대통령령으로 정하는 불가피한 경우"란 다음 각 호의 어느 하나에 해당하는 경우를 말한다.
1. 제28조의2제2항제1호 또는 제2호에 해당하는 경우
2. 그 밖에 제1호에 준하는 사유로 법 제52조제2항제1호 본문에 따른 휴식 시간을 주는 것이 어렵다고 인정되는 경우

행정해석

선택적 근로시간제 도입시 대상 근로자 전체에 일률적으로 적용되는 특정의 근로시간을 표준근로시간으로 정하는 것의 타당성 여부

[질의]

노사가 상기와 같이 합의할 경우 아래와 같은 근무 형태를 가지는 근로자 'A' 및 'B'가 목요일에 휴가를 사용한 경우 근로자 'A'의 목요일 연차휴가에 대해 12시간을 유급처리하고, 연차유급휴가미사용수당을 산정함에 있어 연간 총120시간(8시간×15일)에서 12시간을 공제하며, 근로자 'B'의 목요일 연차휴가에 대해 4시간을 유급처리하고, 연차유급휴가 미사용수당을 산정함에 있어 연간 총120시간(8시간×15일)에서 4시간만을 공제할 수 있는지.

[근로자 A] 월·화·수요일 8시간, 목요일 12시간, 금요일 4시간
[근로자 B] 월·화·수요일 8시간, 목요일 4시간, 금요일 12시간

[회시]

귀 질의와 같이 사전에 근로자가 근로하기로 신청한 시간을 표준근로시간으로 정할 수 있게 할 경우 휴가 사용일에 따라 표준근로시간이 달라질 수 있어 1일의

근로시간을 표준근로시간을 정하여 유급휴가 등의 계산 기준으로 삼도록 한 법 취지에 부합하지 않는바, 대상 근로자 전체에 일률적으로 적용되는 특정의 근로시간을 표준근로시간으로 정하는 것이 타당하다고 사료됩니다.

근로개선정책과-703, 2011.4.8.

다. 사업장 밖 간주근로시간제

관계법령

[근로기준법]

제58조(근로시간 계산의 특례) ① 근로자가 출장이나 그 밖의 사유로 근로시간의 전부 또는 일부를 사업장 밖에서 근로하여 근로시간을 산정하기 어려운 경우에는 소정근로시간을 근로한 것으로 본다. 다만, 그 업무를 수행하기 위하여 통상적으로 소정근로시간을 초과하여 근로할 필요가 있는 경우에는 그 업무의 수행에 통상 필요한 시간을 근로한 것으로 본다.

② 제1항 단서에도 불구하고 그 업무에 관하여 근로자대표와의 서면 합의를 한 경우에는 그 합의에서 정하는 시간을 그 업무의 수행에 통상 필요한 시간으로 본다.

행정해석

출장근무 등 사업장 밖에서 근로하는 경우 근로시간 산정여부

출장근무 등 사업장 밖에서 근로하는 경우에 있어서의 근로시간 산정에 관하여는 舊 근로기준법 제56조 제1항 및 제2항(現 근로기준법 제58조 제1항 및 제2항)에서 특례를 규정하고 있음. 동 규정에 따라 특별한 사정이 없으면 소정근로시간을 근로한 것으로 보며, 소정근로시간을 초과하여 근로할 필요가 있는 경우에는 그 업무수행에 통상 필요한 시간(노사 서면합의에서 정하는 경우 그 정한 시간)을 근로한 것으로 보게 됨. 귀 질의내용이 불분명하여 정확한 답변이 곤란하나, 사업장 및 출장지가 소재하는 지역간 이동에 통상 소요되는 시간을 포함하여 출장근무 수행에 통상적으로 필요한 시간이 소정근로시간을 초과한 경우라면 그 필요한 시간을 근로한 것으로 보게 되므로 그 시간에 대하여 임금을 지급해야 함. 한편, 사용자의 지시에 의해 휴일에 출장업무를 수행한 것이 명백한 경우에는 이를 휴일근로로 볼 수 있으나, 단순히 휴일에 이동하는 경우라면 휴일근로를 한 것으로 보기는 어렵다고 사료됨.

근기 68207-2675, 2002.8.9.

라. 재량간주근로시간제

관계법령

[근로기준법]

제58조(근로시간 계산의 특례) ③ 업무의 성질에 비추어 업무 수행 방법을 근로자의 재량에 위임할 필요가 있는 업무로서 대통령령으로 정하는 업무는 사용자가 근로자대표와 서면 합의로 정한 시간을 근로한 것으로 본다. 이 경우 그 서면 합의에는 다음 각 호의 사항을 명시하여야 한다.

1. 대상 업무
2. 사용자가 업무의 수행 수단 및 시간 배분 등에 관하여 근로자에게 구체적인 지시를 하지 아니한다는 내용
3. 근로시간의 산정은 그 서면 합의로 정하는 바에 따른다는 내용

④ 제1항과 제3항의 시행에 필요한 사항은 대통령령으로 정한다.

[근로기준법 시행령]

제31조(재량근로의 대상업무) 법 제58조제3항 전단에서 "대통령령으로 정하는 업무"란 다음 각 호의 어느 하나에 해당하는 업무를 말한다.

1. 신상품 또는 신기술의 연구개발이나 인문사회과학 또는 자연과학분야의 연구 업무
2. 정보처리시스템의 설계 또는 분석 업무
3. 신문, 방송 또는 출판 사업에서의 기사의 취재, 편성 또는 편집 업무
4. 의복・실내장식・공업제품・광고 등의 디자인 또는 고안 업무
5. 방송 프로그램・영화 등의 제작 사업에서의 프로듀서나 감독 업무
6. 그 밖에 고용노동부장관이 정하는 업무

행정해석

재량간주근로시간제 서면합의했음에도 사용자가 업무 수행 방법에 대해 구체적인 지시를 하고 출·퇴근 시간을 통제한 경우 유효성 판단

근로자 개인의 재량으로 선택한 업무 수행 수단 및 시간 배분 방법으로 인해 서면합의로 정한 근로시간을 초과한 경우에는 법정 근로수당을 청구할 수 없을 것입니다. 다만 서면합의했음에도 사용자가 업무 수행 방법에 대해 구체적인 지시를 하고 출·퇴근 시간을 통제한다면, 이는 재량근로로 볼 수 없으므로 실근로시간에 따라 근로시간을 산정해야 하고 법정 근로시간을 초과한 경우에는 법정 근로수당을 지급해야 할 것입니다.

근로개선정책과-6390, 2012.11.28.

4) 근로감독 시 자주 발생하는 위반 사례 및 해결 방안

가. 탄력적 근로시간제

case 01

☑ **위반 사례**

○○산업 2주 이내 탄력적 근로시간제를 시행중이며 첫째주 48시간, 둘째주 32시간을 근로하기로 함. ○○산업 ○○○근로자는 48시간 근무하기로 한 주에 52시간을 근무하였으나 연장근로수당을 지급받지 못함 → 탄력적 근로시간제 가산수당 지급 위반

☑ **해결 방안**

탄력적 근로시간제의 경우 근로하기로 정한 근로시간을 초과한 경우 연장근로시수당을 지급하여야 함

case 02

☑ **위반 사례**

○○화학은 3월 이내 탄력적 근로시간제를 도입하기로 결정함. 그러나 근로자대표와의 서면합의를 하지 않고 전체 근로자의 동의를 받음 → 탄력적 근로시간

제 도입 절차 위반

☑ **해결 방안**

3개월 이내의 탄력적 근로시간제의 경우 근로자대표와의 서면합의를 통하여 도입하여야 함

나. 선택적 근로시간제

case 03

☑ **위반 사례**

○○전자는 사무직 근로자를 대상으로 선택적 근로시간제를 도입하기로 함. 그러나 근로자대표와 서면합의 시 정산기간을 3개월로 정함 → 선택적 근로시간제 정산기간 위반

☑ **해결 방안**

선택적 근로시간제의 정산기간은 1개월 이내의 기간으로 정하여야 함

다. 사업장 밖 간주근로시간제

case 04

☑ **위반 사례**

○○제과는 영업직 근로자에게 사업장 밖 간주근로시간제를 적용하고 있음. 최근 ○○제과는 일상적으로 사업장 안에서 근무하는 사무직 근로자에게도 사업장 밖 간주근로시간제를 적용함 → 사업장 밖 간주근로시간제 적용 위반

☑ **해결 방안**

사업장 밖 간주근로시간제는 근로시간의 전부 또는 일부가 사업장 밖에서 이루어지는 근로자를 대상으로 적용가능함

라. 재량간주근로시간제

case 05

☑ **위반 사례**

○○엔지니어링은 반도체 장비를 제조하는 중소기업임. ○○엔지니어링은 반도체 장비 시험가동 업무수행자에게 재량간주근로시간제를 적용함 → 재량간주근로시간제 적용 위반

☑ **해결 방안**

재량간주근로시간제의 대상업무는 근로기준법 시행령에서 정하고 있음. 반도체 장비 시험가동 업무는 재량근로 대상업무에 해당하지 아니함

5) 근로감독 대비 실무 적용점

- 유연근로시간제와 관련하여 법률에서 요건과 절차가 규정되어 있기 때문에 제도 도입 시 철저한 사전 검토가 필요하다.
- 유연근로시간제 도입과 관련한 근로자 대표 선출 시 근로자 대표 선출 관련 서류를 보관하도록 한다.
- 유연근로시간제 관련하여 근로자대표 서면합의서, 근로계약서 등 관련서류를 철저히 관리한다.

11. 근로시간 적용의 제외(근로기준법 제63조)

1) 체크리스트

구분	점검 내용	점검 결과	근로감독 결과 위반 시 조치 기준
근로시간 적용의 제외	• 근로시간 적용의 제외를 적법하게 운영하고 있는지 여부 〈근로기준법 제63조〉 ※ 처벌규정은 없으나 제도시행요건 불비로 근로시간 적용제외 유효성을 인정받지 못하는 경우, 근로기준법 제5장 근로시간, 휴게와 휴일 규정위반으로 처벌 받을 수 있음	① 근로시간 적용의 제외를 적법하게 운영함 ② 근로시간 적용의 제외를 적법하게 운영하지 않음	별도의 조치기준은 없으나, 적용제외 유효성을 인정받지 못하는 경우 근로기준법 제5장 근로시간, 휴게와 휴일 위반 시 조치기준이 적용될 수 있음

2) 체크포인트

근로기준법 제63조에서는 농림, 축산, 양잠, 수산 또는 감시·단속적 근로자로서 고용노동부 장관의 승인을 받은 자 등에 대해서는 근로시간, 휴게, 휴일에 관한 규정을 적용하지 않도록 규정하고 있다. 따라서 근로시간 적용 제외 시 적용 제외 근로자에 해당하는지 여부를 철저히 검토하여야 한다.

3) 관련법령/행정해석/판례

관계법령

[근로기준법]

제63조(적용의 제외) 이 장과 제5장에서 정한 근로시간, 휴게와 휴일에 관한 규정은 다음 각 호의 어느 하나에 해당하는 근로자에 대하여는 적용하지 아니한다.

1. 토지의 경작·개간, 식물의 식재(植栽)·재배·채취 사업, 그 밖의 농림 사업
2. 동물의 사육, 수산 동식물의 채취·포획·양식 사업, 그 밖의 축산, 양잠, 수산 사업
3. 감시(監視) 또는 단속적(斷續的)으로 근로에 종사하는 자로서 사용자가 고용

노동부장관의 승인을 받은 사람

4. 대통령령으로 정하는 업무에 종사하는 근로자

[근로기준법 시행령]

제34조(근로시간 등의 적용제외 근로자) 법 제63조제4호에서 “대통령령으로 정한 업무”란 사업의 종류에 관계없이 관리·감독 업무 또는 기밀을 취급하는 업무를 말한다.

[근로감독관 집무규정]

제68조(감시적·단속적 근로에 종사하는 자에 대한 적용제외 승인) ①「근로기준법」 제63조제3호 및 같은 법 시행규칙 제10조제2항에 따른 “감시적 근로에 종사하는 자”의 적용제외 승인은 다음 각 호의 기준을 모두 갖춘 때에 한한다.

1. 수위·경비원·물품감시원 또는 계수기감시원 등과 같이 심신의 피로가 적은 노무에 종사하는 경우. 다만, 감시적 업무이기는 하나 잠시도 감시를 소홀히 할 수 없는 고도의 정신적 긴장이 요구되는 경우는 제외한다.
2. 감시적인 업무가 본래의 업무이나 불규칙적으로 단시간동안 타 업무를 수행하는 경우. 다만, 감시적 업무라도 타 업무를 반복하여 수행하거나 겸직하는 경우는 제외한다.
3. 사업주의 지배 하에 있는 1일 근로시간이 12시간 이내인 경우 또는 다음 각 목의 어느 하나에 해당하는 격일제(24시간 교대) 근무의 경우
   가. 수면시간 또는 근로자가 자유로이 이용할 수 있는 휴게시간이 8시간 이상 확보되어 있는 경우
   나. 가목의 요건이 확보되지 아니하더라도 공동주택(「주택법 시행령」 제2조제1항 및 「건축법 시행령」 별표 1 제2호 가목부터 라목까지 규정하고 있는 아파트, 연립주택, 다세대주택, 기숙사) 경비원에 있어서는 당사자간의 합의가 있고 다음날 24시간의 휴무가 보장되어 있는 경우〈개정 2008.12.31.〉
4. 근로자가 자유로이 이용할 수 있으며 다음 각 목의 기준을 충족하는 별도의 수면시설 또는 휴게시설이 마련되어 있는 경우. 다만, 수면 또는 휴식을 취할 수 있는 충분한 공간과 시설이 마련되어 있는 경우에는 별도의 장소에 마련하지 않아도 적합한 것으로 본다.〈개정 2021.10.25.〉
   가. 적정한 실내 온도를 유지할 수 있는 냉·난방 시설을 갖출 것(여름 20~28℃, 겨울 18~22℃)〈신설 2021.10.25.〉

나. 유해물질이나 수면 또는 휴식을 취하기 어려울 정도의 소음에 노출되지 않을 것〈신설 2021.10.25.〉

다. 식수 등 최소한의 비품을 비치하고, 주기적인 청소 등을 통해 청결을 유지하며, 각종 물품을 보관하는 수납공간으로 사용하지 않을 것〈신설 2021.10.25.〉

라. 야간에 수면 또는 휴게시간이 보장되어 있는 경우에는 몸을 눕혀 수면 또는 휴식을 취할 수 있는 충분한 공간과 침구 등 필요한 물품 등이 구비되어 있을 것〈신설 2021.10.25.〉

5. 근로자가 감시적 근로자로서 근로시간, 휴게, 휴일에 관한 규정의 적용이 제외된다는 것을 근로계약서 또는 확인서 등에 명시하고 근로자에게 다음 각 목의 근로조건을 보장하는 경우〈개정 2021.10.25.〉

가. 휴게시간(수면시간을 포함한다. 이하 이 호에서 같다)이 근로시간 보다 짧을 것. 다만, 사업장의 특성상 불가피성이 인정되고 휴게시간에 사업장을 벗어나는 것이 허용되는 경우에는 예외로 한다.〈신설 2021.10.25.〉

나. 휴게시간 보장을 위해 외부 알림판 부착, 소등 조치, 고객(입주민) 안내 등의 조치를 취할 것〈신설 2021.10.25.〉

다. 월평균 4회 이상의 휴(무)일을 보장할 것〈신설 2021.10.25.〉

② 「근로기준법」 제63조제3호 및 같은 법 시행규칙 제10조제3항에 따른 "단속적 근로에 종사하는 자"의 적용제외 승인은 다음 각 호의 기준을 모두 갖춘 때에 한한다.

1. 평소의 업무는 한가하지만 기계고장 수리 등 돌발적인 사고발생에 대비하여 간헐적·단속적으로 근로가 이루어져 휴게시간이나 대기시간이 많은 업무인 경우〈개정 2019.8.30.〉

2. 실 근로시간이 8시간 이내이면서 전체 근무시간의 절반 이하인 업무의 경우. 다만, 격일제(24시간 교대) 근무인 경우에는 이에 대한 당사자간 합의가 있고, 실 근로시간이 전체 근무시간의 절반 이하이면서 다음날 24시간의 휴무가 보장되어야 한다.〈개정 2019.8.30.〉

3. 근로자가 자유로이 이용할 수 있으며 다음 각 목의 기준을 충족하는 별도의 수면시설 또는 휴게시설이 마련되어 있는 경우. 다만, 수면 또는 휴식을 취할 수 있는 충분한 공간과 시설이 마련되어 있는 경우에는 별도의 장소에 마련하지 않아도 적합한 것으로 본다.〈개정 2021.10.25.〉

가. 적정한 실내 온도를 유지할 수 있는 냉·난방 시설을 갖출 것(여름 20~28℃, 겨울 18~22℃)〈신설 2021.10.25.〉

나. 유해물질이나 수면 또는 휴식을 취하기 어려울 정도의 소음에 노출되지 않을 것〈신설 2021.10.25.〉

다. 식수 등 최소한의 비품을 비치하고, 주기적인 청소 등을 통해 청결을 유지하며, 각종 물품을 보관하는 수납공간으로 사용하지 않을 것〈신설 2021.10.25.〉

라. 야간에 수면 또는 휴게시간이 보장되어 있는 경우에는 몸을 눕혀 수면 또는 휴식을 취할 수 있는 충분한 공간과 침구 등 필요한 물품 등이 구비되어 있을 것〈신설 2021.10.25.〉

4. 근로자가 단속적 근로자로서 근로시간, 휴게, 휴일에 관한 규정의 적용이 제외된다는 것을 근로계약서 또는 확인서 등에 명시하고 근로자에게 다음 각 목의 근로조건을 보장하는 경우〈개정 2021.10.25.〉

가. 휴게시간(수면시간을 포함한다. 이하 이 호에서 같다)이 근로시간 보다 짧을 것. 다만, 사업장의 특성상 불가피성이 인정되고 휴게시간에 사업장을 벗어나는 것이 허용되는 경우에는 예외로 한다.〈신설 2021.10.25.〉

나. 휴게시간 보장을 위해 외부 알림판 부착, 소등 조치, 고객(입주민) 안내 등의 조치를 취할 것〈신설 2021.10.25.〉

다. 월평균 4회 이상의 휴(무)일을 보장할 것〈신설 2021.10.25.〉

③ 제1항 및 제2항의 근로시간은 일정기간(주 또는 월 등)의 평균적 개념으로 산정한다.

④ 감독관은 감시적 또는 단속적 근로종사자에 대한 적용제외 승인 신청서를 접수한 때에는 승인대상 사업장에 현지 출장하여 근로조건의 실태를 확인하는 등 승인기준에 합당한지를 조사하여야 한다. 다만, 신청서 등 관련서류를 검토한 결과 승인기준에 미달하는 것이 명백하거나 사용자가 동일하고 신청서 접수일 이전 1년 이내에 승인 대상 사업장에 현지 출장조사를 실시한 경우에는 현지 출장조사를 생략할 수 있다.〈신설 2019.8.30.〉

⑤ 감시적·단속적 근로에 종사하는 자에 대한 적용제외 승인기간은 제67조제2호에도 불구하고 결재일 이전으로 소급할 수 있다. 다만, 신청일 이전으로 소급하여서는 아니된다.〈신설 2019.8.30.〉

⑥ 감시적 또는 단속적 근로 종사자에 대한 적용제외 승인의 취소는 제67조제3호에도 불구하고 다음 각 호의 어느 하나에 해당하는 경우에 하여야 한다.

1. 사용자가 제1항 또는 제2항에 따른 승인기준을 위반한 경우
2. 사용자가 거짓이나 그 밖의 부정한 방법으로 승인받은 경우

행정해석

감시·단속적 근로자로 승인을 받지 않은 경우 24시간 격일제 근무가 가능한지 여부

舊 근로기준법 제61조(現 근로기준법 제63조)에 의해 감시·단속적 근로에 종사하는 근로자로서 노동부장관(지방노동관서장)의 승인을 얻은 근로자에 대해서는 근로시간, 휴게와 휴일에 관한 규정이 적용되지 않음. 여기서 감시·단속적 근로자라 함은 동법 舊 시행규칙 제12조(現 제10조)에 정한 바와 같이 "상태적으로 정신적 육체적 피로가 적은 업무"로서 "근로가 간헐적·단속적으로 이루어져 휴게시간 또는 대기시간이 많은 업무"에 종사하는 근로자인 바, 귀 질의상의 특수경비원이 동법 제61조의 적용의 제외 대상인지 여부도 위의 기준에 따라 판단되어야 할 것임.

舊 근로기준법 제61조(現 근로기준법 제63조)에 의한 감시·단속적 근로자로 승인을 받지 않은 경우에는 근로기준법상 근로시간 및 휴게·휴일에 관한 규정이 적용되므로, 24시간 격일제 근무는 근로기준법에 위반될 수 있음. 근로기준법 위반 사항에 대하여는 관할 지방노동관서에 신고할 수 있음.

근기 68207-1096, 2003.9.1.

행정해석

근로시간 적용 제외 승인과 관련하여 대상인원이 증가된 경우 별도로 승인을 받아야 하는지 여부

감시 또는 단속적 근로에 종사하는 자에 대한 근로시간 등의 적용제외 승인은 근로형태 및 업무성질, 근로자수가 변경되지 않는 한 승인의 효력은 계속 유효하나, 종전에 승인받은 근로자수보다 동일업무에 종사하는 근로자수가 증가되었다면 증가된 근로자에 대하여는 별도로 승인을 받아야 함.

근기 68207-3297, 2000.10.25.

행정해석

감시 또는 단속적 근로자가 야간근로수당을 청구할 수 있는지 여부

舊 근로기준법 제61조제3호(現 근로기준법 제63조 제3호)에 해당하는 감시, 단속적 근로자로서 노동부장관의 적용제외 승인을 얻은 경우에는 동법 제4장과 제5장에서 정한 근로시간, 휴게와 휴일에 관한 규정은 적용하지 않음. 따라서, 법정근

로시간을 초과한 연장근로 및 휴일근로에 대해서는 동법 舊 제55조(現 제56조)에 의한 가산수당을 지급할 필요가 없으나 야간근로(22:00~익일 06:00)에 대해서는 동조에 의한 가산수당이 지급되어야 함.

근기 68207-3172, 2001.9.20.

행정해석

관리·감독 업무 종사자에 대한 판단

[질의]

"갑" 회사의 각 영업점포에는 관리직으로 점장 및 제1·2부점장이 있는 바, 점장은 점포 전반에 관한 운영·감독권을 가짐. 점장은 (가) 일상적인 감독 없이 자율적으로 점포를 운영하고 (나) 직무 수행에 상당한 재량을 가지며 (다) 업무 일정을 직접 수립하므로 근무시간 조정이 가능하고 (라) 공급물량의 주문을 비롯한 특정 업무 거래에 대해 회사를 통제할 수 있는 권한을 가짐. 점장이 교대제 근무인 고로 점장 부재시 제1·2부점장은 자신의 교대근무제인 담당 시간대에 제한적인 점포의 운영·감독권을 가지고 있음.

위와 같은 점포 관리직이 舊 근로기준법 제61조 제4호(現 근로기준법 제63조 제4호) 동법 시행령 舊 제30조(現 제34조)의 규정에 의한 근로시간 등 적용제외자(관리감독직)로 보아야 하는지 여부

[회시]

舊 근로기준법 제61조 제4호(現 근로기준법 제63조 제4호) 동법 시행령 舊 제30조(現 제34조)의 규정에 따른 관리·감독업무에 종사하는 근로자라 함은 사업의 종류와 관계없이 근로조건의 결정 기타 노무관리에 관하여 경영자와 일체적인 입장에 있는 자를 말하는 것으로, 노무관리 방침의 결정에 참여하거나 노무관리상의 지휘감독 권한을 가지고 있는지 여부, 자신의 근로에 대하여 자유재량권을 가지고 있는지 여부, 그 지위에 따른 특별수당을 받고 있는지 여부 등을 종합적으로 검토하되, 공장장, 지점장, 부장 등 그 명칭 여하에 불구하고 근무실태에 따라 구체적으로 판단되어야 할 것으로 봄.

귀 질의 내용의 사실관계가 불분명하여 명확한 답변을 드리기 어려우나, 귀 질의의 점장이 그가 관리하는 점포에 대한 운영·감독권한과 함께 직원들의 인사고

과와 근태관리 등 노무관리에 대한 권한을 가지고 있으며, 자신의 직무 수행에 대하여 상당한 재량권을 가지고 근무시간을 조정할 수 있는 등 사실상 사업(장)에 대한 관리·감독업무를 주된 업무내용으로 하고 있다면 근로기준법 제61조 및 동법 시행령 제30조에 의한 "관리·감독업무에 종사하는 근로자"로 볼 수 있을 것이나, 귀 질의의 부점장의 경우와 같이 점장이 부재시에만 점장의 업무를 부분적으로 대신 수행하는 경우라면 상기 기준에 따라 별도의 구체적인 판단이 필요하다고 사료됨.

근로기준과-2326, 2004.5.10.

4) 근로감독 시 자주 발생하는 위반 사례 및 해결 방안

case

☑ **위반 사례**

○○실업은 경비직을 정규직으로 운영하고 있음. ○○실업 인사팀은 경비직은 감시적 근로자이기 때문에 별도의 절차없이 근로기준법상 근로시간 적용이 제외되는 것으로 인식하고 있음. 이에 따라 경비직 근로자의 근로시간을 주당 70시간으로 운영함 → 근로시간 및 휴게시간의 적용제외 위반

☑ **해결 방안**

감시적 근로자의 경우 고용노동부 장관의 승인을 받은 자에 한하여 근로시간의 적용이 제외되므로 감시적 근로자 적용제외 승인을 받아야 함

5) 근로감독 대비 실무 적용점

- 근로시간 적용 제외 근로자에 해당하는지를 사전에 철저히 확인한다.
- 감시·단속적 근로자의 경우 반드시 고용노동부장관의 승인을 받은 후 근로시간 적용 제외를 시행한다.

제5장

휴식 관련 체크포인트

1. 주휴일
2. 관공서 공휴일과 유급휴일
3. 연차유급휴가
4. 1년 미만 근로자 등 연차유급휴가
5. 연차유급휴가 사용촉진과 미사용수당
6. 연차유급휴가의 대체
7. 휴게
8. 근로자의 날

제5장 휴식 관련 체크포인트

1. 주휴일(근로기준법 제55조 제1항)
2. 관공서 공휴일과 유급휴일(근로기준법 제55조 제2항)
3. 연차유급휴가(근로기준법 제60조)
4. 1년 미만 근로자 등 연차유급휴가(근로기준법 제60조)
5. 연차유급휴가 사용촉진과 미사용수당(근로기준법 제61조)
6. 연차유급휴가의 대체(근로기준법 제62조)
7. 휴게(근로기준법 제54조)
8. 근로자의 날(근로자의 날 제정에 관한 법률)

휴식은 휴일, 휴가, 휴게로 나누어진다. 휴식은 보상과 연계되기 때문에 매우 중요한 근로감독 점검사항이다. 휴일에 대한 근로감독은 주휴일과 근로자의 날에 대한 적법한 운영이 가장 중요하다. 또한 최근 주52시간 상한제 도입과 함께 관공서의 공휴일이 유급휴일로 변경된 사항도 유의하여야 한다(2020.1.1.부터 단계적으로 시행) 휴가와 관련한 근로감독은 연차유급휴가를 중심으로 준비하여야 한다. 연차유급휴가는 근로감독시 가장 빈번하게 적발되는 영역이다. 특히 1년 미만자의 연차유급휴가와 연차유급휴가 미사용수당에 대해서 철저히 대비하는 것이 필요하다. 휴게에 대한 근로감독은 근로계약상 휴게시간의 보장여부 등이 문제될 수 있다. 이번 장에서는 주휴일, 연차유급휴가, 휴게 등에 대한 세부내용을 살펴보도록 한다.

1. 주휴일(근로기준법 제55조 제1항)

1) 체크리스트

<table>
<tr><th>구분</th><th>점검 내용</th><th>점검 결과</th><th>근로감독 결과
위반 시 조치 기준</th></tr>
<tr><td rowspan="2">주휴일</td><td rowspan="2">• 1주 동안의 소정근로일을 개근한 근로자에게 1주에 평균 1회 이상 유급휴일을 부여하는지 여부 〈근로기준법 제55조 제1항〉
※ 위반 시 2년 이하의 징역 또는 2천만원 이하의 벌금</td><td>① 1주일에 평균 1회 이상 유급휴일을 부여함</td><td rowspan="2">즉시 시정
(미시정시 범죄인지)</td></tr>
<tr><td>② 1주일에 평균 1회 이상 유급휴일을 부여하지 않음</td></tr>
</table>

2) 체크포인트

주휴일은 근로감독 시 매우 중요한 점검사항이다. 많은 기업이 주휴일을 적법하게 부여하지 않아서 근로감독 시 시정지시를 받는다. 근로기준법 제55조 제1항 및 동법 시행령 제30조에서는 1주 동안의 소정근로일을 개근한 근로자에게 1주에 평균 1회 이상 유급휴일을 부여하도록 규정하고 있다.

주휴일은 개근한 근로자에게 부여하기 때문에 주휴일 부여 시 개근에 대하여 판단하는 것이 필요하다. 주휴일은 단시간근로자에 대해서도 비례적으로 적용되지만, 4주 동안을 평균하여 1주 동안의 소정근로시간이 15시간 미만인 근로자에 대해서는 적용되지 않는다.

3) 관련법령/행정해석/판례

관계법령

[근로기준법]

제55조(휴일) ① 사용자는 근로자에게 1주에 평균 1회 이상의 유급휴일을 보장하여야 한다.

[근로기준법 시행령]

제30조(휴일) ① 법 제55조제1항에 따른 유급휴일은 1주 동안의 소정근로일을 개근한 자에게 주어야 한다.

행정해석

개근의 의미

일주일간의 지각 또는 조퇴시간을 합산하여 8시간이 되면 1일 결근으로 간주하여 유급휴일수당을 지급하지 않아도 되는지에 대하여는 근로기준법 제55조 및 동법 시행령 제30조에 따르면 사용자는 1주일을 개근한 근로자에 대하여는 1일의 유급휴일을 주어야 하는바, 이 때, '개근'이란 근로제공의 의무가 있는 소정근로일에 결근하지 않는 것을 의미합니다. 따라서, 1주일간의 지각 또는 조퇴시간을 합산하여 8시간이 되더라도, 지각 또는 조퇴는 결근이 아니므로, 1일을 결근처리하여 개근일수에 영향을 줄 수는 없다고 사료됩니다.

근로기준과-5560, 2009.12.23

행정해석

일용근로자에 대한 주휴수당

근로기준법상의 주휴일은 1주간의 소정근로일수를 개근한 자에게 주도록 되어 있으므로 근로계약이 1일단위로 체결되어 1주간의 소정근로일수를 산정할 수가 없는 일용근로자에게는 원칙적으로 주휴일을 부여할 수 없음.

그러나 주휴일의 부여 목적이 1주간의 근로로 인하여 축적된 근로자의 피로를 풀어주고 건강을 확보하게 하며, 여가의 이용을 가능케 하여 사회적 · 문화적 생활을 할 수 있도록 하는데 있으므로 일용근로자가 계속적으로 근로를 한다면 이 때에는 소정근로일수 대신 실근로일수를 기준으로 하여 1주일에 6일을 개근하였으면 주휴일을 부여하여야 함

한편, 일용근로자의 경우 주휴수당을 포함하여 임금을 지급받기로 사전에 약정하지 않은 한 주휴수당은 임금과는 별도로 지급되는 것이므로 주휴일이 부여된 일용근로자에게는 임금과는 별도로 주휴수당을 지급하여야 함.

근기 68207-424, 1997.4.2.

행정해석

근로자가 토요일과 일요일 각각 9시간씩 주2일 근무하는 경우 주휴수당 발생 여부

귀 질의상 소정근로시간이 1주 15시간 이상이므로 다음 주의 근로가 예정되어 있는 경우에는 주휴수당이 발생할 것으로 사료되며, 주휴수당의 구체적인 산정방법은 단시간근로자에 대한 근로기준법 적용지침(근로기준과-4532, 2004.8.30)을 참고하시기 바랍니다. 다만, 단시간근로자가 규칙적으로 연장근로를 하였다 하더라도 주휴수당 계산에 관하여는 연장근로를 제외한 소정근로시간으로 주휴수당을 계산함이 타당하다고 사료됩니다.

근로개선정책과-4640, 2011.11.21.

행정해석

주휴일을 월 단위(월4일~5일)로 부여할 수 있는지 여부

[질의]

당 공사의 산하에 의료기관이 있는 바, 병동의 간호사 등은 월 단위 근무계획표에 의거 3교대 형태로 근무하고 있음. 대휴 대상 근무자에게 주 1회의 주휴일을 부여하지 않고 월단위로 주휴일 및 기타 휴일을 한꺼번에 4~5일씩 부여한 경우 그 적법여부.

[회시]

舊 근로기준법 제45조(現 근로기준법 제55조)는 1주일에 평균 1회 이상의 유급휴일을 부여토록 규정하고 있는 바, 이는 강행규정으로 월단위로 4~5일을 일괄 부여할 수 없음.

근기 01254-9675, 1990.7.10.

행정해석

지각·조퇴·외출 등 3회 이상일 경우 결근 1일로 취급하는 경우

근로자가 지각·조퇴·외출 등의 사유로 소정근로일의 근로시간 전부를 근로하지 못하였다 하더라도 소정근로일을 단위로 그날에 출근하여 근로를 제공하였다면 이를 결근으로 취급할 수 없는 것이므로 지각·조퇴·외출 3회를 결근 1일로 취급하여 주휴, 월차유급휴가, 연차유급휴가 등에 영향을 미치게 함은 부당함.

근기 1451-21279, 1984.10.20.

판례

다음 주의 근로가 예정되어 있지 않은 경우 유급휴일 부여 의무

'유급휴일'이란 휴일제도의 취지를 살려 근로자가 이를 충분히 활용할 수 있도록 하여 주기 위하여 임금의 지급이 보장되어 있는 휴일, 즉 휴식을 취하더라도 통상적인 근로를 한 것처럼 임금이 지급되는 날을 말하는 것이다. 이러한 휴일 및 유급휴일 제도를 근로기준법에 규정한 목적에 비추어 보면, 근로의 제공 없이도 근로자에게 임금을 지급하도록 한 유급휴일의 특별규정이 적용되기 위하여는 평상적인 근로관계, 즉 근로자가 근로를 제공하여 왔고, 또한 계속적인 근로제공이 예정되어 있는 상태가 당연히 전제되어 있다고 볼 것이다.

대법원 2013.11.28. 선고, 2011다39946 판결

4) 근로감독 시 자주 발생하는 위반 사례 및 해결 방안

case 01

☑ **위반 사례**

○○카페는 대학생 ○○○씨를 아르바이트(일용직)로 채용함(근로조건 : 일 5H 근무, 시급 8,000원, 일급 40,000원). 이번달 ○○○씨는 20일 근무하였고 20일치 임금으로 800,000원을 지급받았음. → 주휴수당 지급 위반

☑ **해결 방안**

아르바이트의 경우에도 주휴수당 지급의무가 있음. 따라서 ○○카페는 ○○○ 근로자에 20일 근로에 대하여 1주 개근 시 1일의 주휴수당을 지급하여야 함

case 02

☑ **위반 사례**

○○할인점은 진열직무를 수행할 단시간 근로자를 채용함.(근로조건 : 일 4H, 1주 20시간 근무) ○○할인점은 단시간 근로자에 대하여 주휴수당을 지급하지 않음 → 주휴수당 지급 위반

☑ **해결 방안**

4주 동안을 평균하여 1주 동안의 소정근로시간이 15시간 미만인 근로자의 경우에만 주휴일 적용이 제외되므로 ○○할인점의 단시간 근로자에게 주휴수당을 지급하여야 함

5) 근로감독 대비 실무 적용점

- 1주 동안의 소정근로일을 개근한 근로자에게 1주에 평균 1회이상의 유급휴일을 부여한다.
- 일용직, 단시간근로자 등에 대해서도 주휴일을 부여한다.

2. 관공서 공휴일과 유급휴일(근로기준법 제55조 제2항)

1) 체크리스트

구분	점검 내용	점검 결과	근로감독 결과 위반 시 조치 기준
공휴일 유급 부여	• 「관공서의 공휴일에 관한 규정」 상 공휴일과 대체공휴일을 유급휴일로 보장하는지 여부 〈근로기준법 제55조 제2항〉 ※ 위반 시 2년 이하의 징역 또는 2천만원 이하의 벌금	① 공휴일과 대체공휴일을 유급휴일로 보장함 ② 공휴일과 대체공휴일을 유급휴일로 보장하지 않음	최근 법 개정으로 위반 시 조치기준은 없으나 근로감독관 집무규정 개정 시 조치기준이 마련될 것으로 예상됨
공휴일 대체시 근로자 대표와 서면 합의	• 「관공서의 공휴일에 관한 규정」 상 공휴일과 대체공휴일에 대하여 휴일대체 시 근로자대표와의 서면합의 여부 〈근로기준법 제55조 제2항〉 ※ 위반 시 2년 이하의 징역 또는 2천만원 이하의 벌금	① 공휴일과 대체공휴일의 휴일대체 시 근로자대표와 서면합의를 함 ② 공휴일과 대체공휴일의 휴일대체 시 근로자대표와 서면합의를 하지 않음	최근 법 개정으로 위반 시 조치기준은 없으나 근로감독관 집무규정 개정 시 조치기준이 마련될 것으로 예상됨

2) 체크포인트

관공서 공휴일 적용에 대한 내용이 주52시간 상한제 도입과 함께 변경되었다. 과거에는 민간기업의 경우 취업규칙에 어떻게 규정하는지 여부에 따라서 관공서 공휴일에 관한 규정 상 공휴일의 유급휴일여부가 결정되었다. 다시 말해서 취업규칙에서 관공서 공휴일을 유급휴일로 정하고 있는 기업의 경우에만 관공서 공휴일이 유급휴일로 보장되었던 것이다.

그러나 근로기준법 제55조 제2항 신설로 관공서의 공휴일에 관한 규정 상 공휴일(일요일 제외)과 대체공휴일이 민간기업에도 유급휴일로 변경된다. 다만, 기업의 부담을 고려하여 규모별로 단계적으로 시행될 예정이며, 또한 공휴일과 대체공휴일의 경우 근로자 대표와의 서면합의를 통해서만 휴일대체가 가능하도록 휴일대체 요건

이 변경되었다.(단, 주휴일은 기존처럼 개인의 동의를 통하여 휴일대체가 가능함.')

즉, 지금까지 판례와 행정해석은 주휴일과 공휴일 구분 없이 근로자 개인의 동의를 통하여 휴일대체가 가능하다고 해석하였으나 근로기준법 제55조 제2항의 신설로 공휴일과 대체공휴일에 대해서는 휴일대체의 요건이 변경되었으므로 회사는 향후 휴일대체 근태관리의 변화가 필요할 것으로 보인다.

3) 관련법령/행정해석/판례

관계법령

[근로기준법]

제55조(휴일) ② 사용자는 근로자에게 대통령령으로 정하는 휴일을 유급으로 보장하여야 한다. 다만, 근로자대표와 서면으로 합의한 경우 특정한 근로일로 대체할 수 있다.

[근로기준법 시행령]

제30조(휴일) ② 법 제55조제2항 본문에서 "대통령령으로 정하는 휴일"이란 「관공서의 공휴일에 관한 규정」 제2조 각 호(제1호는 제외한다)에 따른 공휴일 및 같은 영 제3조에 따른 대체공휴일을 말한다.

[관공서 공휴일에 관한 규정]

제2조(공휴일) 관공서의 공휴일은 다음 각 호와 같다. 다만, 재외공관의 공휴일은 우리나라의 국경일 중 공휴일과 주재국의 공휴일로 한다. 〈개정 2017.10.17.〉

1. 일요일
2. 국경일 중 3·1절, 광복절, 개천절 및 한글날
3. 1월 1일
4. 설날 전날, 설날, 설날 다음날 (음력 12월 말일, 1월 1일, 2일)
5. 삭제〈2005.6.30.〉
6. 부처님오신날 (음력 4월 8일)
7. 5월 5일 (어린이날)

8. 6월 6일 (현충일)
9. 추석 전날, 추석, 추석 다음날 (음력 8월 14일, 15일, 16일)
10. 12월 25일 (기독탄신일)
10의2. 「공직선거법」 제34조에 따른 임기만료에 의한 선거의 선거일
11. 기타 정부에서 수시 지정하는 날

제3조(대체공휴일) ① 제2조제2호부터 제10호까지의 공휴일이 다음 각 호의 어느 하나에 해당하는 경우에는 그 공휴일 다음의 첫 번째 비공휴일(제2조 각 호의 공휴일이 아닌 날을 말한다. 이하 같다)을 대체공휴일로 한다.
1. 제2조제2호·제6호·제7호 또는 제10호의 공휴일이 토요일이나 일요일과 겹치는 경우
2. 제2조제4호 또는 제9호의 공휴일이 일요일과 겹치는 경우
3. 제2조제2호·제4호·제7호 또는 제9호의 공휴일이 토요일·일요일이 아닌 날에 같은 조 제2호부터 제10호까지의 규정에 따른 다른 공휴일과 겹치는 경우

② 제1항에 따른 대체공휴일이 같은 날에 겹치는 경우에는 그 대체공휴일 다음의 첫 번째 비공휴일까지 대체공휴일로 한다.
③ 제1항 및 제2항에 따른 대체공휴일이 토요일인 경우에는 그 다음의 첫 번째 비공휴일을 대체공휴일로 한다.

4) 근로감독 시 자주 발생하는 위반 사례 및 해결 방안

case 01

☑ **위반 사례**

○○금속은 종업원 500명 규모의 제조기업임. ○○금속은 1980년 창업시부터 '주휴일과 근로자의 날'만을 유급휴일로 운영하고 있음. 2020년 1월 1일 관공서의 공휴일이 유급휴일로 변경되었음에도 불구하고 취업규칙을 변경하지 않고 '주휴일과 근로자의 날'만을 유급휴일로 운영함 → 관공서 공휴일 유급휴일 적용 위반

☑ **해결 방안**

관공서의 공휴일에 관한 규정상 공휴일(일요일 제외)과 대체공휴일을 유급휴일로 적용하여야 함

case 02

☑ **위반 사례**

○○백화점은 1000명 규모의 유통회사임. ○○백화점은 업종의 특성상 휴일에 고객이 많기 때문에 근로자의 동의를 받아 휴일대체를 시행하고 있음. ○○백화점은 2020년 1월 1일 관공서 공휴일 휴일대체 절차가 변경되었음에도 불구하고 근로자의 동의를 받아 휴일대체를 시행함 → 관공서 공휴일 휴일대체 절차 위반

☑ **해결 방안**

관공서의 공휴일에 관한 규정상 공휴일(일요일 제외)과 대체공휴일에 대하여 휴일대체 시 근로자대표와 서면합의를 하여야 함

5) 근로감독 대비 실무 적용점

- 기업규모에 따라 단계별로 관공서의 공휴일이 유급휴일로 변경된다. 따라서 우리회사는 언제부터 관공서의 공휴일이 유급휴일로 적용되는지 확인한다.(취업규칙 등 개정을 포함하여 확인하는 것이 필요함.)
- 개정법에 따라 관공서의 공휴일이 유급휴일로 변경된 경우 휴일대체 시행 시 반드시 근로자대표와의 서면합의를 통하여 시행한다.

3. 연차유급휴가(근로기준법 제60조)

1) 체크리스트

구분	점검 내용	점검 결과	근로감독 결과 위반 시 조치 기준
연차 유급 휴가	• 1년간 80퍼센트 이상 출근한 근로자에게 15일의 연차휴가를 부여하는지 여부 〈근로기준법 제60조 제1항〉 ※ 위반 시 2년 이하의 징역 또는 2천만원 이하의 벌금	① 1년간 80퍼센트 이상 출근한 근로자에게 15일의 연차휴가를 부여함	시정기간 25일 이내 (미시정시 범죄인지)
		② 1년간 80퍼센트 이상 출근한 근로자에게 15일의 연차휴가를 부여하지 않음	
연차 유급 휴가 가산 휴가	• 3년 이상 계속하여 근로한 근로자에게는 계속근로연수 매2년에 대해 1일을 가산하여 연차휴가를 부여하는지 여부 〈근로기준법 제60조 제4항〉 ※ 위반 시 2년 이하의 징역 또는 2천만원 이하의 벌금	① 계속근로년수 매2년에 대해 1일의 가산휴가를 부여함	시정기간 25일 이내 (미시정시 범죄인지)
		② 계속근로년수 매2년에 대해 1일의 가산휴가를 부여하지 않음	

2) 체크포인트

연차유급휴가는 근로감독 시 반드시 점검하는 핵심항목이다. 근로기준법 제60조 제1항과 제4항에 따라 사용자는 1년간 80퍼센트 이상 출근한 근로자에게 15일의 연차유급휴가를 주어야 한다. 그리고 3년 이상 계속하여 근로한 근로자에게는 계속근로연수 매 2년에 대해 1일을 가산하여 연차유급휴가를 부여해야 한다. 가산휴가를 포함한 연차유급휴가의 최대일수는 25일을 한도로 한다.

연차유급휴가와 관련한 실무상 쟁점은 회계연도기준과 입사년도기준 연차유급휴가관리이다. 고용노동부 행정해석 상(근기 68207-620, 2003.5.23) 연차유급휴가는 입사년도 기준으로 관리하는 것이 원칙이나 노무관리의 편의를 위하여 회계연도를 기준으로 관리하는 것이 가능하다. 다만, 연도 중 입사자에게 불리함이 없어야 한다. 즉, 사용자는 사업장의 노무관리 편의를 위하여 회계연도 기준으로 연차휴가를 관리할 수 있다. 그러나 근로자 퇴사 시 입사년도 기준과 회계연도 기준을 비교하여 불리함이 없도록 조치하는 것이 요구된다. 연차유급휴가는 단시간근로자에 대해서도 소정근로시간에 비례적으로 계산하여 적용하되 4주 동안을 평균하여 1주 동안의 소정근로시간이 15시간미만이 근로자에 대해서는 적용되지 않는다.

3) 관련법령/행정해석/판례

관계법령

[근로기준법]

제60조(연차 유급휴가) ① 사용자는 1년간 80퍼센트 이상 출근한 근로자에게 15일의 유급휴가를 주어야 한다.

④ 사용자는 3년 이상 계속하여 근로한 근로자에게는 제1항에 따른 휴가에 최초 1년을 초과하는 계속 근로 연수 매 2년에 대하여 1일을 가산한 유급휴가를 주어야 한다. 이 경우 가산휴가를 포함한 총 휴가 일수는 25일을 한도로 한다.

행정해석

회계연도 기준으로 연차휴가 계산 시 입사년도 기준보다 불리하지 않도록 부여하는 방법

舊 근로기준법 제59조(現 근로기준법 제60조)의 연차유급휴가를 부여하기 위한 출근율 산정대상 기간의 기산일은 근로자 개인별로 정함이 원칙이며, 사업장에서 노무관리의 편의를 위하여 단체협약이나 취업규칙으로 회계연도(1.1~12.31) 등을 기준으로 일률적으로 정할 수도 있을 것이나 그 경우에도 연도 중 입사한 근로자에게 불리하지 않도록 하여야 할 것임. 회계연도를 기준으로 휴가를 계산할 경우 연도 중 입사자에게 불리하지 않게 휴가를 부여하려면 입사한 지 1년이 되지 못한 근로자에 대하여도 다음 년도에 입사연도의 근속기간에 비례하여 유급휴가를 부

여하고 이후 연도부터는 회계연도를 기준으로 연차유급휴가를 부여하면 될 것임. 다만, 퇴직시점에서 총 휴가 일수가 근로자의 입사일을 기준으로 산정한 휴가일수에 미달하는 경우에는 그 미달하는 일수에 대하여 연차휴가근로수당으로 정산해야 한다고 사료됨.

근기 68207-620, 2003.5.23

행정해석

연차휴가가 소수점으로 산정되는 경우

1989.3.29 근로기준법 개정에 따른 연차휴가일수 상향조정은 근로기준법 개정에 따른 업무지침 근기 01254-5561(89.4.17)에 의하여 지도하여 연차휴가일수가 소수점 이하로 발생할 경우 신·구법 계산분을 합산하여 잔여 소수점 이하에 대하여는 수당으로 계산 지급하는 것도 가하나 가급적 근로자에게 불이익이 없도록 노사합의로 1일의 휴가를 부여하여야 할 것임.

근기 1254-11575, 1989.8.7

행정해석

1년간의 근로를 마친 "다음 날 근로관계가 있어야" 연차휴가 및 그 미사용 수당 청구 가능하다.

그동안은 1년간(365일) 근로관계가 존속하고, 그 중 80% 이상 출근하면, 15일의 연차가 주어지는데, 만약 1년(365일)의 근로를 마치고 바로 퇴직하는 경우에는 연차를 사용할 수는 없지만, 그 15일분의 미사용 연차를 수당으로 청구할 수 있다고 보았다. 그러나 앞으로는 1년간 근로관계가 존속하고, 80%이상 출근해도, 그 1년의 근로를 마친 다음날(366일째) 근로관계가 있어야 15일의 연차가 발생하고, 퇴직에 따른 연차 미사용 수당도 청구할 수 있는 것으로 해석을 변경한다.

임금근로시간과-2861, 2021.12.17.

4) 근로감독 시 자주 발생하는 위반 사례 및 해결 방안

case 01

☑ **위반 사례**

○○산업은 모든 근로자에 대하여 근속연수와 관계없이 매년 15일의 연차유급휴가를 부여함 → 연차유급휴가 가산휴가 부여 위반

☑ **해결 방안**

3년 이상 계속하여 근로한 근로자에게는 계속근로연수 매 2년에 대하여 1일을 가산하여 연차휴가를 부여하여야 함

case 02

☑ **위반 사례**

○○레스토랑은 서빙직무를 수행할 단시간 근로자를 채용함.(근로조건 : 1일 5시간, 1주 30시간 근무) ○○레스토랑은 단시간 근로자에 대하여 연차휴가를 부여하지 않음 → 연차유급휴가 부여 위반

☑ **해결 방안**

4주동안을 평균하여 1주 동안의 소정근로시간이 15시간 미만인 근로자의 경우에만 연차유급휴가 적용이 제외됨. 따라서 사례의 근로자에게는 연차유급휴가를 부여해야 함

case 03

☑ **위반 사례**

○○산업은 회계연도 기준으로 연차유급휴가를 운영하고 있음. 2018년 7월 1일 입사한 근로자가 2019년 10월 1일 퇴사함(1년 3개월 근무). 회사는 ○○근로자에게 입사이후 1년 미만 동안 매월 1개월 개근 시 1일의 연차를 부여하였고, 회계연도 기준으로 2019년 1월 1일 시점에서 비례적 연차휴가로 7.5일의 연차휴가를 부여 하였으나, 근로자 퇴사 시(2019년 10월 1일)에는 별도의 정산 절차를 거치지 않았고, ○○근로자는 결과적으로 18.5일(근속 1년 미만 기간 연

차 11일+비례적 연차 7.5일)의 휴가만 부여함 → 연차유급휴가 부여 위반

☑ **해결 방안**

연차휴가를 회계연도 기준으로 적용하는 경우, 퇴직 시점에서 입사년도 기준으로 산정한 휴가일수에 미달하는 경우 그 미달하는 일수에 대해서는 연차휴가근로수당으로 정산하여야 함. 따라서 상기 사례의 경우 ○○근로자는 1년 이상 2년 미만 근속한 자로 총 26일의 휴가가 발생한 것이므로 7.5일의 연차유급휴가에 대한 수당을 추가로 지급하여야 함.(즉, 입사년도 기준에 비하여 불리함이 없어야 함)

5) 근로감독 대비 실무 적용점

- 회계연도 기준으로 연차유급휴가를 관리하고 있는 경우 입사년도 기준과 비교하여 불리함이 없도록 한다.
- 연차유급휴가는 매 2년에 대하여 1일의 가산휴가를 부여한다.
- 1주 소정근로시간이 15시간 이상인 단시간 근로자에 대해서도 소정근로시간에 비례적으로 연차휴가를 부여한다.

4. 1년 미만 근로자 등 연차유급휴가(근로기준법 제60조)

1) 체크리스트

구분	점검 내용	점검 결과	근로감독 결과 위반 시 조치 기준
1년 미만 근로자 연차 유급휴가	• 1년 미만 근로자에게 1개월 개근 시 1일의 연차유급휴가를 부여하는지 여부 〈근로기준법 제60조 제2항〉 ※ 위반 시 2년 이하의 징역 또는 2천만원 이하의 벌금	① 1년 미만 근로자에게 1개월 개근 시 1일의 연차유급휴가를 부여함	시정기간 25일 이내 (미시정시 범죄인지)
		② 1년 미만 근로자에게 1개월 개근 시 1일의 연차유급휴가를 부여하지 않음	
1년간 80% 미만 출근한 경우 연차 유급휴가	• 1년간 80% 미만 출근한 근로자에게 1개월 개근 시 1일의 연차유급휴가를 부여하는지 여부 〈근로기준법 제60조 제2항〉 ※ 위반 시 2년 이하의 징역 또는 2천만원 이하의 벌금	① 1년간 80% 미만 출근한 근로자에게 1개월 개근 시 1일의 연차유급휴가를 부여함	시정기간 25일 이내 (미시정시 범죄인지)
		② 1년간 80% 미만 출근한 근로자에게 1개월 개근 시 1일의 연차유급휴가를 부여하지 않음	

2) 체크포인트

최근 근로감독 시 가장 빈번하게 적발되는 사항은 1년 미만 근로자에 대한 연차유급휴가이다. 근로기준법 제60조 개정(2018년 5월 29일 시행)으로 1년 미만 근로자에게는 매 1개월 개근 시 1일의 연차유급휴가를 부여하되, 1년이 되는 시점에서 별도로 15일의 연차유급휴가를 부여해야 한다. 따라서 근로자가 최초 1년 근무 시 총 26일의 연차유급휴가를 부여받게 된다.

그러나 많은 기업에서 아직도 최초 1년 근무 시 1년 미만 근로 시 매 1개월 개근 시 발생한 총 11일의 휴가를 1년이 되는 시점에 발생하는 15일의 연차유급휴가에 포함되는 것으로 이해하고 26일이 아닌 15일만 부여하는 경우가 많다. 1년 미만 근로자 연차유급휴가는 근로감독 시 반드시 체크하는 항목이므로 철저히 준비할 필요가 있다.

또한 1년간 80% 미만 출근한 근로자의 경우에도 1개월 개근 시 1일의 연차유급휴가를 부여해야 한다. 일부 기업이 1년간 80% 미만 출근한 경우 연차유급휴가 부여하지 않는 경우가 있다. 예를 들어 근로자가 사적인 교통사고로 입원(7.1~12.31)한 경우 해당 년도 출근율은 80% 미만이겠지만 1월~6월 중 개근한 월에 대해서는 1개월 개근 시 1일의 연차유급휴가를 부여해야 한다. 그리고 출근율 산정과 관련하여 육아휴직으로 휴업한 기간은 출근한 것으로 보도록 개정된 점도 기억할 필요가 있다.

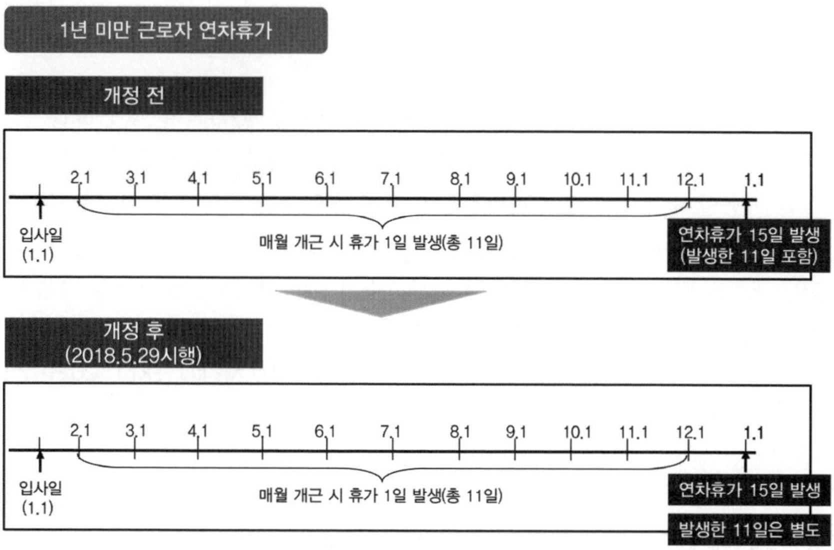

3) 관련법령/행정해석/판례

관계법령

[근로기준법]

제60조(연차 유급휴가) ② 사용자는 계속하여 근로한 기간이 1년 미만인 근로자 또는 1년간 80퍼센트 미만 출근한 근로자에게 1개월 개근 시 1일의 유급휴가를 주어야 한다.

⑥ 제1항 및 제2항을 적용하는 경우 다음 각 호의 어느 하나에 해당하는 기간은

출근한 것으로 본다.
1. 근로자가 업무상의 부상 또는 질병으로 휴업한 기간
2. 임신 중의 여성이 제74조제1항부터 제3항까지의 규정에 따른 휴가로 휴업한 기간
3. 「남녀고용평등과 일·가정 양립 지원에 관한 법률」 제19조제1항에 따른 육아휴직으로 휴업한 기간

행정해석

1년간의 근로를 마친 "다음 날 근로관계가 있어야" 연차휴가 및 그 미사용 수당 청구 가능하다.

그동안은 1년간(365일) 근로관계가 존속하고, 그 중 80% 이상 출근하면, 15일의 연차가 주어지는데, 만약 1년(365일)의 근로를 마치고 바로 퇴직하는 경우에는 연차를 사용할 수는 없지만, 그 15일분의 미사용 연차를 수당으로 청구할 수 있다고 보았다. 그러나 앞으로는 1년간 근로관계가 존속하고, 80%이상 출근해도, 그 1년의 근로를 마친 다음날(366일째) 근로관계가 있어야 15일의 연차가 발생하고, 퇴직에 따른 연차 미사용 수당도 청구할 수 있는 것으로 해석을 변경한다.

임금근로시간과-2861, 2021.12.17.

판례

1년간 기간제 근로계약을 체결한 근로자에게 발생하는 연차휴가일수(11일)

연차휴가를 사용할 권리 또는 연차휴가수당 청구권은 근로자가 전년도에 출근율을 충족하면서 근로를 제공하면 당연히 발생하는 것으로서, 연차휴가를 사용할 해당 연도가 아니라 그 전년도 1년간의 근로에 대한 대가에 해당한다. 근로기준법 제60조 제1항이 규정한 유급 연차휴가는 1년간 80% 이상 출근한 근로자에게 부여되는 것으로, 근로자가 연차휴가에 관한 권리를 취득한 후 1년 이내에 연차휴가를 사용하지 아니하거나 1년이 지나기 전에 퇴직하는 등의 사유로 인하여 더 이상 연차휴가를 사용하지 못하게 될 경우에는 사용자에게 그 연차휴가일수에 상응하는 임금인 연차휴가수당을 청구할 수 있다. 다만 연차휴가를 사용할 권리는 다른 특별한 정함이 없는 한 그 전년도 1년간의 근로를 마친 다음 날 발생한다고 보아

야 하므로, 그 전에 퇴직 등으로 근로관계가 종료한 경우에는 연차휴가를 사용할 권리에 대한 보상으로서의 연차휴가수당도 청구할 수 없다. … (중략) … 1년 기간제 근로계약을 체결한 근로자에게는 최대 11일의 연차휴가가 부여된다고 보아야 한다. 그 이유는 다음과 같다. 개정된 근로기준법은 구 근로기준법 제60조 제3항의 규정을 삭제하였다. 이와 같이 개정한 이유는 최초 1년간의 근로에 대한 유급휴가를 사용한 경우 이를 다음 해 유급휴가에서 빼는 규정을 삭제하여 1년차에 최대 11일, 2년차에 15일의 유급휴가를 각각 받을 수 있게 하기 위한 것이다. 이는 최초 1년간 연차휴가를 사용한 경우 그다음 해 연차휴가가 줄어드는 것을 방지하기 위한 것이므로, 이를 근거로 1년 동안만 근로를 제공한 근로자에게 제60조 제2항과 제1항이 중첩적으로 적용된다고 볼 수는 없다. 기간을 정하여 근로계약을 체결한 근로자의 경우 그 기간이 만료됨으로써 근로자로서의 신분관계는 당연히 종료되는 것이 원칙이다. 연차휴가를 사용할 권리는 다른 특별한 정함이 없는 한 그 전년도 1년간의 근로를 마친 다음 날 발생한다고 보아야 하므로, 그 전에 퇴직 등으로 근로관계가 종료한 경우에는 연차휴가를 사용할 권리에 대한 보상으로서의 연차휴가수당도 청구할 수 없다. 근로기준법 제60조 제4항은 '가산휴가를 포함한 총 휴가 일수는 25일을 한도로 한다.'고 규정하고 있다. 1년의 기간제 근로계약을 체결한 근로자는 장기간 근속한 근로자의 휴가 일수인 25일을 초과하는 휴가를 부여받는다면, 이는 연차 유급휴가에 관한 근로기준법 제60조 제4항의 문언에 따른 해석의 범위를 넘는 것일 뿐만 아니라 장기근속 근로자와 비교하여 1년 기간제 근로계약을 체결한 근로자를 더 우대하는 결과가 되어 형평의 원칙에도 반한다. 연차휴가를 사용할 권리 혹은 연차휴가수당 청구권은 근로자가 전년도에 출근율을 충족하면서 근로를 제공하면 당연히 발생하는 것으로서 연차휴가를 사용할 해당 연도가 아니라 그 전년도 1년간의 근로에 대한 대가라는 점과 일정기간 출근한 근로자에게 일정기간 유급으로 근로의무를 면제함으로써 정신적·육체적 휴양의 기회를 제공하고 문화적 생활의 향상을 기하기 위한 것이라는 연차휴가 제도의 목적을 고려하면, 근로기준법 제60조 제1항은 최초 1년간 80% 이상 출근한 근로자가 그다음 해에도 근로관계를 유지하는 것을 전제로 하여 2년차에 15일의 유급휴가를 주어야 한다는 취지로 해석함이 타당하다. 즉, 근로기준법 제60조 제1항은 1년 기간제 근로계약을 체결하여 1년의 근로계약기간이 만료됨과 동시에 근로계약관계가 더 이상 유지되지 아니하는 근로자에게는 적용되지 않는다.

대법원 2021.10.14. 선고, 2021다227100 판결

4) 근로감독 시 자주 발생하는 위반 사례 및 해결 방안

case 01

☑ **위반 사례**

○○전기는 1년 미만 근로자에게 연차유급휴가를 부여하지 않음 → 연차유급휴가 부여 위반

☑ **해결 방안**

1년 미만 근로자에게 1개월 개근 시 1일의 연차유급휴가를 부여하여야 함

case 02

☑ **위반 사례**

○○○근로자(2018.1.1.입사)는 교통사고로 2019.7.1.~12.31(6개월간) 병원에 입원하여 출근하지 못함(2019년 출근율 50%, 단, 2019.1.1.~6.30동안은 개근함) 그러나 ○○○근로자는 2020년 연차유급휴가를 전혀 부여받지 못함 → 연차유급휴가 부여 위반

☑ **해결 방안**

1년간 80 %미만 출근한 근로자에게 1개월 개근 시 1일의 연차유급휴가를 부여하여야 하기 때문에 회사는 ○○○근로자에게도 2020년 6일의 연차유급휴가를 부여하여야 함

case 03

☑ **위반 사례**

○○정보통신은 육아휴직 복직자에게 전년도 출근기간에 비례하여 연차유급휴가를 부여함(예 : 전년도 육아휴직으로 소정근로일의 50%만 출근한 경우 → 연차유급휴가 50%만 부여) → 연차유급휴가 부여 위반

☑ **해결 방안**

육아휴직으로 휴업한 기간에 대해서는 출근한 것으로 보아 연차유급휴가를 부여하여야 함(연차유급휴가의 불이익이 없어야 함)

5) 근로감독 대비 실무 적용점

- 1년 미만 근로자에게 1개월 개근 시 1일의 연차유급휴가를 부여한다. 그리고 1년이 되는 시점에서 15일의 연차유급휴가를 추가로 부여한다.(총 연차유급휴가 26일)
- 1년 간 80% 미만 출근한 근로자에게 1개월 개근 시 1일의 연차유급휴가를 부여한다.
- 육아휴직 기간은 출근한 것으로 본다.(즉, 연차유급휴가 감소 없음)

5. 연차유급휴가 사용촉진과 미사용수당(근로기준법 제61조)

1) 체크리스트

구분	점검 내용	점검 결과	근로감독 결과 위반 시 조치 기준
연차 유급 휴가 사용 촉진과 미사용 수당	• 연차유급휴가의 사용을 촉진하기 위하여 법률에서 정한 조치를 하지 않은 경우는 미사용 휴가에 대해 보상을 하는지 여부 〈근로기준법 제61조〉 ※ 처벌규정은 없으나, 연차유급휴가 사용촉진 절차 미준수 시 연차유급휴가 미사용수당 미지급 등으로 처벌받을 수 있음(재직자는 근로기준법 제43조 위반으로 3년 이하의 징역 또는 3천만원 이하의 벌금, 퇴직자는 근로기준법 제36조 위반으로 3년 이하의 징역 또는 3천만원 이하의 벌금)	① 휴가의 사용을 촉진하지 않은 경우는 미사용한 휴가에 대해 수당을 지급함 ② 휴가의 사용을 촉진하지 않고 미사용한 휴가에 대해서도 수당을 지급하지 않음	별도의 조치기준은 없으나, 연차유급휴가미사용수당 미지급으로 인하여 근로기준법 제36조, 제43조 위반 시 조치기준이 적용될 수 있음 시정기한 14일 이내(미시정시 범죄인지, 반의사불벌)

2) 체크포인트

연차유급휴가를 사용하지 않은 경우에는 미사용 연차휴가에 대하여 연차휴가미사용수당을 지급하여야 한다. 그러나 근로기준법 제61조에 따른 연차유급휴가의 사용촉진 조치를 한 경우에는 미사용 연차휴가에 대한 수당지급 의무가 없어진다. 최근 법개정에 따라 연차유급휴가 사용촉진은 1년 이상 근무자와 1년 미만 근로자를 구분하여 살펴보아야 한다.

먼저 1년 이상 근무자에 대한 연차유급휴가 사용촉진이다. 연차유급휴가의 사용촉진은 2단계로 이루어진다. 1단계는 연차유급휴가 사용 기간이 끝나기 6개월 전을 기준으로 10일 이내에 사용자가 근로자별로 사용하지 아니한 휴가 일수를 알려주고, 근로자가 그 사용 시기를 정하여 사용자에게 통보하도록 서면으로 촉구하여야 한다. 2단계는 상기 촉구에도 불구하고 근로자가 촉구를 받은 때부터 10일 이내에 사용하지 아니한 휴가의 전부 또는 일부의 사용시기를 정하여 사용자에게 통보하지 아니하면 사용 기간이 끝나기 2개월 전까지 사용자가 사용하지 아니한 휴가의 사용시기를 정하여 근로자에게 서면으로 통보하여야 한다.

다음으로 1년 미만 근로자에 대한 연차유급휴가 사용촉진이다. 1년 미만 근로자에 대한 사용촉진은 좀 더 복잡하다. 1단계는 연차유급휴가 사용기간이 끝나기 3개월 전을 기준으로 10일 이내에 사용자가 근로자별 사용하지 아니한 휴가 일수를 알려주고, 근로자가 그 사용시기를 정하여 사용자에게 통보하도록 서면으로 촉구하여야 한다(다만, 사용자가 서면 촉구한 후 발생한 휴가에 대해서는 최초 1년의 근로기간이 끝나기 1개월 전을 기준으로 5일 이내에 촉구하여야 한다). 2단계는 상기 촉구에도 불구하고 근로자가 촉구를 받은 때부터 10일 이내에 사용하지 아니한 휴가의 전부 또는 일부의 사용시기를 정하여 사용자에게 통보하지 아니하면 사용 기간이 끝나기 1개월 전까지 사용자가 사용하지 아니한 휴가의 사용시기를 정하여 근로자에게 서면으로 통보하여야 한다.(다만, 서면 촉구 후 발생한 휴가에 대하여 촉구한 휴가에 대해서는 최초 1년의 근로기간이 끝나기 10일 전까지 서면으로 통보하여야 한다)

지금까지 설명한 연차유급휴가 사용촉진에 대한 내용을 그림으로 설명하면 다음과 같다.(1월 1일 입사자 기준임)

구분		〈1차 사용촉진〉 (사용자 → 근로자) 미사용연차일수 고지 및 사용시기 지정·통보 요구	(근로자 → 사용자) 사용시기 지정·통보	〈2차 사용촉진〉 (사용자 → 근로자) 근로자의 사용시기 미통보시 사용자가 사용시기 지정·통보
1년 이상 근무자 ※ 법개정에 따라 80% 미만 출근자도 포함		7.1~7.10 (6개월 전, 10일간)	촉구받은 날로부터 10일 이내	10.31까지 (2개월 전)
1년 미만 근무자	연차휴가 9일	10.1~10.10 (3개월 전, 10일간)	10일 이내	11.31까지 (1개월 전)
	연차휴가 2일	12.1~12.5 (1개월 전, 5일간)	10일 이내	12.21까지 (10일 전)

※ 출처 : 개정 근로기준법 설명자료. 고용노동부(2020.3.30.)

그리고 최근 1년 미만 근로자 연차유급휴가(11일)의 소멸시기 변경에 대한 내용도 기억할 필요가 있다. 원칙적으로 연차휴가는 발생일로부터 1년간 미사용하면 소멸되나, 1년 미만 기간동안 발생한 연차휴가는 최초 1년의 근로가 끝날때까지 미사용할 경우 소멸하는 것으로 개정되었다. 〈개정 2020.3.31.〉

[예시] 연차유급휴가 사용촉진 통보서

[통보대상자]

• 성명 : • 소속부서 : • 직급 :

구분	휴가일수(일)
20 년 발생 연차휴가	
20 년 기사용 연차휴가	
20 년 미사용 연차휴가	

회사는 근로기준법 제61조에 근거하여 연차휴가의 사용촉진 조치를 실시하고자 합니다. 귀하는 상기의 20 년 미사용 연차휴가의 사용예정일을 지정하여(별지서식 사용) 20 년 7월 일 까지 인사부서로 제출하여 주시기 바랍니다. 기한까지 미제출 시 법에 따라 회사가 미사용 연차휴가 사용일을 임의로 지정하여 귀하에게 통보하게 됨을 양지하시기 바랍니다.

• 별지서식. 연차휴가 사용시기지정서(근로자용)

20 년 월 일

주식회사 ○○○○ 대표이사

[예시] 연차유급휴가 사용시기 지정서(근로자용)

<table>
<tr><th>구분</th><th colspan="3">내용</th></tr>
<tr><td>1. 성명</td><td colspan="3"></td></tr>
<tr><td>2. 소속부서</td><td colspan="3"></td></tr>
<tr><td>3. 직급</td><td colspan="3"></td></tr>
<tr><td>4. 휴가일수(미사용)</td><td colspan="3">일</td></tr>
<tr><td rowspan="4">5. 사용시기</td><td>20 .○○. ○○.</td><td>20 .○○. ○○.</td><td>20 .○○. ○○.</td></tr>
<tr><td>일 ~ 일(일간)
일 ~ 일(일간)
일 ~ 일(일간)</td><td>일 ~ 일(일간)
일 ~ 일(일간)
일 ~ 일(일간)</td><td>일 ~ 일(일간)
일 ~ 일(일간)
일 ~ 일(일간)</td></tr>
<tr><td>20 .○○. ○○.</td><td>20 .○○. ○○.</td><td>20 .○○. ○○.</td></tr>
<tr><td>일 ~ 일(일간)
일 ~ 일(일간)
일 ~ 일(일간)</td><td>일 ~ 일(일간)
일 ~ 일(일간)
일 ~ 일(일간)</td><td>일 ~ 일(일간)
일 ~ 일(일간)
일 ~ 일(일간)</td></tr>
</table>

상기 본인은 회사의 연차유급휴가 사용촉진조치에 따라 20 년 현재 미사용 연차휴가에 대한 사용시기를 위와 같이 지정하여 제출합니다.

20 년 월 일

주식회사 ○○○○ 대표이사 귀하

[예시] 연차유급휴가 사용시기 지정서(회사용)

<table>
<tr><th>구분</th><th colspan="3">내용</th></tr>
<tr><td>1. 성명</td><td colspan="3"></td></tr>
<tr><td>2. 소속부서</td><td colspan="3"></td></tr>
<tr><td>3. 직급</td><td colspan="3"></td></tr>
<tr><td>4. 휴가일수(미사용)</td><td colspan="3">일</td></tr>
<tr><td rowspan="4">5. 사용시기</td><td>20 .○○. ○○.</td><td>20 .○○. ○○.</td><td>20 .○○. ○○.</td></tr>
<tr><td>일 ~ 일(일간)
일 ~ 일(일간)
일 ~ 일(일간)</td><td>일 ~ 일(일간)
일 ~ 일(일간)
일 ~ 일(일간)</td><td>일 ~ 일(일간)
일 ~ 일(일간)
일 ~ 일(일간)</td></tr>
<tr><td>20 .○○. ○○.</td><td>20 .○○. ○○.</td><td>20 .○○. ○○.</td></tr>
<tr><td>일 ~ 일(일간)
일 ~ 일(일간)
일 ~ 일(일간)</td><td>일 ~ 일(일간)
일 ~ 일(일간)
일 ~ 일(일간)</td><td>일 ~ 일(일간)
일 ~ 일(일간)
일 ~ 일(일간)</td></tr>
</table>

귀하는 20 년 7월 일 시행된 연차유급휴가 사용촉진이후 향후 연차휴급휴가 사용시기를 지정하지 아니하였으므로 관련법에 의거하여 20 년 미사용 연차휴가에 대하여 사용시기를 위와 같이 지정하오니 해당일자에 휴가를 사용하시기 바랍니다. 이후 휴가 미사용시 회사는 귀책사유가 없으며 미사용수당은 일체 지급되지 아니함을 양지하시기 바랍니다.

20 년 월 일

주식회사 ○○○○ 대표이사

3) 관련법령/행정해석/판례

관계법령

[근로기준법]

제60조(연차유급휴가) ⑦ 제1항・제2항 및 제4항에 따른 휴가는 1년간(계속하여 근로한 기간이 1년 미만인 근로자의 제2항에 따른 유급휴가는 최초 1년의 근로가 끝날 때까지의 기간을 말한다) 행사하지 아니하면 소멸된다. 다만, 사용자의 귀책사유로 사용하지 못한 경우에는 그러하지 아니하다.

제61조(연차 유급휴가의 사용 촉진) ① 사용자가 제60조제1항・제2항 및 제4항에 따른 유급휴가(계속하여 근로한 기간이 1년 미만인 근로자의 제60조 제2항에 따른 유급휴가는 제외한다)의 사용을 촉진하기 위하여 다음 각 호의 조치를 하였음에도 불구하고 근로자가 휴가를 사용하지 아니하여 제60조제7항 본문에 따라 소멸된 경우에는 사용자는 그 사용하지 아니한 휴가에 대하여 보상할 의무가 없고, 제60조제7항 단서에 따른 사용자의 귀책사유에 해당하지 아니하는 것으로 본다.

1. 제60조제7항 본문에 따른 기간이 끝나기 6개월 전을 기준으로 10일 이내에 사용자가 근로자별로 사용하지 아니한 휴가 일수를 알려주고, 근로자가 그 사용 시기를 정하여 사용자에게 통보하도록 서면으로 촉구할 것
2. 제1호에 따른 촉구에도 불구하고 근로자가 촉구를 받은 때부터 10일 이내에 사용하지 아니한 휴가의 전부 또는 일부의 사용 시기를 정하여 사용자에게 통보하지 아니하면 제60조제7항 본문에 따른 기간이 끝나기 2개월 전까지 사용자가 사용하지 아니한 휴가의 사용 시기를 정하여 근로자에게 서면으로 통보할 것

② 사용자가 계속하여 근로한 기간이 1년 미만인 근로자의 제60조제2항에 따른 유급휴가의 사용을 촉진하기 위하여 다음 각 호의 조치를 하였음에도 불구하고 근로자가 휴가를 사용하지 아니하여 제60조제7항 본문에 따라 소멸된 경우에는 사용자는 그 사용하지 아니한 휴가에 대하여 보상할 의무가 없고, 제60조제7항 단서에 따른 사용자의 귀책사유에 해당하지 아니하는 것으로 본다.

1. 최초 1년의 근로기간이 끝나기 3개월 전을 기준으로 10일 이내에 사용자가 근로자별로 사용하지 아니한 휴가 일수를 알려주고, 근로자가 그 사용 시기를 정하여 사용자에게 통보하도록 서면으로 촉구할 것. 다만, 사용자가 서면 촉구한 후 발생한 휴가에 대해서는 최초 1년의 근로기간이 끝나기 1개월 전을 기준으로 5일 이내에 촉구하여야 한다.

2. 제1호에 따른 촉구에도 불구하고 근로자가 촉구를 받은 때부터 10일 이내에 사용하지 아니한 휴가의 전부 또는 일부의 사용 시기를 정하여 사용자에게 통보하지 아니하면 최초 1년의 근로기간이 끝나기 1개월 전까지 사용자가 사용하지 아니한 휴가의 사용 시기를 정하여 근로자에게 서면으로 통보할 것. 다만, 제1호 단서에 따라 촉구한 휴가에 대해서는 최초 1년의 근로기간이 끝나기 10일 전까지 서면으로 통보하여야 한다.

행정해석

근로자가 휴가의 일부에 대하여만 연차유급휴가 사용시기를 통보한 경우

근로자가 휴가사용 촉구를 받은 때부터 사용하지 아니한 휴가의 일부의 사용시기만을 사용자에게 통보하였을 경우, 舊 근로기준법 제61조 제2호(現 근로기준법 제61조 제1항 제2호)에 따라 근로자의 휴가청구권이 끝나기 2개월 전까지 사용자는 사용하지 아니한 나머지 휴가의 사용시기를 정하여 근로자에게 서면으로 통보하여야 하므로, 사용자가 동 절차를 준수하지 아니하였다면 미사용 휴가에 대한 보상의무가 면제되지 않는다고 사료됨.

근로조건지도과-44, 2009.1.5.

행정해석

연차유급휴가 사용촉진 시 전자결재 시스템을 이용한 서면촉구 가능 여부

「근로기준법」 제61조는 연차휴가의 사용 촉진을 규정하고 있으며, 사용자가 사용시기를 지정하도록 근로자에게 서면 촉구하는 등 제61조의 절차를 이행하였음에도 근로자가 휴가를 사용하지 아니하여 소멸되는 경우에는 사용자는 미사용 휴가에 대한 보상의무가 없다고 규정하고 있습니다. 여기서 '서면'이란 종이로 된 문서를 의미하고, 전자문서는 회사가 전자결재체계를 완비하여 전자문서로 모든 업무를 관리하는 경우 예외적으로 가능하다고 볼 수 있습니다.(근로개선정책과-1128, 2012.2.7.) 질의만으로는 정확한 답변이 어려우나, 질의와 같이 기안, 결재, 시행 등을 진행하고 있는 전자결재시스템을 완비한 상태에서 근로자에게 도달여부가 명확히 확인된다면 전자결재시스템을 통한 촉구 또는 통지도 가능할 것으로 사료됩니다.

근로기준정책과-3801, 2017.6.20.

행정해석

연차유급휴가의 사용촉진을 이메일로 한 경우

귀 질의의 경우와 같이 사내전산망의 이메일을 통해 통보하는 것은 개별 근로자가 메일을 미확인 하는 등의 이유로 근로자 개인별로 '서면' 촉구 또는 통보하는 것에 비해 도달 여부의 확인 등이 불명확한 경우에는 인정되기 어렵다고 할 것입니다.

근로개선정책과-6488, 2013.11.1.

4) 근로감독 시 자주 발생하는 위반 사례 및 해결 방안

case

☑ **위반 사례**

○○산업은 연차유급휴가의 경우 휴가사용을 원칙으로 하고 미사용수당을 지급하지 않기로 지침을 정함. 그러나 근로기준법 제61조에서 규정하고 있는 연차유급휴가 사용촉진 절차에 따르지 않고, 회사가 정한 방식으로 휴가사용기한 만료 3개월 전 전사 업무연락을 통해 사용을 촉진한 후 미사용 연차휴가에 대하여 수당을 지급하지 않고 있음 → 연차유급휴가 미사용 수당 지급 위반

☑ **해결 방안**

법률에서 정한 연차유급휴가 사용 촉진 절차를 준수 하지 않은 경우에는 적법한 사용촉진으로 인정되지 아니하여 미사용 휴가에 대하여 수당을 지급하여야 함

5) 근로감독 대비 실무 적용점

- 연차유급휴가의 사용을 촉진하지 않은 경우에는 미사용 연차유급휴가에 대하여 수당을 지급하여야 한다.
- 1년 계약직 근로자의 경우 1년만 근무하고 퇴사하는 경우 총 11일의 연차유급휴가만 발생한다.

6. 연차유급휴가의 대체(근로기준법 제62조)

1) 체크리스트

구분	점검 내용	점검 결과	근로감독 결과 위반 시 조치 기준
연차유급휴가 대체	• 연차유급휴가의 대체 시 근로자대표와의 서면합의를 하는지 여부 〈근로기준법 제62조〉 ※ 처벌규정은 없으나, 연차유급휴가 대체요건 불비시 연차유급휴가 미사용수당 미지급 등으로 처벌받을 수 있음(재직자는 근로기준법 제43조 위반으로 3년 이하의 징역 또는 3천만원 이하의 벌금, 퇴직자는 근로기준법 제36조 위반으로 3년 이하의 징역 또는 3천만원 이하의 벌금)	① 근로자대표와의 서면합의를 통하여 연차유급휴가의 대체를 시행함 ② 근로자대표와의 서면합의를 하지 않고 연차유급휴가의 대체를 시행함	별도의 조치기준은 없으나, 연차유급휴가 미사용수당 미지급으로 인하여 근로기준법 제36조, 제43조 위반 시 조치기준이 적용될 수 있음 시정기한 14일 이내 (미시정시 범죄인지, 반의사불벌)

2) 체크포인트

사용자는 근로기준법 제62조에 따라 근로자대표와의 서면합의에 따라 연차유급휴가일을 갈음하여 특정한 근로일에 근로자를 휴무시킬 수 있다. 예를 들어, 화요일이 공휴일인 경우 월요일이 일요일과 공휴일 사이의 샌드위치데이가 된다. 이 경우 업무효율성을 고려하여 월요일을 징검다리 휴일로 운영하기 위하여 전 사원을 대상으로 연차유급휴가를 사용하는 경우가 종종 있다. 이러한 조치를 연차유급휴가의 대체라고 하고 이를 위해서는 근로자대표와의 서면합의를 필요로 한다.

아직도 상당수 기업에서 업무연락 또는 전사 공지 등을 통해서 연차휴가대체를 시행하고 있는 것을 볼 수 있다. 이러한 경우 연차휴가 대체 요건 불비로 인하여 연차유급휴가 대체가 무효로 인정받을 수 있으므로 유의하여야 한다.

[예시] 연차유급휴가 대체 합의서

[근로자 대표]

- 성명 :
- 생년월일 :
- 직위 :

상기 근로자대표 ________는 근로기준법 제62조에 의거 연차유급휴가대체에 대한 전권을 주식회사 ○○○○ 근로자들로부터 위임받은 근로자 대표로써 아래와 같이 서면합의합니다.

– 아 래 –

1. 근로기준법 제60조[연차유급휴가]에 의한 연차유급휴일에 갈음하여, 근로기준법 제62조[유급휴가의 대체]에 의거하여 다음의 근로일에 근로자를 휴무시킬 수 있다.

연차유급휴가 대체일자 : 년 월 일

2. 본 제도는 연차유급휴가가 발생한 회사의 전 직원에 대하여 적용된다.

3. 서면합의의 유효기간은 합의일로부터 1년으로 하되 당사자간 별도의 의사표시가 없는 경우 동일한 기간 동안 갱신된 것으로 본다.

20 년 월 일

사용자 (인)

근로자대표 (인)

3) 관련법령/행정해석/판례

관계법령

[근로기준법]

제62조(유급휴가의 대체) 사용자는 근로자대표와의 서면 합의에 따라 제60조에 따른 연차 유급휴가일을 갈음하여 특정한 근로일에 근로자를 휴무시킬 수 있다.

행정해석

근로자대표와의 서면합의 없이 연차유급휴가 대체 가능 여부

연차유급휴가의 대체는 근로기준법 제62조에 규정된 바와 같이 근로자대표와의 서면합의에 따라 사업장 전체에 걸쳐 실시하는 집단적 성질의 휴가실시 제도입니다. 근로기준법 제62조에 의거 연차유급휴가일을 갈음하여 특정한 근로일에 근로자를 휴무시키려면 사용자는 근로자대표와의 서면합의를 법적 요건으로 하고 있으며,여기서 사용자와 서면합의 할 수 있는 근로자대표는 '그 사업 또는 사업장에 근로자 과반수로 조직된 노동조합이 있는 경우에는 그 노동조합, 근로자의 과반수로 조직된 노동조합이 없는 경우에는 근로자의 과반수를 대표하는 자'를 말합니다.

따라서 귀 질의의 경우 구체적인 사실관계를 알 수 없어 명확한 답변은 어려우나, 동 규정만을 볼 때 유급휴가의 대체를 도입하면서 근로자 대표와의 서면합의가 아닌 근로자의 개별적 서면 동의를 받는 경우에는 법적 요건을 충족하지 못한 것으로 보아야 할 것입니다.

임금근로시간과-336, 2019.5.29.

4) 근로감독 시 자주 발생하는 위반 사례 및 해결 방안

case

☑ **위반 사례**

2018년 10월 8일(월)은 샌드위치데이임. IT기업인 ○○테크는 근로자 니즈를 반영하여 샌드위치데이에 전사 휴무를 시행하기로 함. ○○테크는 업무연락을 통하여 2018년 10월 8일(월)을 연차유급휴가로 대체함을 공지함. → 연차유급휴가의 대체 위반

☑ **해결 방안**

연차유급휴가의 대체 시 근로자대표와의 서면합의를 하여야 함

5) 근로감독 대비 실무 적용점

- 연차유급휴가의 대체 시 반드시 근로자대표와 서면합의를 시행한다.

7. 휴게(근로기준법 제54조)

1) 체크리스트

구분	점검 내용	점검 결과	근로감독 결과 위반 시 조치 기준
휴게 시간 부여	• 근로시간이 4시간인 경우에는 30분 이상, 8시간인 경우에는 1시간 이상의 휴게시간을 근로시간 도중에 부여하는지 여부 〈근로기준법 제54조 제1항〉 ※ 위반 시 2년 이하의 징역 또는 2천만원 이하의 벌금	① 휴게시간을 적법하게 부여함 ② 휴게시간을 적법하게 부여하지 않음	시정기간 3개월 이내 (미시정시 범죄인지)
휴게 시간 이용	• 휴게시간을 근로자가 자유롭게 이용할 수 있는지 여부 〈근로기준법 제54조 제2항〉 ※ 위반 시 2년 이하의 징역 또는 2천만원 이하의 벌금	① 휴게시간을 근로자가 자유롭게 이용할 수 있음 ② 휴게시간을 근로자가 자유롭게 이용할 수 없음	시정기간 3개월 이내 (미시정시 범죄인지)

2) 체크포인트

휴게시간은 매우 기본적인 근로감독 점검사항이다. 사용자는 근로기준법 제54조에 따라 근로시간이 4시간인 경우에는 30분 이상, 8시간인 경우에는 1시간 이상의 휴게시간을 근로시간 도중에 주어야 한다. 그리고 휴게시간은 근로자가 자유롭게 이용할 수 있어야 한다.

휴게시간과 관련하여 근로계약서 작성 시 문제가 발생하는 경우(휴게시간 누락 등)와 근로계약서에서 작성한 휴게시간보다 실제 휴게시간이 짧게 부여되거나 부여되지 않는 경우 등이 종종 발생하기 때문에 주의를 기울여야 한다.

또한 사용자가 대기시간을 휴게시간으로 잘못 판단하여 운영하는 경우도 자주 발생하고 있다. 근로기준법 제50조에서는 사용자의 지휘·감독 아래에 있는 대기시간도 근로시간으로 본다.

3) 관련법령/행정해석/판례

관계법령

[근로기준법]

제50조(근로시간) ③ 제1항 및 제2항에 따른 근로시간을 산정함에 있어 작업을 위하여 근로자가 사용자의 지휘·감독 아래에 있는 대기시간 등은 근로시간으로 본다.

제54조(휴게) ① 사용자는 근로시간이 4시간인 경우에는 30분 이상, 8시간인 경우에는 1시간 이상의 휴게시간을 근로시간 도중에 주어야 한다.

② 휴게시간은 근로자가 자유롭게 이용할 수 있다.

행정해석

휴게시간과 해석

현실적으로 작업은 하고 있지 않지만 단시간내에 근무에 임할 것을 근로자가 예상하면서 사용자로부터 언제 취로 요구가 있을지 불명한 상태에서 기다리고 있는 시간, 이른바 대기시간은 사용자로부터 취로하지 않을 것을 보장받고 있지 못하기 때문에 휴게시간으로 볼 수 없고 근로시간으로 보아야 함.

법무 811-28682, 1980.5.15

행정해석

휴게시간을 분할해서 부여하는 것이 가능한지 여부

舊 근로기준법 제44조(現 근로기준법 제54조)의 휴게시간은 근로시간이 4시간인 경우에는 30분 이상 8시간인 경우에는 1시간 이상의 휴게시간을 근로시간 도중에 주도록 규정하고 있는 바, 동 제도는 적절한 휴게를 부여함으로써 근로자의 건강보호, 작업능률의 증진 및 재해방지에 그 목적이 있는 것이므로 휴게시간을 일시적으로 부여함이 휴게제도의 취지에 부합되나, 작업의 성질 또는 사업장의 근로조건 등에 비추어 사회통념상 필요하고도 타당성이 있다고 일반적으로 인정되는 범위내에서 휴게제도 본래의 취지에 어긋나지 않는 한 휴게시간을 분할하여 주어도 무방할 것임.

근기 01254-884, 1992.6.22.

행정해석

법정휴게시간 이상의 휴게시간을 부여하는 것이 가능하지 여부

근로기준법 제54조제1항은 사용자는 근로시간이 4시간인 경우에는 30분 이상, 8시간인 경우에는 1시간 이상의 휴게시간을 근로시간 도중에 주어야 한다고 규정하고 있으므로, 이는 문언상 일정 시간 동안 계속적으로 근로하는 근로자에게 사업주가 부여하여야 하는 휴게시간의 최저기준을 정한 것이라고 할 것인바, 같은 항에 따르면 사용자는 근로시간이 4시간 이상 8시간 미만인 근로자에게 30분 이상의 휴게시간을 근로시간 도중에 주어야 하는 의무가 있을 뿐이고, 근로기준법령에서 노사 간의 합의로 이러한 최저기준을 초과하여 휴게시간을 정하는 것에 관하여 달리 제한하고 있지 않다는 점이 분명하다고 할 것입니다. 따라서, 근로기준법 제54조제1항은 근로시간이 4시간 이상 8시간 미만인 경우 노사 간의 합의로 1시간 이상의 휴게시간을 정하는 것을 제한하고 있지 않다고 할 것입니다.

법제처 15-0847, 2015.12.24.

4) 근로감독 시 자주 발생하는 위반 사례 및 해결 방안

case

☑ **위반 사례**

○○카페는 근로자 ○○○씨와 1일 4시간의 근로계약을 체결하였음.(근로시간 10:00~14:00) ○○카페 사장님은 근로자 ○○○씨의 요청에 따라 휴게시간을 별도로 부여하지 않기로 함 → 휴게시간 부여 위반

☑ **해결 방안**

휴게시간은 근로시간이 4시간 이상인 경우 30분, 8시간 이상인 경우 1시간을 근무시간 도중에 부여하여야 함(근로자가 14시 근무종료를 희망한다면 실무적인 대안으로 10:00~14:00사이에 유급휴게를 짧게라도 부여하는 방안이 있을 수 있음.)

5) 근로감독 대비 실무 적용점

- 근로시간이 4시간인 경우에는 30분 이상, 8시간인 경우에는 1시간 이상의 휴게시간을 부여한다.(근로계약서 작성 시에도 가급적 이를 명시해 주도록 함.)
- 휴게시간은 근로시간 도중에 부여하여야 한다. (근로시간 종료 후 부여할 수 없음)
- 휴게시간과 대기시간을 사전에 면밀히 검토하여 운영한다.

8. 근로자의 날(근로자의 날 제정에 관한 법률)

1) 체크리스트

구분	점검 내용	점검 결과	근로감독 결과 위반 시 조치 기준
근로자의 날	• 근로자의 날을 유급휴일로 운영하고 있는지 여부 〈근로자의 날 제정에 관한 법률〉 ※ 처벌규정은 없으나, 근로자의 날이 적법하게 운영되지 않은 경우 근로기준법 제56조 위반으로 처벌 받을 수 있음(3년 이하의 징역 또는 3천만원 이하의 벌금)	① 근로자의 날을 유급휴일로 운영함	별도의 조치기준은 없으나, 근로기준법 제56조 위반 시 조치기준이 적용될 수 있음
		② 근로자의 날을 유급휴일로 운영하지 않음	시정기간 14일 이내(미시정시 범죄인지, 반의사불벌)

2) 체크포인트

근로자의 날(5월 1일)은 '근로자의 날 제정에 관한 법률'에 의거한 유급휴일이다. 따라서 근로자의 날에 근무한 경우에도 휴일근로가산수당을 지급하여야 한다. 또한 보상휴가제 시행도 가능하다.

그러나 근로자의 날은 특정일(5월 1일)로 정하고 있기 때문에 휴일대체가 절대적으로 불가능하다는 점을 반드시 기억해야 한다. 아직도 많은 기업에서 근로자의 날에 휴일대체를 적용하여 법 위반을 하는 사례가 종종 발생하고 있다.

3) 관련법령/행정해석/판례

관계법령

[근로자의 날 제정에 관한 법률]

5월 1일을 근로자의 날로 하고, 이 날을 「근로기준법」에 따른 유급휴일(有給休日)로 한다.

행정해석

근로자의 날 관련 근로기준법 적용지침

1. 근로자의 날은 유급휴일임

근로자의 날은 1963년 「근로자의 날 제정에 관한 법률」(법률 제1326호)에 따라 한국노총의 창립일인 3월 10일을 노동절 대신 근로자의 날로 제정한 것에서 비롯되어, 1994년에는 세계적으로 5월 1일을 노동절로 기념하여 온 것에 맞추어 날짜를 5월 1일로 변경함. 근로자의 날 제정취지는 근로자들의 노고를 위로하고, 근무의욕을 높이기 위한 것으로 「국경일에 관한 법률」 또는 「관공서의 공휴일에 관한 규정」에서 정한 법정공휴일로 보기는 어려우나, 「근로기준법」의 적용을 받는 근로자에게 부여하는 주휴일과 같이 법정휴일이므로 해당일에 근로제공이 없더라도 임금을 지급해야 함(근로기준과-2116, 2004.4.29)

2. 근로자의 날의 근로에 대하여는 휴일근로수당을 지급하거나 보상휴가제를 실시할 수 있음

근로자의 날은 주휴일과 같이 근로자에게 적용되는 휴일이므로 해당일에 근로제공을 한 때에는 「근로기준법」 제56조에 따라 휴일근로수당으로 통상임금의 100분의 50 이상을 가산하여 지급하여야 함(대법 90다14089, 1991.5.14.) 또한 「근로기준법」 제57조에서 같은법 제56조의 야간 · 휴일 · 연장근로에 대하여 보상휴가제를 실시할 수 있다고 규정하고 있을 뿐 근로자의 날을 제외하고 있지 않으므로 근로자의 날의 근로에 대하여 임금을 지급하는 것을 갈음하여 휴가를 부여할 수 있음(임금근로시간정책팀-2363, 2007.7.13)

3. 근로자의 날은 휴일대체가 불가함

근로자의 날은 법률로서 5월 1일을 특정하여 유급휴일로 정하고 있으므로 다른 날로 대체할 수 없다고 보아야 함(근기-829, 2004.2.19)

임금근로시간정책팀-3356, 2007.11.13.

행정해석

근로기준법 제63조 적용에 규정된 '휴일'에 근로자의 날이 포함되는지 여부

'근로자의 날 제정에 관한 법률'에 따른 '근로자의 날'은 근로기준법에 의한 유급휴일로 한다고 규정하고 있는 바, 이는 '근로자의 날'의 정신을 기리고 기념하기

위한 것이므로 동 유급휴일을 舊 근로기준법 제54조(現 근로기준법 제55조)의 휴일과 같이 볼 것은 아님. 따라서, 근로기준법 제63조에 규정된 '동법 제4장과 제5장에서 정한…휴일'에 '근로자의 날'이 포함된다고 해석하기는 어려울 것임.

근로기준과-669, 2005.2.4.

행정해석

일급제(시급제) 근로자와 월급제 근로자에 대한 근로자의 날 수당지급 방법

1일 단위 또는 시간 단위로 임금을 계산하여 매월 지급하는 일급제 또는 시급제 근로자인 경우라면 당해 사업(장)의 통상의 1일 근로를 제공하였을 때 지급해야 할 임금을 지급하고 휴일을 부여해야 것이며, 만일, 유급휴일인 근로자의 날에 근로를 제공하는 경우에는 근로제공이 없더라도 지급받을 수 있었던 임금(100%)에 근로기준법 제55조의 규정에 의한 휴일근로가산임금(150%)을 추가 지급하여야 할 것임. 다만, 매월 고정적인 임금을 지급받는 월급제 근로자에게는 당해 월의 소정근로일수나 유급휴일수 또는 근로자의 날이 월요일에서 일요일 사이의 어느 날에 속하는지에 관계없이 소정의 월급금액을 지급하면 될 것임.

근로기준과-2156, 2004.4.30.

4) 근로감독 시 자주 발생하는 위반 사례 및 해결 방안

case

☑ **위반 사례**

○○병원은 ○○○간호사는 5월 1일(근로자의 날, 수요일) 근무하고 5월 3일(금) 대체휴일을 적용하여 쉬었음. ○○병원은 ○○○간호사의 근로자의 날 근로에 대하여 별도의 수당을 지급하지 아니함 → 휴일근로가산수당 지급 위반

☑ **해결 방안**

근로자의 날은 휴일대체를 적용할 수 없음. 따라서 근로자의 날 근로에 대해서는 휴일근로가산수당을 지급하여야 함

5) 근로감독 대비 실무 적용점

- 근로자의 날은 법정 유급휴일로 운영한다.
- 근로자의 날은 휴일대체가 적용되지 않는다. 따라서 근로자의 날에 근무할 경우 반드시 휴일근로가산수당을 지급한다.

제6장

임금 관련 체크포인트

1. 임금지급 4대원칙
2. 임금대장 작성
3. 임금명세서 작성 및 교부
4. 금품청산
5. 통상임금 산정
6. 평균임금 산정
7. 연장 · 야간 · 휴일근로가산수당
8. 최저임금 수준
9. 최저임금게시 및 주지의무
10. 휴업수당

제6장 임금 관련 체크포인트

1. 임금지급 4대원칙(근로기준법 제43조)
2. 임금대장 작성(근로기준법 제48조제1항)
3. 임금명세서 작성 및 교부(근로기준법 제48조제2항)
4. 금품청산(근로기준법 제36조)
5. 통상임금 산정(근로기준법 시행령 제6조)
6. 평균임금 산정(근로기준법 제2조)
7. 연장 · 휴일 · 야간근로수당(근로기준법 제56조)
8. 최저임금 수준(최저임금법 제6조)
9. 최저임금 게시 및 주지의무(최저임금법 제11조)
10. 휴업수당(근로기준법 제46조)

임금은 근로감독 시 가장 핵심적인 사항이다. 근로감독 시 임금 관련 사항이 적발될 경우 시정과정에서 금품의 지급이 필요하기 때문에 인사담당자 입장에서는 매우 곤란한 상황에 처하게 된다. 임금 관련 근로감독은 임금지급의 원칙 준수, 금품청산, 통상임금 · 평균임금의 적법한 산정, 최저임금 준수 여부, 연장 · 야간 · 휴일근로수당 적법한 산정, 휴업수당 지급 등 매우 다양한 항목에 대해서 이루어진다. 특히 실무적으로 통상임금의 산정 기준과 최저임금의 산정 기준은 사전에 철저히 검토하는 것이 필요하다. 또한 금품청산 기일준수는 근로감독 시 반드시 확인하는 사항이기 때문에 평소 임금지급 관리를 철저히 하는 것이 요구된다. 이번 장에서는 임금관련 다양한 이슈에 대한 세부내용을 살펴보도록 한다.

1. 임금지급 4대원칙(근로기준법 제43조)

1) 체크리스트

<table>
<tr><th>구분</th><th>점검 내용</th><th>점검 결과</th><th>근로감독 결과
위반 시 조치 기준</th></tr>
<tr><td rowspan="3">임금
지급
4대
원칙</td><td rowspan="3">• 임금은 매월 1회 이상 일정한 날짜를 정하여 통화로 직접 근로자에게 그 전액을 지급하는지 여부 〈근로기준법 제43조〉

임금지급 4대원칙
1. 직접불
2. 전액불
3. 통화불
4. 정기불

※ 위반 시 3년 이하의 징역 또는 3천만원 이하의 벌금</td><td>① 임금지급 4대원칙을 모두 준수함</td><td rowspan="3">시정기간 14일 이내
(미시정시 범죄인지)

- 다만, 평균임금 산정 등 임금 계산상의 단순 착오로 인한 체불인 경우 시정기간 25일 이내</td></tr>
<tr><td>② 임금지급 4대원칙 중 일부원칙을 준수하지 않음
[미준수 원칙
(번호로 표기) :]</td></tr>
<tr><td>③ 임금지급 4대원칙을 모두 준수하지 않음</td></tr>
</table>

2) 체크포인트

임금지급에도 4대원칙이 있다. 바로 근로기준법 제43조에서 규정하고 있는 직접불, 전액불, 통화불, 정기불 원칙이다.

직접불이란 임금은 반드시 근로자 본인에게 지급되어야 한다는 원칙이며, 전액불이란 사용자가 일방적으로 임금을 공제하는 것을 금지하며 임금 전액이 근로자에게 지급되어야 한다는 원칙이다. 또한 통화불이란 국내에서 강제 통용력이 있는 한국은행법에 의한 화폐로 지급되어야 한다는 원칙이며, 정기불이란 매월 1회 이상 일정한 기일을 정하여 지급되어야 한다는 원칙이다.

이러한 규정에도 불구하고 회사의 오랜 관행으로 정착된 제도가 임금지급의 4대원칙에 위배되는 사례가 종종 적발된다. 따라서 소속 회사의 임금지급 업무가 임금지급의 4대원칙에 위배되는 사항이 없는지 다시 한번 검토하는 것이 요구된다.

통상임금 vs. 평균임금 vs. 임금 vs. 근로소득 vs. 보수

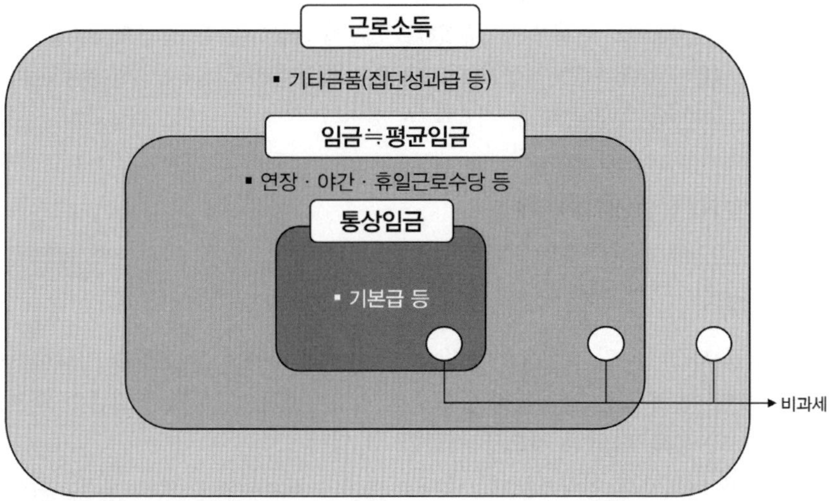

주1) 보수(색으로 표시된 영역) = 근로소득 − 비과세

구분	통상임금	평균임금
취지	• 수당 산정을 위한 도구(사전적 개념)	• 생활보장적 성격(사후적 개념)
원칙	• 시간급 산정 원칙	• 일급 원칙
계산 방법	• 월의 통상임금 산정기준시간 ◦ 토요일 무급시 : (40시간+8시간)×365일/12월/7일=209시간 ◦ 토요일 유급시 : (40시간+8시간+8시간)×365일/12월/7일=243시간	• 평균임금 계산식 ◦ 사유가 발생한 날 이전 3개월 동안의 임금총액 / 사유가 발생한 날 이전 3개월 동안의 총일수 ※ 3개월 동안의 계산방법 ◦ 3개월 동안은 90일을 말하는 것이 아니고 기산일로부터 소급하여 역월상 3개월 동안에 포함된 일수를 말한다.
적용 예시	• 해고예고수당(근로기준법 제26조) • 연장근로가산수당(근로기준법 제56조) • 야간근로가산수당(근로기준법 제56조) • 휴일근로가산수당(근로기준법 제56조) • 연장 · 휴일근로에 대한 임금 • 기타 법에 "유급"으로 표시된 보상	• 퇴직급여(근로기준법 제34조, 근로자퇴직급여 보장법 제8조) • 각종 재해보상(근로기준법 제79조~85조) • 감급의 제한(근로기준법 제95조)
	• 연차유급휴가수당(근로기준법 제60조) • 휴업수당(근로기준법 제46조)	
기타	• 평균임금이 통상임금보다 적으면 통상임금액을 평균임금으로 함(근로기준법 제2조 제2항)	

주 1) 연차유급휴가수당은 통상임금과 평균임금 중 어느 임금으로 주더라도 법 위반이 아니다. 따라서 통상임금이 그 기준이 되는 것이 일반적이다.
2) 휴업수당은 사용자의 귀책사유로 휴업하는 경우에 지급하며 평균임금의 100분의 70이상을 지급여야 한다. 다만, 평균임금의 100분의 70이에 해당하는 금액이 통상임금을 초과하는 경우에는 통상임금으로 지급할 수 있다.

3) 관련법령/행정해석/판례

관계법령

[근로기준법]

제43조(임금 지급) ① 임금은 통화(通貨)로 직접 근로자에게 그 전액을 지급하여야 한다. 다만, 법령 또는 단체협약에 특별한 규정이 있는 경우에는 임금의 일부를 공제하거나 통화 이외의 것으로 지급할 수 있다.
② 임금은 매월 1회 이상 일정한 날짜를 정하여 지급하여야 한다. 다만, 임시로 지급하는 임금, 수당, 그 밖에 이에 준하는 것 또는 대통령령으로 정하는 임금에 대하여는 그러하지 아니하다.

[근로기준법 시행령]

제23조(매월 1회 이상 지급하여야 할 임금의 예외) 법 제43조제2항 단서에서 "임시로 지급하는 임금, 수당, 그 밖에 이에 준하는 것 또는 대통령령으로 정하는 임금"이란 다음 각 호의 것을 말한다.
1. 1개월을 초과하는 기간의 출근 성적에 따라 지급하는 정근수당
2. 1개월을 초과하는 일정 기간을 계속하여 근무한 경우에 지급되는 근속수당
3. 1개월을 초과하는 기간에 걸친 사유에 따라 산정되는 장려금, 능률수당 또는 상여금
4. 그 밖에 부정기적으로 지급되는 모든 수당

행정해석

우편환 제도가 임금지급 원칙에 위배되는지 여부

통화불의 원칙은 국내에서 강제 통용력이 있는 한국은행법에 의한 화폐를 의미하고, 직접지급의 원칙은 임금이 확실하게 근로자 본인에게 들어가게 하여 생활을

보호하는 데 그 취지가 있다 할 것으로 귀 질의상의 우편환 제도는 이에 적합하지 않는 것으로 판단됨.

근로조건지도과-4262, 2008.10.6.

행정해석

동호회에서 급여 공제를 요청한 경우

임금의 일부를 공제할 수 있는 경우는 원칙적으로 근로기준법 제42조 제1항 단서에서와 같이 법령 또는 단체협약의 특별한 규정이 있는 경우로 국한하여야 할 것이나, 귀 질의에서와 같이 사업장내의 임의로 조직된 취미단체에서 동 단체 소속 개별 근로자의 실질적이고 구체적인 동의를 얻어 급여 공제를 요청한 경우, 개별 근로자의 경제생활의 안정을 해치지 않는 취미 활동에 소요되는 최소한의 금품에 한하여 그 공제가 가능한 것으로 사료되나, 추후 개별 근로자의 반대 의사표시가 있을 경우에는 그 전액을 지급하여야 할 것임.

임금 68207-405, 2003.5.26.

판례

임금의 일부를 통화가 아닌 쿠폰과 식사권으로 지급한 것은 통화불 원칙 위반여부

사용자는 임금은 통화(通貨)로 직접 근로자에게 그 전액을 지급하여야 한다. 다만, 법령 또는 단체협약에 특별한 규정이 있는 경우에는 임금의 일부를 공제하거나 통화 이외의 것으로 지급할 수 있다. 그럼에도 피고인은 2015.6.경부터 2016.9.경까지 자신의 사업장에서, 법령 또는 단체협약에 특별한 규정이 없음에도 근로자인 J의 임금 중 480,000원을 '우유쿠폰'으로, 1,000,000원을 '식사권'으로 지급하는 등 근로자 254명의 임금 총 207,140,000원을 위와 같이 통화가 아닌 쿠폰과 식사권으로 지급하였는바, 이는 통화불 원칙 위반에 따른 근로기준법위반이다.

춘천지방법원 2018.1.17. 선고, 2017고단979 판결

행정해석

당월 임금을 익월 지급하는 경우 정기불 원칙에 대한 해석

상용근로자의 임금청구권은 사용자와 근로자가 정한 임금 정기지급일에 발생하므로 일정기간 동안의 임금을 산정한 후 도래하는 다음 임금 정기지급일에 지급하여야 함. 다만, 임금을 1개월 단위로 산정하여 다음 달 일정한 날짜에 정기적으로 지급하는 경우에는 다음과 같이 해석함. 입사일로부터 다음 달 임금 정기지급일까지의 기간이 1개월을 넘는 근로자에게는 입사 당월의 임금 정기지급일에 기왕의 근로에 대한 임금의 전부 또는 일부가 지급되어야 함.

근로개선정책과-836, 2011.4.14.

4) 근로감독 시 자주 발생하는 위반 사례 및 해결 방안

case 01

☑ **위반 사례**

○○마트는 고등학교 3학년(만18세 미만의 연소자) ○○○씨를 채용함. ○○○씨의 부모님은 ○○○씨가 고등학교를 졸업할 때 까지만 부모 명의의 통장에 급여를 입금하여 줄 것을 요청함. ○○마트는 부모님의 요청에 따라 ○○○씨의 어머님 계좌에 급여를 입금함 → 직접불 위반

☑ **해결 방안**

연소근로자라 할지라도 임금은 직접 근로자에게 지급되어야 함

case 02

☑ **위반 사례**

○○공사는 온라인 교육을 시행함. 교육 시행 시 업무연락을 통하여 교육 미수료자의 경우 교육비를 급여에서 공제한다는 점을 공지함. 온라인 교육 종료 후 ○○공사는 교육 미수료자 10명에 대하여 급여에서 교육비를 공제함 → 전액불 위반

☑ **해결 방안**

법령 또는 단체협약에 특별한 규정이 있는 경우를 제외하고는 임금의 일부를 공제할 수 없음. 다만, 교육비 공제와 관련하여 별도의 본인의 동의를 받은 경우에는 공제 가능함

case 03

☑ **위반 사례**

○○통운은 최근 경영악화가 심화되고 있음. ○○통운은 급여의 일부를 상품권으로 지급함 → 통화불 위반

☑ **해결 방안**

법령 또는 단체협약에 특별한 규정이 있는 경우를 제외하고는 임금을 통화이외의 것으로 지급할 수 없음

case 04

☑ **위반 사례**

○○테크는 5명 규모의 벤처기업임. ○○테크의 CEO는 근로자와 연봉을 6회(짝수월)로 나누어 지급하는 근로계약을 체결함 → 정기불 위반

☑ **해결 방안**

임금은 매월 1회 이상 일정한 날짜를 정하여 지급하여야 함

5) 근로감독 대비 실무 적용점

- 임금 지급의 4대 원칙을 철저히 준수한다.
- 임금은 반드시 근로자에게 직접 지급한다.(연소자, 신용불량자 예외 없음)
- 임금의 공제는 법령 또는 단체협약에 특별한 규정이 있는 경우에만 허용되며, 그러한 근거가 없는 경우 반드시 근로자의 동의가 있어야 한다.

2. 임금대장 작성(근로기준법 제48조 제1항)

1) 체크리스트

구분	점검 내용	점검 결과	근로감독 결과 위반 시 조치 기준
임금 대장 작성	• 임금대장을 작성하고 임금과 가족수당의 기초가 되는 사항, 임금액, 그 밖의 대통령령으로 정하는 사항을 임금을 지급할 때마다 적는지 여부 〈근로기준법 제48조제1항〉 **임금대장 기재사항** 1. 성명 2. 주민등록번호 3. 고용 연월일 4. 종사하는 업무 5. 임금 및 가족수당의 계산기초가 되는 사항 6. 근로일수 7. 근로시간수 8. 연장근로, 야간근로 또는 휴일근로를 시킨 경우에는 그 시간수 9. 기본급, 수당, 그 밖의 임금의 내역별 금액(통화 외의 것으로 지급된 임금이 있는 경우에는 그 품명 및 수량과 평가총액) 10. 법 제43조제1항 단서에 따라 임금의 일부를 공제한 경우에는 그 금액 ※ 위반 시 500만원 이하 과태료	① 임금대장을 작성하고 기재사항을 모두 기재함 ② 임금대장은 작성하였으나 기재사항 일부를 기재하지 않음 [미게시 사항 (번호로 표기) :] ③ 임금대장을 작성하지 않음	시정기간 14일 이내 (미시정시 과태료)

2) 체크포인트

사용자는 근로기준법 제48조 제1항 및 동법 시행령 제27조에 따라 각 사업장별로 임금대장을 작성하고 임금의 세부내용을 기재하여야 한다. 임금대장 양식은 근로기준법 시행규칙 별지 서식에 규정되어 있기 때문에 회사의 임금대장 등의 양식이 근로기준법 상 별지서식의 임금대장과 다를 경우 시정지시가 내려질 수 있다.

[참고] 근로기준법 시행규칙[별지 제17호서식]

임 금 대 장

관리번호 :

성 명	생 년 월 일	기능 및 자격	고용연월일	종사업무	임 금 계 산 기 초 사 항			가 족 수 당 계 산 기 초 사 항		
					기본시간급	기본일급	기본월급	부양가족수	1인당 지급액	계산시간

구분 / 월별	근로일수	근로시간수	연장근로시간수	휴일근로시간수	야간근로시간수	기본급	여 러 가 지 수 당						현 금	그 밖의 임금		총액	공제액	영수액	영수인
														현 물					
							가족수당	연장근로수당	휴일근로수당	야간근로수당				품명	수량평가액				

따라서 회사의 임금대장 양식이 근로기준법상 별지서식과 일치하는지에 대해서 점검하는 것이 필요하며, 최소한 별지서식에서 요구하는 필수기재사항이 누락되지 아니하도록 체크하여야 한다.

3) 관련법령/행정해석/판례

관계법령

[근로기준법]

제48조(임금대장 및 임금명세서) ① 사용자는 각 사업장별로 임금대장을 작성하고 임금과 가족수당 계산의 기초가 되는 사항, 임금액, 그 밖에 대통령령으로 정하는 사항을 임금을 지급할 때마다 적어야 한다.

[근로기준법 시행령]

제27조(임금대장의 기재사항) ① 사용자는 법 제48조제1항에 따른 임금대장에 다음 각 호의 사항을 근로자 개인별로 적어야 한다.

1. 성명

2. 생년월일, 사원번호 등 근로자를 특정할 수 있는 정보
3. 고용 연월일
4. 종사하는 업무
5. 임금 및 가족수당의 계산기초가 되는 사항
6. 근로일수
7. 근로시간수
8. 연장근로, 야간근로 또는 휴일근로를 시킨 경우에는 그 시간수
9. 기본급, 수당, 그 밖의 임금의 내역별 금액(통화 외의 것으로 지급된 임금이 있는 경우에는 그 품명 및 수량과 평가총액)
10. 법 제43조제1항 단서에 따라 임금의 일부를 공제한 경우에는 그 금액

② 사용기간이 30일 미만인 일용근로자에 대하여는 제1항제2호 및 제5호의 사항을 적지 아니할 수 있다.

③ 다음 각 호의 어느 하나에 해당하는 근로자에 대하여는 제1항제7호 및 제8호의 사항을 적지 아니할 수 있다.

1. 법 제11조제2항에 따른 상시 4명 이하의 근로자를 사용하는 사업 또는 사업장의 근로자
2. 법 제63조 각 호의 어느 하나에 해당하는 근로자

4) 근로감독 시 자주 발생하는 위반 사례 및 해결 방안

case

☑ **위반 사례**

○○은행은 임금대장을 작성하여 보관하고 있음. 그러나 ○○산업의 임금대장의 항목이 근로기준법상 임금대장과 상이하여 '근로시간 수, 연장근로시간 수, 휴일근로시간 수, 야간근로시간 수' 등이 누락됨 → 임금대장 작성 위반

☑ **해결 방안**

회사의 임금대장에서 작성하고 있는 항목이 근로기준법 상 임금대장의 항목과 비교하여 누락이 있어서는 안 됨

5) 근로감독 대비 실무 적용점

- 회사의 임금대장 양식의 내용이 근로기준법상의 임금대장과 일치하는지를 확인한다.
- 근로기준법상 임금대장을 기준으로 임금정보를 관리한다.

3. 임금명세서 작성 및 교부(근로기준법 제48조 제2항)

1) 체크리스트

<table>
<tr><th>구분</th><th>점검 내용</th><th>점검 결과</th><th>근로감독 결과
위반 시 조치 기준</th></tr>
<tr><td rowspan="3">임금
명세서
작성</td><td rowspan="3">• 임금을 지급하는 때에 근로자에게 임금의 구성항목·계산방법, 임금 공제내역 등 대통령령으로 정하는 사항을 서면으로 작성하는지 여부
〈근로기준법 제48조제2항〉

임금명세서 기재사항
1. 성명
2. 생년월일
3. 사원번호 등 근로자를 특정할 수 있는 정보
4. 임금지급일
5. 임금총액
6. 기본급, 각종 수당, 상여금, 성과금 그 밖의 임금의 구성항목별 금액(통화 이외의 것으로 지급된 임금이 있는 경우에는 그 품명 및 수량과 평가총액을 말한다)
7. 임금의 구성항목별 금액이 출근일수·시간 등에 따라 달라지는 경우에는 임금의 구성항목별 금액의 계산방법(연장근로, 야간근로 또는 휴일근로의 경우에는 그 시간 수를 포함한다)
8. 법 제43조제1항 단서에 따라 임금의 일부를 공제한 경우에는 임금의 공제항목별 금액과 총액 등 공제내역
※ 위반 시 500만원 이하 과태료</td><td>① 근로기준법에서 정하는 사항을 모두 서면으로 작성함</td><td rowspan="3">시정기간 14일 이내
(미시정시 과태료)</td></tr>
<tr><td>② 근로기준법에서 정하는 사항을 일부는 서면으로 작성하고 일부는 서면으로 작성하지 않음
[미명시 근로조건
(번호로 표기) :]</td></tr>
<tr><td>③ 근로기준법에서 정하는 근로조건을 모두 서면으로 작성하지 않음</td></tr>
<tr><td rowspan="2">임금
명세서
교부</td><td rowspan="2">• 임금명세서를 근로자에게 교부하였는지 여부
〈근로기준법 제48조제2항〉
※ 위반 시 500만원 이하 과태료</td><td>① 교부함</td><td rowspan="2">시정기간 14일 이내
(미시정시 과태료)</td></tr>
<tr><td>② 교부하지 않음</td></tr>
</table>

2) 체크포인트

사용자는 근로기준법 제48조 제2항 및 동법 시행령 제27조의2에 따라 근로자에게 임금을 지급하는 때에는 임금명세서를 서면으로 작성하여 교부하여야 한다. 임금명세서에 포함될 항목은 임금의 구성항목·계산방법, 근로기준법 제43조 제1항 단서에 따른 임금의 공제 내역 등 대통령령으로 정하고 있는 사항이다.

임금명세서는 서면으로 교부되어야 하며, 이때 서면은 전자문서를 포함한다. 따라서 임금명세서는 직접 서면으로 작성하여 출력 후 전달하는 것과 사내 전산망, 이메일, 휴대전화 문자메시지 등이 포함될 수 있다.

[예시] 임금명세서 교부 방식

- 서면 임금명세서 직접교부
- 사내 전산망의 정보처리시스템, 애플리케이션 등을 통한 전달
- 전자임금명세서를 작성하고 자동으로 송·수신 되도록 구축된 정보처리시스템을 활용하여 전송
- 전자임금명세서를 작성하고 공인전자주소, 포털사이트 등에서 제공하는 이메일 등 각종 전자적 방법을 이용하여 전송
- 임금총액 등 근로기준법령상 기재사항을 포함하여 휴대전화 문자메시지로 전송

개정 근로기준법 설명자료 5p, (고용노동부, 2021.11)

임금명세서는 근로자에게 임금을 지급하는 때에 교부하여야 한다. 여기서 임금을 지급하는 때란 재직자를 기준으로 근로기준법 제43조에 따른 정기 지급일을 의미하며, 1개월 미만 근로계약을 체결한 경우(일용 근로자)에는 근로계약서에서 정한 지급일을 말한다. 정기지급일 이전 퇴직한 근로자에 대해서는 근로기준법 제36조에 따라 사유발생일로부터 14일 이내(당사자간 합의로 기일 연장 가능)에 금품을 청산하여야 하므로, 금품을 청산할 때 관련 내역을 작성하여 교부하는 것이 바람직하다.(고용노동부 개정 근로기준법 설명자료 참고)

[예시] 각종 수당과 공제가 있는 월급제의 경우

임 금 명 세 서

지급일 : 2021-11-25

성명	홍 길 동	사번	073542
부서	개발지원팀	직급	팀장

세부 내역

지 급			공 제	
임금 항목		지급 금액(원)	공제 항목	공제 금액(원)
매월 지급	기본급	3,200,000	소득세	115,530
	연장근로수당	396,984	국민연금	177,570
	야간근로수당	16,541	고용보험	31,570
	휴일근로수당	99,246	건강보험	135,350
	가족수당	150,000	장기요양보험	15,590
	식대	100,000	노동조합비	15,000
격월 또는 부정기 지급				
지급액 계		3,962,771	공제액 계	490,610
			실수령액(원)	3,472,161

계산 방법

구분	산출식 또는 산출방법	지급액(원)
연장근로수당	16시간×16,541원×1.5	396,984
야간근로수당	2시간×16,541원×0.5	16,541
휴일근로수당	4시간×16,541원×1.5	99,246
가족수당	100,000원x1명(배우자)+50,000원x1명(자녀1명)	150,000

※ 가족수당은 취업규칙 등에 지급요건이 규정되어 있는 경우 계산방법을 기재하지 않더라도 무방

개정 근로기준법 설명자료 16p, (고용노동부, 2021.11)

만약 임금명세서의 교부 시 임금명세서 상 작성되어야할 항목이 누락되거나 교부되지 않는 경우 근로기준법 제116조 제2항에 따라 500만원 이하의 과태료가 부과될 수 있으므로 주의하여야 한다. 근로기준법 시행령 [별표 7]에서는 위반행위 및 횟수에 따른 과태료 부과기준을 두고 있으며, 임금명세서 교부 의무 위반 근로자 1명 기준으로 과태료가 부과된다.

[참고] 위반행위 및 횟수에 따른 과태료 부과기준

위반행위	근거법조문	과태료금액		
		1차	2차	3차 이상
사. 법 제48조 제2항에 따른 임금명세서 교부의무를 위반한 경우 1) 임금명세서를 교부하지 않은 경우 2) 임금명세서에 기재사항을 적지 않거나 사실과 다르게 적어 교부한 경우	법 제116조 제2항제2호	30 20	50 30	100 50

3) 관련법령/행정해석/판례

관계법령

[근로기준법]

제48조(임금대장 및 임금명세서) ② 사용자는 임금을 지급하는 때에는 근로자에게 임금의 구성항목・계산방법, 제43조제1항 단서에 따라 임금의 일부를 공제한 경우의 내역 등 대통령령으로 정하는 사항을 적은 임금명세서를 서면(「전자문서 및 전자거래 기본법」 제2조제1호에 따른 전자문서를 포함한다)으로 교부하여야 한다.

[근로기준법 시행령]

제27조의2(임금명세서의 기재사항) 사용자는 법 제48조제2항에 따른 임금명세서에 다음 각 호의 사항을 적어야 한다.

1. 근로자의 성명, 생년월일, 사원번호 등 근로자를 특정할 수 있는 정보
2. 임금지급일

3. 임금 총액
4. 기본급, 각종 수당, 상여금, 성과금, 그 밖의 임금의 구성항목별 금액(통화 이외의 것으로 지급된 임금이 있는 경우에는 그 품명 및 수량과 평가총액을 말한다)
5. 임금의 구성항목별 금액이 출근일수·시간 등에 따라 달라지는 경우에는 임금의 구성항목별 금액의 계산방법(연장근로, 야간근로 또는 휴일근로의 경우에는 그 시간 수를 포함한다)
6. 법 제43조제1항 단서에 따라 임금의 일부를 공제한 경우에는 임금의 공제 항목별 금액과 총액 등 공제내역

4) 근로감독 시 자주 발생하는 위반 사례 및 해결 방안

case 01

☑ **위반 사례**

○○산업은 급여지급일에 임금명세서를 작성하여 교부하고 있으나 임금명세서 상 임금총액만을 표기할 뿐 임금 세부 구성항목에 대한 작성은 하지 않고 있음.
→ 임금명세서 작성 위반

☑ **해결 방안**

회사가 작성하고 있는 임금명세서 상 항목이 근로기준법 상 임금명세서 항목과 비교하여 누락이 있어서는 안 됨

case 02

☑ **위반 사례**

○○산업은 임금명세서 작성 시 근로기준법 상 임금명세서 항목을 모두 표기하고 있으나, 원하는 근로자에 한하여만 임금명세서를 교부하고 있음 → 임금명세서 교부 위반

☑ **해결 방안**

임금명세서는 임금을 지급하는 모든 근로자에게 예외 없이 교부되어야함

5) 근로감독 대비 실무 적용점

- 회사의 임금명세서 양식의 내용이 근로기준법상의 임금명세서 항목과 일치하는지를 확인한다.
- 임금명세서를 작성한 경우 반드시 이를 근로자에게 교부한다.

4. 금품청산(근로기준법 제36조)

1) 체크리스트

구분	점검 내용	점검 결과	근로감독 결과 위반 시 조치 기준
금품 청산	• 근로자가 사망 또는 퇴직하면 14일 이내에 임금 등 모든 금품을 지급하며, 특별한 사정이 있는 경우 근로자와 합의하여 지급기일을 연장하는지 여부 〈근로기준법 제36조〉 ※ 위반 시 3년 이하의 징역 또는 3천만원 이하의 벌금	① 퇴직일로부터 14일 이내에 모든 금품을 지급함 ② 퇴직일로부터 14일 이내에 모든 금품을 지급하지 않는 경우가 있음	시정기간 14일 이내 (미시정시 범죄인지, 반의사불벌) - 다만, 평균임금 산정등 임금 계산상의 단순 착오로 인한 체불인 경우 시정기간 25일 이내

2) 체크포인트

근로감독 시 반드시 점검하는 사항이 금품청산 관련 내용이다. 근로기준법 제36조에서는 근로자가 사망 또는 퇴직한 경우에 14일 이내에 임금 등 모든 금품을 지급하도록 규정하고 있다. 따라서 근로감독이 이루어지게 되면 근로감독관은 퇴직자 명부를 요청하고 퇴직자의 최종 월의 급여, 퇴직금, 미사용 연차휴가수당 등이 퇴직일로부터 14일 이내에 지급되었는지 여부를 확인하게 된다.

금품청산과 관련하여 많은 위반사항이 발생하는데 대부분의 경우는 임금지급일과 관련하여 발생한다. 당월 임금지급일이 익월 5일인 회사의 경우를 예를 들어 보자. 이 회사의 직원이 당월 10일까지 근무하고 퇴직한다면 임금 및 퇴직금 등은 당월 24일까지 이루어져야 한다. 그러나 대부분의 회사는 업무상 번거로움을 이유로 임금지급일인 익월 5일 임금 및 퇴직금 등을 지급하는 경우가 일반적이다. 이러한 업무처리는 금품청산 위반의 문제를 발생시키게 된다.

이 시점에서 우리는 근로기준법 제36조 단서조항을 기억할 필요가 있다. 해당

조문 단서조항에서는 '다만, 특별한 사정이 있을 경우에는 당사자 간의 합의에 의하여 기일을 연장할 수 있다'고 규정하고 있다. 따라서 회사가 다양한 사유로 인하여 퇴직 후 14일 이내에 금품청산을 하지 못하는 경우가 발생한다면 별도의 합의서를 통하여 '본인은 최종 월의 임금과 퇴직금을 0월 0일에 지급받는 것에 대하여 합의합니다'라고 합의하는 것이 반드시 필요하다.

[예시] 금품청산 지급기일 연장 합의서

사용자 주식회사 ○○○○
서울특별시 강남구 삼성동
대표이사

근로자 홍길동(123456-1234567)
서울특별시 ○○구 ○○동 ○○○번지

상기 사용자와 근로자는 금품청산과 관련하여 근로기준법 제36조 단서, 근로자퇴직급여 보장법 제9조 단서에 따라 다음과 같이 합의한다.

\- 다 음 -

근로자 은 20 년 월 일 자로 퇴직하고, 근무기간에 대한 임금과 퇴직금(퇴직금이 있는 경우에 限함.)을 20 년 월 일에 일괄지급 받는 것에 사용자와 합의한다.

20 년 월 일

사용자 대표이사 (인)

근로자 홍 길 동 (인)

3) 관련법령/행정해석/판례

관계법령

[근로기준법]

제36조(금품 청산) 사용자는 근로자가 사망 또는 퇴직한 경우에는 그 지급 사유가

발생한 때부터 14일 이내에 임금, 보상금, 그 밖의 모든 금품을 지급하여야 한다. 다만, 특별한 사정이 있을 경우에는 당사자 사이의 합의에 의하여 기일을 연장할 수 있다.

판례

금품청산기간 경과 이후 합의의 효력

舊 근로기준법 제30조(現 근로기준법 제36조)는 근로자가 사망 또는 퇴직한 경우에 사용자는 그 지급사유가 발생한 때로부터 14일 이내에 임금·보상금 기타 일체의 금품을 지급하기로 규정함으로써 퇴직근로자 등의 생활안정을 도모하기 위하여 법률관계를 조기에 청산하도록 강제하는 한편 특별한 사정이 있을 경우에는 당사자간의 합의에 의하여 기일을 연장할 수 있도록 하고 있는 바, 위 임금 등 체불로 인한 근로기준법 제109조 위반죄는 그 지급사유 발생일로부터 14일이 경과하는 때에 성립하므로(1995.11.10, 대법 94도1477 참조), 사용자는 지급사유가 발생한 때로부터 14일 이내에 근로자와 기일연장을 합의하여야 하고, 그 기간이 지나 근로기준법 위반죄가 성립한 후에는 비록 합의가 이루어졌다 하더라도 이는 정상참작 사유는 될지언정 범죄로 되지 아니한다고 할 수는 없다.

대법원 1997.8.29. 선고, 97도1091 판결

4) 근로감독 시 자주 발생하는 위반 사례 및 해결 방안

case

☑ **위반 사례**

○○전자는 당월 임금을 익월 5일에 지급하고 있음. ○○전자의 ○○○근로자는 5월 10일까지 근무하고 퇴직하였음. ○○전자 인사팀은 ○○○근로자의 최종월의 임금을 별도의 합의 없이 6월 5일에 지급하였음 → 금품청산 위반

☑ **해결 방안**

근로자가 퇴직하면 14일 이내에 임금 등 모든 금품을 지급하여야 함. 상기 사례의 경우 5월 11일이 퇴직일이기 때문에 5월 25일까지 최종월의 임금 등 일체의 금품을 지급하여야 함. 다만, 근로자와 합의하면 기일을 연장할 수 있음

5) 근로감독 대비 실무 적용점

- 근로자가 퇴직하면 14일 이내에 임금 등 모든 금품을 지급하는 것을 원칙으로 한다.
- 다만, 임금지급일 등의 문제로 퇴직 후 14일 이내에 임금 등을 지급하지 못하게 되는 경우 반드시 지급기일 연장과 관련하여 별도로 합의한다.

5. 통상임금 산정(근로기준법 시행령 제6조)

1) 체크리스트

구분	점검 내용	점검 결과	근로감독 결과 위반 시 조치 기준
통상임금 산정	• 통상임금을 적법하게 산정하는지 여부 〈근로기준법 시행령 6조〉 ※ 통상임금이 잘못 산정되었을 경우 임금 또는 퇴직금 체불이 발생함(재직자는 근로기준법 제43조 위반으로 3년 이하의 징역 또는 3천만원 이하의 벌금, 퇴직자는 근로기준법 제36조 위반으로 3년 이하의 징역 또는 3천만원 이하의 벌금)	① 통상임금을 적법하게 산정함 ② 통상임금을 적법하게 산정하지 않음	시정기간 14일 이내 (미시정시 범죄인지, 반의사불벌) – 다만, 평균임금 산정등 임금 계산상의 단순 착오로 인한 체불인 경우 시정기간 25일 이내

2) 체크포인트

임금은 법령에서 정한 기준에 따라서 정확하게 지급되어야 한다. 임금의 지급 시 통상임금의 산정은 매우 중요하다. 통상임금을 기준으로 연장근로수당, 야간근로수당, 휴일근로수당 등이 지급되기 때문에 만약 통상임금을 잘못 산정하였을 경우에는 임금체불로 이어지게 된다.

그리고 통상임금에 대해서는 근로기준법 시행령 제6조에서 “통상임금이란 근로자에게 정기적이고 일률적으로 소정(所定)근로 또는 총 근로에 대하여 지급하기로 정한 시간급 금액, 일급 금액, 주급 금액, 월급 금액 또는 도급 금액을 말한다”라고 규정하고 있다. 또한 법원은 「통상임금이란 근로자가 소정근로시간에 통상적으로 제공하는 근로인 소정근로의 대가로 지급하기로 약정한 금품으로서 정기적·일률적·고정적으로 지급되는 임금을 말한다」라고 판시하고 있다.

이와 같이 통상임금은 소정근로의 대가로서 지급된 금품으로서 정기적, 일률적,

고정적으로 지급되는 임금이라고 볼 수 있다. 그러나 상기와 같은 정의에도 불구하고 실무적으로 통상임금을 판단하는 것은 쉽지 않다. 따라서 기업은 모든 임금의 구성항목에 대하여 사전에 통상임금 여부를 판단하여 근로감독 시 시정지시가 발생하지 않도록 예방하는 것이 필요하다.

또한 통상임금 산정기준시간 수는 토요일의 운영방식(유급 또는 무급)에 따라서 달라질 수 있다는 점도 기억할 필요가 있다(소정근로시간이 일 8시간, 주 40시간인 주5일제 근무기업의 경우 : 토요일이 무급인 경우 월 209시간, 토요일이 유급인 경우 월 243시간)

[참고] 전원합의체 판결까지 판례의 흐름

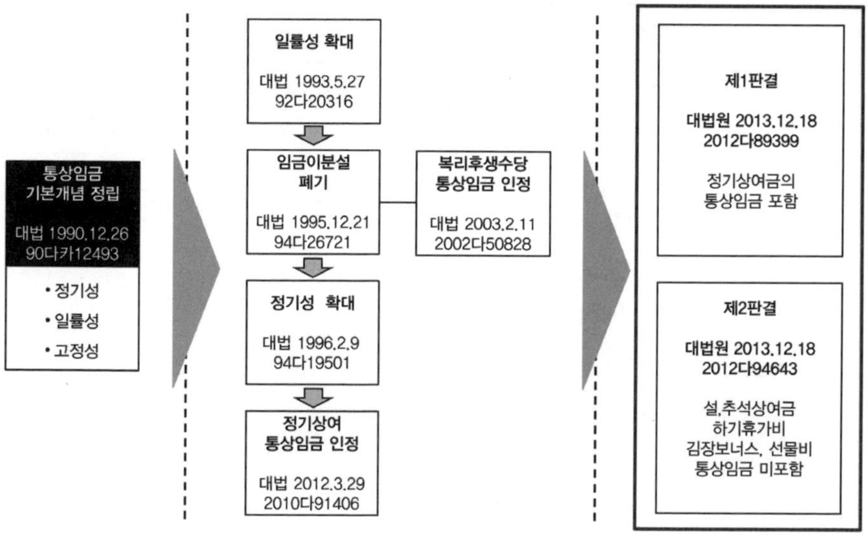

[참고] 고용노동부 지침 상 임금유형별 통상임금 여부

임금명목	임금의 특징	통상임금 해당여부
기술수당	기술이나 자격보유자에게 지급되는 수당(자격수당, 면허수당 등)	통상임금○
근속수당	근속기간에 따라 지급여부나 지급액이 달라지는 임금	통상임금○
가족수당	부양가족 수에 따라 달라지는 가족수당	통상임금× (근로와 무관한 조건)
	부양가족 수와 관계없이 모든 근로자에게 지급되는 가족수당 분	통상임금○ (명목만 가족수당, 일률성 인정)
성과급	근무실적을 평가하여 지급여부나 지급액이 결정되는 임금	통상임금× (조건에 좌우됨, 고정성 인정×)
	최소한도가 보장되는 성과급	그 최소한도만큼만 통상임금 ○ (그 만큼은 일률적, 고정적 지급)
상여금	정기적인 지급이 확정되어 있는 상여금(정기상여금)	통상임금○
	기업실적에 따라 일시적, 부정기적, 사용자 재량에 따른 상여금(경영성과분배금, 격려금, 인센티브)	통상임금× (사전 미확정, 고정성 인정×)
특정시점 재직 시에만 지급되는 금품	특정시점에 재직 중인 근로자만 지급받는 금품(명절귀향비나 휴가비의 경우 그러한 경우가 많음)	통상임금× (근로의 대가×, 고정성×)
	특정시점이 되기 전 퇴직 시에는 근무일수에 비례하여 지급되는 금품	통상임금○ (근무일수 비례하여 지급되는 한도에서는 고정성○)

※ 출처 : 통상임금 노사지도지침(고용노동부), 대법원 2013.12.18. 선고, 2012다89399 판결 보도자료

3) 관련법령/행정해석/판례

관계법령

[근로기준법 시행령]

제6조(통상임금) ① 법과 이 영에서 "통상임금"이란 근로자에게 정기적이고 일률적으로 소정(所定)근로 또는 총 근로에 대하여 지급하기로 정한 시간급 금액, 일급 금액, 주급 금액, 월급 금액 또는 도급 금액을 말한다.

② 제1항에 따른 통상임금을 시간급 금액으로 산정할 경우에는 다음 각 호의 방법에 따라 산정된 금액으로 한다.

1. 시간급 금액으로 정한 임금은 그 금액
2. 일급 금액으로 정한 임금은 그 금액을 1일의 소정근로시간 수로 나눈 금액
3. 주급 금액으로 정한 임금은 그 금액을 1주의 통상임금 산정 기준시간 수(1주의 소정근로시간과 소정근로시간 외에 유급으로 처리되는 시간을 합산한 시간)로 나눈 금액
4. 월급 금액으로 정한 임금은 그 금액을 월의 통상임금 산정 기준시간 수(1주의 통상임금 산정 기준시간 수에 1년 동안의 평균 주의 수를 곱한 시간을 12로 나눈 시간)로 나눈 금액
5. 일·주·월 외의 일정한 기간으로 정한 임금은 제2호부터 제4호까지의 규정에 준하여 산정된 금액
6. 도급 금액으로 정한 임금은 그 임금 산정 기간에서 도급제에 따라 계산된 임금의 총액을 해당 임금 산정 기간(임금 마감일이 있는 경우에는 임금 마감 기간을 말한다)의 총 근로 시간 수로 나눈 금액
7. 근로자가 받는 임금이 제1호부터 제6호까지의 규정에서 정한 둘 이상의 임금으로 되어 있는 경우에는 제1호부터 제6호까지의 규정에 따라 각각 산정된 금액을 합산한 금액

③ 제1항에 따른 통상임금을 일급 금액으로 산정할 때에는 제2항에 따른 시간급 금액에 1일의 소정근로시간 수를 곱하여 계산한다.

행정해석

실제 연장근로수당이 고정 연장근로수당을 초과할 경우

사업장의 임금체계에 있어서 기본 근로시간당 일정액을 정하고, 舊 근로기준법 제46조(現 근로기준법 제56조)에 의한 연장근로에 대하여도 고정급으로 지급하기로 정한 경우, 동 연장근로수당은 통상임금에 포함되지 아니하나, 개개근로자의 통상임금에 의하여 산정한 연장근로에 대한 수당액이 고정급으로 정한 연장근로수당을 초과할 때에는 그 차액을 지급하여야 함.

근기 01254-19181, 1987.12.4.

판례

고정적으로 지급하는 연장근로수당이 통상임금에 해당하는지 여부

피고가 근로자들이 현실적으로 시간외근로를 하고 있다는 전제 아래, 다만 영업직 근로자들의 업무특성상 실제 시간외근로시간을 측정하기 곤란한 사정을 고려하여 시간외근로수당을 정액제 내지 정률제로 지급하기로 한 점, 그 금액산출기준도 현실적인 시간외근로를 전제로 하는 舊 근로기준법 제55조(現 근로기준법 제56조)의 규정을 기초로 하고 있는 점 등에 비추어, 시간외근로수당을 실제 시간외근로에 관계없이 정기적·일률적으로 지급하기로 정하여진 고정급인 통상수당으로 볼 수는 없다.

대법원 2002.4.12. 선고, 2001다72173 판결

판례

재직자 조건이 부가된 정기상여금의 통상임금성 판단

앞서 본 기초사실 및 앞서 든 각 증거에 의하면, 피고는 2015.1.1. 급여규정을 개정하기 이전에는 그 급여규정(이하 '개정 전 급여규정'이라 한다) 제31조제1항 또는 제2항에서 정기상여금은 '지급기준일 현재 재직 중에 있는 자에 한하여 지급한다'고 규정하고 있고, 이에 따라 연공제 근로자 중 지급기준일 현재 재직 중에 있는 자에 한하여 정기상여금을 지급하였으며, 정기상여금 지급기준일 이전에 퇴직한 근로자들에 대하여 정기상여금을 일할 계산하여 지급하지 않은 사실은 인정된다. 그러나 앞서 본 기초사실 및 앞서 든 각 증거에 의해 인정되는 사정을 종합

하면, 개정 전 급여규정에 근거하여 연공제 근로자에게 연 600%의 지급률에 따라 정기적·계속적으로 지급된 정기상여금(이하 '이 사건 정기상여금'이라 한다)은 소정근로를 제공하기만 하면 그 지급이 확정된 것이라고 볼 수 있어 정기적·일률적으로 지급되는 고정적인 임금인 통상임금에 해당한다고 봄이 타당하다.

대법원 2022.11.10. 선고, 2022다252578 판결

판례

고정시간외수당의 통상임금성 판단

피고는 1994.3.경 이전까지 시급제 근로자와 달리 월급제 근로자에게는 실제 평일 연장·야간근로시간을 별도로 산정하지 않은 채 기본급 20% 상당액을 '시간외수당'으로 지급한 것으로 보인다. 이와 같이 지급된 '시간외수당'이 월급제 근로자의 소정근로시간에 통상적으로 제공하기로 정한 근로의 대가라고 볼 만한 자료를 기록상 찾을 수 없다.

조기출퇴근제 시행기간 동안 위 '시간외수당'의 명칭이 '자기계발비'로 변경되었으며 시급제 근로자에게도 같은 명칭의 수당이 지급되었다고 하더라도, 같은 기간 동안 시급제 근로자들에게는 평일 연장·야간근로에 대한 별도의 법정수당이 지급된 점 등에 비추어 보면 월급제 근로자들에게 종전과 마찬가지로 지급된 '기본급 20% 상당액의 수당'의 성격이 소정근로의 대가로 변경되었다고 단정하기 어렵다.

오히려 조기출퇴근제 폐지 이후 2005.3.1.부터 대체로 월급제였다고 보이는 사무직 근로자들의 잔업에 대한 보상제도를 명확히 하려는 취지에서 다시 위 수당의 명칭이 '자기계발비'에서 '시간외수당'으로 환원된 점, 2006.3.경부터 2011.3.경까지 사이에는 시급제 근로자들에게 지급되던 '기본급 20% 상당액의 수당'이 기본급으로 흡수되었음에도 같은 기간 동안 월급제 근로자들에게 지급되던 같은 수당이 계속 '시간외수당' 명목으로 지급되었던 점 등에 비추어 볼 때, 적어도 조기출퇴근제 폐지 이후에는 '기본급 20% 상당액의 수당'이 월급제 근로자들의 평일 소정근로시간을 초과하여 제공하는 근로에 대한 대가로서 지급되었을 가능성을 배제할 수 없다. 특히 '2013년 급여기준'의 내용에 비추어 볼 때, 피고가 월급제 근로자들에게 실제의 평일 연장·야간근로시간과 관계없이 소정근로시간 월 240시간을 기준으로 그 20%에 해당하는 월 32시간을 평일 연장·야간근로시간으로 간

주하고 그에 대한 대가로서 이 사건 고정시간외수당을 지급하였을 여지도 있다.

피고가 이 사건 고정시간외수당을 신규채용자·퇴직자 등에게 일할 계산하여 지급하였다는 등의 사정만으로 위 수당이 소정근로의 대가로서 지급되었다고 단정할 수도 없다.

대법원 2021.11.11. 선고, 2020다224739 판결

판례

통상임금이 최저임금보다 적을 경우

최저임금이나 최저임금의 적용을 위한 비교대상 임금은 통상임금과는 그 기능과 산정 방법이 다른 별개의 개념이므로, 사용자가 최저임금의 적용을 받는 근로자에게 최저임금액 이상의 임금을 지급하여야 한다고 하여 곧바로 통상임금 자체가 최저임금액을 그 최하한으로 한다고 볼 수 없다.

대법원 2017.12.28. 선고, 2014다49074 판결

판례

통상임금에 대한 판단 기준

통상임금은 근로자가 소정근로시간에 통상적으로 제공하는 근로인 소정근로(도급근로자의 경우에는 총 근로)의 대가로 지급하기로 약정한 금품으로서 정기적·일률적·고정적으로 지급되는 임금을 말하고, 그 임금이 '1임금산정기간' 내에 지급되는 것인지 여부는 판단기준이 아니다. 따라서 어떠한 임금이 통상임금에 속하는지 여부는 그 임금이 소정근로의 대가로 근로자에게 지급되는 금품으로서 정기적·일률적·고정적으로 지급되는 것인지를 기준으로 그 객관적인 성질에 따라 판단하여야 하고, 임금의 명칭이나 그 지급주기의 장단 등 형식적 기준에 의해 정할 것이 아니다.

대법원 2013.12.18. 선고, 2012다89399 판결

4) 근로감독 시 자주 발생하는 위반 사례 및 해결 방안

case 01

☑ **위반 사례**

○○산업 ○○○근로자의 임금은 기본급 2,000,000원, 직무수당 200,000원, 식대 150,000원으로 구성되어 있음. 통상임금 산정 시 기본급과 직무수당만을 포함시키고 식대는 제외함. 그러나 식대는 정기적, 일률적, 고정적으로 지급되고 있음 → 통상임금 산정 위반

☑ **해결 방안**

식대가 정기적, 일률적, 고정적으로 지급된다면 통상임금에 포함됨

case 02

☑ **위반 사례**

○○금속은 토요일을 무급휴무일로 규정하고 있음.(토요일이 무급휴무일인 경우 월 통상시급 산정 기준근로시간수는 월 209시간임) 그러나 월 통상임금 산정 기준 시간 수 산정 시 토요일을 유급휴무일로 적용하여 월 243시간을 기준으로 통상시급을 산정하고 있음 → 통상임금 산정 위반

☑ **해결 방안**

토요일이 무급휴무일인 경우 월 통상임금 산정 기준시간 수는 월 209시간임 [(40시간+8시간)×365일/12월/7일=209시간/월]

5) 근로감독 대비 실무 적용점

- 회사의 모든 임금의 구성항목에 대해서 사전에 통상임금 해당여부를 정확히 판단한다.
- 통상임금 산정기준시간 수는 토요일의 유급 또는 무급 여부, 교대제 시행 여부 등에 따라서 달라질 수 있다.

6. 평균임금 산정(근로기준법 제2조)

1) 체크리스트

구분	점검 내용	점검 결과	근로감독 결과 위반 시 조치 기준
평균임금 산정	• 평균임금을 적법하게 산정하는지 여부 〈근로기준법 제2조〉 ※ 평균임금이 잘못 산정되었을 경우 임금 또는 퇴직금 체불이 발생함(재직자는 근로기준법 제43조 위반으로 3년 이하의 징역 또는 3천만원 이하의 벌금, 퇴직자는 근로기준법 제36조 위반으로 3년 이하의 징역 또는 3천만원 이하의 벌금)	① 평균임금을 적법하게 산정함 ② 평균임금을 적법하게 산정하지 않음	시정기간 14일 이내 (미시정시 범죄인지, 반의사불벌) - 다만, 평균임금 산정등 임금 계산상의 단순 착오로 인한 체불인 경우 시정기간 25일 이내

2) 체크포인트

근로기준법 제2조 제1항 제6호에서는 “평균임금이란 이를 산정하여야 할 사유가 발생한 날 이전 3개월 동안에 그 근로자에게 지급된 임금의 총액을 그 기간의 총일수로 나눈 금액을 말한다”라고 규정하고 있다. 여기서 3개월 동안은 90일을 말하는 것이 아니라 기산일로부터 소급하여 역월상 3개월 동안에 포함된 일수를 말한다. 따라서 3개월은 90일~92일 사이에서 결정된다.

또한 평균임금 산정 시 제외되는 기간과 임금에 대해서는 근로기준법 시행령 제2조에서 규정하고 있기 때문에 별도로 정리하여 평균임금이 잘못 계산되지 않도록 주의할 필요가 있다.(예 : 수습사용중인 기간, 사용자의 귀책사유로 인한 휴업기간, 산전・후 휴가기간, 산재로 인한 휴업기간, 육아휴직기간, 쟁의행위기간 등)

평균임금은 주로 퇴직금 산정 시 활용되기 때문에 평균임금이 잘못 산정되면 퇴직금 체불 등의 문제가 발생하게 되므로 주의 깊게 살펴보아야 한다. 또한 근로기준법 제2조 제2항에 따라 평균임금 계산 시 평균임금이 통상임금보다 낮아지는 경우에는 통상임금을 평균임금으로 판단해야 한다는 점도 기억할 필요가 있다. 이는 3개월 사이에 무단결근 등으로 인하여 임금총액이 적은 경우 당해 근로자의 평균임금이 지나치게 낮아지는 것을 보호하기 위함이다.

평균임금 산정(근로기준법 시행령 제2조)

평균임금 산정기준이 되는 기간과 임금에서 제외	평균임금 산정기준이 되는 임금에서만 제외
① 수습사용중인 기간 ② 사용자의 귀책사유로 휴업한 기간 ③ 출산전후휴가기간 ④ 업무상 부상 또는 질병요양을 위해 휴업한 기간 ⑤ 육아휴직기간(육아기근로시간단축기간 포함) ⑥ 쟁의행위기간 ⑦ 병역법, 향토예비군설치법, 민방위기본법에 따른 의무이행을 위해 휴직하거나 근로하지 못한 기간 ⑧ 업무 외 부상 또는 질병기타의 사유로 인하여 사용자의 승인을 얻어 휴직한 기간	① 임시로 지급된 임금 및 수당(해외 주재원에게 지급되는 초과수당 등) ② 통화 이외의 것으로 지불된 임금(현물로 지급되는 것 등)

※ '가족돌봄휴직 및 가족돌봄휴가 기간', '가족돌봄 등을 위한 근로시간단축기간'의 경우에도 평균임금 산정기준기관과 임금에서 제외함(남녀고용평등법 제22조의2, 제22조의4)

3) 관련법령/행정해석/판례

관계법령

[근로기준법]

제2조(정의) ① 이 법에서 사용하는 용어의 뜻은 다음과 같다.

6. "평균임금"이란 이를 산정하여야 할 사유가 발생한 날 이전 3개월 동안에 그 근로자에게 지급된 임금의 총액을 그 기간의 총일수로 나눈 금액을 말한다. 근로자가 취업한 후 3개월 미만인 경우도 이에 준한다.

② 제1항제6호에 따라 산출된 금액이 그 근로자의 통상임금보다 적으면 그 통상임금액을 평균임금으로 한다.

[근로기준법 시행령]

제2조(평균임금의 계산에서 제외되는 기간과 임금) ① 「근로기준법」(이하 "법"이라 한다) 제2조제1항제6호에 따른 평균임금 산정기간 중에 다음 각 호의 어느 하나에 해당하는 기간이 있는 경우에는 그 기간과 그 기간 중에 지급된 임금은 평균임금 산정기준이 되는 기간과 임금의 총액에서 각각 뺀다.

1. 근로계약을 체결하고 수습 중에 있는 근로자가 수습을 시작한 날부터 3개월 이내의 기간
2. 법 제46조에 따른 사용자의 귀책사유로 휴업한 기간
3. 법 제74조에 따른 출산전후휴가 기간
4. 법 제78조에 따라 업무상 부상 또는 질병으로 요양하기 위하여 휴업한 기간
5. 「남녀고용평등과 일·가정 양립 지원에 관한 법률」 제19조에 따른 육아휴직 기간
6. 「노동조합 및 노동관계조정법」 제2조제6호에 따른 쟁의행위기간
7. 「병역법」, 「예비군법」 또는 「민방위기본법」에 따른 의무를 이행하기 위하여 휴직하거나 근로하지 못한 기간. 다만, 그 기간 중 임금을 지급받은 경우에는 그러하지 아니하다.
8. 업무 외 부상이나 질병, 그 밖의 사유로 사용자의 승인을 받아 휴업한 기간

② 법 제2조제1항제6호에 따른 임금의 총액을 계산할 때에는 임시로 지급된 임금 및 수당과 통화 외의 것으로 지급된 임금을 포함하지 아니한다. 다만, 고용노동부장관이 정하는 것은 그러하지 아니하다.

[남녀고용평등과 일·가정 양립에 관한 법률]

제19조의3(육아기 근로시간 단축 중 근로조건 등) ④ 육아기 근로시간 단축을 한 근로자에 대하여 「근로기준법」 제2조제6호에 따른 평균임금을 산정하는 경우에는 그 근로자의 육아기 근로시간 단축 기간을 평균임금 산정기간에서 제외한다.

[참고] 평균임금 산정상의 상여금 취급요령

1. 상여금이 단체협약, 취업규칙, 그 밖에 근로계약에 미리 지급되는 조건 등이 명시되어 있거나 관례로 계속 지급하여온 사실이 인정되는 경우 그 상여금의 지급이 법적인 의무로서 구속력을 가지게 되어 이 때에는 근로제공의 대가로 인정되는 것이므로 이는 임금으로 취급하여야 할 것임. 그러므로 지급되는 상여금은 지급횟수(예를 들어 연 1회 또는 4회 등)를 불문하고 평균임금 산정기초에 산입함.
2. 상여금은 근로자가 지급받았을 당해 임금지급기만의 임금으로 취급하여 일시에 전액을 평균임금 산정기초에 산입할 것이 아니고 평균임금을 산정하여야 할 사유가 발생한 때 이전 12개월 중에 지급받은 상여금 전액을 그 기간 동안의 근로 개월수로 분할 계산하여 평균임금 산정기초에 산입함.
3. 근로자가 근로를 제공한 기간이 1년 미만인 경우에는 그 기간 동안 지급받은 상여금 전액을 해당 근로 개월수로 분할 계산하여 평균임금 산정기초에 산입함.

개정 2015.10.14. 고용노동부예규 제96호

행정해석

연차유급휴가수당의 퇴직금 산정을 위한 평균임금 포함여부

1. 퇴직하기전 이미 발생한 연차유급휴가 미사용수당

퇴직 전전년도 출근율에 의하여 퇴직 전년도에 발생한 연차유급휴가 중 미사용하고 근로한 일수에 대한 연차유급휴가미사용수당액의 3/12을 「퇴직금 산정을 위한 평균임금 산정 기준임금」에 포함.

2. 퇴직으로 인해 비로소 지급사유가 발생한 연차유급 미사용수당

퇴직전년도 출근율에 의하여 퇴직년도에 발생한 연차유급휴가를 미사용하고 퇴직함으로써 비로소 지급사유가 발생한 연차유급휴가미사용수당은 평균임금의 정의상 산정사유 발생일 이전에 그 근로자에 대하여 지급된 임금이 아니므로 「퇴직금 산정을 위한 평균임금 산정 기준임금」에 포함되지 아니함.

임금근로시간정책팀-3295, 2007.11.5.

4) 근로감독 시 자주 발생하는 위반 사례 및 해결 방안

case 01

☑ **위반 사례**

○○산업은 '업무 외 부상으로 사용자의 승인을 얻어 휴업한 기간'을 평균임금 산정기준이 되는 기간과 임금에서 제외하지 않음(교통사고로 입원한 직원에 대한 무급휴직 기간을 평균임금 산정 시 제외하지 않음) → 평균임금 산정 위반

☑ **해결 방안**

'업무 외 부상 또는 질병 기타의 사유로 인하여 사용자의 승인을 얻어 휴직한 기간'은 평균임금 산정기준이 되는 기간과 임금에서 제외됨

case 02

☑ **위반 사례**

○○산업의 ○○○근로자는 2011.1.1. 입사하였고 2013.4.1.자로 퇴사하였음. ○○○근로자는 2013.1.1. 연차유급휴가미사용수당 800,000(연차유급휴가 10일분)원을 지급받았고, 2013.4.1. 퇴직 시 연차유급휴가미사용수당 1,200,000(연차유급휴가 12일분)을 지급받았으나 2가지 수당 모두 퇴직금 산정을 위한 평균임금 산정 기준임금에 포함시키지 않음 → 평균임금 산정 위반

☑ **해결 방안**

연차휴가미사용수당 중 「퇴직 전전년도 출근율에 의하여 퇴직 전년도에 발생한 연차유급휴가 중 미사용하고 근로한 일수에 대한 수당」(상기 사례의 경우 2013.1.1. 지급받은 800,000원)의 경우 3/12을 퇴직금 산정을 위한 평균임금 산정 기준임금에 포함시켜야 함. 다만, 「퇴직으로 인해 비로소 지급사유가 발생한 연차유급휴가 미사용수당」(상기 사례의 경우 2013.4.1. 퇴직 시 지급받은 1,200,000원)은 평균임금의 정의상 '산정사유 발생일 이전에 그 근로자에게 지급된 임금'이 아니므로 평균임금 산정 기준임금에 포함되지 아니함

5) 근로감독 대비 실무 적용점

- 평균임금을 법령에서 정한 기준에 따라서 정확히 산정한다.
- 평균임금에서 제외되는 기간과 임금을 정확히 이해한다.

7. 연장 · 야간 · 휴일근로가산수당(근로기준법 제56조)

1) 체크리스트

구분	점검 내용	점검 결과	근로감독 결과 위반 시 조치 기준
연장근로가산수당	• 연장근로에 대하여 통상임금의 100분의 50이상을 가산하여 지급하는지 여부 〈근로기준법 제56조 제1항〉 ※ 위반 시 3년 이하의 징역 또는 3천만원 이하의 벌금	① 연장근로에 대하여 통상임금의 100분의 50이상을 가산하여 지급함 ② 연장근로에 대하여 통상임금의 100분의 50이상을 가산하여 지급하지 않음	시정기간 14일 이내(미시정시 범죄인지, 반의사불벌) - 다만, 평균임금 산정등 임금 계산상의 단순 착오로 인한 체불인 경우 시정기간 25일 이내
야간근로가산수당	• 야간근로에 대하여 통상임금의 100분의 50이상을 가산하여 지급하는지 여부 〈근로기준법 제56조 제2항〉 ※ 위반 시 3년 이하의 징역 또는 3천만원 이하의 벌금	① 야간근로에 대하여 통상임금의 100분의 50이상을 가산하여 지급함 ② 야간근로에 대하여 통상임금의 100분의 50이상을 가산하여 지급하지 않음	시정기간 14일 이내(미시정시 범죄인지, 반의사불벌) - 다만, 평균임금 산정등 임금 계산상의 단순 착오로 인한 체불인 경우 시정기간 25일 이내
휴일근로가산수당	• 휴일근로에 대하여 통상임금의 100분의 50이상을 가산하여 지급하는지 여부(단, 8시간을 초과한 휴일근로에 대해서는 통상임금의 100분의 100이상을 가산하여 지급) 〈근로기준법 제56조 제3항〉 ※ 위반 시 3년 이하의 징역 또는 3천만원 이하의 벌금	① 휴일근로에 대하여 통상임금의 100분의 50이상을 가산하여 지급함. 단, 8시간을 초과한 휴일근로에 대해서는 통상임금의 100분의 100이상을 가산하여 지급함 ② 휴일근로에 대하여 가산수당 규정을 준수하지 않음	시정기간 14일 이내(미시정시 범죄인지, 반의사불벌) - 다만, 평균임금 산정등 임금 계산상의 단순 착오로 인한 체불인 경우 시정기간 25일 이내

2) 체크포인트

연장·야간·휴일근로가산수당에 대해서는 근로기준법 제56조에 규정되어 있으며, 근로감독 시 반드시 점검하는 사항이다.

첫 번째, 연장근로가산수당이다. 연장근로에 대해서 통상임금의 100분의 50이상을 가산하여 지급하여야 한다. 두 번째, 야간근로가산수당이다. 야간근로에 대해서도 역시 통상임금의 100분의 50이상을 가산하여 지급하여야 한다. 여기서 야간근로란 오후 10시부터 오전 6시까지의 근로를 말한다. 세 번째, 휴일근로수당이다. 휴일근로에 대해서도 역시 통상임금의 100분의 50이상을 가산하여 지급하여야 한다. 다만, 8시간을 초과한 휴일근로에 대해서는 통상임금의 100분의 100이상을 가산하여 지급하여야 한다. 연장·야간·휴일근로가산수당의 경우 기업에서 잘못 계산되는 사례가 매우 빈번하게 발생하기 때문에 사전에 철저히 검토하는 것이 반드시 필요하다.

질문 휴일에 09:00~23:00까지 13시간 근로한 경우(시급 10,000원, 유급휴일임)
[점심시간-1시간(12:00~13:00), 휴게관련 사항은 쟁점에서 제외함]

답변 ⓐ 유급휴일수당 : 8시간 분 임금(80,000원)
ⓑ 휴일근로수당 : 13시간×100%=13시간 분 임금(130,000원)
ⓒ 휴일근로가산수당(8시간 이내) : 8시간×50%=4시간 분 임금(40,000원)
ⓓ 휴일근로가산수당(8시간 초과) : 5시간×100%=5시간 분 임금(50,000원)
ⓔ 야간근로가산수당 : 1시간×50%=0.5시간 분 임금(5,000원)
ⓕ 총 지급임금 : 30.5시간 분 임금(305,000원)

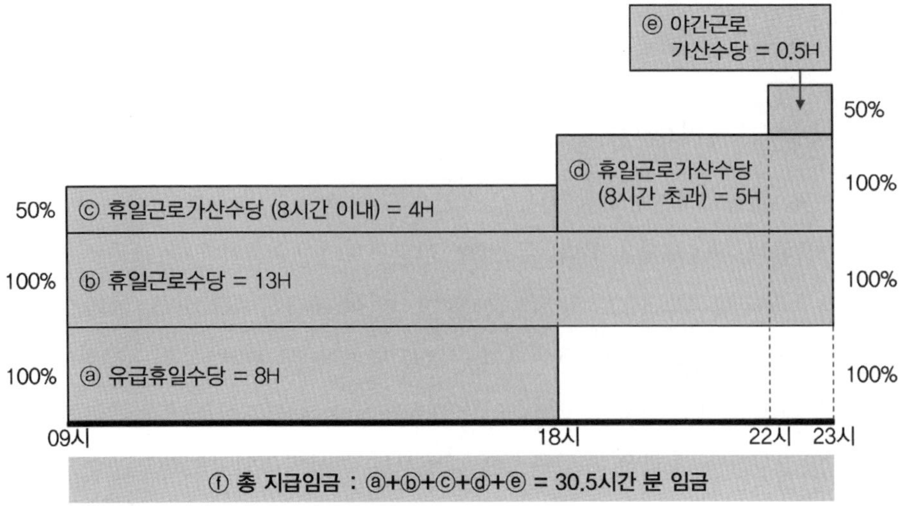

3) 관련법령/행정해석/판례

관계법령

[근로기준법]

제56조(연장 · 야간 및 휴일 근로) ① 사용자는 연장근로(제53조 · 제59조 및 제69조 단서에 따라 연장된 시간의 근로를 말한다)에 대하여는 통상임금의 100분의 50 이상을 가산하여 근로자에게 지급하여야 한다.

② 제1항에도 불구하고 사용자는 휴일근로에 대하여는 다음 각 호의 기준에 따른 금액 이상을 가산하여 근로자에게 지급하여야 한다.

1. 8시간 이내의 휴일근로 : 통상임금의 100분의 50
2. 8시간을 초과한 휴일근로 : 통상임금의 100분의 100

③ 사용자는 야간근로(오후 10시부터 다음 날 오전 6시 사이의 근로를 말한다)에 대하여는 통상임금의 100분의 50 이상을 가산하여 근로자에게 지급하여야 한다.

행정해석

고정OT제도를 적용하는 경우 추가적인 연장근로수당 지급 의무

근로기준법 제46조에 의한 연장근로수당은 실제 근로를 제공한 시간에 따라 지급하는 것이 원칙이나 노사합의로 일 또는 월단위의 고정적인 수당으로 지급하는 것도 가능함. 다만, 이런 정액수당이 실제 제공된 근로시간에 따라 산정된 법정수당보다 부족할 경우에는 그 차액을 지급해야 함.

근기 68207-1377, 1994.9.1.

행정해석

가산수당 지급기준의 유효성 판단

[질의] 가산수당 지급 관련

1) 연장근로, 야간근로, 휴일근로 발생 시 지급하는 시간기준은 초단위, 분단위, 10분단위, 30분단위 등 다양할 수 있는데 어떠한 지급기준으로 지급하여야 하는지 여부
2) 만약 회사의 취업규칙 또는 단체협약에서 "연장근로, 야간근로, 휴일근로에 따른 임금지급은 10분단위로 지급한다"(10분 미만은 수당지급 대상에서 제외 된다는 의미임)라는 규정이 있는 경우 유효한 규정으로 인정될 수 있는지 여부

[회시] 연장 · 야간 · 휴일근로수당의 지급

연장 · 야간 · 휴일근로수당의 지급을 위한 근로시간의 산정단위에 대해서는 법령이나 판례, 행정해석 등에서 제시하고 있는 기준이 없으나, 출퇴근기록 전자장치 등에 의하여 구체적인 근로시간 산정이 가능한 경우에는 확인이 가능한 최소한의 시간단위까지 계산하여 수당을 지급하는 것이 근로기준법의 취지에 부합할 것임.

근로개선지도2과-10699, 2017.7.28.

4) 근로감독 시 자주 발생하는 위반 사례 및 해결 방안

case 01

☑ **위반 사례**

ㅇㅇ금속은 연장근로 또는 야간근로 시 가산수당을 지급하지 않음(예 : 연장근로 2시간 시 2시간 분 임금만 지급함) → 연장, 야간근로 가산수당 지급 위반

☑ **해결 방안**

연장, 야간근로 시 100분의 50이상의 가산수당을 지급하여야 함 (연장근로 2시간 시 3시간 임금을 지급하여야 함)

case 02

☑ **위반 사례**

ㅇㅇ철강은 휴일근로 시 8시간 초과하는 경우에도 100분의 50의 휴일근로가산수당을 지급함. [휴일근로를 10시간 한 경우 → 15시간(10시간×150%) 임금만 지급함] → 휴일근로 가산수당 지급 위반

☑ **해결 방안**

8시간 이내의 휴일근로에 대해서는 통상임금의 100분의 50이상을 가산하여 지급하고, 8시간을 초과한 휴일근로에 대해서는 통상임금의 100분의 100이상을 가산하여 지급하여야 함 {휴일근로를 10시간 한 경우 → 16시간[(8시간×150%)+(2시간×200%)] 임금을 지급하여야 함. 유급휴일수당 제외 기준}

case 03

☑ **위반 사례**

ㅇㅇ실업은 고정OT제도를 운영하고 있음. ㅇㅇ실업 ㅇㅇㅇ근로자는 기본급 209만원, 고정OT 30만원(연장근로 20시간 분), 총 월 급여 239만원을 지급받고 있음. ㅇㅇ실업은 ㅇㅇㅇ근로자가 월 40시간의 연장근로를 시행했음에도 불구하고 추가적인 연장근로 수당을 지급하지 않음 → 연장근로 가산수당 지급 위반

☑ **해결 방안**

고정 OT제도를 운영하고 있는 사업장의 경우 고정 OT를 초과한 연장근로 및 휴일근로에 대해서는 추가적인 수당을 지급하여야 함

5) 근로감독 대비 실무 적용점

- 연장, 야간, 휴일근로가산수당의 개념을 명확히 이해한다.
- 특히, 휴일근로의 경우에는 8시간이내의 휴일근로와 8시간을 초과하는 휴일근로로 구분된다는 점을 기억하자.

8. 최저임금 수준(최저임금법 제6조)

1) 체크리스트

구분	점검 내용	점검 결과	근로감독 결과 위반 시 조치 기준
최저 임금 수준	• 근로자에게 최저임금액(2023년 시급 9,620원) 이상의 임금을 지급하는지 여부 〈최저임금법 제6조〉 ※ 위반 시 3년 이하의 징역 또는 2천만원 이하의 벌금(이 경우 징역과 벌금은 병과할 수 있음)	① 최저임금액 이상의 임금을 지급함	즉시 시정 (미시정시 범죄인지) - 다만, 최근 3년 이내 최저임금액 미달로 행정지도 또는 범죄인지한 사실이 있는 경우에는 즉시 범죄인지 보고 후 수사에 착수
		② 최저임금액 미만의 임금을 지급함	

2) 체크포인트

최저임금 위반 여부는 근로감독 시 반드시 점검하는 사항이다. 최근 최저임금의 급격한 인상으로 인하여 최저임금을 위반하는 사례가 빈번하게 발생하고 있다. 2023년도의 경우 최저임금은 시급기준으로 9,620원이고 월급기준(월 209시간)으로 2,010,580원이다.

최저임금과 관련하여 주의해야 할 점이 몇 가지가 있다.

첫 번째, 최저임금은 총액기준이 아니라 최저임금에 산입되는 임금을 기준으로 한다는 점이다. 예를 들어 연봉 4천만원인 근로자가 상여금 등 최저임금에 산입되지 않는 임금의 비중이 높은 경우 최저임금 위반에 해당하는 경우가 발생할 수 있다. 따라서 소속 회사의 임금의 구성항목 중 최저임금에 포함되는 임금을 사전에 명확히 판단하는 것이 필요하다.

두 번째, 최저임금과 통상임금은 다르다는 점이다. 많은 인사담당자들이 최저임금과 통상임금을 동일한 것으로 이해하고 있다. 그러나 최저임금은 최저임금법을 근거로 결정되는 임금으로서 통상임금과는 다른 개념이다. 예를 들어, 식대(월 10만원을 고정적으로 지급함)는 전액 통상임금에 해당되지만 일부는 최저임금에 산입되는 임금으로 인정되지 않는다. 반대로 생산고에 따른 임금(성과급)은 통상임금에는 해당하지 않지만 최저임금에 산입되는 임금으로 인정된다. 따라서 통상임금과 최저임금을 동일하게 운영하는 것은 매우 위험하다.

세 번째, 최저임금 산입범위의 확대이다. 2019년 1월 1일부터 매월 1회 이상 정기적으로 지급하는 임금은 최저임금에 산입된다. 그리고 매년 산입범위가 증가하게 된다. 2023년 적용되는 기준을 구체적으로 살펴보자. 매월 1회 이상 정기적으로 지급하는 상여금과 현금으로 지급하는 복리후생비의 경우 2023년도 시간급 최저임금액을 기준으로 산정된 월 환산액의 5%와 1%를 초과하는 부분이 최저임금에 산입된다. 또한 사용자가 개정법에 따라 산입되는 임금을 포함시키기 위해 1개월을 초과하는 주기로 지급하는 임금을 총액의 변동 없이 매월 지급하는 것으로 취업규칙을 변경할 경우에는 근로기준법 제94조 제1항(과반수 노동조합 또는 근로자 과반수의 동의)에도 불구하고 과반수 노동조합 또는 근로자 과반수의 의견청취로 가능하도록 취업규칙 변경절차의 특례를 규정하였다는 점도 기억할 필요가 있다. 다만, 2024년부터는 정기상여금과 현금성 복리후생비의 최저임금 미산입 비율이 0%가 되므로, 매월 1회 이상 정기적으로 지급되는 상여금과 현금성 복리후생비는 전액 최저임금에 산입된다.

[참고] 최저임금 산입범위 확대[2023년도 적용예시]

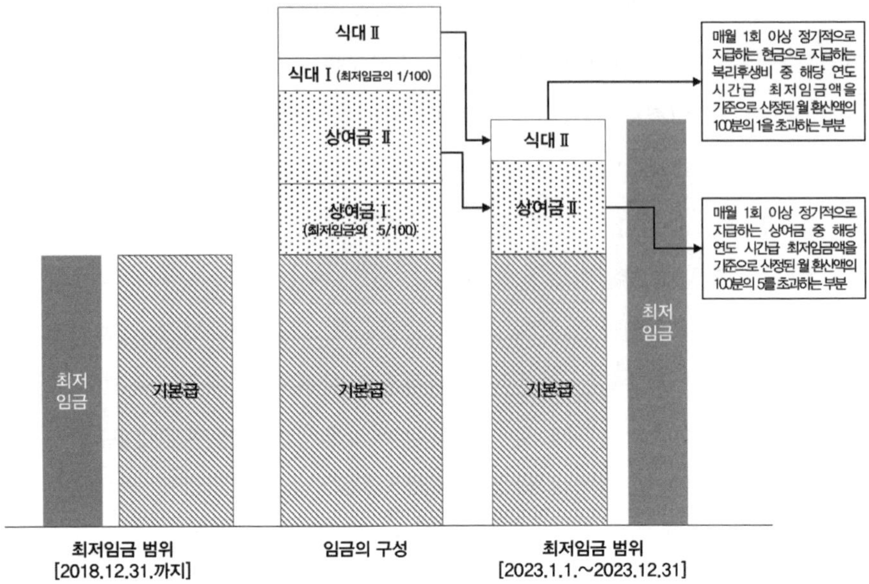

[참고] 정기상여금, 현금성 복리후생비의 최저임금 미산입 비율

- 정기상여금, 현금성 복리후생비 중 해당 연도 시간급 최저임금액을 월 단위로 환산한 금액의 아래 비율

연도	2019년	2020년	2021년	2022년	2023년	2024년~
정기상여금	25%	20%	15%	10%	5%	0%
현금성 복리후생비	7%	5%	3%	2%	1%	0%

3) 관련법령/행정해석/판례

관계법령

[최저임금법]

제6조(최저임금의 효력) ① 사용자는 최저임금의 적용을 받는 근로자에게 최저임금액 이상의 임금을 지급하여야 한다.

② 사용자는 이 법에 따른 최저임금을 이유로 종전의 임금수준을 낮추어서는 아

니 된다.

③ 최저임금의 적용을 받는 근로자와 사용자 사이의 근로계약 중 최저임금액에 미치지 못하는 금액을 임금으로 정한 부분은 무효로 하며, 이 경우 무효로 된 부분은 이 법으로 정한 최저임금액과 동일한 임금을 지급하기로 한 것으로 본다.

④ 제1항과 제3항에 따른 임금에는 매월 1회 이상 정기적으로 지급하는 임금을 산입(算入)한다. 다만, 다음 각 호의 어느 하나에 해당하는 임금은 산입하지 아니한다.

1. 「근로기준법」 제2조제1항제8호에 따른 소정(所定)근로시간(이하 "소정근로시간"이라 한다) 또는 소정의 근로일에 대하여 지급하는 임금 외의 임금으로서 고용노동부령으로 정하는 임금
2. 상여금, 그 밖에 이에 준하는 것으로서 고용노동부령으로 정하는 임금의 월 지급액 중 해당 연도 시간급 최저임금액을 기준으로 산정된 월 환산액의 100분의 25에 해당하는 부분
3. 식비, 숙박비, 교통비 등 근로자의 생활 보조 또는 복리후생을 위한 성질의 임금으로서 다음 각 목의 어느 하나에 해당하는 것
   가. 통화 이외의 것으로 지급하는 임금
   나. 통화로 지급하는 임금의 월 지급액 중 해당 연도 시간급 최저임금액을 기준으로 산정된 월 환산액의 100분의 7에 해당하는 부분

제6조의2(최저임금 산입을 위한 취업규칙 변경절차의 특례) 사용자가 제6조제4항에 따라 산입되는 임금에 포함시키기 위하여 1개월을 초과하는 주기로 지급하는 임금을 총액의 변동 없이 매월 지급하는 것으로 취업규칙을 변경하려는 경우에는 「근로기준법」 제94조제1항에도 불구하고 해당 사업 또는 사업장에 근로자의 과반수로 조직된 노동조합이 있는 경우에는 그 노동조합, 근로자의 과반수로 조직된 노동조합이 없는 경우에는 근로자의 과반수의 의견을 들어야 한다.

부칙

제2조(최저임금의 효력에 관한 적용 특례) ① 제6조제4항제2호의 개정규정에도 불구하고 같은 호에서 규정하고 있는 "100분의 25"는 다음 각 호에 따른 비율로 한다.

1. 2020년은 100분의 20
2. 2021년은 100분의 15

3. 2022년은 100분의 10
4. 2023년은 100분의 5
5. 2024년부터는 100분의 0

② 제6조제4항제3호의 개정규정에도 불구하고 같은 호 나목에서 규정하고 있는 "100분의 7"은 다음 각 호에 따른 비율로 한다.

1. 2020년은 100분의 5
2. 2021년은 100분의 3
3. 2022년은 100분의 2
4. 2023년은 100분의 1
5. 2024년부터는 100분의 0

제5조(최저임금액) ① 최저임금액(최저임금으로 정한 금액을 말한다. 이하 같다)은 시간·일(日)·주(週) 또는 월(月)을 단위로 하여 정한다. 이 경우 일·주 또는 월을 단위로 하여 최저임금액을 정할 때에는 시간급(時間給)으로도 표시하여야 한다.

② 1년 이상의 기간을 정하여 근로계약을 체결하고 수습 중에 있는 근로자로서 수습을 시작한 날부터 3개월 이내인 자에 대하여는 대통령령으로 정하는 바에 따라 제1항에 따른 최저임금액과 다른 금액으로 최저임금액을 정할 수 있다. 다만, 단순노무업무로 고용노동부장관이 정하여 고시한 직종에 종사하는 근로자는 제외한다.

[최저임금법 시행령]

제3조(수습 중에 있는 근로자에 대한 최저임금액) 「최저임금법」(이하 "법"이라 한다) 제5조제2항 본문에 따라 1년 이상의 기간을 정하여 근로계약을 체결하고 수습 중에 있는 근로자로서 수습을 시작한 날부터 3개월 이내인 사람에 대해서는 같은 조 제1항 후단에 따른 시간급 최저임금액(최저임금으로 정한 금액을 말한다. 이하 같다)에서 100분의 10을 뺀 금액을 그 근로자의 시간급 최저임금액으로 한다.

[최저임금법 시행규칙]

제2조(최저임금의 범위) ① 「최저임금법」(이하 "법"이라 한다) 제6조제4항제1호에서 "고용노동부령으로 정하는 임금"이란 다음 각 호의 어느 하나에 해당하는 것

을 말한다.

1. 연장근로 또는 휴일근로에 대한 임금 및 연장·야간 또는 휴일 근로에 대한 가산임금
2. 「근로기준법」 제60조에 따른 연차 유급휴가의 미사용수당
3. 유급으로 처리되는 휴일(「근로기준법」 제55조제1항에 따른 유급휴일은 제외한다)에 대한 임금
4. 그 밖에 명칭에 관계없이 제1호부터 제3호까지의 규정에 준하는 것으로 인정되는 임금

② 법 제6조제4항제2호에서 "고용노동부령으로 정하는 임금"이란 다음 각 호의 어느 하나에 해당하는 것을 말한다.

1. 1개월을 초과하는 기간에 걸친 해당 사유에 따라 산정하는 상여금, 장려가급, 능률수당 또는 근속수당
2. 1개월을 초과하는 기간의 출근성적에 따라 지급하는 정근수당

행정해석

헬스트레이너의 수업료(생산고 임금) 최저임금 산입여부

[질의]

스포츠센터 헬스트레이너로 근무한 직원이 센터 및 회원관리와 더불어 개인 회원을 상대로 PT(Personal Training)를 하면서 월 기본급 800,000원과 PT수업료의 50%를 지급받음. PT는 기본적으로 소정근로시간에 이루어지지만 개인회원의 사정에 따라 근무시간외에 수행되는 경우도 있고, PT수업료는 매달 발생하는 달의 말일에 일괄하여 지급되며, PT는 1회당 1시간 정도 소요되며, 근로자에게 지급되는 수업료는 12회에 200,000원, 22회에 350,000원, 32회에 500,000원으로 책정되어 있는데 PT수업료가 최저임금에 산입되는 생산고 임금에 해당하는지 여부

[회시]

최저임금의 적용을 위한 임금의 범위는 최저임금법 제6조 제4항 및 같은 법 시행규칙 제2조[별표1](現 별표삭제됨)에 다른 임금을 제외하고 [별표2](現 별표삭제됨)의 임금 및 수당을 고려하여 판단하여야 함. 미리 정해진 지급조건과 지급률에 따라 총 근로에 대하여 정기적, 일률적으로 지급되는 생산고 임금은 최저임금

에 산입되는 임금으로 볼 수 있고, 생산고에 대한 임금은 최저임금법 시행령 제5조 제2항에 따라 임금 산정기간 동안의 총근로시간 수로 나누어 시간당 임금으로 환산하여야 함.

귀 질의의 경우 구체적인 사실관계를 알 수 없어 명확한 답변은 곤란하나, 근로자가 기본적으로 사업장 관리 업무를 수행하면서 기본급을 지급받으며, 회원별 개인수업(PT) 업무를 맡아 수행할 경우 미리 정하여진 지급조건과 지급률에 따라 추가적으로 수업료를 지급받고 있다면 이는 최저임금에 산입되는 생산고 임금에 해당된다고 볼 수 있으므로, 수업료는 총 근로시간으로 나눠 시간당 임금으로 환산한 뒤, 기본급 등 월단위로 정하여진 임금을 소정근로시간(유급으로 지급되는 주휴수당 등 포함)으로 나누어 환산한 시간당 임금과 합산하여 최저임금 미달여부를 판단하여야 할 것으로 사료됨.

근로기준정책과-4782, 2015.10.2.

4) 근로감독 시 자주 발생하는 위반 사례 및 해결 방안

case 01

☑ **위반 사례**

○○○근로자의 연봉은 총 2,700만원 임.(주40시간 기준) ○○○근로자의 연봉은 기본연봉 1,800만원(기본급 월 150만원), 상여금 900만원(기본급 600%)임. 상여금은 짝수월에 기본급 100%씩 지급함 → 최저임금 위반(2023년 최저임금 시급 9,620원 기준, 1개월을 초과하여 지급하는 고정상여금은 최저임금 산입범위에 포함되지 않음)

☑ **해결 방안**

연봉이 높은 경우에도 최저임금 산입범위에 해당하지 않는 상여금, 수당 등의 비율이 높은 경우에는 최저임금 위반이 발생할 수 있음. 향후 고정상여금을 매월 지급하는 방식으로 변경하는 것을 검토할 필요가 있음

case 02

☑ **위반 사례**

○○신용정보 콜센터 상담원의 임금항목은 기본급과 인센티브로 구성됨. 상담원 ○○○씨는 기본급을 150만원 받고 인센티브로 보통 100만원 정도를 받음. (주 40시간 기준) 그러나 최근 ○○○씨는 실적부진으로 기본급 150만원만 지급받음 → 최저임금 위반(2023년 최저임금 시급 9,620원 기준)

☑ **해결 방안**

생산고 임금을 받는 근로자의 경우 생산고 임금(인센티브)이 줄어들게 되면 최저임금 위반이 발생할 수 있음. 따라서 실적부진자의 경우 별도의 임금보전을 통하여 최저임금 수준 이상의 임금을 지급하여야 함

case 03

☑ **위반 사례**

○○금속은 생산직 근로자의 임금은 월 2,010,580원임(시급 9,620원). 생산직 근로자 ○○○씨는 1년을 근무하고 퇴직함. ○○금속은 퇴직금으로 1개월 치 급여인 2,010,580원을 지급함 → 최저임금 위반

☑ **해결 방안**

퇴직금은 1년에 30일분 이상의 평균임금을 지급하여야 함. 그러나 평균임금이 통상임금보다 적으면 통상임금을 평균임금으로 함(근로기준법 제2조 제2항). ○○근로자의 통상시급은 9,620원임. 통상시급을 기준으로 퇴직금을 계산하면 2,308,800원임(계산식 : 9,620원×8시간×30일)

case 04

☑ **위반 사례**

○○산업은 생산직 ○○○근로자의 임금은 월 2,010,580원임(시급 9,620원). 생산직 근로자 ○○○씨는 5일(월~금)을 근무하고 퇴직함. ○○산업은 월급여를 일할 계산하여 5일분 335,096원(2,010,580원÷30일×5일)을 지급함 → 최저임금 위반

☑ **해결 방안**

일할 계산 시 최저임금 위반에 유의하여야 함. ○○○근로자의 시급은 최저시급 9,620원이기 때문에 일급은 76,960원임(9,620원×8시간). 따라서 5일치 급여는 384,800임(76,960원×5일)

5) 근로감독 대비 실무 적용점

- 최저임금 위반 여부는 임금 총액이 아니라 최저임금에 산입되는 임금을 기준으로 판단한다.
- 통상임금과 최저임금은 다른 개념이라는 것에 주의한다.
- 급여 일할 계산 등 급여관리 시 오류가 발생하지 않도록 주의한다.

9. 최저임금게시 및 주지의무(최저임금법 제11조)

1) 체크리스트

<table>
<tr><th>구분</th><th>점검 내용</th><th>점검 결과</th><th>근로감독 결과
위반 시 조치 기준</th></tr>
<tr><td rowspan="2">최저임금게시 및 주지의무</td><td rowspan="2">• 최저임금을 근로자가 쉽게 볼 수 있는 장소에 게시하거나 적당한 방법으로 근로자에게 주지시키는지 여부
〈최저임금법 제11조〉
주지사항
1. 최저임금액
2. 법 제6조 제4항에 따라 최저임금에 산입하지 아니하는 임금
3. 법 제7조에 따라 해당 사업에서 최저임금의 적용을 제외할 근로자의 범위
4. 최저임금의 효력발생일
※ 위반 시 100만원 이하의 과태료</td><td>① 최저임금을 근로자에게 게시하고 주지시킴</td><td rowspan="2">시정기간 14일 이내
(미시정시 과태료)</td></tr>
<tr><td>② 최저임금을 근로자에게 게시하지 않거나 주지시키지 않음</td></tr>
</table>

2) 체크포인트

사용자는 최저임금을 그 사업의 근로자가 쉽게 볼 수 있는 장소에 게시하거나 그 외의 적당한 방법으로 근로자에게 널리 알려야 한다. 최저임금 관련 주지사항은 최저임금액, 최저임금에 산입하지 아니하는 임금, 최저임금의 적용을 제외할 근로자의 범위, 최저임금의 효력발생일이다.

매년 고용노동부는 최저임금 안내문을 홈페이지 등을 통하여 배포한다. 따라서 회사는 고용노동부 최저임금 안내문을 휴게실 또는 게시판 등에 게시하는 방식으로 최저임금 게시 및 주지의무를 이행하면 될 것이다.

3) 관련법령/행정해석/판례

관계법령

[최저임금법]

제11조(주지 의무) 최저임금의 적용을 받는 사용자는 대통령령으로 정하는 바에 따

라 해당 최저임금을 그 사업의 근로자가 쉽게 볼 수 있는 장소에 게시하거나 그 외의 적당한 방법으로 근로자에게 널리 알려야 한다.

[최저임금법 시행령]

제11조(주지 의무) ① 법 제11조에 따라 사용자가 근로자에게 주지시켜야 할 최저임금의 내용은 다음 각 호와 같다.

1. 적용을 받는 근로자의 최저임금액
2. 법 제6조제4항에 따라 최저임금에 산입하지 아니하는 임금
3. 법 제7조에 따라 해당 사업에서 최저임금의 적용을 제외할 근로자의 범위
4. 최저임금의 효력발생 연월일

② 사용자는 제1항에 따른 최저임금의 내용을 법 제10조제2항에 따른 최저임금의 효력발생일 전날까지 근로자에게 주지시켜야 한다.

4) 근로감독 시 자주 발생하는 위반 사례 및 해결 방안

case

☑ **위반 사례**

○○슈퍼마켓은 최저시급만을 휴게실에 게시함 → 최저임금 주지의무 위반

☑ **해결 방안**

최저임금액, 최저임금에 산입하지 아니하는 임금, 최저임금의 적용을 제외할 근로자의 범위 등을 함께 게시하여야 함

5) 근로감독 대비 실무 적용점

- 매년 12월 31일 익년도 최저임금 주지사항을 근로자에게 주지한다.
- 고용노동부 최저임금 안내문을 회사의 휴게실 또는 회의실에 게시한다.

10. 휴업수당(근로기준법 제46조)

1) 체크리스트

구분	점검 내용	점검 결과	근로감독 결과 위반 시 조치 기준
휴업 수당	• 사용자의 귀책사유로 휴업하는 경우에 평균임금의 100분의 70 이상의 휴업수당을 지급하는지 여부 〈근로기준법 제46조〉 ※ 위반 시 3년 이하의 징역 또는 3천만원 이하의 벌금	① 사용자의 귀책사유로 휴업 시 휴업수당을 지급함	시정기간 14일 이내 (미시정시 범죄인지, 반의사불벌) - 다만, 평균임금 산정등 임금 계산상의 단순 착오로 인한 체불인 경우 시정기간 25일 이내
		② 사용자의 귀책사유로 휴업 시 휴업수당을 지급하지 않음	

2) 체크포인트

휴업이란 근로자가 근로계약상의 근로를 제공하려고 함에도 불구하고 근로제공이 불가능하거나 사용자에 의해 수령이 거부된 경우를 말한다. 최근 일부 회사들의 근로감독 시 휴업수당관련 시정지시를 받는 경우가 발생하고 있다. 근로기준법 제46조에서는 “사용자의 귀책사유로 휴업하는 경우에 사용자는 휴업기간 동안 그 근로자에게 평균임금의 100분의 70 이상의 수당을 지급하여야 한다”고 규정하고 있다. 여기서 휴업에 대한 정확한 이해가 필요하다.

또한 휴업수당은 사업장 전체 또는 일부가 휴업하는 경우뿐 아니라 특정 근로자에 대해 사용자가 근로수령을 거부하는 경우에도 적용된다. 따라서 인사담당자는 근태관리 상 휴업에 해당하는 경우가 발생하는지 여부를 사전에 면밀히 검토하는 것이 필요하다.

그리고 휴업수당 수준과 관련하여 평균임금의 100분의 70이 통상임금보다 높은 경우에는 통상임금을 휴업수당으로 지급할 수 있다는 점도 기억할 필요가 있다.

3) 관련법령/행정해석/판례

관계법령

[근로기준법]

제46조(휴업수당) ① 사용자의 귀책사유로 휴업하는 경우에 사용자는 휴업기간 동안 그 근로자에게 평균임금의 100분의 70 이상의 수당을 지급하여야 한다. 다만, 평균임금의 100분의 70에 해당하는 금액이 통상임금을 초과하는 경우에는 통상임금을 휴업수당으로 지급할 수 있다.
② 제1항에도 불구하고 부득이한 사유로 사업을 계속하는 것이 불가능하여 노동위원회의 승인을 받은 경우에는 제1항의 기준에 못 미치는 휴업수당을 지급할 수 있다.

[근로기준법 시행령]

제26조(휴업수당의 산출) 사용자의 귀책사유로 휴업한 기간 중에 근로자가 임금의 일부를 지급받은 경우에는 사용자는 법 제46조제1항 본문에 따라 그 근로자에게 평균임금에서 그 지급받은 임금을 뺀 금액을 계산하여 그 금액의 100분의 70 이상에 해당하는 수당을 지급하여야 한다. 다만, 법 제46조제1항 단서에 따라 통상임금을 휴업수당으로 지급하는 경우에는 통상임금에서 휴업한 기간 중에 지급받은 임금을 뺀 금액을 지급하여야 한다.

행정해석

휴업수당제도 해석 기준 지침

- 사용자의 귀책사유는 민법상의 귀책사유인 고의. 과실 이외에도 사용자의 세력범위 안에서 발생한 경영장애까지 해당되는 것으로 넓게 보고 있음.(학설, 판례, 행정해석)

- 민법 제538조 (채권자귀책사유로 인한 이행불능) ① 쌍무계약의 당사자일방의 채무가 채권자의 책임있는 사유로 이행할 수 없게 된 때에는 채무자는 상대방의 이행을 청구할 수 있다. 채권자의 수령지체중에 당사자 쌍방의 책임없는 사유로 이행할 수 없게 된 때에도 같다.

- 사용자의 귀책사유로 본 사례

◦ 배급유통기구의 차질에 의한 작업량감소(대판 68다1972, 1969.3.4)
◦ 원도급업체의 공사중단에 따른 하도급업체의 조업중단(대판 70다523.524, 1970.5.26)
◦ 갱내 붕괴사고(근기 1455-28040, 1982.10.18)
◦ 공장의 소실(법무 811-3396, 1980.2.13)
◦ 판매부진과 자금난(기준 145.9-11203, 1968.11.30)
◦ 원자재의 부족(보로 제537호, 1957.7.4)
◦ 전력회사의 전력공급 중단(기준 1455.9-8444, 1968.9.7)
◦ 경영상의 휴업 · 공장이전(기준 1455.9-2528, 1970.2) 등

• 사용자의 귀책사유로 보지 않은 사례
◦ 징계로서의 정직 · 출근정지(근기 68207-1977, 2002.5.21)
◦ 휴직(근기 01254-6309, 1987.4.17)
◦ 부당해고 또는 무효인 해고(대판 86도611, 1986.10.14)
◦ 천재지변(근기 68207-598, 2000.2.28.) 등

근로기준과-387, 2009.2.13.

행정해석

휴업기간 중 유급휴일이 포함되어 있는 경우

사용자의 귀책사유로 휴업하는 휴업기간 중 유급휴일이 포함되었을 경우의 휴업수당은 해당 휴일을 포함하여 산정하여야 할 것임.

근로조건지도과-1418, 2009.3.10.

행정해석

휴업기간 중 무급휴무일이 포함되어 있는 경우

토요일이 무급휴무일로서 근로제공의무가 없는 날인 경우라면 법 제46조의 휴업에 해당하지 않으므로 달리 정한 바가 없다면 휴업수당 지급의무는 발생하지 않을 것임.

근로기준정책과-1448, 2015.4.10.

4) 근로감독 시 자주 발생하는 위반 사례 및 해결 방안

case 01

☑ **위반 사례**

○○패밀리 레스토랑은 고객수를 고려하여 서빙인력 등 근무자를 조기에 퇴근시키고 휴업수당을 지급하지 아니함(소위 임금 꺾기) → 휴업수당 지급 위반

☑ **해결 방안**

약정한 근로시간보다 일찍 퇴근시킨 경우 휴업수당을 지급하여야 함

case 02

☑ **위반 사례**

전염병 감염이 의심되는 근로자에게 자택대기를 명하고 휴업수당을 지급하지 않음 → 휴업수당 지급 위반

☑ **해결 방안**

감염병예방법에 따라 입원 또는 격리되는 경우에는 회사는 휴업수당을 지급할 의무가 없지만, 감염이 의심되는 환자에게 자택대기를 명하는 것은 휴업에 해당하기 때문에 휴업수당을 지급하여야 함

5) 근로감독 대비 실무 적용점

- 휴업에는 부분휴업, 특정 근로자의 근로수령 거부도 해당하기 때문에 휴업수당을 지급하여야 한다.
- 근로자 출근 후 사용자의 귀책사유로 조기퇴근을 시킨 경우 휴업수당을 지급하여야 한다.

제7장

모성보호 등 관련 체크포인트

1. 직장 내 성희롱 예방 교육
2. 직장 내 성희롱 발생 시 조사 의무 등
3. 출산전후휴가
4. 임신기 근로시간 단축 등
5. 생리휴가
6. 배우자출산휴가
7. 난임치료휴가
8. 육아휴직
9. 육아기 근로시간단축
10. 수유시간
11. 가족돌봄휴직
12. 가족돌봄휴가
13. 가족돌봄 등을 위한 근로시간 단축

제7장 모성보호 등 관련 체크포인트

1. 직장 내 성희롱 예방 교육(남녀고용평등법 제13조)
2. 직장 내 성희롱 발생 시 조사 의무 등(남녀고용평등법 제14조 제2항~제5항)
3. 출산전후휴가(근로기준법 제74조제1항~제4항, 제6항)
4. 임신기 근로시간 단축 등(근로기준법 제74조제7항~제10항)
5. 생리휴가(근로기준법 제73조)
6. 배우자출산휴가(남녀고용평등법 제18조의2)
7. 난임치료휴가(남녀고용평등법 제18조의3)
8. 육아휴직(남녀고용평등법 제19조)
9. 육아기 근로시간단축(남녀고용평등법 제19조의2)
10. 수유시간(근로기준법 제75조)
11. 가족돌봄휴직(남녀고용평등법 제22조의2)
12. 가족돌봄휴가(남녀고용평등법 제22조의2)
13. 가족돌봄 등을 위한 근로시간 단축(남녀고용평등법 제22조의3)

모성보호는 근로감독 시 중요성이 점차 높아지고 있는 영역이다. 모성보호의 경우 법 개정이 매우 빈번하게 이루어지기 때문에 개정법 반영 여부를 철저히 준비하여야 한다. 모성보호 중 직장 내 성희롱 예방 교육은 근로감독 시 반드시 점검하는 항목이며 법 위반이 자주 적발되는 대표적인 항목이다. 그리고 모성보호는 근로시간과 연계하여 준비하는 것이 필요하다. 모성보호 근로감독 시 여성근로자, 임신근로자 등의 근로시간 관련 입증 자료를 요구하는 경우가 많기 때문에 근태기록도 함께 준비하는 것이 필요하다. 이번 장에서는 직장 내 성희롱 예방 교육, 모성보호 휴직 · 휴가, 가족돌봄 휴직 · 휴가 등에 대한 세부내용을 살펴보도록 한다.

1. 직장 내 성희롱 예방 교육(남녀고용평등법 제13조)

1) 체크리스트

구분	점검 내용	점검 결과	근로감독 결과 위반 시 조치 기준
직장 내 성희롱 예방 교육 실시 여부	• 남녀고용평등법에서 정하고 있는 직장 내 성희롱의 예방을 위한 교육을 법에서 정하고 있는 방식에 따라 연 1회 이상 실시하는지 여부 〈남녀고용평등법 제13조 제1항〉 **교육내용** 1. 직장 내 성희롱에 관한 법령 2. 해당 사업장의 직장 내 성희롱 발생 시의 처리절차와 조치 기준 3. 해당 사업장의 직장 내 성희롱 피해 근로자의 고충상담 및 구제 절차 4. 그 밖에 직장 내 성희롱 예방에 필요한 사항 **교육방식** 사업의 규모나 특성 등을 고려하여 직원연수·조회·회의, 인터넷 등 정보통신망을 이용한 사이버 교육 등을 통하여 실시 가능함(단, 단순 교육자료 등을 배포·게시하거나 전자우편을 보내거나 게시판에 공지하는 데 그치는 등 근로자에게 교육 내용이 제대로 전달되었는지 확인하기 곤란한 경우에는 예방 교육을 한 것으로 보지 아니함) ※ 위반 시 500만원 이하의 과태료	① 남녀고용평등법에서 정하는 방식에 따라 연 1회 이상 실시함	최근 1년 이내(회계년도 기준) 교육을 미실시하였을 경우 25일 이내에 교육 실시하도록 시정지시 (미시정시 과태료) - 다만, 최근 3년 이내 2회 이상 교육을 미실시하였을 경우 즉시 과태료
		② 직장 내 성희롱 예방교육을 연 1회 이상 실시하였으나 남녀고용평등법에서 정하는 방식(교육내용, 교육방식)은 따르지 아니함	
		③ 남녀고용평등법에서 정하는 직장 내 성희롱 예방교육을 전혀 실시하지 아니함	
직장 내 성희롱 예방 교육 내용의 상시게시 의무	• 남녀고용평등법에서 정하고 있는 직장 내 성희롱의 예방을 위한 교육 내용을 상시 게시하고 있는지 여부 〈남녀고용평등법 제13조 제3항〉 ※ 위반 시 500만원 이하의 과태료	① 성희롱 예방 교육의 내용을 근로자가 자유롭게 열람할 수 있는 장소에 항상 게시함	시정기간 14일 이내 (미시정시 과태료)
		② 성희롱 예방 교육은 실시하지만 성희롱 예방 교육의 내용을 게시하지는 않음	

2) 체크포인트

사업주는 남녀고용평등법 제13조 제1항에서 정하는 바에 따라 직장 내 성희롱 예방을 위한 교육을 매년 실시하여야 하며, 근로자뿐만 아니라 사업주도 직장 내 성희롱 예방 교육을 받아야 한다. 다만, 상시 10명 미만의 근로자를 고용하는 경우 또는 사업주 및 근로자 모두가 남성 또는 여성 중 어느 한 성(性)으로 구성되어 있는 사업의 경우 근로자가 알 수 있도록 교육자료 또는 홍보물을 게시하거나 배포하는 방법으로 직장 내 성희롱 예방 교육을 할 수 있다.(동법 시행령 제3조)

근로감독 시 상당히 많이 지적을 받는 사항 중 하나이기도 하다. 직장 내 성희롱 예방 교육을 전혀 실시하지 않는 경우도 있지만, 휴가 등으로 교육에 참석하지 못하여 누락된 경우, 성희롱 예방 교육을 하였으나 근거를 전혀 남기지 않아 확인이 되지 않는 경우 등의 문제가 더 많이 발생한다.

그리고 사업주는 남녀고용평등법 제13조 제3항에서 정하는 바에 따라 성희롱 예방 교육의 내용을 근로자가 자유롭게 열람할 수 있는 장소에 항상 게시하거나 갖추어 두어 근로자에게 널리 알려야 한다. 이 점 또한 회사에서 많이 놓치고 있는 부분이므로 법 위반 문제가 발생하지 아니하도록 평소에 조치하여야 할 것이다.

3) 관련법령/행정해석/판례

관계법령

[남녀고용평등과 일·가정 양립 지원에 관한 법률]

제13조(직장 내 성희롱 예방 교육 등) ① 사업주는 직장 내 성희롱을 예방하고 근로자가 안전한 근로환경에서 일할 수 있는 여건을 조성하기 위하여 직장 내 성희롱의 예방을 위한 교육(이하 "성희롱 예방 교육"이라 한다)을 매년 실시하여야 한다.

② 사업주 및 근로자는 제1항에 따른 성희롱 예방 교육을 받아야 한다.

③ 사업주는 성희롱 예방 교육의 내용을 근로자가 자유롭게 열람할 수 있는 장소에 항상 게시하거나 갖추어 두어 근로자에게 널리 알려야 한다.

④ 사업주는 고용노동부령으로 정하는 기준에 따라 직장 내 성희롱 예방 및 금

지를 위한 조치를 하여야 한다.

⑤ 제1항 및 제2항에 따른 성희롱 예방 교육의 내용·방법 및 횟수 등에 관하여 필요한 사항은 대통령령으로 정한다.

[남녀고용평등과 일·가정 양립 지원에 관한 법률 시행령]

제3조(직장 내 성희롱 예방 교육) ① 사업주는 법 제13조에 따라 직장 내 성희롱 예방을 위한 교육을 연 1회 이상 하여야 한다.

② 제1항에 따른 예방 교육에는 다음 각 호의 내용이 포함되어야 한다.

1. 직장 내 성희롱에 관한 법령
2. 해당 사업장의 직장 내 성희롱 발생 시의 처리 절차와 조치 기준
3. 해당 사업장의 직장 내 성희롱 피해 근로자의 고충상담 및 구제 절차
4. 그 밖에 직장 내 성희롱 예방에 필요한 사항

③ 제1항에 따른 예방 교육은 사업의 규모나 특성 등을 고려하여 직원연수·조회·회의, 인터넷 등 정보통신망을 이용한 사이버 교육 등을 통하여 실시할 수 있다. 다만, 단순히 교육자료 등을 배포·게시하거나 전자우편을 보내거나 게시판에 공지하는 데 그치는 등 근로자에게 교육 내용이 제대로 전달되었는지 확인하기 곤란한 경우에는 예방 교육을 한 것으로 보지 아니한다.

④ 제2항 및 제3항에도 불구하고 다음 각 호의 어느 하나에 해당하는 사업의 사업주는 제2항제1호부터 제4호까지의 내용을 근로자가 알 수 있도록 교육자료 또는 홍보물을 게시하거나 배포하는 방법으로 직장 내 성희롱 예방 교육을 할 수 있다. 〈개정 2014.12.30.〉

1. 상시 10명 미만의 근로자를 고용하는 사업
2. 사업주 및 근로자 모두가 남성 또는 여성 중 어느 한 성(性)으로 구성된 사업

⑤ 사업주가 소속 근로자에게 「국민 평생 직업능력 개발법」 제24조에 따라 인정받은 훈련과정 중 제2항 각 호의 내용이 포함되어 있는 훈련과정을 수료하게 한 경우에는 그 훈련과정을 마친 근로자에게는 제1항에 따른 예방 교육을 한 것으로 본다.

행정해석

직장 내 성희롱 예방교육 방법

최근 인터넷 등 통신교육기법이 개발되고 있어 통신교육(원격교육)을 이용해서 교육을 실시하는 것도 가능하나, 단위별 진도체크 확인 가능, 교육내용에 대한 테스트 등 확인 가능, 궁금증에 대한 질의응답 또는 토론기능구비 등 피교육자에게 교육내용이 제대로 전달되었는지 여부를 확인할 수 있는 기능이 구비되어 있어야 하며, 개인별 메일서비스나 게시판에 공지하는 등의 방법과 같이 피교육자에게 교육내용이 제대로 전달되었는지 여부를 확인할 수 없는 경우에는 동법상의 교육으로 인정할 수 없을 것입니다. 여성고용팀-60, 2018.01.00

행정해석

직장 내 성희롱 예방교육을 유인물로 대체할 수 있는지 여부

남녀고용평등법 제13조제1항 및 동법 舊 시행령 제4조(現 제3조)에 따르면 사업주는 직장 내 성희롱 예방교육을 연1회 이상 실시하여야 하고, 그 방법은 사업장의 규모와 사정을 고려하여 직원연수, 정례조회, 부서별회의 등을 이용하되, 비디오테이프 등 시청각교재를 활용할 수 있도록 하고 있음. 우리부에서는 예방교육의 목적을 전 직원을 대상으로 한 교육내용의 숙지에 두고, 그 이수여부를 확인할 수 있는 대면교육을 원칙으로 하고 있음. 따라서 교육이수여부 확인이 불가능한 유인물 배포로는 직장 내 성희롱 예방교육을 실시하였다고 인정할 수 없음.

근정 68240-58, 1999.10.13.

행정해석

전자메일을 이용하여 직장 내 성희롱 예방교육을 실시할 수 있는지 여부

전자게시판 및 전자메일을 통한 교육은 집체교육으로 볼 수 없을 뿐만 아니라 근로자 개개인이 동 내용을 열람하였음을 확인할 방법이 없으므로 적법한 교육방법이라 할 수 없으며, 다만 동법에서 말하는 예방교육 이외에 수시로 사보 또는 홍보물의 발간, 사내게시판 활용, 컴퓨터 정보망 및 전자우편 등 다양한 방법으로 기업의 관리자나 근로자에게 직장 내 성희롱 예방사항을 알려 건전한 직장문화 조성에 노력할 수 있는 것임. 근여 68240-223, 1999.6.21.

행정해석

중도입사자 및 출장자에 대한 성희롱 예방 교육 실시 의무

1. 중도입사자에 대한 성희롱 예방 교육 실시 의무

직장 내 성희롱 예방교육은 사업주 및 근로자에게 연(회계년도 기준 : 1.1~12.31.) 1회 이상 하도록 규정하고 있습니다.(남녀고용평등법 제13조 및 시행령 제3조 제1항) 귀하가 예시한 바와 같이 사업장 교육일(2019.7.15)은 A근로자 입사(2019.8.1) 전으로 A근로자는 교육 대상자가 아니므로 당시 교육 의무가 없다 할 것이며, 사업장은 연 1회 교육을 실시하였으므로 A근로자에게 별도의 교육 의무가 있다 할 순 없습니다. 다만, 모든 근로자에게 직장 내 성희롱 예방 교육 의무를 부과한 법의 취지에 따라 교육 이후 입사자에게도 별도의 교육을 하도록 권고하는 바입니다.

2. 성희롱 예방 교육 당일 출장 또는 연차휴가자에 대한 성희롱 예방 교육 실시 의무 여부 및 조치 방법

교육은 전 근로자에게 기회를 부여하여야 하나, 교육 당일 출장, 연가 사용의 경우 이는 해당자에게 교육 기회를 부여하였다고 볼 수 없으므로 출장, 연가 사용자에게는 별도의 교육 계획에 따라 교육을 실시하여야 합니다.

여성고용정책과-2190, 2019.10.1.

4) 근로감독 시 자주 발생하는 위반 사례 및 해결 방안

case 01

☑ **위반 사례**

○○아울렛은 성희롱 예방교육 시 교육대상에서 대표이사를 제외함 → 직장 내 성희롱 예방교육 위반

☑ **해결 방안**

직장 내 성희롱 예방교육 시 사업주와 근로자 모두 교육대상에 해당하므로 대표이사도 직장 내 성희롱 예방교육을 받아야 함

case 02

☑ **위반 사례**

성희롱 예방교육 당일 해외출장자와 연차유급휴가자는 교육을 받을 수 없음. ○○통상은 연1회 성희롱 예방교육을 실시하였으나 교육 당일 해외출장 및 연차휴가로 인하여 교육을 미수료한 근무자에게 별도의 조치를 취하지 않음 → 직장 내 성희롱 예방교육 위반

☑ **해결 방안**

출장 및 연차휴가로 성희롱 예방 교육을 이수하지 못한 근로자에 대해서는 부서장 주관의 교육 등의 방식으로 별도의 교육을 시행하여야 함

5) 근로감독 대비 실무 적용점

- 매년 1회 이상 정기적인 교육을 실시하도록 한다. 단, 출장자 및 휴가자 등의 경우에도 교육을 실시하여야 하므로, 누락되지 않도록 대안을 마련한다.
- 법에서 요구하는 교육내용이 반드시 포함되도록 한다.
- 법에서 요구하는 교육방식을 준수하도록 하고, 참석결과에 대한 근거자료를 기록하고 법정기한 동안 보존하는 것이 필요하다.

[참고] 법정의무 교육

<table>
<tr><th>구분</th><th>직장 내 성희롱 예방교육</th><th>장애인 인식 개선교육</th><th>개인정보 보호교육</th><th>퇴직연금 교육</th><th>산업안전 ·보건 교육</th></tr>
<tr><td>근거 법률</td><td>남녀고용평등과 일·가정 양립 지원에 관한 법률 (제13조 등)</td><td>장애인고용촉진 및 직업재활법 (제5조의2 등)</td><td>개인정보보호법 (제28조 등)</td><td>근로자퇴직급여 보장법 (제32조 등)</td><td>산업안전보건법 (제29조 등)</td></tr>
<tr><td>교육 대상자</td><td>사업주 및 모든 근로자(기간제/단시간/파견근로자)</td><td>사업주 및 모든 근로자(기간제/단시간/파견근로자)</td><td>개인정보취급자</td><td>퇴직연금 가입자</td><td>상시 5인 이상 사업장 모든 근로자</td></tr>
<tr><td>교육 횟수 및 시간</td><td>매년 1.1~12.31까지 1회 이상 실시 (위탁 시 최소 1시간 이상)</td><td>매년 1.1~12.31까지 1회 이상 실시 (최소 1시간 이상)</td><td>정기적 실시를 요구함

연간 지정 횟수 의무 수강 시간 제한 없음

단, 연간 1회 이상 교육 권고(행정안전부)</td><td>매년 1회 이상 의무 수강 시간 제한 없음</td><td><table>
<tr><th>교육</th><th>시간</th></tr>
<tr><td>정기</td><td>매분기 3~6h 이상</td></tr>
<tr><td>채용</td><td>일용 : 1h 이상
일용外 : 8h 이상</td></tr>
<tr><td>작업 변경</td><td>일용 : 1h 이상
일용外 : 2h 이상</td></tr>
<tr><td>특별</td><td>2h or 8h or 16h 이상</td></tr>
<tr><td>건설 기초</td><td>4h 이상</td></tr>
</table>
※ 상기 표는 근로자 안전보건 교육 일부 예시이며, 교육별 근로시간 세부사항 산안법 시행규칙 별표4 참조 필요</td></tr>
</table>

구분	직장 내 성희롱 예방교육		장애인 인식 개선교육		개인정보 보호교육		퇴직연금 교육		산업안전 · 보건 교육	
교육 방법 (자체 교육)	원칙	사업주 또는 자체직원이 대면교육 실시(집체) 또는 인터넷교육 실시(단, 인터넷 교육은 진도체크 등 가능해야함)	원칙	사업주 또는 자체직원이 대면교육 실시(집체) 또는 인터넷교육 실시(단, 인터넷 교육은 진도체크 등 가능해야함)	원칙	집체교육, 현장교육, 인터넷 원격교육 中 선택 실시	제도 일반	교육자료 우편발송 또는 대면교육(직원연수, 조회, 회의, 강의 등)방식으로 실시	원칙	집체교육, 현장교육, 인터넷 원격교육 中 선택하여 실시 (※ 자체교육 시 사내강사 기준이 있어 이를 충족해야함)
							DB형 고유	•정기적 자료 발송(서면/전자우편) •대면교육 •온라인교육 •해당사업장 상시게시		
	예외	상시 10인 미만 사업장 또는 남성 또는 여성으로만 구성된 사업은 교육자료, 홍보물 게시 또는 배포 방법으로 가능	예외	상시 50인 미만 사업장 고용노동부장관이 보급한 교육자료 등을 배포·게시하거나 전자우편을 보내는 등의 방법으로 가능	예외	별도 없음	DC형 고유	•정기적 자료 발송(서면/전자우편) •대면교육 •온라인교육	예외	산업안전보건교육 中 특별교육의 경우 인터넷 원격교육은 교육시간의 1/3 범위에서만 실시가능
외부 강사 또는 외부 위탁 가능 여부	가능		가능		가능		가능		가능	
교육 내용	•성희롱 관련 법령 •성희롱 발생 시 처리절차와 조치기준 •성희롱 피해 근로자의 고충상담 및 구제 절차 •성희롱 행위자에 대한 징계 등 제재 조치 •그 밖에 직장 내 성희롱 예방에 필요한 사항		•장애의 정의 및 장애유형에 대한 이해 •직장 내 장애인의 인권, 장애인에 대한 차별금지 및 정당한 편의 제공 •장애인고용촉진 및 직업재활과 관련된 법과 제도 •그 밖에 직장 내 장애인 인식개선에 필요한 사항		•개인정보보호법 이해 •개인정보 유출사례 •피해구제방안 •대응방안 •보안수칙 등		•급여종류에 관한 사항, 수급요건, 급여액 등 제도 일반에 관한 내용 •DB형 퇴직연금 제도 설정의 경우 최근 3년간의 부담금 납입 현황, 급여종류별 표준적인 급여수준 등 •DC형 퇴직연금 제도 설정의 경우 사용자의 부담금 수준, 납입시기 등		•근로자 안전보건교육 •건설업 기초안전보건교육 •안전보건관리책임자교육 •특수형태근로종사자교육 •검사원 성능검사교육 •물질안전보건자료관한 교육 ※ 상기 교육별 근로시간 세부사항 산안법 시행규칙 별표5 참조 필요	

구분	직장 내 성희롱 예방교육	장애인 인식 개선교육	개인정보 보호교육	퇴직연금 교육	산업안전 ·보건 교육
교육 증빙	교육자료, 교육일지 및 참석자 명단 작성(교육사진 등 첨부 권장) 위탁교육 시 수료증	교육자료, 교육일지 및 참석자 명단 작성(교육사진 등 첨부 권장) 위탁교육 시 수료증	교육자료, 교육일지 및 참석자 명단 작성(교육사진 등 첨부 권장) 위탁교육 시 수료증	교육자료, 교육일지 및 참석자 명단 작성(교육사진 등 첨부 권장) 위탁교육 시 수료증	교육자료, 교육일지 및 참석자 명단 작성(교육사진 등 첨부 권장) 위탁교육 시 수료증
자료 보존 의무	교육증빙자료 3년간 보존 의무 有	교육증빙자료 3년간 보존 의무 有	별도 의무 없으나, 교육증빙자료 3년간 보존 권장	별도 의무 없으나, 교육증빙자료 3년간 보존 권장	별도 의무 없으나, 교육증빙자료 3년간 보존 권장
위반 시 처벌	500만원 이하 과태료	300만원 이하 과태료	교육 미실시에 따른 직접적인 처벌은 없음. 단, 교육을 실시한 경우 주민 등록번호 분실, 도난, 유출 시 부과될 수 있는 5억원 이하의 과징금부과를 받지 않을 수 있음.(개별사안 판단 필요)	1천만원 이하 과태료	500만원 이하 과태료

2. 직장 내 성희롱 발생 시 조사 의무 등(남녀고용평등법 제14조 제2항~제5항)

1) 체크리스트

구분	점검 내용	점검 결과	근로감독 결과 위반 시 조치 기준
직장 내 성희롱 발생시 조사 의무	• 직장 내 성희롱 발생 시 사실 확인을 위한 조사의무를 이행하는지 여부 〈남녀고용평등법 제14조 제2항〉 ※ 위반 시 500만원 이하의 과태료	① 직장 내 성희롱 발생 신고를 받거나 직장 내 성희롱 발생 사실을 알게 된 경우 지체 없이 그 사실 확인을 위한 조사를 실시함 ② 직장 내 성희롱 발생 신고를 받거나 직장 내 성희롱 발생 사실을 알게 되더라도 그 사실 확인을 위한 조치 등을 실시하지 않음	즉시 과태료
직장 내 성희롱 발생시 적절한 조치 의무	• 직장 내 성희롱 발생 사실이 확인된 경우 피해근로자가 요청하여 근무장소의 변경 등 적절한 조치를 취하는지 여부 〈남녀고용평등법 제14조 제4항〉 ※ 위반 시 500만원 이하의 과태료	① 피해근로자에 대한 근무장소의 변경, 배치전환, 유급휴가 명령 등 적절한 조치를 함 ② 피해근로자에 대한 근무장소의 변경, 배치 전환, 유급휴가 등 조치 등 적절한 조치를 취하지 않음	시정기간 14일 이내 (미시정시 과태료)
직장 내 성희롱 가해자 징계 등 조치 의무	• 직장 내 성희롱 발생 사실이 확인 된 경우 직장 내 성희롱 행위를 한 자에 대하여 징계, 근무장소 변경 등 필요한 조치를 하는지 여부 〈남녀고용평등법 제14조 제5항〉 ※ 위반 시 500만원 이하의 과태료	① 직장 내 성희롱 행위자에 대하여 징계, 근무장소 변경 등 필요한 조치를 함 ② 직장 내 성희롱 행위자에 대하여 징계, 근무장소 변경 등 필요한 조치는 취하지 않음	시정기간 25일 이내 (미시정시 과태료)
직장 내 성희롱 신고근로자 및 피해근로자에 대한 불리한 처우 여부	• 직장 내 성희롱 발생 사실을 신고한 근로자 및 피해근로자 등에게 해고 등 불리한 처우를 하는지 여부 〈남녀고용평등법 제14조 제6항〉 ※ 위반 시 3년 이하의 징역 또는 3천만원 이하의 벌금	① 직장 내 성희롱 발생 사실을 신고한 근로자 및 피해근로자 등에게 해고 등 불리한 처우를 함 ② 직장 내 성희롱 발생 사실을 신고한 근로자 및 피해근로자 등에게 해고 등 불리한 처우를 하지 않음	즉시 범죄인지

2) 체크포인트

사업주는 남녀고용평등법 제14조에 따라 직장 내 성희롱 발생 신고를 받거나 직장 내 성희롱 발생 사실을 알게 된 경우에는 지체 없이 그 사실 확인을 위한 조사를 하여야 한다.

그리고 직장 내 성희롱 발생 사실 확인이 된 경우 성희롱 피해근로자가 요청하는 경우 근무장소의 변경, 배치전환, 유급휴가 명령 등 적절한 조치를 하여야 하며, 피해근로자의 요청이 없더라도 지체 없이 직장 내 성희롱 행위자에 대하여 징계, 근무장소의 변경 등 필요한 조치를 하여야 한다.

또한 직장 내 성희롱 발생사실을 신고한 근로자 및 피해근로자 등에게 해고 등 불리한 처우를 하여서는 아니된다.

직장 내 성희롱 발생 시에는 사실관계 확인 및 확정이 매우 중요하므로 조사를 구체적이고 엄격하게 시행하는 것이 필요하다. 직장 내 성희롱 가해자에 대한 징계 등 필요한 조치가 수반되어야 하므로 인사위원회 절차에 준하는 필요한 조치 기준 등을 사전에 정하여 두고 실시하는 것이 회사의 건강한 인사노무관리에도 도움을 주겠지만 근로감독 등에 대비하여 동법 준수에 대한 회사의 노력을 입증하는 근거가 될 것이다.

3) 관련법령/행정해석/판례

관계법령

[남녀고용평등과 일·가정 양립 지원에 관한 법률]

제14조(직장 내 성희롱 발생 시 조치) ① 누구든지 직장 내 성희롱 발생 사실을 알게 된 경우 그 사실을 해당 사업주에게 신고할 수 있다.

② 사업주는 제1항에 따른 신고를 받거나 직장 내 성희롱 발생 사실을 알게 된 경우에는 지체 없이 그 사실 확인을 위한 조사를 하여야 한다. 이 경우 사업주는 직장 내 성희롱과 관련하여 피해를 입은 근로자 또는 피해를 입었다고 주장하는 근로자(이하 "피해근로자등"이라 한다)가 조사 과정에서 성적 수치심 등을 느끼

지 아니하도록 하여야 한다.
③ 사업주는 제2항에 따른 조사 기간 동안 피해근로자등을 보호하기 위하여 필요한 경우 해당 피해근로자등에 대하여 근무장소의 변경, 유급휴가 명령 등 적절한 조치를 하여야 한다. 이 경우 사업주는 피해근로자등의 의사에 반하는 조치를 하여서는 아니 된다.
④ 사업주는 제2항에 따른 조사 결과 직장 내 성희롱 발생 사실이 확인된 때에는 피해근로자가 요청하면 근무장소의 변경, 배치전환, 유급휴가 명령 등 적절한 조치를 하여야 한다.
⑤ 사업주는 제2항에 따른 조사 결과 직장 내 성희롱 발생 사실이 확인된 때에는 지체 없이 직장 내 성희롱 행위를 한 사람에 대하여 징계, 근무장소의 변경 등 필요한 조치를 하여야 한다. 이 경우 사업주는 징계 등의 조치를 하기 전에 그 조치에 대하여 직장 내 성희롱 피해를 입은 근로자의 의견을 들어야 한다.
⑥ 사업주는 성희롱 발생 사실을 신고한 근로자 및 피해근로자등에게 다음 각 호의 어느 하나에 해당하는 불리한 처우를 하여서는 아니 된다.
1. 파면, 해임, 해고, 그 밖에 신분상실에 해당하는 불이익 조치
2. 징계, 정직, 감봉, 강등, 승진 제한 등 부당한 인사조치
3. 직무 미부여, 직무 재배치, 그 밖에 본인의 의사에 반하는 인사조치
4. 성과평가 또는 동료평가 등에서 차별이나 그에 따른 임금 또는 상여금 등의 차별 지급
5. 직업능력 개발 및 향상을 위한 교육훈련 기회의 제한
6. 집단 따돌림, 폭행 또는 폭언 등 정신적·신체적 손상을 가져오는 행위를 하거나 그 행위의 발생을 방치하는 행위
7. 그 밖에 신고를 한 근로자 및 피해근로자등의 의사에 반하는 불리한 처우

행정해석

성희롱 행위자에 대한 징계 등 조치를 할 수 있는 시점

남녀고용평등과 일·가정 양립 지원에 관한 법률 제14조제1항에 "사업주는 직장 내 성희롱 발생이 확인된 경우 지체 없이 행위자에 대하여 징계나 그 밖에 이에 준하는 조치를 하여야 한다."라고 하여 사업주가 회사 내에서 발생한 성희롱을 확인한 경우 성희롱 행위자에 대해 즉시 징계 등 조치를 하도록 규정함.

동 규정에 따르면 사업주는 근로자의 고용기간에 발생한 성희롱에 대해 징계(불이익 조치) 등 조치를 해야 하나, 징계 대상자(성희롱 행위자)의 근로관계 단절(퇴사, 계약기간 만료 등) 이후 성희롱 발생을 확인하였다면 징계 등 조치를 할 수 없음.
※ 성희롱 행위자에 대한 징계 등 조치를 할 수 있는 시점
- 지방노동관서에 진정이 제기되어 조사 후 성희롱 행위자로 통보받은 경우
- 회사내 자체기구를 통한 조사 결과 성희롱으로 판명된 경우

여성고용정책과-469, 2017.1.31.

4) 근로감독 시 자주 발생하는 위반 사례 및 해결 방안

case

☑ **위반 사례**

○○공사는 직장 내 성희롱 발생이 확인된 경우에도 불구하고 성희롱 행위자에게 아무런 조치를 하지 아니함 → 직장 내 성희롱 가해자에 대한 조치 의무 위반

☑ **해결 방안**

직장 내 성희롱 행위자에 대해서는 징계, 근무장소 변경 등 필요한 조치를 하여야 함

5) 근로감독 대비 실무 적용점

- 직장 내 성희롱 발생 시 필요한 절차를 사전에 정하여 두거나 인사위원회 절차에 준하는 절차를 활용하여 철저한 사실 조사를 실시할 수 있어야 한다.
- 직장 내 성희롱 발생 시 피해근로자의 요구가 있으며, 근로장소의 변경 등 적절한 조치를 취해 주어야 함은 물론 가해근로자에 대한 징계 등 인사조치를 함께 수반하여야 한다.
- 적극적인 직장 내 성희롱 예방 활동(윤리경영 선포, 직장 내 성희롱 예방 규정 제정 등)을 통해서 건강한 조직문화를 구축하는 것이 필요하다.

3. 출산전후휴가(근로기준법 제74조제1항~제4항, 제6항)

1) 체크리스트

<table>
<tr><th>구분</th><th>점검 내용</th><th>점검 결과</th><th>근로감독 결과
위반 시 조치 기준</th></tr>
<tr><td rowspan="3">출산
전후
휴가
90일
부여
여부</td><td rowspan="3">• 임신 중의 여성 근로자에게 출산 전과 후를 통상 90일(한 번에 둘 이상의 자녀를 임신한 경우 120일)의 출산전후휴가를 부여하는지 여부(출산 후 45일 이상의 휴가가 부여되어야 함. 단, 한 번에 둘 이상이 자녀를 임신한 경우에는 60일이 출산 후에 부여되어야 함)
〈근로기준법 제74조 제1항〉
※ 위반 시 2년 이하의 징역 또는 2천만원 이하의 벌금</td><td>① 출산전후휴가를 법정기준에 따라 모두 부여함</td><td rowspan="3">즉시 범죄인지
(다만, 출산지연으로 산후 45일이 안 되는 경우 내사종결)</td></tr>
<tr><td>② 출산전후휴가를 법정 기준에 따라 부여하였으나, 출산후에 법정기준에 따라 부여하지 못함</td></tr>
<tr><td>③ 출산전후 휴가 법정기준 미만으로 부여함</td></tr>
<tr><td rowspan="2">출산
전후
휴가
분할
사용
허용
여부</td><td rowspan="2">• 임신 중인 여성 근로자가 유산의 경험 등을 이유로 출산전후휴가를 청구하는 경우 출산 전이라도 휴가를 나누어 사용할 수 있도록 하는지 여부
〈근로기준법 제74조 제2항〉

출산전후휴가 분할사용사유
1. 임신한 근로자에게 유산·사산의 경험이 있는 경우
2. 임신한 근로자가 출산전후휴가를 청구할 당시 연령이 만 40세 이상인 경우
3. 임신한 근로자가 유산·사산의 위험이 있다는 의료기관의 진단서를 제출한 경우

※ 위반 시 2년 이하의 징역 또는 2천만원 이하의 벌금</td><td>① 임신 중인 여성 근로자에게 법정 분할사용사유가 있는 경우로써 근로자의 신청이 있는 경우 출산 전 분할 사용을 허용함</td><td rowspan="2">즉시시정
(미시정시 범죄인지)</td></tr>
<tr><td>② 임신 중인 여성 근로자에게 법정 분할 사용사유가 있었으며 근로자가 신청하였음에도 출산 전 분할 사용을 허용하지 않음</td></tr>
</table>

구분	점검 내용	점검 결과	근로감독 결과 위반 시 조치 기준
출산 전후 휴가 기간 중 60일 유급 처리 의무	• 출산전후휴가 중 최초 60일(한 번에 둘 이상의 자녀를 임신한 경우에는 75일)을 유급으로 보장하는지 여부(단, 남녀고용평등법 제18조에 따른 출산전후휴가급여 등이 지급된 경우 그 금액의 한도내에서는 지급의 책임을 면함) 〈근로기준법 제74조 제4항〉 ※ 위반 시 2년 이하의 징역 또는 2천만원 이하의 벌금	① 출산전후휴가기간 중 법정으로 유급처리해야하는 기간은 유급으로 보장함 ② 출산전후휴가기간 중 법정으로 유급처리해야하는 기간을 유급으로 보장하지 않거나, 일부만 유급으로 보장함	시정기간 14일 이내 (미시정시 범죄인지) - 다만, 평균임금 산정 등 임금 계산상의 단순 착오로 인한 체불인 경우 시정기간 25일 이내)
출산 전후 휴가 후 직무 복귀	• 출산전후휴가 종료 후 휴가 전과 동일한 업무 또는 동등한 수준의 임금을 지급하는 업무에 복귀시키는지 여부 〈근로기준법 제74조 제6항〉 ※ 위반 시 500만원 이하의 벌금	① 근로자의 출산전후휴가 종료 후 휴가 전과 동일한 업무 또는 동등한 수준의 임금을 지급하는 업무에 복귀시킴 ② 근로자의 출산전후휴가 종료 후 휴가 전과 다른 업무 또는 휴가 전 임금수준보다 낮은 임금을 지급하는 업무에 복귀시킴	시정기간 25일 (미시정시 범죄인지)
유산 사산 휴가 부여 의무	• 임신 중인 여성근로자가 유산 또는 사산한 경우로서 근로자가 휴가를 청구하는 경우 유산·사산 휴가를 부여하는지 여부(단, 임신중절 수술은 제외함.) 〈근로기준법 제74조 제3항〉 ※ 위반 시 2년 이하의 징역 또는 2천만원 이하의 벌금	① 임신 중인 여성근로자가 유산·사산한 경우로서 그 근로자가 청구한 경우 법정 기준에 따른 휴가를 부여함 ② 임신 중인 여성근로자가 유산·사산한 경우로서 그 근로자가 청구한 경우에도 휴가를 부여하지 않거나, 법정 기준에 미달하는 휴가를 부여함	즉시 범죄인지 (다만, 출산지연으로 산후 45일이 안되는 경우 내사종결)

2) 체크포인트

사용자는 근로기준법 제74조 제1항에 따라서 임신 중의 여성에게 출산 전과 출산 후를 통하여 90일(한 번에 둘 이상의 자녀를 임신한 경우에는 120일)의 출산전후휴가를 주어야 한다. 이 경우 출산 후의 휴가기간이 반드시 45일(한 번에 둘 이상의 자녀를 임신한 경우에는 60일)이상이 되어야 한다.

또한 임신 중의 여성 근로자가 유산의 경험 등 대통령령으로 정하는 사유로 출산전후휴가를 청구하는 경우에는 출산 전 어느 때라도 휴가를 분할하여 사용할 수 있도록 하여야 하므로 거부하여서는 아니 된다. 이 경우에도 출산 후 휴가기간은 45일 이상(한 번에 둘 이상의 자녀를 임신한 경우에는 60일 이상) 보장되어야 한다.

출산전후휴가 기간 중 최초 60일(한 번에 둘 이상의 자녀를 임신한 경우에는 75일)은 유급으로 사업주가 보장해주어야 하는데, 근로자에게 남녀고용평등법 제18조에 따른 출산전후휴가급여가 지급된 경우 그 금액 한도 내에서 사업주는 유급책임을 면한다. 유급처리의 기준은 그 근로자의 통상임금을 기준으로 한다.

그리고 출산전후휴가 종료 후 근로자가 복귀하는 경우에는 휴가 전과 동일한 업무 또는 동등한 수준의 임금을 지급하는 직무에 복귀시켜야하므로 주의가 필요하다. 마지막으로 근로자가 임신 중 유산 또는 사산하는 경우에도 근로자가 청구하는 경우에는 임신기간별로 정해진 법정 기준에 따라 유산·사산휴가를 부여하여야 하며, 유급처리 기준은 출산전후휴가와 동일하다.

3) 관련법령/행정해석/판례

관계법령

[근로기준법]

제74조(임산부의 보호) ① 사용자는 임신 중의 여성에게 출산 전과 출산 후를 통하여 90일(한 번에 둘 이상 자녀를 임신한 경우에는 120일)의 출산전후휴가를 주어야 한다. 이 경우 휴가 기간의 배정은 출산 후에 45일(한 번에 둘 이상 자녀를

임신한 경우에는 60일) 이상이 되어야 한다.

② 사용자는 임신 중인 여성 근로자가 유산의 경험 등 대통령령으로 정하는 사유로 제1항의 휴가를 청구하는 경우 출산 전 어느 때 라도 휴가를 나누어 사용할 수 있도록 하여야 한다. 이 경우 출산 후의 휴가 기간은 연속하여 45일(한 번에 둘 이상 자녀를 임신한 경우에는 60일) 이상이 되어야 한다.

③ 사용자는 임신 중인 여성이 유산 또는 사산한 경우로서 그 근로자가 청구하면 대통령령으로 정하는 바에 따라 유산·사산 휴가를 주어야 한다. 다만, 인공 임신중절 수술(「모자보건법」 제14조제1항에 따른 경우는 제외한다)에 따른 유산의 경우는 그러하지 아니하다.

④ 제1항부터 제3항까지의 규정에 따른 휴가 중 최초 60일(한 번에 둘 이상 자녀를 임신한 경우에는 75일)은 유급으로 한다. 다만, 「남녀고용평등과 일·가정 양립 지원에 관한 법률」 제18조에 따라 출산전후휴가급여 등이 지급된 경우에는 그 금액의 한도에서 지급의 책임을 면한다.

⑥ 사업주는 제1항에 따른 출산전후휴가 종료 후에는 휴가 전과 동일한 업무 또는 동등한 수준의 임금을 지급하는 직무에 복귀시켜야 한다.

[근로기준법 시행령]

제43조(유산·사산휴가의 청구 등) ① 법 제74조제2항 전단에서 "대통령령으로 정하는 사유"란 다음 각 호의 어느 하나에 해당하는 경우를 말한다.

1. 임신한 근로자에게 유산·사산의 경험이 있는 경우
2. 임신한 근로자가 출산전후휴가를 청구할 당시 연령이 만 40세 이상인 경우
3. 임신한 근로자가 유산·사산의 위험이 있다는 의료기관의 진단서를 제출한 경우

② 법 제74조제3항에 따라 유산 또는 사산한 근로자가 유산·사산휴가를 청구하는 경우에는 휴가 청구 사유, 유산·사산 발생일 및 임신기간 등을 적은 유산·사산휴가 신청서에 의료기관의 진단서를 첨부하여 사업주에게 제출하여야 한다.

③ 사업주는 제2항에 따라 유산·사산휴가를 청구한 근로자에게 다음 각 호의 기준에 따라 유산·사산휴가를 주어야 한다.

1. 유산 또는 사산한 근로자의 임신기간(이하 "임신기간"이라 한다)이 11주 이내인 경우 : 유산 또는 사산한 날부터 5일까지
2. 임신기간이 12주 이상 15주 이내인 경우 : 유산 또는 사산한 날부터 10일까지

3. 임신기간이 16주 이상 21주 이내인 경우 : 유산 또는 사산한 날부터 30일까지
4. 임신기간이 22주 이상 27주 이내인 경우 : 유산 또는 사산한 날부터 60일까지
5. 임신기간이 28주 이상인 경우 : 유산 또는 사산한 날부터 90일까지

행정해석

출산전후휴가 중 근로계약기간이 만료되는 경우

1인 이상 사업장에 근무하는 근로자는 계약직 등 근로형태와 관계없이 舊 근로기준법 제72조(現 근로기준법 제74조) 규정에 의한 산전 후 휴가를 사업주로부터 부여받을 수 있으나, 동 휴가기간 중 계약기간이 만료되면 사업주의 의무도 함께 종료되므로 산전 후 휴가는 종료됨.

평정 68240-116, 2003.3.31.

행정해석

산전후휴가를 40일밖에 못준다고 하는데 어떻게 해야 하는지 여부

舊 근로기준법 제72조(現 근로기준법 제74조) 규정에 의하여 사업주는 임신중인 여성근로자에게 산후 45일 이상이 확보되도록 출산일을 전후하여 90일의 휴가를 부여하고, 최초 60일간의 임금을 지급하여야 하며, 만약 사업주가 이를 위반할 경우에는 형사처벌을 받게 됨.

또한 근로기준법은 근로조건의 최저기준을 정하는 강행규정이므로 사업주가 관행 또는 취업규칙 등을 이유로 임의적으로 근로자에게 권리를 포기하도록 강요하거나 산전후휴가를 부여하지 아니할 수 없음.

여성고용팀-645, 2006.2.17.

행정해석

휴일에 출산한 경우 출산전후휴가 개시일

출산전후휴가는 출산 전과 후를 통하여 90일을 부여하는 것이 원칙이고, 출산전후휴가 기간 90일은 역일상의 기간이므로 출산전후휴가는 출산일로부터 90일이 지나서는 사용할 수 없음. 따라서 근로자가 출산전후휴가를 사용하지 않은 상태에

서 근로제공 의무가 없는 휴일 또는 휴무일에 출산한 경우라면 출산일 다음 날부터 출산전후휴가를 부여하면 될 것이나, 출산일 다음 날이 휴일 또는 휴무일이라고 하더라도 이는 출산전후휴가 기간에 포함되어야 할 것임.

여성고용정책과-2961, 2017.7.19.

행정해석

사업주의 승인없이 출산전후휴가를 개시할 경우 무단결근에 해당하는지 여부

출산전후휴가, 유산·사산휴가, 육아휴직은 일정한 요건이 충족되면 효력이 발생하는 강행법규로서 사업주는 근로자가 유산·사산휴가, 육아휴직을 신청하면 부여하여야 하며, 출산전후휴가는 근로자의 신청이 없어도 근로자가 출산한 사실을 알았다면 부여해야 합니다. 또한, 출산전후휴가, 유산·사산휴가, 육아휴직에 대해서는 사업주의 시기변경권도 인정되지 아니하므로 사업주가 정당한 이유 없이 승낙여부를 표현하지 아니할 경우 근로자가 휴가·휴직 등을 시작하였더라도 이는 근로자의 귀책사유로 인한 결근은 아니라고 판단됩니다.

여성고용정책과-3391, 2017.8.29.

4) 근로감독 시 자주 발생하는 위반 사례 및 해결 방안

case

☑ **위반 사례**

○○산업(근로자 2,000명 규모의 대기업)은 통상임금을 잘못 산정하여 출산전후휴가 기간 중 유급으로 처리되는 최초 60일에 대하여 통상임금에 미달한 임금을 지급함 → 출산전후휴가 기간 중 유급처리 의무 위반

☑ **해결 방안**

출산전후휴가 기간 중 최초 60일에 대해서는 통상임금 수준 이상의 임금을 지급하여야 함

5) 근로감독 대비 실무 적용점

- 법정 출산전후휴가 일수를 해당 근로자에게 정확히 부여하도록 한다.
- 출산전후휴가의 분할 사용요건을 이해하고, 근로자의 요구 시 응할 수 있어야 한다.
- 출산 전에 이미 휴가를 45일 이상 소진한 경우라고 하더라도 출산 후 반드시 45일 이상의 휴가를 부여하도록 한다.
- 출산전후 휴가 기간 중 통상임금을 기준으로 한 유급처리를 통해 유급처리의무가 잘 이행될 수 있도록 한다.

4. 임신기 근로시간 단축 등(근로기준법 제74조 제7항~제10항)

1) 체크리스트

구분	점검 내용	점검 결과	근로감독 결과 위반 시 조치 기준
임신기 근로 시간 단축	• 임신 12주 이내 또는 36주 이후에 있는 여성 근로자가 1일 2시간의 근로시간 단축을 청구하는 경우 이를 허용하는지 여부 〈근로기준법 제74조제7항〉 ※ 위반 시 500만원 이하 과태료	① 근로자가 임신기 근로시간단축을 청구하는 경우 이를 허용함	시정기간 14일 이내 (미시정시 과태료)
		② 근로자가 임신기 근로시간단축을 청구하는 경우 이를 허용하지 않음	
	• 임신기 근로시간 단축을 허용하는 경우 임금을 삭감하는지 여부 〈근로기준법 제74조제8항〉 ※ 위반 시 500만원 이하 과태료	① 근로자가 임신기 근로시간단축을 사용하는 경우 임금을 삭감하지 않음	별도의 조치기준은 없으나, 임금미지급으로 인하여 근로기준법 제36조, 제43조 위반 시 조치기준이 적용될 수 있음 시정기간 14일 이내 (미시정시 범죄인지, 반의사불벌)
		② 근로자가 임신기 근로시간단축을 사용하는 경우 임금을 삭감함	
임신기 시업 및 종업 시각 변경 청구	• 임신 중인 여성 근로자가 1일 소정근로시간을 유지하면서 업무의 시작 및 종료 시각의 변경을 청구하는 경우 이를 허용하는지 여부 〈근로기준법 제74조제9항〉 ※ 위반 시 500만원 이하 과태료	① 근로자가 임신기 업무의 시작 및 종료 시각의 변경을 청구하는 경우 이를 허용함	별도의 조치기준은 없으나, 시정조치는 가능할 수 있음
		② 근로자가 임신기 업무의 시작 및 종료 시각의 변경을 청구하는 경우 이를 허용하지 않음	

2) 체크포인트

먼저, 임신기 근로시간 단축제도에 대하여 살펴보도록 한다. 사용자는 근로기준법 제74조 제7항에 따라 임신 후 12주 이내 또는 36주 이후에 있는 여성 근로자가 1일 2시간의 근로시간 단축을 신청하는 경우 이를 허용하여야 한다. 다만, 1일 근로시간이 8시간 미만인 근로자에 대하여는 1일 6시간이 되도록 근로시간 단축을 허용할 수 있다. 따라서 1일 소정근로시간이 6시간 이하인 경우 동 제도는 적용되지 않는다고 볼 수 있다. 또한 사용자는 임신기 근로시간 단축을 허용하는 경우 이를 이유로 임금을 삭감하여서는 아니 되며, 유급처리 해줄 의무가 있으므로 주의하여야 한다.(근로기준법 제74조 제8항)

두 번째, 임신기 시업 및 종료시각 변경청구제도에 대해 살펴보도록 한다. 사용자는 근로기준법 제74조 제9항 내지 제10항에 따라 임신 중 여성근로자가 1일 소정근로시간을 유지하면서 업무의 시작 및 종료 시각의 변경을 청구하는 경우 이를 허용하여 한다. 단, '정상적인 사업 운영에 중대한 지장을 초래하는 경우'로서 대통령령으로 정하는 사유가 있는 경우에는 허용하지 않을 수 있으나, 이를 사용자가 입증하여야 한다.

사용자가 임신기 근로시간 단축 신청을 거부하거나 대통령령으로 정하는 사유가 없음에도 임신기 시업 및 종료시각 변경청구를 거부하는 경우 근로기준법 제116조 제2항에 따라 500만원 이하의 과태료가 부과될 수 있으므로 주의하여야 한다.

3) 관련법령/행정해석/판례

관계법령

[근로기준법]

제74조(임산부의 보호) ⑦ 사용자는 임신 후 12주 이내 또는 36주 이후에 있는 여성 근로자가 1일 2시간의 근로시간 단축을 신청하는 경우 이를 허용하여야 한다. 다만, 1일 근로시간이 8시간 미만인 근로자에 대하여는 1일 근로시간이 6시간이 되도록 근로시간 단축을 허용할 수 있다.

⑧ 사용자는 제7항에 따른 근로시간 단축을 이유로 해당 근로자의 임금을 삭감하여서는 아니 된다.

⑨ 사용자는 임신 중인 여성 근로자가 1일 소정근로시간을 유지하면서 업무의 시작 및 종료 시각의 변경을 신청하는 경우 이를 허용하여야 한다. 다만, 정상적인 사업 운영에 중대한 지장을 초래하는 경우 등 대통령령으로 정하는 경우에는 그러하지 아니하다.

⑩ 제7항에 따른 근로시간 단축의 신청방법 및 절차, 제9항에 따른 업무의 시작 및 종료 시각 변경의 신청방법 및 절차 등에 관하여 필요한 사항은 대통령령으로 정한다.

[근로기준법 시행령]

제43조의3(임신기간 업무의 시작 및 종료 시각의 변경) ① 법 제74조제9항 본문에 따라 업무의 시작 및 종료 시각의 변경을 신청하려는 여성 근로자는 그 변경 예정일의 3일 전까지 임신기간, 업무의 시작 및 종료 시각의 변경 예정 기간, 업무의 시작 및 종료 시각 등을 적은 문서(전자문서를 포함한다)에 임신 사실을 증명하는 의사의 진단서(같은 임신에 대해 업무의 시작 및 종료 시각 변경을 다시 신청하는 경우는 제외한다)를 첨부하여 사용자에게 제출해야 한다.

② 법 제74조제9항 단서에서 "정상적인 사업 운영에 중대한 지장을 초래하는 경우 등 대통령령으로 정하는 경우"란 다음 각 호의 어느 하나에 해당하는 경우를 말한다.

1. 정상적인 사업 운영에 중대한 지장을 초래하는 경우
2. 업무의 시작 및 종료 시각을 변경하게 되면 임신 중인 여성 근로자의 안전과 건강에 관한 관계 법령을 위반하게 되는 경우

행정해석

임신기 근로시간 단축으로 1일 6시간 근무를 하던 중 특정일에 1일 6시간을 초과하여 근무한 경우 시간외근로 금지 위반인지 여부

임신기 근로시간 단축은 1일 2시간의 근로시간을 단축하여 근무하나 임금은 삭감하지 않으므로 당초 소정근로시간인 1일 8시간을 초과하지 않는다면 단축된 시간을 초과하여 근로한다고 하더라도 이를 시간외근로로 보기 어려움. 다만, 임신기 근로시간 단축기간에 단축된 근로시간을 초과하여 근로를 하였으므로 임신기 근로시간 단축을 부여하지 않은 법위반(근로기준법 제74조제7항)으로 볼 수 있습니다. 또한, 법정 임신기 근로시간 단축의 형태는 원칙적으로 1일 2시간 단축이나, 사업장의 어쩔 수 없는 사정 등이 있는 경우 근로자와 사용자 간 합의에 의해 1주 30시간 이내에서 1일 근로시간을 조정*할 수 있습니다. 이때 근로시간이 6시간을 초과한 근무일에도 1일 근로시간이 8시간을 넘을 수는 없습니다.

* 특정일에 1일 6시간을 초과하여 근로를 하였다면 해당 주의 다른 근로일에 근로시간을 단축(특정일에 초과한 근로시간만큼)하여 해당 주의 총 근로시간을 동일하게 유지하는 방식으로 운영

여성고용정책과-3874, 2020.10.12.

4) 근로감독 시 자주 발생하는 위반 사례 및 해결 방안

case 01

☑ **위반 사례**

○○실업은 소정근로시간이 1일 8시간인 임신 10주의 여성 근로자가 근로시간 단축을 청구하였으나 인원이 부족하다는 이유로 거절한 바 있음. → 임신기 근로시간 단축 위반

☑ **해결 방안**

임신기 근로시간 단축 청구 제도의 경우 예외사유가 없으므로 근로자가 청구하는 경우 이를 허용하여야 함.(단, 이미 1일 소정근로시간이 1일 6시간 이하인 경우 거절 가능함)

case 02

☑ **위반 사례**

○○서비스는 업무가 바쁘다는 이유만 대면서 구체적으로 정상적인 사업운영에 중대한 지장이 없음에도 임신 중 여성근로자의 임신기 시업 및 종업시각 변경청구를 거절한 바 있음 → 임신기 시업 및 종업시각 변경 위반

☑ **해결 방안**

정상적인 사업운영에 중대한 지장이 없다면 이를 회사는 임신기 시업 및 종업시각의 변경신청을 허용해야 함.

5) 근로감독 대비 실무 적용점

- 임신 중 여성근로자가 임신 12주 이내 또는 36주 이후에 임신기 근로시간 단축제도를 신청하는 경우 이를 허용하여야 한다.
- 임신기 근로시간 단축을 허용하는 경우 임금 삭감이 발생하지 않도록 한다.
- 임신 중 여성근로자가 임신기 시업 및 종업 시각의 변경을 청구하는 경우 이를 허용하되, 임신 중 여성근로자의 건강과 안전 보호 관련 법률 위반이 발생하지 않도록 한다.(Ex. 시업 및 종업시각 변경으로 야간근로를 하게 되는 경우 등)

5. 생리휴가(근로기준법 제73조)

1) 체크리스트

구분	점검 내용	점검 결과	근로감독 결과 위반 시 조치 기준
생리휴가	• 여성 근로자가 청구하면 월 1일의 생리휴가를 부여하는지 여부 〈근로기준법 제73조〉 ※ 위반 시 500만원 이하의 벌금	① 여성 근로자가 청구하면 월 1일의 생리휴가를 부여함 ② 여성 근로자의 청구가 있었으나 월 1일의 생리휴가를 부여하지 않음	의사표시 또는 청구에도 불구하고 휴가를 부여하지 않은 경우 즉시 범죄인지

2) 체크포인트

사용자는 근로기준법 제73조에 따라서 여성 근로자가 청구하는 경우 월 1일의 생리휴가를 부여하여야 한다. 근로기준법 상 생리휴가는 여성 근로자의 청구를 전제로 하며, 해당 휴가일을 유급으로 할 의무는 존재하지 않는다. 다만, 단체협약, 취업규칙 등에서 유급휴가로 규정하고 있는 경우 이에 따라 유급처리를 해주어야 한다.

3) 관련법령/행정해석/판례

관계법령

[근로기준법]

제73조(생리휴가) 사용자는 여성 근로자가 청구하면 월 1일의 생리휴가를 주어야 한다.

행정해석

생리휴가를 한달 전에 사용하는 것이 가능한지

생리휴가의 청구시기에 대해서는 법률에 별도의 규정이 없으므로 생리휴가를 휴가일 이전에 신청하는 경우 부여하여야 할 것임(생리현상을 이유로 신청하는 것이 아니라면 이에 대한 입증책임은 사업주에게 있음)

여성고용정책과-3716, 2015.12.6.

행정해석

해당 월에 7일만 근무하고 근로계약이 종료하는 경우에도 생리휴가를 부여해야 하는지

舊 근로기준법 제71조(現 근로기준법 제73조)의 생리휴가는 여성근로자가 생리로 인하여 신체적·정신적으로 근로에 어려움을 겪지 않도록 생리사실에 기하여 월 1일 근로의무를 면제함으로써 여성근로자를 보호하기 위한 제도로서 당해 근로자의 근로계약기간·근무일수 등에 관계없이 부여하여야 함.

여원 68240-374, 2001.9.8.

4) 근로감독 시 자주 발생하는 위반 사례 및 해결 방안

case

☑ **위반 사례**

○○마트는 여성 근로자가 생리휴가를 청구하였음에도 불구하고 사용자가 생리휴가를 부여하지 않음 → 생리휴가 부여 위반

☑ **해결 방안**

여성 근로자가 청구하면 월 1회의 생리휴가를 부여하여야 함

5) 근로감독 대비 실무 적용점

- 여성 근로자의 청구가 있는 경우 월 1일의 생리휴가를 허용하여야 한다.
- 회사의 단체협약 또는 취업규칙 등에서 유급휴가로 규정하고 있는 경우 이에 따라 유급처리 하여야 한다.

6. 배우자출산휴가(남녀고용평등법 제18조의2)

1) 체크리스트

구분	점검 내용	점검 결과	근로감독 결과 위반 시 조치 기준
배우자 출산 휴가	• 근로자가 배우자의 출산을 이유로 휴가를 청구한 경우 10일의 유급 휴가를 부여하는지 여부 〈남녀고용평등법 제18조의2〉 ※ 위반 시 500만원 이하의 과태료	① 근로자가 배우자의 출산을 이유로 휴가를 청구한 경우 10일의 휴가를 부여하며, 10일 모두 유급 처리함 ② 근로자가 배우자의 출산을 이유로 휴가를 청구한 경우 전부를 부여하지 않거나 일부만 유급으로 부여함	출산휴가부여 여부 : 배우자 출산 후 90일 이내의 경우 즉시시정(미시정시 과태료) 휴가일 유급처리 : 시정기간 14일(미시정시 범죄인지) - 다만, 평균임금 산정 등 임금계산상의 단순 착오로 인한 체불인 경우 시정기간 25일 이내

2) 체크포인트

사업주는 남녀고용평등법 제18조의2에 따라 근로자가 배우자의 출산을 이유로 휴가를 청구하는 경우 10일의 휴가를 주어야 한다. 해당 휴가는 소정근로일을 기준으로 부여하여야 하며, 휴일은 제외해야 한다.

해당 휴가일 10일은 모두 유급으로 처리하여야 하지만 남녀고용평등법 등 관련 법령에 의하여 배우자출산휴가급여 등이 지급된 경우 그 금액의 한도에서 지급책임을 면한다. 배우자출산휴가의 경우에도 유급처리는 통상임금을 기준으로 한다. 또한 배우자 출산휴가는 배우자의 출산일로부터 90일이 지나면 청구할 수 없으며, 1회에 한하여 분할사용이 가능하다.

배우자출산휴가의 경우 모성보호 관련 내용이기도 하며 최근 법개정으로 이를 인지하지 못하여 회사의 인사노무관리에 이를 반영하지 못하는 경우가 발생할 수 있으니 주의하여야 한다.

3) 관련법령/행정해석/판례

관계법령

[남녀고용평등과 일·가정 양립 지원에 관한 법률]

제18조의2(배우자 출산휴가) ① 사업주는 근로자가 배우자의 출산을 이유로 휴가(이하 "배우자 출산휴가"라 한다)를 청구하는 경우에 10일의 휴가를 주어야 한다. 이 경우 사용한 휴가기간은 유급으로 한다.

② 제1항 후단에도 불구하고 출산전후휴가급여등이 지급된 경우에는 그 금액의 한도에서 지급의 책임을 면한다.

③ 배우자 출산휴가는 근로자의 배우자가 출산한 날부터 90일이 지나면 청구할 수 없다.

④ 배우자 출산휴가는 1회에 한정하여 나누어 사용할 수 있다.

⑤ 사업주는 배우자 출산휴가를 이유로 근로자를 해고하거나 그 밖의 불리한 처우를 하여서는 아니 된다.

행정해석

배우자출산휴가 부여 관련 행정해석

1. 배우자 출산휴가

〈이전〉 배우자 출산휴가를 월력상의 일수로 계산(휴일 포함)

〈변경〉 배우자 출산휴가기간 중 근로제공 의무가 없는 날(휴일 등)이 포함된 경우에는 당해 휴가 일수에 산입하지 않음

여성고용정책과-843, 2019.6.14.

4) 근로감독 시 자주 발생하는 위반 사례 및 해결 방안

case

☑ **위반 사례**

○○전자는 배우자 출산휴가 부여 시 휴일을 포함하여 배우자 출산휴가를 부여함 → 배우자 출산 휴가 부여 위반

☑ **해결 방안**

배우자 출산휴가 부여 시 근로제공 의무가 없는 날(휴일 등)의 경우에는 휴가일수에 산입하지 않도록 함

5) 근로감독 대비 실무 적용점

- 배우자출산휴가의 경우 법정휴가일수를 부여하고 이에 대한 근거를 확보하여 둔다.
- 배우자출산휴가 신청서 및 부여기록을 관리하여 둔다.

7. 난임치료휴가(남녀고용평등법 제18조의3)

1) 체크리스트

구분	점검 내용	점검 결과	근로감독 결과 위반 시 조치 기준
난임 치료 휴가	• 근로자가 인공수정 또는 체외수정 등 난임치료를 받기 위하여 휴가를 청구한 경우 연간 3일 이내의 휴가를 부여하는지 여부 (최초 1일은 유급처리) 〈남녀고용평등법 제18조의3〉 ※ 위반 시 500만원 이하의 과태료	① 근로자가 난임치료휴가를 청구하는 경우 연간 3일 이내의 휴가를 부여하였고, 최초 1일은 유급처리함	즉시 시정 (미시정시 과태료)
		② 근로자가 난임치료휴가를 청구한 경우 휴가를 부여하지 않거나, 3일을 부여하였으나 모두 무급처리함	

2) 체크포인트

사업주는 남녀고용평등법 제18조의3에 따라 근로자가 인공수정 또는 체외수정 등 난임치료를 받기 위하여 휴가(이하 “난임치료휴가”)를 청구하는 경우에는 연간 3일 이내의 휴가를 부여하여야 한다. 대상근로자는 여성 근로자 뿐만 아니라 남성 근로자도 포함하는 것으로 보아야 한다. 난임치료휴가의 경우 최초 1일은 유급으로 처리하도록 하고 있으며, 통상임금을 기준으로 한다.

난임치료휴가는 근로자가 청구하는 시기에 주는 것이 원칙이나 근로자가 청구한 시기에 휴가를 부여하는 것이 정상적인 사업 운영에 중대한 지장을 초래하는 경우에는 근로자와 협의하여 그 시기를 변경할 수 있다.

3) 관련법령/행정해석/판례

관계법령

[남녀고용평등과 일·가정 양립 지원에 관한 법률]

제18조의2(난임치료휴가) ① 사업주는 근로자가 인공수정 또는 체외수정 등 난임치료를 받기 위하여 휴가(이하 "난임치료휴가"라 한다)를 청구하는 경우에 연간 3일 이내의 휴가를 주어야 하며, 이 경우 최초 1일은 유급으로 한다. 다만, 근로자가 청구한 시기에 휴가를 주는 것이 정상적인 사업 운영에 중대한 지장을 초래하는 경우에는 근로자와 협의하여 그 시기를 변경할 수 있다.

② 사업주는 난임치료휴가를 이유로 해고, 징계 등 불리한 처우를 하여서는 아니 된다.

③ 난임치료휴가의 신청방법 및 절차 등은 대통령령으로 정한다.

[남녀고용평등과 일·가정 양립 지원에 관한 법률 시행령]

제9조의2(난임치료휴가의 신청) ① 법 제18조의3제1항에 따라 난임치료를 받기 위한 휴가(이하 "난임치료휴가"라 한다)를 신청하려는 근로자는 난임치료휴가를 사용하려는 날, 난임치료휴가 신청 연월일 등에 대한 사항을 적은 문서(전자문서를 포함한다)를 사업주에게 제출해야 한다.

② 사업주는 난임치료휴가를 신청한 근로자에게 난임치료를 받을 사실을 증명할 수 있는 서류의 제출을 요구할 수 있다.

모성보호와 일·가정 양립 지원 업무편람(고용노동부, 2019.10), 79p

질문 난임치료의 범위는?

- 인공수정, 체외수정 등 의학적 시술행위 당시를 위한 기간을 의미하며, 해당 시술 직후 안정기·휴식기도 포함됨. 단, 체질개선 및 배란유도를 위한 사전 준비단계 등은 포함되지 않음

질문 난임치료휴가는 분할하여 사용가능한가?

- 법문에 "연간 3일 이내의 휴가를 주어야 한다"고 규정하고 있으므로, 연간 3인 이내라면, 1일 단위로 사용 가능함.

질문 난임치료를 받을 사실을 증명할 수 있는 서류란?

- 의사 또는 의료기관에서 작성하고, 난임치료 예정일이 명기된 서류이면 충분함.

질문 "연간 3일 이내의 휴가를 주어야 한다."의 연간의 범위는?

- 노동자의 입사일로부터 기산하여 1년의 범위 내에서 3일의 휴가를 부여 하여야 함. 회계연도 기준으로 부여하려면, 입사일로부터 1.1일 이전 재직 기간에 대해서는 법 위반 소지가 없도록 충분한 휴가를 부여하여야 할 것

4) 근로감독 시 자주 발생하는 위반 사례 및 해결 방안

case

☑ **위반 사례**

○○정보통신은 근로자가 난임치료를 받기 위하여 휴가를 청구하였음에도 불구하고 사용자가 정당한 이유 없이 난임치료휴가를 부여하지 않음 → 난임치료휴가 부여 위반

☑ **해결 방안**

근로자가 난임치료를 받기 위하여 휴가를 청구하면 연간 3일 이내의 휴가를 부여하여야 함

5) 근로감독 대비 실무 적용점

- 난임치료휴가의 신청이 있는 경우 이를 허용하여야 한다.
- 난임치료휴가 부여 시 최초 1일은 유급처리되도록 한다.
- 난임치료휴가 신청서 및 증명서류를 잘 보존한다.(계약서류의 보존기간인 3년간 보존)

8. 육아휴직(남녀고용평등법 제19조)

1) 체크리스트

구분	점검 내용	점검 결과	근로감독 결과 위반 시 조치 기준
육아휴직 부여 의무	• 임신중인 여성근로자가 모성을 보호하거나 근로자가 만 8세 이하 또는 초등학교 2학년 이하의 자녀를 양육하기 위하여 휴직을 신청하는 경우 이를 허용하는지 여부 〈남녀고용평등법 제19조 제1항〉 ※ 위반 시 500만원 이하의 벌금	① 근로자가 육아휴직을 신청한 경우 이를 허용함	즉시 시정 (미시정시 범죄인지)
		② 근로자가 육아휴직을 신청한 경우 이를 허용하지 아니함	
해고등 불이익 처우 여부	• 사업주가 육아휴직을 이유로 해고나 그 밖의 불리한 처우를 하였는지, 육아휴직기간 중 해고를 하는지 여부 〈남녀고용평등법 제19조 제3항〉 ※ 위반 시 3년 이하의 징역 또는 3천만원 이하의 벌금	① 육아휴직을 이유로 해고나 그 밖의 불리한 처우 등을 하지 않음	• 해고시 즉시 범죄인지 • 그 밖에 불리한 처우시 시정기간 14일 이내 (미시정시 범죄인지)
		② 육아휴직을 이유로 해고나 그 밖의 불리한 처우 등을 함	
육아휴직 종료후 직무 복귀	• 육아휴직을 마친 근로자를 휴직전과 같은 업무 또는 같은 수준의 임금을 지급하는 직무에 복귀시켰는지 여부 및 육아휴직기간을 근속기간에 포함시키는지 여부 〈남녀고용평등법 제19조 제4항〉 ※ 위반 시 500만원 이하의 벌금	① 육아휴직을 마친 근로자를 휴직전과 같은 업무 또는 같은 수준의 임금을 지급하는 직무에 복귀시키며, 육아휴직기간도 근속기간에 포함함	시정기간 14일 이내 (미시정시 범죄인지)
		② 육아휴직을 마친 근로자를 휴직전과 다른 업무 또는 휴직 전 임금수준보다 낮은 임금을 지급하는 직무에 복귀시키나, 육아휴직기간은 근속기간에 포함함	
		③ 육아휴직을 마친 근로자를 휴직전과 다른 업무 또는 휴직 전 임금수준보다 낮은 임금을 지급하는 직무에 복귀시키고, 육아휴직기간도 근속기간에 포함하지 아니함	

2) 체크포인트

사업주는 남녀고용평등법 제19조에 따라 임신중인 근로자가 모성을 보호하거나 만 8세 이하의 자녀 또는 초등학교 2학년 이하의 자녀를 양육하기 위하여 휴직(이하 "육아휴직")을 신청하는 경우 1년 이내의 육아휴직을 허용하여야 한다. 다만, 육아휴직 개시예정일의 전날까지 해당 사업에서 계속 근로한 기간이 6개월 미만인 근로자는 육아휴직을 신청할 수 없다.

그리고 육아휴직을 이유로 해고나 그 밖의 불리한 처우를 하여서는 아니되고, 육아휴직 기간에는 해당 근로자를 해고 할 수 없다. 또한 육아휴직을 마친 후 해당 근로자를 육아휴직 전과 같은 업무 또는 같은 임금을 지급하는 직무에 복귀시켜야 하고, 육아휴직기간을 근속기간에 포함시켜야 한다.

최근에는 육아휴직을 부여하지 않는 문제 보다는 육아휴직을 이유로 해고나 그 밖의 불리한 처우를 하는 경우, 육아휴직 종료 후 복직 시 육아휴직 전과 같은 업무 또는 같은 임금을 지급하는 직무에 복귀시켰는지 여부, 육아휴직을 근속기간에 포함시키지 않는 경우 등이 더 문제되는 경우가 많으므로 이에 대한 위반이 일어나지 않도록 주의하여야 할 것이다.

3) 관련법령/행정해석/판례

관계법령

[남녀고용평등과 일·가정 양립 지원에 관한 법률]

제19조(육아휴직) ① 사업주는 임신중인 근로자가 모성을 보호하거나 근로자가 만 8세 이하 또는 초등학교 2학년 이하의 자녀(입양한 자녀를 포함한다. 이하 같다)를 양육하기 위하여 휴직(이하 "육아휴직"이라 한다)을 신청하는 경우에 이를 허용하여야 한다. 다만, 대통령령으로 정하는 경우에는 그러하지 아니하다.

② 육아휴직의 기간은 1년 이내로 한다.

③ 사업주는 육아휴직을 이유로 해고나 그 밖의 불리한 처우를 하여서는 아니되며, 육아휴직 기간에는 그 근로자를 해고하지 못한다. 다만, 사업을 계속할 수

없는 경우에는 그러하지 아니하다.

④ 사업주는 육아휴직을 마친 후에는 휴직 전과 같은 업무 또는 같은 수준의 임금을 지급하는 직무에 복귀시켜야 한다. 또한 제2항의 육아휴직 기간은 근속기간에 포함한다.

⑤ 기간제근로자 또는 파견근로자의 육아휴직 기간은 「기간제 및 단시간근로자 보호 등에 관한 법률」 제4조에 따른 사용기간 또는 「파견근로자 보호 등에 관한 법률」 제6조에 따른 근로자파견기간에서 제외한다.

⑥ 육아휴직의 신청방법 및 절차 등에 관하여 필요한 사항은 대통령령으로 정한다.

모성보호와 일·가정 양립 지원 업무편람(고용노동부, 2019.10), 118p

- 만 8세 이하는 만 9세가 되는 날(생일)의 전날까지를 의미하며, 초등학교 2학년 이하는 초등학교 3학년이 되는 날(해당학년 3월 1일)의 전날까지를 의미함. 따라서 만 8세 이하 or 초등학교 2학년 이하 두 조건 중 하나만 충족하면 되므로 '만 8세 인 초등학교 3학년' 또는 '만 9세인 초등학교 2학년' 모두 육아휴직 사용 가능
- 육아휴직 대상이 되는지 여부 판단은 '육아휴직 개시일'을 기준으로 함
  - ◦ 따라서 만 9세 또는 초등학교 3학년이 되는 날의 전날 육아휴직을 신청하였다고 해도 육아휴직 개시일을 기준으로 했을 때 대상에 해당하지 않는다면 사업주가 반드시 허용해야 할 의무는 없음.

[사례]

① 2006.2.1.생 자녀, 2012년에 초등학교 입학을 한 경우(빠른 입학)

→ 2014년 3월 1일에 3학년이 되지만, 2015년 2월 1일 전까지는 만 8세이기 때문에, 2015년 2월 1일 전에 육아휴직을 개시할 수 있음.

② 2005.10.15.생 자녀, 2013년에 초등학교 입학을 한 경우(늦은 입학)

→ 2014년 10월 15일에 만 9세가 되지만, 2015년 2월 말까지는 2학년이기 때문에, 2015년 2월 말까지 육아휴직을 개시할 수 있음.

행정해석

육아휴직기간 중 자녀를 출산한 경우 출산전후휴가 부여

남녀고용평등과 일·가정 양립 지원에 관한 법률 시행령 제14조제4항이 "육아휴직 중의 근로자가 산전후휴가 또는 새로운 육아휴직을 시작하는 경우, 그 산전후휴가 또는 육아휴직 개시일의 전날에 육아휴직이 끝난 것으로 본다"고 규정한 것은 육아휴직과 산전후휴가, 기존 육아휴직과 새로운 육아휴직이 동시에 진행될 수 없다는 취지이지, 기존 자녀(A)에 대한 육아휴직 잔여일이 남아 있음에도 불구하고 이를 사용할 수 없다는 취지로 볼 수 없음.

또한 「남녀고용평등과 일·가정 양립 지원에 관한 법률」 제19조의4는 육아휴직을 1회 분할 사용 가능토록 명백히 규정하고 있으므로, 근로자는 B자녀에 대한 산전후휴가 시작으로 인하여 사용하지 못한 A자녀에 대한 육아휴직 잔여일을 사용할 수 있고, 근로자가 시기를 정하여 육아휴직을 신청한 경우 사업주는 이를 허용하여야 함.

여성고용정책과-1864, 2011.8.4.

행정해석

육아휴직과 관련한 불리한 처우 해당 여부

남녀고용평등법 제19조제3항에 사업주는 육아휴직을 이유로 불리한 처우를 하여서는 아니 된다고 규정되어 있는 바, 불리한 처우의 해당여부는 그 사업장의 통상적인 인사 관행을 참고로 하여 판단하여야 하나, 일반적으로 불리한 처우에 해당되는 경우는 다음과 같음.

① 육아휴직기간 만료 후 복직을 시키지 않거나 근무처를 불합리하게 변경하는 경우
② 육아휴직기간을 승진, 승급, 퇴직금 또는 상여금산정 연차휴가일수 가산 등의 기초가 되는 근속기간에 포함시키지 않는 경우

육아휴직과 관련하여 불리한 처우로 볼 수 없는 경우는 다음과 같음.

① 회사의 정기인사발령 등에 의하거나 순환보직시기 도래 등 통상의 인사 관행대로 배치전환이 이루어지고, 사회통념상 객관적으로 인정되는 경우
② 상여금 등이 일정기간동안 근로한 대가(출근성적 등)로 지급되고, 육아휴직기간이 그 기간의 일부 또는 전부 포함되어 있어 당해 상여금 지급의 일부 또는

전부를 지급하지 않은 경우

③ 연차유급휴가는 1년간의 소정근로일의 출근성적을 기준으로 휴가일수를 산정하는 바, 육아휴직기간은 출근으로 취급하는 산전후 휴가와는 달리 근로계약이 존속하는 상태에서 근로제공의무가 정지되는 기간이므로 소정근로일을 확정함에 있어 이를 제외하는 경우

감독 68213-3125, 1995.2.10.

4) 근로감독 시 자주 발생하는 위반 사례 및 해결 방안

case

☑ **위반 사례**

○○서비스는 기간제 근로자 ○○○씨(근로계약기간 2019.1.1.~2019.12.31.)가 만 6세의 자녀를 대상으로 계약기간 만료 3개월 시점에서 육아휴직을 신청하였으나 육아휴직을 부여하지 않음 → 육아휴직 부여 위반

☑ **해결 방안**

기간제 근로자의 경우에도 육아휴직 요건을 충족할 경우 육아휴직을 부여하여야 함

5) 근로감독 대비 실무 적용점

- 육아휴직은 계속근로기간 6개월 이상인 경우로서 임신중인 근로자가 모성을 보호하거나 만 8세 이하 또는 초등학교 2학년 이하의 자녀를 양육하기 위하여 근로자가 신청하면 예외 없이 부여하여야 한다.
- 육아휴직을 이유로 해고 등 인사상 불이익을 주어서는 아니된다.
- 육아휴직 종료자에 대하여 육아휴직 전과 같은 업무를 부여함을 원칙으로 하되, 불가피한 경우 다른 업무를 부여하더라도 최소한 육아휴직 전과 같은 임금을 지급하여야 한다.(단, 이 경우 다른 직무 부여자체의 정당성이 확보된다고 볼 수는 없으므로 주의하여야 함.)

9. 육아기 근로시간단축(남녀고용평등법 제19조의2)

1) 체크리스트

구분	점검 내용	점검 결과	근로감독 결과 위반 시 조치 기준
육아기 근로시간 단축허용 의무	• 근로자가 만 8세 이하 또는 초등학교 2학년 이하의 자녀를 양육하기 위하여 근로시간단축을 신청하는 경우 이를 허용하는지 여부 〈남녀고용평등법 제19조의2 제1항〉 ※ 위반 시 500만원 이하의 과태료	① 근로자가 육아기근로시간 단축을 청구한 경우 이를 허용함 ② 근로자가 육아기근로시간 단축을 청구한 경우 이를 허용하지 아니함	즉시 시정 (미시정시 범죄인지)
육아기 근로시간 단축과 해고등 불이익 처우	• 사업주가 육아기근로시간 단축을 이유로 해고나 그 밖의 불리한 처우를 하는지 여부 〈남녀고용평등법 제19조의2 제5항〉 ※ 위반 시 3년 이하의 징역 또는 3천만원이 이하의 벌금	① 육아기근로시간 단축을 이유로 해고나 그 밖의 불리한 처우를 하지 않음 ② 육아기근로시간단축을 이유로 해고나 그 밖의 불리한 처우를 함	즉시 범죄인지
육아기 근로시간 단축 종료후 직무복귀	• 육아기근로시간단축을 마친 근로자를 휴직 전과 같은 업무 또는 같은 수준의 임금을 지급하는 직무에 복귀시키는지 여부 〈남녀고용평등법 제19조의2 제6항〉 ※ 위반 시 500만원 이하의 벌금	① 육아기근로시간단축을 마친 근로자를 휴직전과 같은 업무 또는 같은 수준의 임금을 지급하는 직무에 복귀시킴 ② 육아아기근로시간단축을 마친 근로자를 휴직전과 다른 업무 또는 휴직 전 임금수준보다 낮은 임금을 지급하는 직무에 복귀시킴	시정기간 14일 이내 (미시정시 범죄인지)
육아기 근로시간 단축이유 근로조건 불이익 적용	• 육아기근로시간단축을 하고 있는 근로자에 대하여 근로시간에 비례하여 적용하는 경우 외에 육아기근로시간단축을 이유로 근로조건을 불리하게 적용하는지 여부 〈남녀고용평등법 제19조의3 제1항〉 ※ 위반 시 3년 이하의 징역 또는 3천만원 이하의 벌금	① 육아기근로시간단축을 하고 있는 근로자에 대하여 근로조건을 근로시간에 비례하여 적용하며 불리하게 적용하지 않음 ② 육아아기근로시간단축을 하고 있는 근로자에게 근로조건을 근로시간에 비례하여 적용하지 않고, 불리하게 적용함	즉시 시정 (미시정시 범죄인지)

육아기 근로시간 단축시 근로조건 서면명시	• 육아기근로시간단축을 하고 있는 근로자의 근로조건을 서면으로 정하는지 여부 〈남녀고용평등법 제19조의3 제2항〉 ※ 위반 시 500만원 이하의 과태료	① 육아기근로시간단축을 하고 있는 근로자의 근로조건을 서면으로 정하여 근로계약을 다시 체결함	시정기간 14일 이내 (미시정시 범죄인지)
		② 육아기근로시간단축을 하고 있는 근로자의 근로조건을 별도로 서면으로 정하지 않음	
육아기 근로시간 단축시 연장근로 제한	• 육아기근로시간단축을 하고 있는 근로자에게 연장근로를 요구하는지 여부 〈남녀고용평등법 제19조의3 제3항〉 ※ 위반 시 1천만원 이하의 벌금	① 육아기근로시간단축을 하고 있는 근로자에게 연장근로를 요구하지 아니함	즉시 시정 (미시정시 범죄인지)
		② 육아기근로시간단축을 하고 있는 근로자에게 연장근로를 요구함	

2) 체크포인트

사업주는 남녀고용평등법 제19조의2에 따라 만 8세 이하의 자녀 또는 초등학교 2학년 이하의 자녀를 양육하기 위하여 근로시간단축(이하 "육아기 근로시간단축")을 신청하는 경우 1년 이내의 근로시간단축을 허용하여야 하며, 육아휴직 기간 중 사용하지 아니한 기간이 있으면 그 기간만큼 육아기 근로시간단축을 추가로 사용할 수 있다. 육아기 근로시간단축 근로자에 대하여는 근로조건을 서면으로 명시하여야 하며, 연장근로를 요구할 수 없다.

사업주가 여하한 사유로 근로자가 육아기 근로시간단축을 신청하였으나 허용하지 아니하는 경우에는 이를 서면으로 통지하고 해당 근로자와 협의하여야 한다. 또한 육아기 근로시간단축 시 근로시간에 비례하여 근로조건을 조정할 수 있으나 이러한 이유 외 육아기 근로시간단축을 이유로 불리한 근로조건을 적용하여서는 아니된다.

무엇보다 육아기 근로시간단축을 이유로 근로자에게 해고 등 불리한 처우를 하여서는 아니되며, 육아기 근로시간 단축을 마친 후 해당 근로자를 육아기 근로시간 단축 전과 같은 업무 또는 같은 임금을 지급하는 직무에 복귀시켜야 한다.

최근 법 개정으로 육아기 근로시간단축제도는 육아휴직과 별개로 신청할 수 있게 되었으며, 근로시간단축의 범위도 1주 15시간~35시간으로 변경되었다. 또한 기한이 1회에 3개월 이상이면 횟수에 제한 없이 분할하여 사용할 수 있고, 육아휴직 1년 중 사용하지 않은 기간이 있으면 동 기간을 육아기 근로시간단축을 위하여 추가적으로 사용할 수 있게 되었으므로 이를 제대로 인지하고 취업규칙에 반영하는 등 육아기 근로시간 단축 관리의 혼선이 없도록 해야 할 것이다.

3) 관련법령/행정해석/판례

관계법령

[남녀고용평등과 일·가정 양립 지원에 관한 법률]

제19조의2(육아기 근로시간 단축) ① 사업주는 근로자가 만 8세 이하 또는 초등학교 2학년 이하의 자녀를 양육하기 위하여 근로시간의 단축(이하 "육아기 근로시간 단축"이라 한다)을 신청하는 경우에 이를 허용하여야 한다. 다만, 대체인력 채용이 불가능한 경우, 정상적인 사업 운영에 중대한 지장을 초래하는 경우 등 대통령령으로 정하는 경우에는 그러하지 아니하다.

② 제1항 단서에 따라 사업주가 육아기 근로시간 단축을 허용하지 아니하는 경우에는 해당 근로자에게 그 사유를 서면으로 통보하고 육아휴직을 사용하게 하거나 출근 및 퇴근 시간 조정 등 다른 조치를 통하여 지원할 수 있는지를 해당 근로자와 협의하여야 한다.

③ 사업주가 제1항에 따라 해당 근로자에게 육아기 근로시간 단축을 허용하는 경우 단축 후 근로시간은 주당 15시간 이상이어야 하고 35시간을 넘어서는 아니 된다.

④ 육아기 근로시간 단축의 기간은 1년 이내로 한다. 다만, 제19조제1항에 따라 육아휴직을 신청할 수 있는 근로자가 제19조제2항에 따른 육아휴직 기간 중 사용하지 아니한 기간이 있으면 그 기간을 가산한 기간 이내로 한다.

⑤ 사업주는 육아기 근로시간 단축을 이유로 해당 근로자에게 해고나 그 밖의 불리한 처우를 하여서는 아니 된다.

⑥ 사업주는 근로자의 육아기 근로시간 단축기간이 끝난 후에 그 근로자를 육아기 근로시간 단축 전과 같은 업무 또는 같은 수준의 임금을 지급하는 직무에 복귀시켜야 한다.

⑦ 육아기 근로시간 단축의 신청방법 및 절차 등에 관하여 필요한 사항은 대통령령으로 정한다.

제19조의3(육아기 근로시간 단축 중 근로조건 등) ① 사업주는 제19조의2에 따라 육아기 근로시간 단축을 하고 있는 근로자에 대하여 근로시간에 비례하여 적용하는 경우 외에는 육아기 근로시간 단축을 이유로 그 근로조건을 불리하게 하여서는 아니 된다.

② 제19조의2에 따라 육아기 근로시간 단축을 한 근로자의 근로조건(육아기 근로시간 단축 후 근로시간을 포함한다)은 사업주와 그 근로자 간에 서면으로 정한다.

③ 사업주는 제19조의2에 따라 육아기 근로시간 단축을 하고 있는 근로자에게 단축된 근로시간 외에 연장근로를 요구할 수 없다. 다만, 그 근로자가 명시적으로 청구하는 경우에는 사업주는 주 12시간 이내에서 연장근로를 시킬 수 있다.

④ 육아기 근로시간 단축을 한 근로자에 대하여 「근로기준법」 제2조제6호에 따른 평균임금을 산정하는 경우에는 그 근로자의 육아기 근로시간 단축 기간을 평균임금 산정기간에서 제외한다.

제19조의4(육아휴직과 육아기 근로시간 단축의 사용형태) ① 근로자는 육아휴직을 2회에 한정하여 나누어 사용할 수 있다. 이 경우 임신 중인 여성 근로자가 모성보호를 위하여 육아휴직을 사용한 횟수는 육아휴직을 나누어 사용한 횟수에 포함하지 아니한다.

② 근로자는 육아기 근로시간 단축을 나누어 사용할 수 있다. 이 경우 나누어 사용하는 1회의 기간은 3개월(근로계약기간의 만료로 3개월 이상 근로시간 단축을 사용할 수 없는 기간제근로자에 대해서는 남은 근로계약기간을 말한다) 이상이 되어야 한다.

모성보호와 일·가정 양립 지원 업무편람(고용노동부, 2019.10), 169p

- 육아기 근로시간 단축 개정안 적용례(2019.10.1. 시행)
  - ◦ 육아휴직 및 육아기 근로시간 단축(이하 '육아휴직 등'이라 함)은 개정 법률에 "이 법 시행 이후 육아휴직 또는 육아기 근로시간 단축을 사용하는 근로자부터 적용한다."고 명시
    - 2019.10.1. 이후 육아휴직 등을 최초로 사용하는 경우 개정 법률을 적용함
    - 2019.9.30. 이전 육아휴직 등을 분할하여 최초 사용한 경우는 2019.10.1. 이후 육아휴직 등의 잔여기간을 새로이 사용할 수 있으므로 개정 법률을 적용함(2019.9.30. 이전 사용기간 차감)
    - 육아휴직 등을 이법 시행(2019.10.1.) 전부터 사용하고 있는 경우에는 이 법 시행 후 육아휴직 등을 사용하는 근로자가 아니므로 개정 법률을 적용하지 아니함
    - 개정 전 법률에 따라 육아휴직 등을 2019.9.30. 이전에 1년을 사용한 경우는 권리가 소멸되었으므로 개정 법률을 적용하지 아니함

행정해석

육아기 근로시간 단축을 사용할 경우 교통비, 식대를 단축된 근로시간에 비례하여 삭감하는 것이 타당한지 여부

육아기 근로시간 단축 근무자에 대해서는 단축된 시간에 비례하여 임금을 삭감할 수 있는데, 「근로기준법 시행령」 제6조에 의하면 통상임금을 정기적·일률적으로 소정근로 또는 총 근로에 대해 지급하기로 정한 금액이라고 규정하고 있으므로 통상임금은 단축된 시간에 비례하여 삭감하고 그 외의 임금은 삭감할 수 없다고 보아야 할 것입니다. 교통비, 식대가 실제 출근일수와 중식일수에 맞추어 실비변상적으로 지급되는 것이라면 육아기 근로시간 단축 기간 동안 출근일수가 감소하거나 단축된 근로시간이 중식을 하지 않을 정도가 아닌 한 전액 지급이 타당하며, 교통비와 식대가 모든 근로자에게 정기적, 일률적, 고정적으로 지급된다면 통상임금에 해당하므로 단축된 근로시간에 비례하여 감액하여 지급하는 것이 타당하다고 판단됩니다.

여성고용정책과-2060, 2018.5.16.

행정해석

2019년 10월 1일 전에 육아휴직을 1년 사용한 사람은 육아기 근로시간 단축을 사용할 수 있는지 여부

남녀고용평등법이 2019년 8월 27일 법률 제16558호로 일부개정되기 전에는 총 1년의 범위에서 육아휴직과 육아기 근로시간 단축(만 8세 이하 또는 초등학교 2학년 이하의 자녀를 양육하기 위하여 근로시간을 단축하는 것을 말하며, 이하 같음.)을 선택적으로 사용할 수 있던 것을 법률 제16558호로 일부개정된 남녀고용평등법에서는 이를 각각 사용할 수 있도록 하면서 육아기 근로시간 단축의 기간은 1년 이내로 하되 같은 법 제19조제2항에 따른 1년의 육아휴직 기간 중 사용하지 않은 기간이 있으면 그 기간을 가산할 수 있다고 규정(제19조제4항)하고 있습니다.(중략) 그렇다면 남녀고용평등법 부칙 제4조는 같은 법 시행일을 기준으로 종전 규정에 따라 육아휴직 또는 육아기 근로시간 단축을 사용할 수 있는 근로자 중에서 시행일 이후 이를 사용하는 경우 개정된 제19조의2가 적용된다고 보는 것이 부칙을 둔 개정취지에 부합하고, 이 사안과 같이 남녀고용평등법 시행 전에 이미 육아휴직 1년을 사용한 근로자는 구 남녀고용평등법 규정에 따라 더 이상 육아기 근로시간 단축을 사용할 수 없으므로 남녀고용평등법 제19조의2의 적용대상으로 보기 어렵습니다.(하략)

법제처 19-0579, 2020.1.23.

행정해석

육아기 근로시간 단축 시 고정급 시간외수당

기본급과 직책수당, 시간외수당을 지급받는 근로자*인데, 육아기 근로시간 단축 시 연장근로를 전혀 하지 않음에도 고정적으로 지급받는 시간외수당을 제외한 임금을 단축된 근로시간에 비례하여 삭감하고 지급받는 것이 타당한지 문의

* 기본급 및 직책수당 205만원, 시간외수당 124만원(84시간 연장 및 휴일근로 가정)으로 합계 329만원을 지급받았으나, 1일 2시간 단축 근무시 190만원을 지급받음)

실제 시간외근로 여부와는 관계없이 고정적으로 시간외수당을 지급하기로 근로계약을 체결하였고, 근로자가 연장근로를 전혀 하지 않는 경우에도 시간외수당을 지급하였다면, 시간외수당을 포함하여 근로시간 비례로 급여를 산정해야지 시간외

수당 전체를 제외한 임금만으로 육아기 근로시간 단축 기간에 지급할 임금을 책정하는 것은 법제19조의3 위반 소지가 있다고 판단됩니다. 따라서 육아기근로시간 단축 기간 중 지급해야할 임금은 고정급 시간외수당을 포함한 임금을 단축된 근로시간에 비례하여 삭감 후 산정해야 할 것으로 판단됩니다.

여성고용정책과-2063, 2018.5.16.

4) 근로감독 시 자주 발생하는 위반 사례 및 해결 방안

case 01

☑ **위반 사례**

○○전자 근로자 ○○○씨는 육아기 근로시간 단축(주 40시간 → 주 30시간)을 신청함. ○○전자는 근로자의 신청에 따라 육아기 근로시간 단축을 시행함. 그러나 육아기 근로시간 단축과 관련하여 별도의 근로계약서를 작성하지 아니함 → 육아기 근로시간 단축 시 근로조건 서면 작성 의무 위반

☑ **해결 방안**

육아기 근로시간 단축 시 단축 후 근로조건을 서면으로 작성하여야 함

case 02

☑ **위반 사례**

○○산업은 회계담당 ○○○씨에 대하여 육아기 근로시간 단축을 시행함.(주 40시간 → 주 25시간) 육아기 근로시간 단축 중 회계감사에 따른 업무량 과다로 인하여 근로자의 동의하에 연장근로(1주 5시간)를 시행함. 이 경우 별도의 연장근로신청서는 받지 않음 → 육아기 근로시간 단축 시 연장근로 제한 위반

☑ **해결 방안**

육아기 근로시간 단축기간에는 근로자의 명시적 청구에 의해서만 연장근로를 시행할 수 있음. 따라서 육아기 근로시간 단축 근로자의 경우 연장근로신청서를 사전에 받고 연장근로를 실시하여야 함

5) 근로감독 대비 실무 적용점

- 개정 된 육아기 근로시간 단축제도의 내용(육아휴직과 별개의 제도로서 육아휴직 外 기본적으로 1년 육아기근로시간 단축을 쓸 수 있다는 것과 육아휴직을 사용하지 않는 기간을 포함하여 육아기근로시간 단축을 쓸 수 있다는 것)
- 육아기 근로시간 단축 시 반드시 근로계약서를 재작성하고 교부하여야 한다.
- 육아기 근로시간 단축을 실시한 근로자의 명시적인 청구로 연장근로를 실시하는 경우 근거자료(Ex. 연장근로신청서 등)을 남겨두어야 한다.

10. 수유시간(근로기준법 제75조)

1) 체크리스트

구분	점검 내용	점검 결과	근로감독 결과 위반 시 조치 기준
수유 시간	• 생후 1년 미만의 유아(乳兒)를 가진 여성 근로자가 청구하면 1일 2회 각각 30분 이상의 유급 수유 시간을 부여하는지 여부 〈근로기준법 제75조〉 ※ 위반 시 2년 이하의 징역 또는 2천만원 이하의 벌금	① 생후 1년 미만의 유아를 가진 여성 근로자가 청구하면 법정 유급 수유시간을 부여함	즉시 시정 (미시정시 범죄인지)
		② 생후 1년 미만의 유아를 가진 여성 근로자가 청구하면 법정 유급 수유시간을 부여하지 않음	

2) 체크포인트

사업주는 근로기준법 제75조에 따라 생후 1년 미만의 유아를 가진 여성 근로자가 청구하면 1일 2회 각각 30분 이상의 유급 수유시간을 부여하여야 한다. 이 경우 해당 유급 수유시간은 휴게시간과 별도로 부여되는 것으로 근로자가 청구하면 반드시 부여해야 한다.

동 제도의 경우 근로자의 신청이 없다면 부여해야 할 의무는 없으나, 근로자의 신청이 있다면 법적안정성 확보 및 업무효율성을 동시에 확보하기 위해서는 수유시간 부여를 법 테두리 내에서 근로자가 수유시간을 충분히 확보하면서도 업무수행에 지장이 없는 방법을 당사자간 잘 합의하는 것이 필요할 것으로 판단된다. 고용노동부 행정해석(여성고용팀-5362, 2006.12.28.)에서도 구체적인 수유시간이나 횟수 등은 사업장 내에서 협의하여 활용하는 것이 가능함을 언급하고 있다. 단, 이와 관련한 명확한 근거 등을 남기는 것이 근로감독 등에 대비할 수 있는 방안이 될 것이다.

3) 관련법령/행정해석/판례

관계법령

[근로기준법]

제75조(육아 시간) 생후 1년 미만의 유아(乳兒)를 가진 여성 근로자가 청구하면 1일 2회 각각 30분 이상의 유급 수유 시간을 주어야 한다.

행정해석

유급수유시간을 1일 1회 1시간으로 사용할 수 있는지 여부

육아시간은 생후 1년 미만의 유아를 가진 여성근로자들에 대하여 수유 등 유아를 돌보는데 필요한 시간을 확보해 주고자 하는데 취지가 있고, 舊 근로기준법 제73조(現 근로기준법 제75조)는 '생후 1년 미만의 유아를 가진 여자근로자의 청구가 있는 경우에는 1일 2회 각각 30분 이상의 유급수유시간을 주어야 한다'고 규정하고 있으므로 사용자가 동법을 이행하는데 있어서는 여성근로자의 청구 1회에 대해 30분 이상의 육아시간을 부여하면 될 것임. 따라서 개별 사업장의 사정에 의해 노사 당사자간 합의가 있다면 1일 1회 1시간의 육아시간을 부여하여도 무방한 것으로 사료됨.

여원 68240-249, 2000.8.5.

행정해석

육아기 근로시간 단축 시 수유시간

근로기준법 제75조(육아 시간)에서는 생후 1년 미만의 유아를 가진 여성근로자가 청구하면 1일 2회 각각 30분 이상의 유급 수유시간을 주어야 한다고 규정하고 있는 바 이는 1일 8시간 근로를 전제로 하는 것입니다. (중략) 생후 1년 미만의 자녀를 가진 근로자가 육아기 근로시간 단축을 하여 근로시간이 줄어들었다면 육아시간은 그에 비례하여 줄 수 있으나, 근로기준법상의 규정보다 상회하여 주는 것은 무방합니다.

여성고용과-124, 2008.4.15.

4) 근로감독 시 자주 발생하는 위반 사례 및 해결 방안

case

☑ **위반 사례**

○○테크는 1년 미만의 유아를 가진 여성 근로자 ○○○씨가 수유시간을 청구하였음에도 불구하고 수유시간을 부여하지 않음 → 수유시간 부여 위반

☑ **해결 방안**

1년 미만의 유아를 가진 여성근로가 청구하면 휴게시간 외에 유급수유시간을 부여하여야 함

5) 근로감독 대비 실무 적용점

- 수유시간의 횟수나 시간 등을 법정 기준 내에서 유연하게 운영하기로 하였다면 이에 관한 합의서 내지 확인서를 근로자로부터 징구하여 두는 것이 필요하다.

11. 가족돌봄휴직(남녀고용평등법 제22조의2)

1) 체크리스트

구분	점검 내용	점검 결과	근로감독 결과 위반 시 조치 기준
가족 돌봄 휴직 부여 여부	• 근로자가 가족돌봄을 이유로 휴직을 신청하는 경우 이를 허용하는지 여부 〈남녀고용평등법 제22조의2 제1항〉 ※ 위반 시 500만원 이하의 과태료	① 근로자가 가족돌봄휴직을 신청한 경우 이를 허용함	즉시 시정 (미시정시 과태료)
		② 근로자가 가족돌봄휴직을 신청한 경우 이를 허용하지 아니함	
가족 돌봄 휴직 이유 해고등 불이익 처우	• 사업주가 가족돌봄휴직을 이유로 해고나 그 밖의 불리한 처우를 하는지 여부 〈남녀고용평등법 제22조의2 제5항〉 ※ 위반 시 3년 이하의 징역 또는 3천만원 이하의 벌금	① 가족돌봄휴직을 이유로 해고나 그 밖의 불리한 처우를 하지 않음	• 해고시 범죄인지 • 그 밖에 불리한 처우시 시정기간 14일 이내 (미시정시 범죄인지)
		② 가족돌봄휴직일 이유로 해고나 그 밖의 불리한 처우를 함	

2) 체크포인트

사업주는 남녀고용평등법 제22조의2 제1항에 따라 근로자가 조부모, 부모, 배우자, 배우자의 부모, 자녀 또는 손자녀(이하 "가족")의 질병, 사고, 노령으로 인하여 그 가족을 돌봄 위한 가족돌봄휴직을 신청하는 경우 이를 허용하여야 한다. 또한 가족돌봄휴직 기간은 무급이며, 연간 최장 90일이며, 나누어 사용할 수 있고, 1회의 기간은 30일 이상 되어야 한다. 휴직기간은 근속기간에 포함된다.

사업주가 여하한 사유로 가족돌봄휴직을 허용하지 아니하는 경우에는 해당 근로자에게 그 사유를 서면으로 통지하고, 업무를 시작하고 마치는 시간의 조정 등 법령에서 정한 조치를 하도록 노력하여야 한다. 또한 사업주는 가족돌봄휴직을 이유로 근로자를 해고하거나 근로조건을 악화시키는 등 불리한 처우를 하여서는 아니된다.

입사 후 계속근로한 기간이 6개월 이상이면 가족돌봄휴직의 신청이 가능하므로 이를 잘 이해하여 취업규칙에 반영하는 등 가족돌봄휴직 관리의 혼선이 없도록 하여야 할 것이다.

3) 관련법령/행정해석/판례

관계법령

[남녀고용평등과 일·가정 양립 지원에 관한 법률]

제22조의2(근로자의 가족 돌봄 등을 위한 지원) ① 사업주는 근로자가 조부모, 부모, 배우자, 배우자의 부모, 자녀 또는 손자녀(이하 "가족"이라 한다)의 질병, 사고, 노령으로 인하여 그 가족을 돌보기 위한 휴직(이하 "가족돌봄휴직"이라 한다)을 신청하는 경우 이를 허용하여야 한다. 다만, 대체인력 채용이 불가능한 경우, 정상적인 사업 운영에 중대한 지장을 초래하는 경우, 본인 외에도 조부모의 직계비속 또는 손자녀의 직계존속이 있는 경우 등 대통령령으로 정하는 경우에는 그러하지 아니하다. 〈개정 2019.8.27.〉

③ 제1항 단서에 따라 사업주가 가족돌봄휴직을 허용하지 아니하는 경우에는 해당 근로자에게 그 사유를 서면으로 통보하고, 다음 각 호의 어느 하나에 해당하는 조치를 하도록 노력하여야 한다.〈신설 2019.8.27.〉

1. 업무를 시작하고 마치는 시간 조정
2. 연장근로의 제한
3. 근로시간의 단축, 탄력적 운영 등 근로시간의 조정
4. 그 밖에 사업장 사정에 맞는 지원조치

④ 가족돌봄휴직 및 가족돌봄휴가의 사용기간과 분할횟수 등은 다음 각 호에 따른다.〈신설 2020.9.8.〉

1. 가족돌봄휴직 기간은 연간 최장 90일로 하며, 이를 나누어 사용할 수 있을 것. 이 경우 나누어 사용하는 1회의 기간은 30일 이상이 되어야 한다.
2. 가족돌봄휴가 기간은 연간 최장 10일[제3호에 따라 가족돌봄휴가 기간이 연장되는 경우 20일(「한부모가족지원법」 제4조제1호의 모 또는 부에 해당하는

근로자의 경우 25일) 이내]로 하며, 일단위로 사용할 수 있을 것. 다만, 가족돌봄휴가 기간은 가족돌봄휴직 기간에 포함된다.

3. 고용노동부장관은 감염병의 확산 등을 원인으로 「재난 및 안전관리 기본법」 제38조에 따른 심각단계의 위기경보가 발령되거나, 이에 준하는 대규모 재난이 발생한 경우로서 근로자에게 가족을 돌보기 위한 특별한 조치가 필요하다고 인정되는 경우 「고용정책 기본법」 제10조에 따른 고용정책심의회의 심의를 거쳐 가족돌봄휴가 기간을 연간 10일(「한부모가족지원법」 제4조제1호에 따른 모 또는 부에 해당하는 근로자의 경우 15일)의 범위에서 연장할 수 있을 것. 이 경우 고용노동부장관은 지체 없이 기간 및 사유 등을 고시하여야 한다.

⑥ 사업주는 가족돌봄휴직 또는 가족돌봄휴가를 이유로 해당 근로자를 해고하거나 근로조건을 악화시키는 등 불리한 처우를 하여서는 아니 된다.〈신설 2020.9.8.〉

⑦ 가족돌봄휴직 및 가족돌봄휴가 기간은 근속기간에 포함한다. 다만, 「근로기준법」 제2조제1항제6호에 따른 평균임금 산정기간에서는 제외한다.〈신설 2020.9.8.〉

⑧ 사업주는 소속 근로자가 건전하게 직장과 가정을 유지하는 데에 도움이 될 수 있도록 필요한 심리상담 서비스를 제공하도록 노력하여야 한다.〈개정 2020.9.8.〉

⑨ 고용노동부장관은 사업주가 제1항 또는 제2항에 따른 조치를 하는 경우에는 고용 효과 등을 고려하여 필요한 지원을 할 수 있다.〈개정 2020.9.8.〉

⑩ 가족돌봄휴직 및 가족돌봄휴가의 신청방법 및 절차 등에 관하여 필요한 사항은 대통령령으로 정한다.〈신설 2020.9.8.〉

[남녀고용평등과 일·가정 양립 지원에 관한 법률 시행령]

제16조의3(가족돌봄휴직 및 가족돌봄휴가의 허용 예외) ① 법 제22조의2제1항 단서에서 "대통령령으로 정하는 경우"란 다음 각 호의 어느 하나에 해당하는 경우를 말한다.

1. 돌봄휴직개시예정일의 전날까지 해당 사업에서 계속 근로한 기간이 6개월 미만인 근로자가 신청한 경우
2. 부모, 배우자, 자녀 또는 배우자의 부모를 돌보기 위하여 가족돌봄휴직을 신청한 근로자 외에도 돌봄이 필요한 가족의 부모, 자녀, 배우자 등이 돌봄이 필

요한 가족을 돌볼 수 있는 경우

3. 조부모 또는 손자녀를 돌보기 위하여 가족돌봄휴직을 신청한 근로자 외에도 조부모의 직계비속 또는 손자녀의 직계존속이 있는 경우. 다만, 조부모의 직계비속 또는 손자녀의 직계존속에게 질병, 노령, 장애 또는 미성년 등의 사유가 있어 신청한 근로자가 돌봐야 하는 경우는 제외한다.
4. 사업주가 직업안정기관에 구인신청을 하고 14일 이상 대체인력을 채용하기 위하여 노력하였으나 대체인력을 채용하지 못한 경우. 다만, 직업안정기관의 장의 직업소개에도 불구하고 정당한 이유 없이 2회 이상 채용을 거부한 경우는 제외한다.
5. 근로자의 가족돌봄휴직으로 인하여 정상적인 사업 운영에 중대한 지장이 초래되는 경우로서 사업주가 이를 증명하는 경우

행정해석

가족돌봄휴직 요건

남녀고용평등과 일·가정 양립 지원에 관한 법률 제22조의2는 "사업주는 가족의 질병, 사고, 노령으로 인하여 그 가족을 돌보기 위한 휴직을 신청하는 경우 이를 허용하여야 한다"고 규정하고 있습니다. 이때 질병, 사고, 노령의 구체적인 기준은 정해진 것이 없고, 질병, 사고, 노령의 사유로 "돌봄이 필요한 지" 여부에 따라 휴직 가능 여부가 결정되니 업무에 참고하시기 바랍니다.

여성고용정책과-2678, 2014.7.25.

행정해석

돌봄이 필요한 가족의 부모, 자녀, 배우자 등의 돌봄이 필요한 가족을 돌볼 수 있는 경우의 기준

"가족돌봄휴직을 신청한 근로자 외에 돌봄이 필요한 가족의 부모, 자녀, 배우자 등이 돌봄이 필요한 가족을 돌볼 수 있는 경우"란 돌봄이 필요한 사람의 부모, 자녀, 배우자가 존재하는 것으로 충분하지 않고, 그 부모, 자녀, 배우자가 돌봄이 필요한 사람을 돌볼 수 있는 상태여야 함. 따라서, 근로자가 어머니를 돌보기 위해 가족돌봄휴직을 신청하였으나, 신청인에게 아버지가 있는 경우라도 그 아버지가

고령, 질병 등의 사유로 어머니를 돌볼 수 있는 상태가 아니라는 의학적 진단이 있다면, "돌봄이 필요한 가족을 돌볼 수 있는 경우"로 볼 수 없음.

여성고용정책과-1098, 2018.3.13.

4) 근로감독 시 자주 발생하는 위반 사례 및 해결 방안

case

☑ **위반 사례**

○○자동차는 근로자 ○○○씨가 부모님의 병간호를 위해 가족돌봄휴직을 신청하였으나 정당한 이유 없이 가족돌봄휴직을 허용하지 않음 → 가족돌봄휴직 부여 위반

☑ **해결 방안**

부모님은 직계존속으로 가족의 범위에 포함되며 병간호 등 가족돌봄휴직 요건을 충족하는 경우 가족돌봄휴직을 허용하여야 함

5) 근로감독 대비 실무 적용점

- 가족돌봄휴직 사유(질병, 사고, 노령)에 대한 구체적인 판단 기준이 없으므로 인사노무 관리 상 청구절차 및 필요 서류 등을 법정 테두리 내에서 구체적으로 준비하여 둔다.
- 취업규칙에 해당 내용을 반영하여 둔다.
- 가족돌봄휴직 신청과 부여 등과 관련한 자료를 별도로 정리하여 둔다.

12. 가족돌봄휴가(남녀고용평등법 제22조의2)

1) 체크리스트

구분	점검 내용	점검 결과	근로감독 결과 위반 시 조치 기준
가족돌봄휴가 부여 여부	• 근로자가 가족돌봄을 이유로 휴가를 신청하는 경우 이를 허용하는지 여부 〈남녀고용평등법 제22조의2 제2항〉 ※ 위반 시 500만원 이하의 과태료	① 근로자가 가족돌봄을 이유로 휴가를 신청한 경우 이를 허용함	최근 법 개정으로 위반 시 조치기준은 없으나 근로감독관집무규정 개정 시 조치기준이 마련될 것으로 예상됨
		② 근로자가 가족돌봄을 이유로 휴가를 신청한 경우 이를 허용하지 아니함	
가족돌봄휴가 이유 해고등 불이익 처우	• 사업주가 가족돌봄휴가를 이유로 해고나 그 밖의 불리한 처우를 하였는지 여부 〈남녀고용평등법 제22조의2 제5항〉 ※ 위반 시 3년 이하의 징역 또는 3천만원이 이하의 벌금	① 가족돌봄휴가를 이유로 해고나 그 밖의 불리한 처우를 하지 않음	• 해고시 범죄인지 • 그 밖에 불리한 처우시 시정기간 14일 이내 (미시정시 범죄인지)
		② 가족돌봄휴가를 이유로 해고나 그 밖의 불리한 처우를 함	

2) 체크포인트

사업주는 남녀고용평등법 제22조의2 제2항에 따라 근로자가 조부모, 부모, 배우자, 배우자의 부모, 자녀 또는 손자녀(이하 “가족”)의 질병, 사고, 노령, 자녀의 양육으로 인하여 그 가족을 돌봄 위한 가족돌봄휴휴가를 신청하는 경우 이를 허용하여야 한다. 또한 가족돌봄휴가 기간은 무급이며, 1년 최장 10일까지 1일 단위로 분할 사용할 수 있다. 그리고 가족돌봄휴가를 사용한 기간은 가족돌봄휴직을 사용할 수 있는 기간에서 차감하게 된다.

또한 사업주는 가족돌봄휴가를 이유로 근로자를 해고하거나 근로조건을 악화시키는 등 불리한 처우를 하여서는 아니된다.

특이사항은 가족돌봄휴직의 경우 가족의 질병, 사고, 노령의 3가지 사유에 해당하는 경우 신청이 가능하지만, 가족돌봄휴가의 경우 가족의 질병, 사고, 노령 외에 자녀양육을 위한 사유가 추가되어 4가지 사유로 그 신청사유의 범위가 가족돌봄휴직보다 넓다는 점도 인지하여 법 위반 문제가 발생하지 않도록 하여야 한다.

3) 관련법령/행정해석/판례

관계법령

[남녀고용평등과 일·가정 양립 지원에 관한 법률]

제22조의2(근로자의 가족 돌봄 등을 위한 지원) ② 사업주는 근로자가 가족(조부모 또는 손자녀의 경우 근로자 본인 외에도 직계비속 또는 직계존속이 있는 등 대통령령으로 정하는 경우는 제외한다)의 질병, 사고, 노령 또는 자녀의 양육으로 인하여 긴급하게 그 가족을 돌보기 위한 휴가(이하 "가족돌봄휴가"라 한다)를 신청하는 경우 이를 허용하여야 한다. 다만, 근로자가 청구한 시기에 가족돌봄휴가를 주는 것이 정상적인 사업 운영에 중대한 지장을 초래하는 경우에는 근로자와 협의하여 그 시기를 변경할 수 있다.〈신설 2019.8.27.〉

④ 가족돌봄휴직 및 가족돌봄휴가의 사용기간과 분할횟수 등은 다음 각 호에 따른다.〈신설 2020.9.8.〉

1. 가족돌봄휴직 기간은 연간 최장 90일로 하며, 이를 나누어 사용할 수 있을 것. 이 경우 나누어 사용하는 1회의 기간은 30일 이상이 되어야 한다.
2. 가족돌봄휴가 기간은 연간 최장 10일[제3호에 따라 가족돌봄휴가 기간이 연장되는 경우 20일(「한부모가족지원법」 제4조제1호의 모 또는 부에 해당하는 근로자의 경우 25일) 이내]로 하며, 일단위로 사용할 수 있을 것. 다만, 가족돌봄휴가 기간은 가족돌봄휴직 기간에 포함된다.
3. 고용노동부장관은 감염병의 확산 등을 원인으로 「재난 및 안전관리 기본법」 제38조에 따른 심각단계의 위기경보가 발령되거나, 이에 준하는 대규모 재난이 발생한 경우로서 근로자에게 가족을 돌보기 위한 특별한 조치가 필요하다고 인정되는 경우 「고용정책 기본법」 제10조에 따른 고용정책심의회의 심의를 거쳐 가족돌봄휴가 기간을 연간 10일(「한부모가족지원법」 제4조제1호에 따른 모 또는 부에 해당하는 근로자의 경우 15일)의 범위에서 연장할 수 있을

것. 이 경우 고용노동부장관은 지체 없이 기간 및 사유 등을 고시하여야 한다.

⑤ 제4항제3호에 따라 연장된 가족돌봄휴가는 다음 각 호의 어느 하나에 해당하는 경우에만 사용할 수 있다.〈신설 2020. 9. 8.〉

1. 감염병 확산을 사유로 「재난 및 안전관리 기본법」 제38조에 따른 심각단계의 위기경보가 발령된 경우로서 가족이 위기경보가 발령된 원인이 되는 감염병의 「감염병의 예방 및 관리에 관한 법률」 제2조제13호부터 제15호까지의 감염병환자, 감염병의사환자, 병원체보유자인 경우 또는 같은 법 제2조제15호의2의 감염병의심자 중 유증상자 등으로 분류되어 돌봄이 필요한 경우
2. 자녀가 소속된 「초ㆍ중등교육법」 제2조의 학교, 「유아교육법」 제2조제2호의 유치원 또는 「영유아보육법」 제2조제3호의 어린이집(이하 이 조에서 "학교등"이라 한다)에 대한 「초ㆍ중등교육법」 제64조에 따른 휴업명령 또는 휴교처분, 「유아교육법」 제31조에 따른 휴업 또는 휴원 명령이나 「영유아보육법」 제43조의2에 따른 휴원명령으로 자녀의 돌봄이 필요한 경우
3. 자녀가 제1호에 따른 감염병으로 인하여 「감염병의 예방 및 관리에 관한 법률」 제42조제2항제1호에 따른 자가(自家) 격리 대상이 되거나 학교등에서 등교 또는 등원 중지 조치를 받아 돌봄이 필요한 경우
4. 그 밖에 근로자의 가족돌봄에 관하여 고용노동부장관이 정하는 사유에 해당하는 경우

⑥ 사업주는 가족돌봄휴직 또는 가족돌봄휴가를 이유로 해당 근로자를 해고하거나 근로조건을 악화시키는 등 불리한 처우를 하여서는 아니 된다.〈신설 2020. 9.8.〉

⑦ 가족돌봄휴직 및 가족돌봄휴가 기간은 근속기간에 포함한다. 다만, 「근로기준법」 제2조제1항제6호에 따른 평균임금 산정기간에서는 제외한다.〈신설 2020. 9.8.〉

⑧ 사업주는 소속 근로자가 건전하게 직장과 가정을 유지하는 데에 도움이 될 수 있도록 필요한 심리상담 서비스를 제공하도록 노력하여야 한다.〈개정 2020.9.8.〉

⑨ 고용노동부장관은 사업주가 제1항 또는 제2항에 따른 조치를 하는 경우에는 고용 효과 등을 고려하여 필요한 지원을 할 수 있다.〈개정 2020.9.8.〉

⑩ 가족돌봄휴직 및 가족돌봄휴가의 신청방법 및 절차 등에 관하여 필요한 사항은 대통령령으로 정한다.〈신설 2020.9.8.〉

[남녀고용평등과 일·가정 양립 지원에 관한 법률 시행령]

제16조의3(가족돌봄휴직 및 가족돌봄휴가의 허용 예외) ② 법 제22조의2제2항 본문에서 "조부모 또는 손자녀의 경우 근로자 본인 외에도 직계비속 또는 직계존속이 있는 등 대통령령으로 정하는 경우"란 조부모 또는 손자녀를 돌보기 위하여 가족돌봄휴가를 신청한 근로자 외에도 조부모의 직계비속 또는 손자녀의 직계존속이 있는 경우를 말한다. 다만, 조부모의 직계비속 또는 손자녀의 직계존속에게 질병, 노령, 장애 또는 미성년 등의 사유가 있어 신청한 근로자가 돌봐야 하는 경우는 제외한다. 〈신설 2019. 12. 24.〉

4) 근로감독 시 자주 발생하는 위반 사례 및 해결 방안

case

☑ **위반 사례**

○○화학은 근로자 ○○○씨가 자녀의 입학식에 참가하기 위해 가족돌봄휴가를 신청하였으나 정당한 이유 없이 가족돌봄휴가를 허용하지 않음 → 가족돌봄휴가 부여 위반

☑ **해결 방안**

자녀 입학식은 자녀양육의 범위에 포함될 수 있으므로 가족돌봄휴가 요건을 충족한다고 보아야 하며 가족돌봄휴가를 허용하여야 함

5) 근로감독 대비 실무 적용점

- 가족돌봄휴가 사유(질병, 사고, 노령, 자녀양육)에 대한 구체적인 판단 기준이 없으므로 인사노무 관리 상 청구절차 및 필요 서류 등을 법정 테두리 내에서 구체적으로 준비하여 둔다.
- 취업규칙에 해당 내용을 반영하여 둔다.
- 가족돌봄휴가 신청과 부여 등과 관련한 자료를 별도로 정리하여 둔다.

13. 가족돌봄 등을 위한 근로시간 단축(남녀고용평등법 제22조의3)

1) 체크리스트

구분	점검 내용	점검 결과	근로감독 결과 위반 시 조치 기준
가족돌봄 등을 위한 근로시간 단축 허용 의무	• 근로자가 가족돌봄, 근로자 본인의 건강관리, 55세 이상 근로자의 은퇴준비, 근로자의 학업 등을 이유로 근로시간 단축을 청구하는 경우 이를 허용하는지 여부 〈남녀고용평등법 제22조의3 제1항〉 ※ 위반 시 벌칙 없음	① 근로자가 가족돌봄 등을 위한 근로시간 단축을 청구한 경우 이를 허용함 ② 근로자가 가족돌봄 등을 위한 근로시간 단축을 청구한 경우 이를 허용하지 아니함	최근 법 개정으로 위반 시 조치기준은 없으나, 근로감독관집무규정 개정 시 조치기준이 마련될 것으로 예상됨
가족돌봄 등을 위한 근로시간 단축과 해고등 불이익 처우	• 사업주가 가족돌봄 등을 위한 근로시간 단축을 이유로 해고나 그 밖의 불리한 처우를 하는지 여부 〈남녀고용평등법 제22조의3 제5항〉 ※ 위반 시 3년 이하의 징역 또는 3천만원 이하의 벌금	① 가족돌봄 등을 위한 근로시간 단축을 이유로 해고나 그 밖의 불리한 처우를 하지 않음 ② 가족돌봄 등을 위한 근로시간단축을 이유로 해고나 그 밖의 불리한 처우를 함	최근 법 개정으로 위반 시 조치기준은 없으나, 근로감독관집무규정 개정 시 조치기준이 마련될 것으로 예상됨
가족돌봄 등을 위한 근로시간 단축 종료후 직무 복귀	• 가족돌봄 등을 위한 근로시간단축을 마친 근로자를 휴직 전과 같은 업무 또는 같은 수준의 임금을 지급하는 직무에 복귀시키는지 여부 〈남녀고용평등법 제22조의3 제6항〉 ※ 위반 시 벌칙 없음	① 가족돌봄 등을 위한 근로시간단축을 마친 근로자를 휴직전과 같은 업무 또는 같은 수준의 임금을 지급하는 직무에 복귀시킴 ② 가족돌봄 등을 위한 근로시간단축을 마친 근로자를 휴직전과 다른 업무 또는 휴직 전 임금수준보다 낮은 임금을 지급하는 직무에 복귀시킴	최근 법 개정으로 위반 시 조치기준은 없으나, 근로감독관집무규정 개정 시 조치기준이 마련될 것으로 예상됨

가족돌봄 등을 위한 근로시간 단축 이유 근로조건 불이익 적용	• 가족돌봄 등을 위한 근로시간단축을 하고 있는 근로자에 대하여 근로시간에 비례하여 적용하는 경우 외에 가족돌봄 등 근로시간단축을 이유로 근로조건을 불리하게 적용하는지 여부 〈남녀고용평등법 제22조의4 제1항〉 ※ 위반 시 3년 이하의 징역 또는 3천만원 이하의 벌금	① 가족돌봄 등을 위한 근로시간단축을 하고 있는 근로자에 대하여 근로조건을 근로시간에 비례하여 적용하며 불리하게 적용하지 않음 ② 가족돌봄 등을 위한 근로시간단축을 하고 있는 근로자에게 근로조건을 근로시간에 비례하여 적용하지 않고, 불리하게 적용함	최근 법 개정으로 위반 시 조치기준은 없으나, 근로감독관집무규정 개정 시 조치기준이 마련될 것으로 예상됨
가족돌봄 등을 위한 근로시간 단축시 근로조건 서면명시	• 가족돌봄 등을 위한 근로시간단축을 하고 있는 근로자의 근로조건을 서면으로 정하는지 여부 〈남녀고용평등법 제22조의4 제2항〉 ※ 위반 시 벌칙 없음	① 가족돌봄 등을 위한 근로시간단축을 하고 있는 근로자의 근로조건을 서면으로 정하여 근로계약을 다시 체결함 ② 가족돌봄 등을 위한 근로시간단축을 하고 있는 근로자의 근로조건을 별도로 서면으로 정하지 않음	최근 법 개정으로 위반 시 조치기준은 없으나, 근로감독관집무규정 개정 시 조치기준이 마련될 것으로 예상됨
가족돌봄 등을 위한 근로시간 단축 연장근로 제한	• 가족돌봄 등을 위한 근로시간단축을 하고 있는 근로자에게 연장근로를 요구하는지 여부 〈남녀고용평등법 제22조의4 제3항〉 ※ 위반 시 1천만원 이하의 벌금	① 가족돌봄 등을 위한 근로시간단축을 하고 있는 근로자에게 연장근로를 요구하지 아니함 ② 가족돌봄 등을 위한 근로시간단축을 하고 있는 근로자에게 연장근로를 요구함	최근 법 개정으로 위반 시 조치기준은 없으나, 근로감독관집무규정 개정 시 조치기준이 마련될 것으로 예상됨

2) 체크포인트

사업주는 남녀고용평등법 제22조의3과 제22조의4에 따라 근로자가 가족의 질병, 사고, 노령으로 인하여 그 가족을 돌보기 위한 경우, 근로자 자신의 질병이나 사고로 인한 부상 등의 사유로 자신의 건강을 돌보기 위한 경우, 55세 이상의 근로자가 은퇴를 준비하기 위한 경우, 근로자의 학업을 위한 경우 이를 허용하여한다. 가족돌봄 등을 위한 근로시간단축 근로자에 대하여는 근로조건을 서면으로 명시하여야 하며, 연장근로를 요구할 수 없다.

사업주가 여하한 사유로 근로자가 가족돌봄 등을 위한 근로시간단축을 신청하였으나 허용하지 아니하는 경우에는 이를 서면으로 통지하고 해당 근로자와 협의하여야 한다. 또한 가족돌봄 등을 위한 근로시간단축 시 근로시간에 비례하여 근로조건을 조정할 수 있으나 이러한 이유 외 가족돌봄 등을 위한 근로시간단축을 이유로 불리한 근로조건을 적용하여서는 아니된다.

무엇보다 가족돌봄 등을 위한 근로시간단축을 이유로 근로자에게 해고 등 불리한 처우를 하여서는 아니되며, 가족돌봄 등을 위한 근로시간 단축을 마친 후 해당 근로자를 가족돌봄 등을 위한 근로시간 단축 전과 같은 업무 또는 같은 임금을 지급하는 직무에 복귀시켜야 한다.

가족돌봄 등을 위한 근로시간단축제도의 경우 2020년 1월 1일부터 상시 근로자 300인 이상 사업장 및 공공기관에서 시행되는 등 회사의 인원규모에 따라 단계적으로 시행되는 만큼 취업규칙 개정 등 반영을 통한 제도 시행 등에 혼선이 없도록 조치하여야 할 것이다.

3) 관련법령/행정해석/판례

관계법령

[남녀고용평등과 일·가정 양립 지원에 관한 법률]

제22조의3(가족돌봄 등을 위한 근로시간 단축) ① 사업주는 근로자가 다음 각 호의 어느 하나에 해당하는 사유로 근로시간의 단축을 신청하는 경우에 이를 허용하여야 한다. 다만, 대체인력 채용이 불가능한 경우, 정상적인 사업 운영에 중대한 지장을 초래하는 경우 등 대통령령으로 정하는 경우에는 그러하지 아니하다.

1. 근로자가 가족의 질병, 사고, 노령으로 인하여 그 가족을 돌보기 위한 경우
2. 근로자 자신의 질병이나 사고로 인한 부상 등의 사유로 자신의 건강을 돌보기 위한 경우
3. 55세 이상의 근로자가 은퇴를 준비하기 위한 경우
4. 근로자의 학업을 위한 경우

② 제1항 단서에 따라 사업주가 근로시간 단축을 허용하지 아니하는 경우에는 해당 근로자에게 그 사유를 서면으로 통보하고 휴직을 사용하게 하거나 그 밖의 조치를 통하여 지원할 수 있는지를 해당 근로자와 협의하여야 한다.

③ 사업주가 제1항에 따라 해당 근로자에게 근로시간 단축을 허용하는 경우 단축 후 근로시간은 주당 15시간 이상이어야 하고 30시간을 넘어서는 아니 된다.

④ 근로시간 단축의 기간은 1년 이내로 한다. 다만, 제1항제1호부터 제3호까지의 어느 하나에 해당하는 근로자는 합리적 이유가 있는 경우에 추가로 2년의 범위 안에서 근로시간 단축의 기간을 연장할 수 있다.

⑤ 사업주는 근로시간 단축을 이유로 해당 근로자에게 해고나 그 밖의 불리한 처우를 하여서는 아니 된다.

⑥ 사업주는 근로자의 근로시간 단축기간이 끝난 후에 그 근로자를 근로시간 단축 전과 같은 업무 또는 같은 수준의 임금을 지급하는 직무에 복귀시켜야 한다.

⑦ 근로시간 단축의 신청방법 및 절차 등에 필요한 사항은 대통령령으로 정한다.

제22조의4(가족돌봄 등을 위한 근로시간 단축 중 근로조건 등) ① 사업주는 제22조의3에 따라 근로시간 단축을 하고 있는 근로자에게 근로시간에 비례하여 적용하는 경우 외에는 가족돌봄 등을 위한 근로시간 단축을 이유로 그 근로조건을 불리하게 하여서는 아니 된다.

② 제22조의3에 따라 근로시간 단축을 한 근로자의 근로조건(근로시간 단축 후 근로시간을 포함한다)은 사업주와 그 근로자 간에 서면으로 정한다.

③ 사업주는 제22조의3에 따라 근로시간 단축을 하고 있는 근로자에게 단축된 근로시간 외에 연장근로를 요구할 수 없다. 다만, 그 근로자가 명시적으로 청구하는 경우에는 사업주는 주 12시간 이내에서 연장근로를 시킬 수 있다.
④ 근로시간 단축을 한 근로자에 대하여 「근로기준법」 제2조제6호에 따른 평균임금을 산정하는 경우에는 그 근로자의 근로시간 단축 기간을 평균임금 산정기간에서 제외한다.

4) 근로감독 시 자주 발생하는 위반 사례 및 해결 방안

case 01

☑ **위반 사례**

○○철강 근로자 ○○○씨는 대학원 진학에 따라 근로시간 단축(주 40시간 → 주 20시간)을 신청함. ○○철강은 근로자의 신청에 따라 가족돌봄 등을 위한 근로시간 단축을 허용함. 그러나 근로시간 단축과 관련하여 별도의 근로계약서를 작성하지 아니함 → 가족돌봄 등을 위한 근로시간 단축 시 근로조건 서면 작성 의무 위반

☑ **해결 방안**

가족돌봄 등을 위한 근로시간 단축 시 단축 후 근로조건을 서면으로 작성하여야 함

case 02

☑ **위반 사례**

○○실업은 ○○○씨에 대하여 가족돌봄 등을 위한 근로시간 단축을 시행함. (주 40시간 → 주 30시간) 근로시간 단축기간 중 업무량 과다로 인하여 근로자의 동의하에 연장근로(1주 3시간)를 시행함. 이 경우 별도의 연장근로신청서는 받지 않음 → 가족돌봄 등을 위한 근로시간 단축 시 연장근로 제한 위반

☑ **해결 방안**

가족돌봄 등을 위한 근로시간 단축기간에는 근로자의 명시적 청구에 의해서만 연장근로를 시행할 수 있음. 따라서 가족돌봄 등을 위한 근로시간 단축 근로자의 경우 연장근로신청서를 사전에 받고 연장근로를 실시하여야 함

5) 근로감독 대비 실무 적용점

- 가족돌봄 등을 위한 근로시간 단축을 허용하지 아니하는 경우 그 사유에 대한 명확한 근거를 남겨두어야 한다.
- 가족돌봄 등을 위한 근로시간 단축을 이유로 근로자를 해고하거나 근로조건 등 불리한 처우를 하여서는 아니된다.(물론 근로시간 단축에 따른 근로조건의 비례적 적용은 무방함.) .
- 가족돌봄 등을 위한 근로시간 단축 시행 시 반드시 근로계약서를 작성하고 교부하여야 한다.
- 가족돌봄 등을 위한 근로시간 단축을 실시한 근로자의 명시적인 청구로 연장근로를 실시하는 경우 근거자료(Ex.연장근로신청서 등)을 남겨두어야 한다.

제8장

취업규칙 및 퇴직 관련 체크포인트

1. 취업규칙 작성 및 신고 등
2. 직장 내 괴롭힘 금지
3. 퇴직급여제도 설정
4. 퇴직금 지급
5. 퇴직연금제도
6. 퇴직연금제도 교육 등
7. 해고

제8장 취업규칙 및 퇴직 관련 체크포인트

1. 취업규칙 작성 및 신고(근로기준법 제93조, 제94조)
2. 직장 내 괴롭힘 금지(근로기준법 제93조, 제76조의3)
3. 퇴직급여제도 설정(근로자퇴직급여 보장법 제4조)
4. 퇴직금 지급(근로자퇴직급여 보장법 제8조, 제9조)
5. 퇴직연금제도(근로자퇴직급여 보장법 제13조, 제17조, 제32조)
6. 퇴직연금제도 교육 등(근로자퇴직급여 보장법 제32조, 제35조)
7. 해고(근로기준법 제23조 등)

취업규칙은 근로감독 준비가 어려운 부분은 아니지만 준비가 소홀하여 적발되는 경우가 종종 발생한다. 취업규칙은 고용노동부에 신고되었는지 여부, 개정법을 반영하였는지 여부 등이 핵심적인 점검사항이다. 따라서 근로감독 공문 접수 후에도 충분히 준비가 가능한 영역이다.

또한 퇴직관련 사항은 퇴직금 등 퇴직급여 지급과 해고관련 사항이 주요이슈이다. 퇴직금의 경우 퇴직 후 14일 이내에 지급하였는지 여부는 근로감독 시 반드시 점검하는 사항이다. 해고가 발생한 사업장의 경우 해고관련 서류를 철저히 준비하는 것이 필요하다. 이번 장에서는 취업규칙, 퇴직급여, 해고관련 사항에 대한 세부내용을 살펴보도록 한다.

1. 취업규칙 작성 및 신고 등(근로기준법 제93조, 제94조)

1) 체크리스트

구분	점검 내용	점검 결과	근로감독 결과 위반 시 조치 기준
취업규칙 작성 및 신고 여부	• 상시 근로자수 10인 이상 사업 또는 사업장에서 취업규칙을 작성하여 신고하였는지 여부 〈근로기준법 제93조〉 ※ 위반 시 500만원 이하의 과태료	① 취업규칙을 작성하여 신고하였음	시정기한 25일 이내 (미시정시 과태료)
		② 취업규칙을 작성하였으나, 신고하지 아니하였음	
		③ 취업규칙을 작성하지 아니하였음.	
취업규칙 작성 및 변경 절차 준수 여부	• 사용자가 취업규칙의 작성 또는 변경 시 근로자 과반수의 의견을 청취하거나 불이익 변경 시 근로자 과반수의 동의를 받는지 여부 〈근로기준법 제94조〉 ※ 위반 시 500만원 이하의 벌금	① 취업규칙 작성 또는 변경 시 근로자 과반수의 의견 청취(또는 불이익 변경 시 동의)절차를 준수함	시정기한 25일 이내 (미시정시 범죄인지)
		② 취업규칙 작성 또는 변경 시 근로자 과반수의 의견 청취(또는 불이익 변경 시 동의)절차를 준수하지 아니함	

취업 규칙의 법령 및 단체 협약 준수 여부	• 취업규칙이 법령이나 사업 또는 사업장에 대하여 적용되는 단체협약과 어긋나는지 여부 〈근로기준법 제96조〉 ※ 고용노동부장관이 법령이나 단체협약에 어긋나는 취업규칙의 변경을 명하였으나, 이 명령을 위반한 자는 500만원 이하의 벌금	① 취업규칙 내용이 법령이나 단체협약에 어긋나지 않음	• 근로기준법 시행규칙 제20호 서식에 따라 25일 이내에 시정하도록 변경명령 – 변경 신고한 취업규칙은 재심사하고, 다시 변경명령 사유에 해당하는 경우(변경 신고한 취업규칙이 법령, 단체협약에 어긋나거나 또는 변경신고를 하지 아니한 경우)에는 15일 이내에 시정하도록 재변경 – 재변경명령에도 불구하고 시정되지 아니한 경우(재변경한 취업규칙이 법령, 단체협약에 어긋나거나 또는 재변경신고를 하지 아니한 경우)에는 10일 이내에 보고하도록 제7호 서식의 보고요구서에 따라 보고를 촉구하고, 이에 응하지 아니한 경우(보고한 취업규칙이 법령, 단체협약에 어긋나거나 또는 보고를 하지 아니한 경우에는 수사에 착수
		② 취업규칙 내용이 법령이나 단체협약에 어긋남	

2) 체크포인트

취업규칙에 대한 시정명령은 근로감독 시 매우 자주 나타나며, 상당히 체계적으로 규정관리를 하는 회사에서도 지적사항이 몇 가지는 꼭 나오는 부분이라고 볼 수 있다. 주로 법 개정 사항이 반영되지 않거나 필수 기재사항이 누락되거나, 규정의 내용 자체가 법을 위반하는 내용이거나, 회사의 인사노무운영 현상과 법 내용이 일치하지 않는 경우(특히 취업규칙상 조건이 실제보다 더 유리한 경우)등이 일반적이다. 2019년 개정되어 필수 기재사항으로 추가된 '직장 내 괴롭힘의 예방 및 발생 시 조치 등에 관한 사항'은 근로감독 시 중점 체크사항이므로 누락되지 않도록 해야 한다. 근로기준법 제76조의2 '직장 내 괴롭힘 금지'와 제76조의3 '직장 내 괴롭힘 금지 발생 시 조치' 규정을 잘 준수하는 것도 중요하다.

사용자는 근로기준법 제93조 따라 상시 10명 이상의 근로자를 사용하는 경우 취업규칙을 작성하여 고용노동부에 신고하여야 한다.(변경 시에도 고용노동부에 신고하여야 함.)

다만, 동법 제94조에 따르면 취업규칙의 작성 또는 변경에 관하여 해당 사업 또는 사업장에 근로자의 과반수로 조직된 노동조합이 있는 경우에는 그 노동조합, 근로자 과반수로 조직된 노동조합의 없는 경우에는 근로자의 과반수의 의견을 들어야하며, 취업규칙을 근로자에게 불리하게 변경하는 경우에는 근로자 과반수의 동의를 받아야 한다. 또한 사업주가 취업규칙을 고용노동부에 신고할 때에는 과반수 의견청취 또는 과반수 동의를 적은 서면을 첨부하여야 한다. 최근에는 근로자에게 불리하게 변경되는 제도 개편 등이 발생하는 경우가 자주 발생하고 있으므로 법률 준수가 이루어지도록 유념하여야 할 것이다.

마지막으로 취업규칙은 법령이나 해당 사업 또는 사업장에 대하여 적용되는 단체협약과 어긋나서는 안 되는 바, 고용노동부장관은 취업규칙이 법령이나 단체협약에 어긋나는 경우 취업규칙의 변경을 명령할 수 있다.

[참고] 취업규칙 작성 및 신고 등 절차

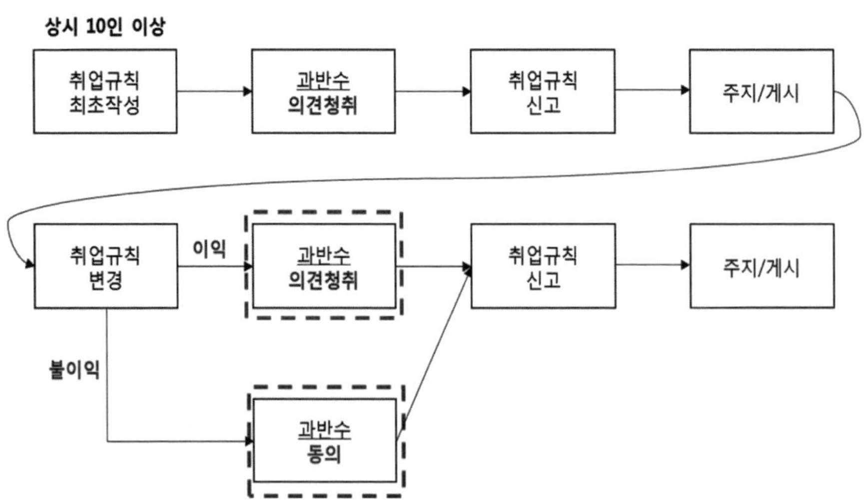

3) 관련법령/행정해석/판례

관계법령

[근로기준법]

제93조(취업규칙의 작성 · 신고) 상시 10명 이상의 근로자를 사용하는 사용자는 다음 각 호의 사항에 관한 취업규칙을 작성하여 고용노동부장관에게 신고하여야 한다. 이를 변경하는 경우에도 또한 같다.

1. 업무의 시작과 종료 시각, 휴게시간, 휴일, 휴가 및 교대 근로에 관한 사항
2. 임금의 결정 · 계산 · 지급 방법, 임금의 산정기간 · 지급시기 및 승급(昇給)에 관한 사항
3. 가족수당의 계산 · 지급 방법에 관한 사항
4. 퇴직에 관한 사항
5. 「근로자퇴직급여 보장법」 제4조에 따라 설정된 퇴직급여, 상여 및 최저임금에 관한 사항
6. 근로자의 식비, 작업 용품 등의 부담에 관한 사항
7. 근로자를 위한 교육시설에 관한 사항
8. 출산전후휴가 · 육아휴직 등 근로자의 모성 보호 및 일 · 가정 양립 지원에 관한 사항
9. 안전과 보건에 관한 사항

9의2. 근로자의 성별 · 연령 또는 신체적 조건 등의 특성에 따른 사업장 환경의 개선에 관한 사항

10. 업무상과 업무 외의 재해부조(災害扶助)에 관한 사항
11. 직장 내 괴롭힘의 예방 및 발생 시 조치 등에 관한 사항
12. 표창과 제재에 관한 사항
13. 그 밖에 해당 사업 또는 사업장의 근로자 전체에 적용될 사항

제94조(규칙의 작성, 변경 절차) ① 사용자는 취업규칙의 작성 또는 변경에 관하여 해당 사업 또는 사업장에 근로자의 과반수로 조직된 노동조합이 있는 경우에는 그 노동조합, 근로자의 과반수로 조직된 노동조합이 없는 경우에는 근로자의 과반수의 의견을 들어야 한다. 다만, 취업규칙을 근로자에게 불리하게 변경하는 경우에는 그 동의를 받아야 한다.

② 사용자는 제93조에 따라 취업규칙을 신고할 때에는 제1항의 의견을 적은 서면을 첨부하여야 한다.

제96조(단체협약의 준수) ① 취업규칙은 법령이나 해당 사업 또는 사업장에 대하여 적용되는 단체협약과 어긋나서는 아니 된다.

② 고용노동부장관은 법령이나 단체협약에 어긋나는 취업규칙의 변경을 명할 수 있다.

행정해석

기업의 인사(승진, 평가, 시험) 등에 속하는 사항의 취업규칙 포함여부

취업규칙이란 명칭과 형식에 관계없이 근로자에 대한 근로조건과 복무규율에 관한 기준을 집단적이고 통일적으로 적용하기 위해 사용자가 일방적으로 제정한 것으로, 기업의 인사(승진, 평가, 시험)·경영권(정원, 직제개편 등)에 속하는 사항은 근로자의 근로조건, 복무규율 등을 직접적으로 규정하는 취업규칙에 포함되는 사항은 아니라고 할 것입니다.

근로개선정책과-314, 2015.2.12.

행정해석

10명 미만 사업장 취업규칙의 효력 등 관련 행정해석 변경

상시 10인 미만의 근로자를 사용하는 사업장에서 임의로 작성·운영하는 취업규칙의 효력 등에 대한 행정해석을 다음과 같이 변경하니 업무에 참고하시기 바람.

[종전 행정해석]

1) "6명의 근로자를 사용하고 있는 경우 …취업규칙을 작성하고 동 취업규칙으로 근로조건의 전부 또는 일부를 규율하고 있다면 근로조건의 저하를 초래하는 취업규칙의 불이익변경을 위해서는 근로자의 동의를 얻어야 하는 바…"(근기 68207-1980, 2001.6.19.)

2) "상시 10인 미만의 사용자는 취업규칙의 작성·신고의무가 없으나 실제로 취업규칙을 통하여 근로조건의 전부 또는 일부를 규율하고 있고, 그와 같이 취업규칙을 통해 근로조건을 정하는데 대하여 노사당사자가 합의하였다면 그 취업규칙의 내용은 근로계약의 내용으로 되며, … 불이익변경시 근로자과반수의 동의를 얻은 경우 당해 사업장의 전체 근로자에게 효력이 있는 것임"(근기 68207-

1495, 2003.11.8.)

[변경 후 해석]

상시 10인 미만의 근로자를 사용하는 사용자는 취업규칙의 작성. 신고의무가 없으나 실제로 취업규칙을 통하여 근로조건의 전부 또는 일부를 규율하고 있다면, 근로조건의 저하를 초래하는 취업규칙의 불이익변경 시 舊 근로기준법 제97조(現 근로기준법 제94조)의 규정에 의한 근로자의 동의를 얻어야 효력이 있는 것임. 다만, 상시 4인 이하의 근로자를 사용하는 사업(장)은 동법 제9장의 취업규칙에 관한 규정이 적용되지 않으므로 사용자가 임의로 취업규칙을 작성. 운영하더라도 동법 舊 제100조(現 근로기준법 제97조)의 효력을 인정하기 어렵다고 사료됨.

근로기준팀-2046, 2005.12.28.

행정해석

관행화된 근로조건 변경의 경우 취업규칙 변경절차를 거쳐야 하는지 여부

귀 질의상 급여규정 제24조에서 “상여금은 별도의 지침에 따른다”고 규정하였으나, 별도의 지침을 규정함이 없이 그동안 상여금 지급률을 500%씩 관행적으로 지급하였다면 동 관행은 근로조건화 되었다고 볼 수 있음. 관행으로 근로조건화된 상여금 지급률 등 근로조건을 변경하고자 하는 경우에는 취업규칙의 변경절차를 거쳐야 됨. 따라서 급여규정 변경은 물론 별도지침의 제정 또는 변경 등으로 상여금 지급률 등 주요 근로조건이 변경된다면 이는 취업규칙의 변경으로써 근로자에게 유·불리 여부를 판단하여 근로자집단의 의견을 청취하거나 동의를 얻어야 한다고 사료됨.

근기 68207-1873, 2000.6.20.

행정해석

취업규칙 변경 시 노동조합 또는 근로자가 의견청취를 거부하는 경우

취업규칙의 작성 또는 변경에 관하여 당해 사업장 근로자의 과반수로 조직된 노동조합이 있는 경우에는 그 노동조합, 그렇지 않은 경우에는 근로자 과반수의 의견을 들어야 하는 바, 이때 의견을 듣는 것은 동의를 의미하는 것이 아니며 의견에 구속을 받는 것도 아님. 따라서 노동조합 또는 근로자가 의견서의 작성 또는 서명을 거부할 경우에는 그러한 사유를 취업규칙 신고시 같이 제출하면 의견청취 의무 위반의 책임을 물을 수 없을 것임. 다만 취업규칙을 근로자에게 불이익하게 변경하는 경우에는 그 동의를 얻어야 할 것임.

근기 01254-9222, 1991.6.27.

판례

취업규칙 불이익 변경 시 이사회 결의와 근로자대표의 동의를 얻은 경우

노동조합이 설립되어 있지 않고 사업장이 전국에 17개나 산재하여 있으며 근로자의 수도 약 2,200명이나 되었기 때문에 보수규정을 불이익하게 변경하면서 집단적 의사결정방법에 의한 동의 대신에 이사회의 결의와 근로자 대표의 동의를 얻은 경우 취업규칙의 불이익변경에 대한 근로자측의 동의를 얻은 것으로 볼 수 없다.

대법원 1994.4.12. 선고, 92다20309 판결

4) 근로감독 시 자주 발생하는 위반 사례 및 해결 방안

case 01

☑ **위반 사례**

ㅇㅇ전기의 경우 취업규칙은 고용노동부에 신고되어 있으나, 최근 노동관계법령 변경 내용(모성보호 변경, 연차휴가 변경 등)내용을 취업규칙에 반영하지 하여 변경신고를 하지 않음 → 취업규칙의 노동관계법령 준수 위반

☑ **해결 방안**

노동관계법령 개정 시 해당 내용을 취업규칙에 반영하여 변경한 후 고용노동부에 신고하여야 함

case 02

☑ **위반 사례**

○○화학의 경우 취업규칙 조문이 근로기준법에 위반되는 사항이 다수 존재함 (지각 3회의 경우 1일 결근으로 처리함 등) → 취업규칙 노동관계법령 준수 위반

☑ **해결 방안**

취업규칙의 내용은 근로기준법을 준수하여야 함

5) 근로감독 대비 실무 적용점

- 상시 근로자 10인 이상 사업장의 경우 반드시 취업규칙을 작성하여 고용노동부 관할 지청에 신고하도록 한다.
- 취업규칙을 변경하는 경우 근로자 과반수의 의견청취 또는 불이익한 변경 시 근로자 과반수의 동의를 얻어야 한다.
- 취업규칙 변경 시 단순한 회람방식은 적절하지 아니하며, 회의 방식을 통하여 회사의 개입을 배제한 상태에서 자유롭게 의견을 개진할 수 있어야 한다. 필요 시 사진 자료 등을 근거로 남겨두는 것이 도움이 된다.
- 정기적으로 취업규칙을 점검하여 법 개정 내용을 반영할 수 있도록 하며, 노동관행 및 근로계약서와 충돌하는 조문은 없는지 검토하는 것이 요구된다.

2. 직장 내 괴롭힘 금지(근로기준법 제93조, 제76조의3)

1) 체크리스트

구분	점검 내용	점검 결과	근로감독 결과 위반 시 조치 기준
직장 내 괴롭힘 관련 사항 취업 규칙 반영 여부	• 「직장 내 괴롭힘의 예방 및 발생 시 조치 등에 관한 사항」을 반영하는지 여부 〈근로기준법 제93조〉 ※ 위반 시 500만원 이하의 벌금	① 「직장 내 괴롭힘의 예방 및 발생 시 조치 등에 관한 사항」을 취업규칙에 반영함 ② 「직장 내 괴롭힘의 예방 및 발생 시 조치 등에 관한 사항」을 취업규칙에 반영하지 않음	• 근로기준법 시행규칙 제20호 서식에 따라 25일 이내에 시정하도록 변경명령 - 변경 신고한 취업규칙은 재심사하고, 다시 변경명령 사유에 해당하는 경우(변경 신고한 취업규칙이 법령, 단체협약에 어긋나거나 또는 변경 신고를 하지 아니한 경우)에는 15일 이내에 시정하도록 재변경 - 재변경명령에도 불구하고 시정되지 아니한 경우(재변경한 취업규칙이 법령, 단체협약에 어긋나거나 또는 재변경신고를 하지 아니한 경우)에는 10일 이내에 보고하도록 제7호서식의 보고요구서에 따라 보고를 촉구하고, 이에 응하지 아니한 경우(보고한 취업규칙이 법령, 단체협약에 어긋나거나 또는 보고를 하지 아니한 경우에는 수사에 착수

직장 내 괴롭힘 발생 시 조사 의무	• 직장 내 괴롭힘 발생 사실을 인지한 경우 지체 없이 사실 확인을 위한 객관적 조사를 실시하는지 여부 〈근로기준법 제76조의3 제2항〉 ※ 처벌 규정 없음	① 직장 내 괴롭힘 발생 사실을 인지한 경우 지체 없이 사실 확인을 위한 객관적 조사를 실시함 ② 직장 내 괴롭힘 발생 사실을 인지한 경우 지체 없이 사실 확인을 위한 객관적 조사를 실시하지 않음	별도의 조치기준 없음
직장 내 괴롭힘 발생 시 적절한 조치 의무	• 직장 내 괴롭힘 발생 사실이 확인된 경우 피해근로자가 요청 시 근무장소의 변경 등 적절한 조치를 하는지 여부 〈근로기준법 제76조의3 제4항〉 ※ 처벌 규정 없음	① 직장 내 괴롭힘 피해근로자 요청 시 근무장소의 변경, 배치전환, 유급휴가 명령 등 적절한 조치를 함 ② 직장 내 괴롭힘 피해근로자 요청 시 근무장소의 변경, 배치전환, 유급휴가 명령 등 적절한 조치를 하지 않음	별도의 조치기준 없음
직장 내 괴롭힘 가해자 징계 등 조치 의무	• 직장 내 괴롭힘 발생 사실이 확인된 경우 행위자에 대하여 징계, 근무장소의 변경 등 필요한 조치를 하는지 여부 〈근로기준법 제76조의3 제5항〉 ※ 처벌 규정 없음	① 직장 내 괴롭힘 행위자에게 징계, 근무장소의 변경 등 필요한 조치를 함 ② 직장 내 괴롭힘 행위자에게 징계, 근무장소의 변경 등 필요한 조치를 하지 않음	별도의 조치기준 없음
직장 내 괴롭힘 신고 근로자 및 피해 근로자에 대한 불리한 처우 여부	• 직장 내 괴롭힘 발생 사실을 신고한 근로자 및 피해근로자등에게 해고 등 불리한 처우를 하는지 여부 〈근로기준법 제76조의3 제6항〉 ※ 위반 시 3년 이하의 징역 또는 3천만원 이하의 벌금	① 직장 내 괴롭힘 발생 사실을 신고한 근로자 및 피해근로자에게 해고 등 불리한 처우를 함 ② 직장 내 괴롭힘 발생 사실을 신고한 근로자 및 피해근로자에게 해고 등 불리한 처우를 하지 않음	시정기한 14일 이내 (미시정시 범죄인지)

2) 체크포인트

최근 직장 내 괴롭힘 금지 관련 사항이 근로기준법 개정을 통해서 시행되었다.(2019년 7월 16일 시행) 직장 내 괴롭힘 금지 관련 개정법은 직장 갑질, 태움문화 등이 사회적 문제로 확대되면서 올바른 근무환경 구축을 목적으로 제정되었다. 근로기준법 제76조의2에서는 직장 내 괴롭힘을 금지하도록 규정하였고 제76조의3에서는 직장 내 괴롭힘 발생 시 조치에 대해서 자세히 설명하고 있다. 또한 근로기준법 제93조 제11호를 통해 직장 내 괴롭힘의 예방 및 발생 시 조치 등에 관한 사항을 취업규칙에 필수적으로 기재하도록 하였다. 직장 내 괴롭힘 금지는 근로감독 대응 측면 뿐 아니라 건강한 조직문화의 구축의 관점에서 접근한다면 더욱 조직의 건강한 성장과 직원의 행복에 도움이 될 것으로 생각한다.

3) 관련법령/행정해석/판례

관계법령

[근로기준법]

제93조(취업규칙의 작성·신고) 상시 10명 이상의 근로자를 사용하는 사용자는 다음 각 호의 사항에 관한 취업규칙을 작성하여 고용노동부장관에게 신고하여야 한다. 이를 변경하는 경우에도 또한 같다.

1.~10. 생략

11. 직장 내 괴롭힘의 예방 및 발생 시 조치 등에 관한 사항

12.~13. 생략

제76조의2(직장 내 괴롭힘의 금지) 사용자 또는 근로자는 직장에서의 지위 또는 관계 등의 우위를 이용하여 업무상 적정범위를 넘어 다른 근로자에게 신체적·정신적 고통을 주거나 근무환경을 악화시키는 행위(이하 "직장 내 괴롭힘"이라 한다)를 하여서는 아니 된다.

제76조의3(직장 내 괴롭힘 발생 시 조치) ① 누구든지 직장 내 괴롭힘 발생 사실을 알게 된 경우 그 사실을 사용자에게 신고할 수 있다.

② 사용자는 제1항에 따른 신고를 접수하거나 직장 내 괴롭힘 발생 사실을 인지

한 경우에는 지체 없이 당사자 등을 대상으로 그 사실 확인을 위하여 객관적으로 조사를 실시하여야 한다.〈개정 2021.4.13.〉

③ 사용자는 제2항에 따른 조사 기간 동안 직장 내 괴롭힘과 관련하여 피해를 입은 근로자 또는 피해를 입었다고 주장하는 근로자(이하 "피해근로자등"이라 한다)를 보호하기 위하여 필요한 경우 해당 피해근로자등에 대하여 근무장소의 변경, 유급휴가 명령 등 적절한 조치를 하여야 한다. 이 경우 사용자는 피해근로자등의 의사에 반하는 조치를 하여서는 아니 된다.

④ 사용자는 제2항에 따른 조사 결과 직장 내 괴롭힘 발생 사실이 확인된 때에는 피해근로자가 요청하면 근무장소의 변경, 배치전환, 유급휴가 명령 등 적절한 조치를 하여야 한다.

⑤ 사용자는 제2항에 따른 조사 결과 직장 내 괴롭힘 발생 사실이 확인된 때에는 지체 없이 행위자에 대하여 징계, 근무장소의 변경 등 필요한 조치를 하여야 한다. 이 경우 사용자는 징계 등의 조치를 하기 전에 그 조치에 대하여 피해근로자의 의견을 들어야 한다.

⑥ 사용자는 직장 내 괴롭힘 발생 사실을 신고한 근로자 및 피해근로자등에게 해고나 그 밖의 불리한 처우를 하여서는 아니 된다.

⑦ 제2항에 따라 직장 내 괴롭힘 발생 사실을 조사한 사람, 조사 내용을 보고받은 사람 및 그 밖에 조사 과정에 참여한 사람은 해당 조사 과정에서 알게 된 비밀을 피해근로자등의 의사에 반하여 다른 사람에게 누설하여서는 아니 된다. 다만, 조사와 관련된 내용을 사용자에게 보고하거나 관계 기관의 요청에 따라 필요한 정보를 제공하는 경우는 제외한다.〈신설 2021.4.13.〉

행정해석

직장 내 괴롭힘 행위의 예시

직장 내 괴롭힘은 그 양태가 매우 다양해서 모든 행위 유형을 열거·규정할 수 없으나 KICQ(Korea Interpersonal Conflict Questionnaire) 등 직장 내 괴롭힘 피해 진단항목, 일본·호주 등 해외 매뉴얼 등을 토대로 직장 내 괴롭힘으로 포섭될 가능성이 있는 행위를 예시하면 아래와 같음.

- 정당한 이유 없이 업무 능력이나 성과를 인정하지 않거나 조롱함
- 정당한 이유 없이 훈련, 승진, 보상, 일상적인 대우 등에서 차별함

- 다른 근로자들과는 달리 특정 근로자에 대하여만 근로계약서 등에 명시되어 있지 않는 모두가 꺼리는 힘든 업무를 반복적으로 부여함
- 근로계약서 등에 명시되어 있지 않는 허드렛일만 시키거나 일을 거의 주지 않음
- 정당한 이유 없이 업무와 관련된 중요한 정보제공이나 의사결정 과정에서 배제시킴
- 정당한 이유 없이 휴가나 병가, 각종 복지혜택 등을 쓰지 못하도록 압력 행사
- 다른 근로자들과는 달리 특정 근로자의 일하거나 휴식하는 모습만을 지나치게 감시
- 사적 심부름 등 개인적인 일상생활과 관련된 일을 하도록 지속적, 반복적으로 지시
- 정당한 이유 없이 부서이동 또는 퇴사를 강요함
- 개인사에 대한 뒷담화나 소문을 퍼뜨림
- 신체적인 위협이나 폭력을 가함
- 욕설이나 위협적인 말을 함
- 다른 사람들 앞이나 온라인상에서 나에게 모욕감을 주는 언행을 함
- 의사와 상관없이 음주/흡연/회식 참여를 강요함
- 집단 따돌림
- 업무에 필요한 주요 비품(컴퓨터, 전화 등)을 주지 않거나, 인터넷 · 사내 네트워크 접속을 차단함

직장 내 괴롭힘 판단 및 예방 · 대응 매뉴얼, 2019.2, 고용노동부

4) 근로감독 시 자주 발생하는 위반 사례 및 해결 방안

case 01

☑ **위반 사례**

ㅇㅇ주식회사는 직장 내 괴롭힘 관련 사항을 취업규칙에 반영하지 않음 → 취업규칙 노동관계법령 준수 위반

☑ **해결 방안**

직장 내 괴롭힘 관련 사항을 취업규칙에 반영하여 변경한 후 고용노동부에 신고하여야 함

case 02

☑ **위반 사례**

주식회사 ○○은 직장 내 괴롭힘을 당했다고 신고한 ○○○씨를 본인과 협의 없이 지방사업장으로 인사발령조치 함 → 직장 내 괴롭힘 신고자에 대한 불리한 처우 금지 위반

☑ **해결 방안**

직장 내 괴롭힘 발생 사실 신고자 또는 피해근로자에게 해고, 인사이동 등 불리한 처우를 하여서는 아니됨

5) 근로감독 대비 실무 적용점

- 「직장 내 괴롭힘의 예방 및 발생 시 조치 등에 관한 사항」을 취업규칙에 반영하여 변경하고 이를 고용노동부에 신고해야 한다.
- 직장 내 괴롭힘 발생 사실 신고자 및 피해근로자에게 해고 등 불리한 처우를 하지 않도록 하여야 한다.
- 직장 내 괴롭힘 예방 활동(윤리경영 선포, 직장 내 괴롭힘 예방 규정 제정, 직장 내 괴롭힘 예방 교육 실시 등)을 통해서 건강한 조직문화를 구축하는 것이 필요하다.

3. 퇴직급여제도 설정(근로자퇴직급여 보장법 제4조)

1) 체크리스트

구분	점검 내용	점검 결과	근로감독 결과 위반 시 조치 기준
퇴직급여제도 차등 설정 여부	• 사용자가 퇴직급여제도를 설정하는 경우 하나의 사업에서 급여 및 부담금 산정방법의 적용 등에 관하여 차등을 두는지 여부 〈근로자퇴직급여 보장법 제4조 제2항〉 ※ 위반 시 2년 이하의 징역 또는 1천만원 이하의 벌금	① 퇴직급여제도를 차등 설정하지 아니함 ② 퇴직급여제도를 차등 설정함	시정기한 14일 이내 (미시정시 범죄인지)
퇴직급여제도 설정·변경시 동의 여부	• 사용자가 퇴직급여제도를 설정하거나 설정된 퇴직급여제도를 다른 퇴직급여제도로 변경하려는 경우 근로자대표의 동의를 받는지 여부 〈근로자퇴직급여 보장법 제4조 제3항〉 ※ 위반 시 500만원 이하의 벌금	① 퇴직급여제도 설정 또는 변경절차를 준수함 ② 퇴직급여제도 설정 또는 변경절차를 준수하지 않음	시정기한 14일 이내 (미시정시 범죄인지)
퇴직급여제도 내용 변경시 의견청취 또는 동의 여부	• 사용자가 설정되거나 변경된 퇴직급여제도의 내용을 변경하려는 경우 근로자대표의 의견을 듣는지 여부(다만, 근로자에게 불리하게 변경하는 경우 근로자대표의 동의를 받는지 여부) 〈근로자퇴직급여 보장법 제4조 제4항〉 ※ 위반 시 500만원 이하의 벌금	① 설정되거나 변경된 퇴직급여제도 '내용' 변경 절차를 준수함 ② 설정되거나 변경된 퇴직급여제도 '내용' 변경 절차를 준수하지 않음	시정기한 14일 이내 (미시정시 범죄인지)

※ 주 1) 근로자퇴직급여 보장법상 '근로자대표'란, 근로자의 과반수가 가입한 노동조합이 있는 경우에는 그 노동조합, 근로자의 과반수가 가입한 노동조합이 없는 경우에는 근로자 과반수를 말한다.(근로자퇴직급여 보장법 제4조 제3항)

2) 체크포인트

사용자는 근로자퇴직급여 보장법 제4조에 따라 퇴직급여제도를 설정하는 경우 하나의 사업에서 급여 및 부담금 산정방법의 적용 등에 관하여 차등을 두어서는 아니 된다.

또한 사용자가 퇴직급여제도를 설정하거나 설정된 퇴직급여제도를 다른 종류의 퇴직급여제도로 변경하려는 경우에는 근로자대표(근로자의 과반수가 가입한 노동조합이 있는 경우에는 그 노동조합, 근로자의 과반수가 가입한 노동조합이 없는 경우에는 근로자 과반수)의 동의를 받아야 한다.

그리고 이렇게 설정되거나 변경된 퇴직급여제도의 '내용'을 변경하려는 경우에는 근로자대표의 의견을 들어야 한다. 다만, 그 내용을 근로자에게 불리하게 변경하려는 경우에는 근로자대표의 동의를 받아야 한다.

3) 관련법령/행정해석/판례

관계법령

[근로자퇴직급여 보장법]

제4조(퇴직급여제도의 설정) ① 사용자는 퇴직하는 근로자에게 급여를 지급하기 위하여 퇴직급여제도 중 하나 이상의 제도를 설정하여야 한다. 다만, 계속근로기간이 1년 미만인 근로자, 4주간을 평균하여 1주간의 소정근로시간이 15시간 미만인 근로자에 대하여는 그러하지 아니하다.

② 제1항에 따라 퇴직급여제도를 설정하는 경우에 하나의 사업에서 급여 및 부담금 산정방법의 적용 등에 관하여 차등을 두어서는 아니 된다.

③ 사용자가 퇴직급여제도를 설정하거나 설정된 퇴직급여제도를 다른 종류의 퇴직급여제도로 변경하려는 경우에는 근로자의 과반수가 가입한 노동조합이 있는 경우에는 그 노동조합, 근로자의 과반수가 가입한 노동조합이 없는 경우에는 근로자 과반수(이하 "근로자대표"라 한다)의 동의를 받아야 한다.

④ 사용자가 제3항에 따라 설정되거나 변경된 퇴직급여제도의 내용을 변경하려는 경우에는 근로자대표의 의견을 들어야 한다. 다만, 근로자에게 불리하게 변경하려는 경우에는 근로자대표의 동의를 받아야 한다.

행정해석

신규 근로자에 대하여 퇴직연금제도 도입 시 기존 근로자에 대한 동의를 얻어야 하는지 여부

확정기여형 퇴직연금제도를 도입하면서 동 제도의 가입대상을 신규근로자로 한정하고자 한다면, 기존 근로자에 대한 퇴직급여제도에는 변경되지 아니하므로 근로자대표의 동의없이 도입이 가능할 것으로 보이며 단, 제도 시행일 이전 기존 근로자에 대해서도 추가로 퇴직연금제도를 적용하고자 할 경우에는 기존 근로자 대표의 동의를 얻어야 할 것임.

퇴직급여보장팀-971, 2007.3.8.

4) 근로감독 시 자주 발생하는 위반 사례 및 해결 방안

case

☑ **위반 사례**

○○산업은 별다른 이유 없이 창사 이래 사무직 근로자에게는 퇴직금 누진제를, 생산직 근로자에게는 퇴직금 단수제를 적용하고 있음 → 퇴직급여제도 차등 금지 위반

☑ **해결 방안**

퇴직급여제도 설정 시 하나의 사업 내에서 차등을 두어서는 아니됨

5) 근로감독 대비 실무 적용점

- 퇴직급여제도 설정 시 하나의 사업장에서 급여 및 부담금 산정 시 차등제도를 두지 않도록 한다.
- 퇴직급여와 관련하여 제도 설정 변경과 내용 변경은 변경 절차가 상이함을 이해한다.

4. 퇴직금 지급(근로자퇴직급여 보장법 제9조)

1) 체크리스트

구분	점검 내용	점검 결과	근로감독 결과 위반 시 조치 기준
퇴직금 지급	• 퇴직금제도 하에서 사용자는 근로자가 퇴직한 경우 그 지급사유가 발생한 날부터 14일 이내에 퇴직금을 지급하고 있는지 여부 <근로자퇴직급여 보장법 제9조 제1항> ※ 위반 시 3년 이하의 징역 또는 2천만원 이하의 벌금	① 근로자 퇴직 시 14일 이내에 퇴직금을 지급함	시정기한 14일 이내(미시정시 범죄인지, 반의사불벌) - 다만, 평균임금 산정 등 계산상의 단순착오로 인한 체불인 경우 시정기간 25일 이내
		② 근로자 퇴직 시 14일이 초과하여 퇴직금을 지급함	
근로자 개인형 퇴직 연금 계정 지급	• 퇴직금제도 하에서 사용자가 퇴직금을 지급하는 경우 근로자의 개인형퇴직연금제도의 계정으로 지급하는지 여부 <근로자퇴직급여 보장법 제9조 제2항> ※ 위반 시 처벌규정 없음	① 퇴직금 지급 시 근로자의 개인형퇴직연금제도의 계정으로 지급함	별도의 조치기준은 없으나, 시정조치는 가능할 수 있음
		② 퇴직금 지급 시 근로자의 개인형퇴직연금제도의 계정으로 지급하지 않음	

2) 체크포인트

사용자는 근로자퇴직급여 보장법 제9조 제1항에 따라 근로자가 퇴직하는 경우에는 그 지급사유가 발생한 날부터 14일 이내에 퇴직금을 지급하여야 한다. 다만, 특별한 사정이 있는 경우에는 당사자 간의 합의에 따라 지급기일을 연장할 수 있다.

퇴직금의 경우 평균임금을 기준으로 산정하므로 근로기준법 상 평균임금에 해당함에도 포함하지 아니하는 경우 근로감독 시 문제가 될 수 있으므로, 근로자에게 지급하는 수당 등의 평균임금 해당 여부를 잘 검토하여 법 위반 문제가 발생하지 아니하도록 해야 할 것이다.

또한 사용자는 퇴직금 지급 시 근로자의 일반계좌가 아닌 개인형퇴직연금제도의 계정으로 지급하도록 하여야 한다.

3) 관련법령/행정해석/판례

관계법령

[근로자퇴직급여 보장법]

제9조(퇴직금의 지급 등) ① 사용자는 근로자가 퇴직한 경우에는 그 지급사유가 발생한 날부터 14일 이내에 퇴직금을 지급하여야 한다. 다만, 특별한 사정이 있는 경우에는 당사자 간의 합의에 따라 지급기일을 연장할 수 있다. 〈개정 2021.4.13.〉

② 제1항에 따른 퇴직금은 근로자가 지정한 개인형퇴직연금제도의 계정 또는 제23조의8에 따른 계정(이하 "개인형퇴직연금제도의 계정등"이라 한다)으로 이전하는 방법으로 지급하여야 한다. 다만, 근로자가 55세 이후에 퇴직하여 급여를 받는 경우 등 대통령령으로 정하는 사유가 있는 경우에는 그러하지 아니하다.〈신설 2021.4.13.〉

③ 근로자가 제2항에 따라 개인형퇴직연금제도의 계정등을 지정하지 아니한 경우에는 근로자 명의의 개인형퇴직연금제도의 계정으로 이전한다.〈신설 2021.4.13.〉

판례

1개월에 4~5일 내지 15일 정도 근무한 경우
1년 이상 근속 시 퇴직금 발생 여부

근로자가 반드시 월 평균 25일 이상 근무하여야만 근로기준법상 퇴직금지급의 전제가 되는 근로자의 상근성·계속성·종속성의 요건을 충족시키는 것은 아니고, 최소한 1개월에 4~5일 내지 15일 정도 계속해서 근무하였다면 위 요건을 충족한다.

대법원 1995.7.11. 선고, 93다26168 판결

판례

2011.3.2.부터 2012.2.29.까지 근로계약 시 퇴직금 발생 여부

원고가 피고 산하 B중학교에서 2011.3.2.부터 2012.2.29.까지 기간제 교사로 근무하다가 퇴직한 사실은 인정한 다음, 초·중등교육법 제24조 제1항에 의하면 학교의 학년도는 3.1부터 시작하여 다음 해 2월 말까지인데 3.1은 공휴일인 점, 원고의 계약기간이 2011.3.2.부터 시작되는 것으로 기재되어 있다는 사정만으로 퇴직금을 지급하지 않는 것은 계약기간 기산일이 공휴일인 2011.3.1.로 기재되었을 경우 퇴직금을 지급하는 것에 비추어 현저히 공평의 원칙에 어긋나는 점 등을 고려하면, 원고가 1년간 계속근로를 한 것으로 보아 피고는 퇴직금을 지급할 의무가 있다고 판단하였다는 바, 이러한 원심의 판단은 수긍할 수 있다.

대법원 2014.12.24. 선고, 2014다221074 판결

4) 근로감독 시 자주 발생하는 위반 사례 및 해결 방안

case 01

☑ **위반 사례**

○○슈퍼마켓은 단시간근로자의 경우 퇴직금을 근속년수를 기준으로 정액으로 지급함 (예 : 1년 근속 시 50만원) → 퇴직금 지급의무 위반

☑ **해결 방안**

단시간근로자에게도 1년에 대하여 30일분 이상의 평균임금을 퇴직금으로 지급하여야 함

case 02

☑ **위반 사례**

○○주유소는 근로자와 연봉에 퇴직금이 포함된 것으로 계약을 체결함 → 퇴직금 지급의무 위반

☑ **해결 방안**

퇴직금을 연봉에 포함하는 계약은 근로자퇴직급여 보장법 위반으로 무효임

5) 근로감독 대비 실무 적용점

- 퇴직금은 퇴직 이후 14일 이내에 지급되도록 한다.
- 퇴직금 지급기일이 퇴직이후 14일을 초과하게 되는 경우가 예상 된다면 퇴직 시 '금품청산 지급기일 연장 합의서'를 미리 받아두어 보관하여두는 것이 필요하다.
- 평균임금 계산 시 포함되어야 할 성격의 임금이 누락되지 않도록 하여야 한다.

5. 퇴직연금제도(근로자퇴직급여 보장법 제13조, 제17조, 제20조)

1) 체크리스트

구분	점검 내용	점검 결과	근로감독 결과 위반 시 조치 기준
퇴직 연금 규약 신고 여부	• 퇴직연금제도를 설정하려는 사용자가 퇴직연금규약을 작성하여 신고하였는지 여부 〈근로자퇴직급여 보장법 제13조, 제19조〉 ※ 위반 시 500만원 이하의 과태료	① 퇴직연금규약을 작성하여 신고하였음 ② 퇴직연금규약을 작성하여 신고하지 아니하였음	시정기한 14일 이내 (미시정시 과태료)
확정 급여형 퇴직 연금 제도 퇴직 급여 지급	• 확정급여형(DB) 퇴직연금제 하에서 사용자가 가입자의 퇴직 등 지급사유가 발생한 날부터 14일 이내에 퇴직연금사업자로 하여금 적립금의 범위에서 지급의무가 있는 급여 전액을 지급하도록 하는지 여부 〈근로자퇴직급여 보장법 제17조 제2항, 제3항〉 ※ 위반 시 3년 이하의 징역 또는 2천만원 이하의 벌금	① 14일 이내에 퇴직급여가 지급되도록 함 ② 14일을 초과하여 퇴직급여가 지급되도록 함	시정기한 14일 이내 (미시정시 범죄인지, 반의사불벌) - 다만, 평균임금 산정 등 계산상의 단순착오로 인한 체불인 경우 시정기간 25일 이내
확정 기여형 퇴직 연금 제도 부담금 및 지연 이자 납입	• 확정기여형(DC) 퇴직연금 하에서 사용자가 가입자의 퇴직 등 지급사유가 발생한 때에 그 가입자에 대한 부담금을 미납한 경우 그 지급사유가 발생한 날부터 14일 이내에 부담금 및 지연이자를 납입하는지 여부 〈근로자퇴직급여 보장법 제20조 제5항〉 ※ 위반 시 3년 이하의 징역 또는 2천만원 이하의 벌금	① 14일 이내에 퇴직연금 부담금 및 지연이자를 납입함 ② 14일을 이내에 퇴직연금 부담금 및 지연이자를 납입하지 않음	시정기한 14일 이내 (미시정시 범죄인지, 반의사불벌) - 다만, 평균임금 산정 등 계산상의 단순착오로 인한 체불인 경우 시정기간 25일 이내

2) 체크포인트

사용자가 근로자퇴직급여 보장법 제13조 및 제19조에 따라 퇴직연금제도(확정급여형 또는 확정기여형)를 설정하려는 경우 근로자대표의 동의(제4조 제3항)를 얻거나 의견(제5조)을 들어 퇴직연금규약을 작성하여 고용노동부 장관에게 신고하여야 한다.

확정급여형 퇴직연금의 경우 사용자는 가입자의 퇴직 등 지급사유가 발생한 날부터 14일 이내에 퇴직연금사업자로 하여금 적립금의 범위에서 지급의무가 있는 급여전액을 지급하도록 하여야 한다. 다만, 확정기여형 퇴직연금의 경우 부담금의 납부로 사용자의 급여 지급책임이 완성된 것으로 본다.

3) 관련법령/행정해석/판례

관계법령

[근로자퇴직급여 보장법]

제13조(확정급여형퇴직연금제도의 설정) 확정급여형퇴직연금제도를 설정하려는 사용자는 제4조제3항 또는 제5조에 따라 근로자대표의 동의를 얻거나 의견을 들어 다음 각 호의 사항을 포함한 확정급여형퇴직연금규약을 작성하여 고용노동부장관에게 신고하여야 한다. 〈개정 2021.4.13.〉

1. 퇴직연금사업자 선정에 관한 사항
2. 가입자에 관한 사항
3. 가입기간에 관한 사항
4. 급여수준에 관한 사항
5. 급여 지급능력 확보에 관한 사항
6. 급여의 종류 및 수급요건 등에 관한 사항
7. 제28조에 따른 운용관리업무 및 제29조에 따른 자산관리업무의 수행을 내용으로 하는 계약의 체결 및 해지와 해지에 따른 계약의 이전(移轉)에 관한 사항
8. 운용현황의 통지에 관한 사항
9. 가입자의 퇴직 등 급여 지급사유 발생과 급여의 지급절차에 관한 사항

10. 퇴직연금제도의 폐지·중단 사유 및 절차 등에 관한 사항

10의2. 부담금의 산정 및 납입에 관한 사항

11. 그 밖에 확정급여형퇴직연금제도의 운영을 위하여 대통령령으로 정하는 사항

제19조(확정기여형퇴직연금제도의 설정) ① 확정기여형퇴직연금제도를 설정하려는 사용자는 제4조제3항 또는 제5조에 따라 근로자대표의 동의를 얻거나 의견을 들어 다음 각 호의 사항을 포함한 확정기여형퇴직연금규약을 작성하여 고용노동부장관에게 신고하여야 한다. 〈개정 2022.1.11.〉

1. 부담금의 부담에 관한 사항
2. 부담금의 산정 및 납입에 관한 사항
3. 적립금의 운용에 관한 사항
4. 적립금의 운용방법 및 정보의 제공 등에 관한 사항

4의2. 사전지정운용제도에 관한 사항

5. 적립금의 중도인출에 관한 사항
6. 제13조제1호부터 제3호까지 및 제6호부터 제10호까지의 사항
7. 그 밖에 확정기여형퇴직연금제도의 운영에 필요한 사항으로서 대통령령으로 정하는 사항

② 제1항에 따라 확정기여형퇴직연금제도를 설정하는 경우 가입기간에 관하여는 제14조를, 급여의 종류, 수급요건과 급여 지급의 절차·방법에 관하여는 제17조제1항, 제4항 및 제5항을, 운용현황의 통지에 관하여는 제18조를 준용한다. 이 경우 제14조제1항 중 "제13조제3호"는 "제19조제6호"로, 제17조제1항 중 "확정급여형퇴직연금제도"는 "확정기여형퇴직연금제도"로 본다.

제17조(급여 종류 및 수급요건 등) ② 사용자는 가입자의 퇴직 등 제1항에 따른 급여를 지급할 사유가 발생한 날부터 14일 이내에 퇴직연금사업자로 하여금 적립금의 범위에서 지급의무가 있는 급여 전액(사업의 도산 등 대통령령으로 정하는 경우에는 제16조제1항제2호에 따른 금액에 대한 적립금의 비율에 해당하는 금액)을 지급하도록 하여야 한다. 다만, 퇴직연금제도 적립금으로 투자된 운용자산 매각이 단기간에 이루어지지 아니하는 등 특별한 사정이 있는 경우에는 사용자, 가입자 및 퇴직연금사업자 간의 합의에 따라 지급기일을 연장할 수 있다.

③ 사용자는 제2항에 따라 퇴직연금사업자가 지급한 급여수준이 제15조에 따른 급여수준에 미치지 못할 때에는 급여를 지급할 사유가 발생한 날부터 14일 이내에 그 부족한 금액을 해당 근로자에게 지급하여야 한다. 이 경우 특별한 사정

이 있는 경우에는 당사자 간의 합의에 따라 지급기일을 연장할 수 있다.

제20조(부담금의 부담수준 및 납입 등) ⑤ 사용자는 확정기여형퇴직연금제도 가입자의 퇴직 등 대통령령으로 정하는 사유가 발생한 때에 그 가입자에 대한 부담금을 미납한 경우에는 그 사유가 발생한 날부터 14일 이내에 제1항에 따른 부담금 및 제3항 후단에 따른 지연이자를 해당 가입자의 확정기여형퇴직연금제도 계정에 납입하여야 한다. 다만, 특별한 사정이 있는 경우에는 당사자 간의 합의에 따라 납입 기일을 연장할 수 있다.

판례

퇴직연금의 압류 가능 여부

근로자퇴직급여 보장법은 제7조에서 퇴직연금제도의 급여를 받을 권리에 대하여 양도를 금지하고 있으므로 위 양도금지 규정은 강행법규에 해당한다고 볼 것이다. 따라서 퇴직연금제도의 급여를 받을 권리에 대한 압류명령은 실체법상 무효이고, 제3채무자는 그 압류채권의 추심금 청구에 대하여 위 무효를 들어 지급을 거절할 수 있다. 한편 민사집행법은 제246조제1항제4호에서 퇴직연금 그 밖에 이와 비슷한 성질을 가진 급여채권은 그 1/2에 해당하는 금액만 압류하지 못하는 것으로 규정하고 있으나, 이는 위 퇴직급여법 상의 양도금지 규정과의 사이에서 일반법과 특별법의 관계에 있으므로, 퇴직급여법 상의 퇴직연금채권은 그 전액에 관하여 압류가 금지된다고 보아야 한다.

대법원 2014.1.23. 선고, 2013다71180 판결

4) 근로감독 시 자주 발생하는 위반 사례 및 해결 방안

case

☑ **위반 사례**

○○화학은 퇴직연금제도 도입 시 퇴직연금규약을 작성하였음. 그러나 고용노동부에 신고하지 않음 → 퇴직연금규약 신고 위반

☑ **해결 방안**

퇴직연금규약을 작성하여 고용노동부장관에게 신고하여야 함

5) 근로감독 대비 실무 적용점

- 퇴직연금규약을 작성하여 신고할 뿐만 아니라 신고한 후 퇴직연금규약을 보관하여야 한다.
- 확정급여형(DB) 퇴직연금제도의 경우 퇴직금 제도와 같이 퇴직 등 지급사유 발생일부터 14일 이내에 근로자에게 퇴직급여를 지급한다.
- 확정기여형(DC) 퇴직연금제도의 경우 퇴직 등 지급사유 발생일부터 14일 이내에 근로자에게 부담금을 모두 납입하여야 한다.

6. 퇴직연금제도 교육 등(근로자퇴직급여 보장법 제32조)

1) 체크리스트

<table>
<tr><th>구분</th><th>점검 내용</th><th>점검 결과</th><th>근로감독 결과
위반 시 조치 기준</th></tr>
<tr><td rowspan="2">퇴직 연금 교육 실시 여부</td><td rowspan="2">• 퇴직연금제도를 설정한 사용자(개인형퇴직연금제도는 제외)가 매년 1회 이상 가입자에게 해당 사업의 퇴직연금제도 운영 상황의 교육을 하는지 여부
<근로자퇴직급여 보장법 제32조 제2항>
※ 위반 시 1천만원 이하의 과태료</td><td>① 법정기준에 부합하도록 교육을 실시함</td><td rowspan="2">시정기한 25일 이내
(미시정시 과태료)</td></tr>
<tr><td>② 법정기준에 부합하는 교육을 실시하지 아니함</td></tr>
<tr><td rowspan="2">퇴직 연금 감소 등에 대한 고지 및 조치 여부</td><td rowspan="2">• 확정급여형 퇴직연금제도 또는 퇴직금제도를 설정한 사용자가 법령상 정한 경우 근로자에게 퇴직급여가 감소할 수 있음을 미리 알리고 근로자대표와 협의를 통하여 퇴직급여감소를 위한 필요한 조치를 하는지 여부
<근로자퇴직급여 보장법 제32조 제5항>
<사유>
1. 사용자가 단체협약 및 취업규칙을 통하여 임금피크제를 시행하는 경우
2. 사용자가 근로자와 합의하여 소정근로시간을 단축(1일 1시간 이상 또는 1주 5시간 이상)하고 3개월 이상 근무하기로 한 경우
3. 주52시간제 시행에 따라 근로시간이 단축되어 근로자의 임금이 감소하는 경우
4. 그 밖에 고용노동부령으로 정한 경우
※ 위반 시 500만원 이하의 벌금</td><td>① 법령상 정한 경우에 해당하여 알리고, 필요한 조치를 함</td><td rowspan="2">시정기한 25일 이내
(미시정시 범죄인지)</td></tr>
<tr><td>② 법령상 정한 경우에 해당하나 알리지 않고, 필요한 조치를 하지 아니함</td></tr>
</table>

2) 체크포인트

사용자는 근로자퇴직급여 보장법 제32조 제2항에 따라서 매년 1회 이상 가입자에게 해당 사업의 퇴직연금제도 운영 상황 등 교육을 실시하여야 한다.

또한 동법 제32조 제5항에 따라 확정급여형 퇴직연금제도 또는 퇴직금제도를 설정한 사용자가 임금피크제 등 사유가 있는 경우 퇴직급여 감소 가능여부를 고지하고, 퇴직급여 감소 예방을 위한 필요한 조치를 하여야 한다.

3) 관련법령/행정해석/판례

관계법령

[근로자퇴직급여 보장법]

제32조(사용자의 책무) ① 사용자는 법령, 퇴직연금규약 또는 중소기업퇴직연금기금표준계약서를 준수하고 가입자 등을 위하여 대통령령으로 정하는 사항에 관하여 성실하게 이 법에 따른 의무를 이행하여야 한다. 〈개정 2021.4.13.〉

② 확정급여형퇴직연금제도 또는 확정기여형퇴직연금제도를 설정한 사용자는 매년 1회 이상 가입자에게 해당 사업의 퇴직연금제도 운영 상황 등 대통령령으로 정하는 사항에 관한 교육을 하여야 한다. 이 경우 사용자는 퇴직연금사업자 또는 대통령령으로 정하는 요건을 갖춘 전문기관에 그 교육의 실시를 위탁할 수 있다.〈개정 2021.4.13.〉

③ 제2항에 따른 교육 내용 및 방법 등에 필요한 사항은 대통령령으로 정한다. 〈신설 2021.4.13.〉

④ 퇴직연금제도를 설정한 사용자는 다음 각 호의 어느 하나에 해당하는 행위를 하여서는 아니 된다.〈개정 2021.4.13.〉

1. 자기 또는 제3자의 이익을 도모할 목적으로 운용관리업무 및 자산관리업무의 수행계약을 체결하는 행위
2. 그 밖에 퇴직연금제도의 적절한 운영을 방해하는 행위로서 대통령령으로 정하는 행위

⑤ 확정급여형퇴직연금제도 또는 퇴직금제도를 설정한 사용자는 다음 각 호의 어느 하나에 해당하는 사유가 있는 경우 근로자에게 퇴직급여가 감소할 수 있음

을 미리 알리고 근로자대표와의 협의를 통하여 확정기여형퇴직연금제도나 중소기업퇴직연금기금제도로의 변경, 퇴직급여 산정기준의 개선 등 근로자의 퇴직급여 감소를 예방하기 위하여 필요한 조치를 하여야 한다.〈신설 2021.4.13.〉

1. 사용자가 단체협약 및 취업규칙 등을 통하여 일정한 연령, 근속시점 또는 임금액을 기준으로 근로자의 임금을 조정하고 근로자의 정년을 연장하거나 보장하는 제도를 시행하려는 경우
2. 사용자가 근로자와 합의하여 소정근로시간을 1일 1시간 이상 또는 1주 5시간 이상 단축함으로써 단축된 소정근로시간에 따라 근로자가 3개월 이상 계속 근로하기로 한 경우
3. 법률 제15513호 근로기준법 일부개정법률 시행에 따라 근로시간이 단축되어 근로자의 임금이 감소하는 경우
4. 그 밖에 임금이 감소되는 경우로서 고용노동부령으로 정하는 경우

4) 근로감독 시 자주 발생하는 위반 사례 및 해결 방안

case 01

☑ **위반 사례**

ㅇㅇ정밀은 퇴직연금 가입자에 대하여 전혀 교육을 시행하지 않음 → 퇴직연금 교육 의무 위반

☑ **해결 방안**

퇴직연금 가입자에게 매년 1회 이상 퇴직연금제도 운영 현황 등에 대한 교육을 시행하여야 함. 퇴직연금제도 교육은 우편 등의 방식으로 가능하며 퇴직연금사업자에게 위탁할 수 있음

case 02

☑ **위반 사례**

ㅇㅇ공사는 소정근로시간을 1일 8시간에서 1일 7시간으로 변경함. 그러나 퇴직급여가 감소할 수 있음을 고지하지 않음 → 퇴직급여 감소 등 미고지 및 필요조치 미이행

☑ **해결 방안**

소정근로시간 단축, 주52시간 상한제 시행, 임금 감소 등이 발생하는 경우에는 퇴직급여 감소를 사전에 고지하고, 근로자대표와의 협의를 통하여 필요한 조치를 하여야 함

5) 근로감독 대비 실무 적용점

- 사용자는 반드시 매년 1회 이상 퇴직연금가입자에 대한 교육을 실시하여야 한다.
- 확정급여형(DB) 퇴직연금 또는 퇴직금제도 하에서 사용자가 임금피크제 등 사유 발생 시 퇴직급여 감소 가능사실을 알리고, 필요 조치를 취하여야 한다.

7. 해고(근로기준법 제23조, 제24조, 제26조, 제27조)

1) 체크리스트

구분	점검 내용	점검 결과	근로감독 결과 위반 시 조치 기준
해고등 정당한 이유	• 사용자는 근로자에 대하여 해고, 휴직, 정직, 전직, 감봉 그 밖의 징벌을 할 경우 정당한 이유가 있는지 여부 〈근로기준법 제23조 제1항〉 ※ 위반 시 벌칙은 없음	① 해고 등 처분 시 정당한 이유가 있음	• 조치기준 없음 - 단, 근로감독과는 별개로 근로자가 지방노동위원회에 구제신청을 제기할 수 있음
		② 해고 등 처분 시 정당한 이유가 있지 아니함	
업무상 질병자 등 해고 금지	• 사용자가 업무상 부상 또는 질병의 요양을 위하여 휴업한 기간과 그 후 30일 동안 또는 산전·산후의 여성이 이 법에 따라 휴업한 기간과 그 후 30일 동안 해고하지 아니하는지 여부 〈근로기준법 제23조 제2항〉 ※ 위반 시 5년 이하의 징역 또는 5천만원 이하의 벌금	① 해고금지기간 중에는 해고를 시행하지 않음	시정기한 14일 이내 (미시정시 범죄인지)
		② 해고금지기간 중 해고를 시행함	
경영상 해고 요건 준수 여부	• 사용자가 경영상 이유에 의하여 근로자를 해고하는 경우 긴박한 경영상 필요, 해고회피 노력, 합리적이고 공정한 해고기준 설정, 50일전 근로자대표와 협의 등 요건을 준수하는지 여부 〈근로기준법 제24조〉 ※ 위반 시 벌칙은 없음	① 경영상 이유에 의한 해고 요건을 준수함	• 조치기준 없음 - 단, 근로감독과는 별개로 근로자가 지방노동위원회에 구제신청을 제기할 수 있음
		② 경영상 이유에 의한 해고 요건을 전부(또는 일부) 준수하지 아니함	

<table>
<tr><td rowspan="2">해고
예고
이행
여부</td><td rowspan="2">• 사용자가 근로자를 해고하는 경우 적어도 30일 전에 예고를 하거나 30일 분 이상의 통상임금을 해고예고수당으로 지급하는지 여부
〈근로기준법 제26조〉
※ 위반 시 2년 이하의 징역 또는 2천만원 이하의 벌금</td><td>① 해고예고를 하거나 해고예고수당을 지급함</td><td rowspan="2">시정기한 25일 이내
(미시정시 범죄인지)
- 다만, 부당해고 구제명령에 따라 임금상당액 지급·금전보상이 이미 이루어진 진정사건에 대해서는 법 위반 확인시 시정지시(해고예고수당 지급)없이 즉시 범죄인지
- 신고내용 조사과정에서 당사자간 합의 등으로 신고가 철회·취소된 경우에는 내사종결</td></tr>
<tr><td>② 해고예고도 하지 않고, 해고예고수당도 지급하지 아니함</td></tr>
<tr><td rowspan="2">해고
사유
서면
통지
여부</td><td rowspan="2">• 사용자가 근로자를 해고하는 경우 해고사유와 해고시기를 서면으로 통지하는지 여부
〈근로기준법 제27조〉
※ 위반 시 벌칙은 없음</td><td>① 근로자 해고 시 해고사유와 해고시기를 서면으로 통지함</td><td rowspan="2">• 조치기준 없음
- 단, 근로감독과는 별개로 근로자가 지방노동위원회에 구제신청을 제기할 수 있음</td></tr>
<tr><td>② 근로자 해고 시 해고사유와 해고시기를 서면으로 통지하지 아니함</td></tr>
</table>

2) 체크포인트

사용자는 근로기준법 제23조 제1항에 따라 정당한 이유 없이 근로자에게 해고, 휴직, 정직, 감봉 그 밖의 징벌 등 조치를 취할 수 없다. 정당한 이유가 없는 해고 등에 대하여 별도의 벌칙은 존재하지 아니하며, 근로자는 근로기준법 제28조에 의거하여 부당해고 구제신청을 통해 보호받을 수 있다.

특별히 해고와 관련하여 동법 제23조 제2항에서는 업무상 부상 또는 질병으로 휴업한 기간과 그 후 30일간, 산전·산후 휴가기간과 그 후 30일간은 절대적으로 해고를 금지하도록 명문화하고 있으며, 위반 시 벌칙이 적용된다.

사용자는 경영상 이유에 의한 해고를 실시하는 경우에도 동법 제24조에 따른 긴박한 경영상 필요, 해고회피 노력, 합리적이고 공정한 해고기준 설정, 50일전 근로자대표와 협의 등 요건을 준수하여야 한다. 요건을 준수하지 않은 경영상 이유에 의한 해고도 근로기준법 제23조 제1항과 마찬가지로 별도의 벌칙은 존재하지 아니하며, 근로기준법 제28조에 의거하여 부당해고 구제신청을 통해 보호받을 수 있다.

근로기준법 상 해고 시 사용자는 근로자에게 해고예정일 30일 전에 해고예고를 하거나 30일 분 이상의 해고예고수당을 통상임금으로 지급하여야 하며(근로기준법 제26조), 위반 시 벌칙이 적용된다. 또한 해고 시 해고사유와 해고시기를 서면으로 통지하여야 하나, 해고예고 시 해고사유와 해고시기를 서면으로 한 경우에는 이를 해고서면통지가 이루어진 것으로 본다(근로기준법 제27조). 해고서면통지 위반 시 벌칙조항은 없다. 근로감독과 관련하여서는 해고예고 또는 서면통지의 사본을 남겨두어 근거를 마련해두는 등 노력이 필요할 것이다.

3) 관련법령/행정해석/판례

관계법령

[근로기준법]

제23조(해고 등의 제한) ① 사용자는 근로자에게 정당한 이유 없이 해고, 휴직, 정직, 전직, 감봉, 그 밖의 징벌(懲罰)(이하 "부당해고등"이라 한다)을 하지 못한다.
② 사용자는 근로자가 업무상 부상 또는 질병의 요양을 위하여 휴업한 기간과 그 후 30일 동안 또는 산전(産前)·산후(産後)의 여성이 이 법에 따라 휴업한 기간과 그 후 30일 동안은 해고하지 못한다. 다만, 사용자가 제84조에 따라 일시보상을 하였을 경우 또는 사업을 계속할 수 없게 된 경우에는 그러하지 아니하다.

제24조(경영상 이유에 의한 해고의 제한) ① 사용자가 경영상 이유에 의하여 근로자를 해고하려면 긴박한 경영상의 필요가 있어야 한다. 이 경우 경영 악화를 방지하기 위한 사업의 양도·인수·합병은 긴박한 경영상의 필요가 있는 것으로 본다.
② 제1항의 경우에 사용자는 해고를 피하기 위한 노력을 다하여야 하며, 합리적

이고 공정한 해고의 기준을 정하고 이에 따라 그 대상자를 선정하여야 한다. 이 경우 남녀의 성을 이유로 차별하여서는 아니 된다.

③ 사용자는 제2항에 따른 해고를 피하기 위한 방법과 해고의 기준 등에 관하여 그 사업 또는 사업장에 근로자의 과반수로 조직된 노동조합이 있는 경우에는 그 노동조합(근로자의 과반수로 조직된 노동조합이 없는 경우에는 근로자의 과반수를 대표하는 자를 말한다. 이하 "근로자대표"라 한다)에 해고를 하려는 날의 50일 전까지 통보하고 성실하게 협의하여야 한다.

④ 사용자는 제1항에 따라 대통령령으로 정하는 일정한 규모 이상의 인원을 해고하려면 대통령령으로 정하는 바에 따라 고용노동부장관에게 신고하여야 한다.

⑤ 사용자가 제1항부터 제3항까지의 규정에 따른 요건을 갖추어 근로자를 해고한 경우에는 제23조제1항에 따른 정당한 이유가 있는 해고를 한 것으로 본다.

제26조(해고의 예고) 사용자는 근로자를 해고(경영상 이유에 의한 해고를 포함한다)하려면 적어도 30일 전에 예고를 하여야 하고, 30일 전에 예고를 하지 아니하였을 때에는 30일분 이상의 통상임금을 지급하여야 한다. 다만, 다음 각 호의 어느 하나에 해당하는 경우에는 그러하지 아니하다.

1. 근로자가 계속 근로한 기간이 3개월 미만인 경우
2. 천재·사변, 그 밖의 부득이한 사유로 사업을 계속하는 것이 불가능한 경우
3. 근로자가 고의로 사업에 막대한 지장을 초래하거나 재산상 손해를 끼친 경우로서 고용노동부령으로 정하는 사유에 해당하는 경우

제27조(해고사유 등의 서면통지) ① 사용자는 근로자를 해고하려면 해고사유와 해고시기를 서면으로 통지하여야 한다.

② 근로자에 대한 해고는 제1항에 따라 서면으로 통지하여야 효력이 있다.

③ 사용자가 제26조에 따른 해고의 예고를 해고사유와 해고시기를 명시하여 서면으로 한 경우에는 제1항에 따른 통지를 한 것으로 본다.

제28조(부당해고등의 구제신청) ① 사용자가 근로자에게 부당해고등을 하면 근로자는 노동위원회에 구제를 신청할 수 있다.

② 제1항에 따른 구제신청은 부당해고등이 있었던 날부터 3개월 이내에 하여야 한다.

행정해석

해고금지기간에 해고예고는 가능한지 여부

사용자는 근로자에 대하여 舊 근로기준법 제27조 및 제27조의2(現 근로기준법 제23조)에 의거 정당한 이유없이 해고하지 못하며 정당한 이유가 있는 경우에도 산전·산후 60일의 휴가기간과 그후 30일간은 해고하지 못하나, 근로자가 취업규칙상 해고에 해당하는 중대한 비위사실이 발견되었을 때에는 산전·산후의 휴가 중이라 하더라도 해고예고를 하여 해고금지기간이 종료된 후에 해고하는 것은 무방하다고 사료됨.

근기 01254-5080, 1987.3.30.

행정해석

출근정지 등 징계로 인하여 임금의 일부를 지급받지 못한 경우 감급의 제재의 적용을 받는지 여부

舊 근로기준법 제98조(現 근로기준법 제95조)에서 규정한 감급의 제재는 근로자가 근로를 제공함으로써 일단 발생한 임금채권을 감액하는 것으로서 근로자가 자신의 귀책사유로 인해 취업규칙 등에 정한 정당한 사유에 의해 출근정지, 정직이나 직위해제 등의 징계를 받음으로써 임금의 전부 또는 일부를 지급받지 못했다면 이는 징계의 결과 근로를 제공하지 못한데 따른 것으로서 동법 제98조 위반은 아니라고 사료됨.

근기 68207-798, 1999.12.4.

4) 근로감독 시 자주 발생하는 위반 사례 및 해결 방안

case

☑ **위반 사례**

○○산업은 최근 동료근로자에 대하여 폭행을 가한 ○○○근로자에게 징계위원회를 실시한 후 즉시해고를 결정하고 해고예고 없이 해고를 통지하였음. 그러나 즉시해고 사유에 해당하지 않음에도 불구하고 해고예고수당을 지급하지 아니함 → 해고예고 위반

☑ **해결 방안**

30일전 예고를 하지 아니한 경우 30일분 이상의 통상임금을 해고예고수당으로 지급하여야 함

5) 근로감독 대비 실무 적용점

- 절대해고금지기간 중에는 여하한 사유가 발생하더라도 해당 근로자에 대한 해고를 하여서는 아니된다.
- 경영상 이유에 의한 해고가 불가피한 '긴박한 경영상 필요'가 있는 경우라면 요건과 절차를 철저히 준수하여야 한다.
- 해고사유를 불문하고 예외사유가 없는 한 반드시 해고 예정일 30일 전 해고예고를 실시하거나 통상임금 30일 분의 해고예고 수당을 지급하고 기록을 남기도록 한다.

제9장

비정규직 등 관련 체크포인트

1. 기간제 및 단시간 근로자의 근로조건 서면명시
2. 단시간근로자의 연장근로
3. 단시간근로자의 연장근로가산수당
4. 비정규직 근로자의 차별적 처우
5. 도급의 법적안정성

제9장 비정규직 등 관련 체크포인트

1. 기간제 및 단시간 근로자의 근로조건 서면명시(기간제법 제17조)
2. 단시간근로자의 연장근로(기간제법 제6조)
3. 단시간근로자의 연장근로가산수당(기간제법 제6조)
4. 비정규직 근로자의 차별적 처우(기간제법 제8조, 파견법 제21조)
5. 도급의 법적안정성

비정규직 관련 근로감독은 크게 비정규직 근로조건 서면명시, 비정규직 차별금지, 단시간근로자 연장근로수당, 도급의 법적안정성 등으로 구성된다. 비정규직 관련 근로감독사항은 적발 시 비용발생과 연계되고 나아가 인사노무관리에 미치는 파급력이 매우 크기 때문에 사전에 매우 철저히 준비하는 것이 필요하다. 특히 기간제 및 단시간근로자의 근로조건 서면명시의 경우 위반 시 즉시 과태료가 부과되기 때문에 근로계약서 작성에 매우 신중을 기하여야 한다. 또한 비정규직 차별과 도급의 법적안정성(위장도급과 불법파견)은 최근 사회적 이슈와 연계하여 중요성이 지속적으로 높아지고 있다는 점도 기억할 필요가 있다. 이번 장에서는 비정규직 근로감독 점검 이슈에 대한 세부내용을 살펴보도록 한다.

1. 기간제 및 단시간 근로자의 근로조건 서면명시(기간제법 제17조)

1) 체크리스트

<table>
<tr><th>구분</th><th>점검 내용</th><th>점검 결과</th><th>근로감독 결과
위반 시 조치 기준</th></tr>
<tr><td rowspan="3">기간제 및 단시간 근로자의 근로조건 서면명시</td><td rowspan="3">• 근로계약 체결 시 기간제법에서 정하는 사항을 서면으로 명시하는지 여부
〈기간제법 제17조〉

서면명시 사항
1. 근로계약기간
2. 근로시간 · 휴게
3. 임금의 구성항목 · 계산방법 · 지급방법
4. 휴일 · 휴가
5. 취업의 장소와 종사하여야 할 업무
6. 근로일 및 근로일별 근로시간(단시간 근로자에 한함)

※ 위반 시 500만원 이하의 과태료</td><td>① 기간제법에서 정하는 근로조건을 모두 서면으로 명시함</td><td rowspan="3">즉시 과태료</td></tr>
<tr><td>② 기간제법에서 정하는 근로조건을 일부는 서면으로 명시하고 일부는 서면으로 명시하지 않음
[미명시 근로조건
(번호로 표기) :]</td></tr>
<tr><td>③ 기간제법에서 정하는 근로조건을 모두 서면으로 명시하지 않음</td></tr>
</table>

2) 체크포인트

기간제 및 단시간근로자 보호등에 관한 법(이하 “기간제법”) 제17조에서는 근로계약 체결 시 근로계약기간, 근로시간 및 휴게, 임금의 구성항목 · 계산방법 · 지급방법, 휴일 및 휴가, 취업의 장소와 종사하여야 할 업무, 근로일 및 근로일별 근로시간(단시간 근로자에 한함)을 명시하도록 규정하고 있다.

서면 명시 사항 중 ‘휴일 및 휴가’에 대해서 유의할 필요가 있다. 근로기준법 제17조에서는 휴일과 휴가와 관련하여 ‘제55조에 따른 휴일’ 그리고 ‘제60조에 따른 연차유급휴가’라고 명시되어 있다. 그러나 기간제법에서는 ‘휴일 및 휴가에 관한 사항’이라고 명시하고 있다. 즉, 기간제법 상 휴일과 휴가를 더 넓은 의미로 보아야 한다. 따라서 기간제근로자와 단시간근로자의 휴일과 휴가는 법정휴일(휴가)와 약정휴일(휴가)를 모두 의미한다고 보는 것이 타당할 것이다. 그러나 실무적으로 볼 때 근로계약서에 모든 휴일과 휴가를 명시하는 것은 어려움이 있기 때문에 주휴일과 연차유급휴가를 명시한 후 '휴일 및 휴가에 관한 사항은 취업규칙(또는 단체협약), 노동관계법령에 따른다'라는 문구를 추가하는 것도 가능하다. 또한 기간제 및 단시간근로자의 서면명시사항과 관련하여 주의하여야 할 사항은 벌칙 관련 내용이다. 기간제 및 단시간근로자에 대하여 서면명시 사항을 위반하였을 경우에는 즉시 과태료 처분이 이루어진다. 따라서 인사팀은 기간제 및 단시간근로자의 근로계약서 관리에 더욱 만전을 기하여야 한다.

[예시] 근로계약서(기간제 근로자)

1. 근로계약기간 : _____년 _____월 _____일부터 _____년 _____월 _____일까지
2. 근무장소 : __________
3. 업무의 내용 : __________
4. 소정근로시간 : _시 _분부터 _시 _분까지(휴게시간 : _시 _분~_시 _분)
5. 휴일
   - 주휴일 매주 _____요일
   - 관공서의 공휴일에 관한 규정상 공휴일
   - 5월 1일
   - 동조에서 정하지 아니한 휴일에 관하여는 취업규칙(또는 단체협약) 및 노동관계법령이 정하는 바에 따른다.
6. 임금
   - 월(일, 시간)급 : _______________원
   - 상여금 : 있음(　　) _______________원, 없음(　　)
   - 기타급여(제수당 등) : 있음(　　), 없음(　　)
     _________________________원, _________________________원
     _________________________원, _________________________원
   - 임금지급일 : 매월(매주 또는 매일) _____일(휴일의 경우는 전일 지급)
   - 지급방법 : 근로자 명의 예금통장에 입금(　　), 근로자에게 직접지급(　　)
7. 휴가
   - 연차유급휴가는 근로기준법에서 정하는 바에 따라 부여함
   - 동조에서 정하지 아니한 휴가에 관하여는 취업규칙(또는 단체협약) 및 노동관계법령이 정하는 바에 따른다.

[예시] 근로계약서(단시간 근로자)

1. 근로개시일 : ____년 ____월 ____일부터
   ※ 근로계약기간을 정하는 경우에는 "_년 _월 _일부터 _년 _월 _일까지" 등
2. 근무장소 : __________
3. 업무의 내용 : __________
4. 근로일 · 근로일별 근로시간과 휴게시간

구분	( )요일	( )요일	( )요일	( )요일	( )요일	( )요일
근로시간	시간	시간	시간	시간	시간	시간
시업	시 분	시 분	시 분	시 분	시 분	시 분
종업	시 분	시 분	시 분	시 분	시 분	시 분
휴게시간	시 분 ~ 시 분	시 분 ~ 시 분	시 분 ~ 시 분	시 분 ~ 시 분	시 분 ~ 시 분	시 분 ~ 시 분

5. 휴일
   - 주휴일 매주 ____요일
   - 관공서의 공휴일에 관한 규정상 공휴일
   - 5월 1일
   - 동조에서 정하지 아니한 휴일에 관하여는 취업규칙(또는 단체협약) 및 노동관계법령이 정하는 바에 따른다.
6. 임금
   - 월(일, 시간)급 : ______________원
   - 상여금 : 있음( ) ______________원, 없음( )
   - 기타급여(제수당 등) : 있음( ), 없음( )
     ______________________원, ______________________원
     ______________________원, ______________________원
   - 임금지급일 : 매월(매주 또는 매일) ____일(휴일의 경우는 전일 지급)
   - 지급방법 : 근로자 명의 예금통장에 입금( ), 근로자에게 직접지급( )
7. 휴가
   - 연차유급휴가는 근로기준법에서 정하는 바에 따라 부여함
   - 동조에서 정하지 아니한 휴가에 관하여는 취업규칙(또는 단체협약) 및 노동관계법령이 정하는 바에 따른다.

[참고] 근로조건 서면명시 사항 종합

구분	일반근로자	기간제근로자	단시간근로자
서면명시 의무	1. 임금의 구성항목 · 계산방법 · 지급방법 2. 소정근로시간 3. 제55조에 따른 휴일 4. 제60조에 따른 연차유급휴가 ※ 위반 시 500만원 이하의 벌금	1. 임금의 구성항목 · 계산방법 · 지급방법 2. 근로시간 3. 휴일 4. 휴가 5. 근로계약기간 6. 휴게 7. 취업의 장소와 종사하여야 할 업무 ※ 위반 시 500만원 이하의 과태료(즉시 과태료)	1. 임금의 구성항목 · 계산방법 · 지급방법 2. 근로시간 3. 휴일 4. 휴가 5. 근로계약기간 6. 휴게 7. 취업의 장소와 종사하여야 할 업무 8. 근로일 및 근로일별 근로시간 ※ 위반 시 500만원 이하의 과태료(즉시 과태료)

3) 관련법령/행정해석/판례

관계법령

[기간제 및 단시간근로자보호 등에 관한 법률]

제17조(근로조건의 서면명시) 사용자는 기간제근로자 또는 단시간근로자와 근로계약을 체결하는 때에는 다음 각 호의 모든 사항을 서면으로 명시하여야 한다. 다만, 제6호는 단시간근로자에 한정한다.

1. 근로계약기간에 관한 사항
2. 근로시간 · 휴게에 관한 사항
3. 임금의 구성항목 · 계산방법 및 지불방법에 관한 사항
4. 휴일 · 휴가에 관한 사항
5. 취업의 장소와 종사하여야 할 업무에 관한 사항
6. 근로일 및 근로일별 근로시간

[기간제 및 단시간근로자 보호 등에 관한 법률 시행령]

[별표 3] 〈과태료의 부과기준(제6조 관련)〉

위반행위	위반 행위	과태료 금액(만원)		
		1차	2차	3차 이상
다. 법 제17조를 위반하여 근로조건을 서면으로 명시하지 않은 경우	법 제24조 제2항 제2호			
1) 법 제17조제1호(근로계약기간), 제3호(임금의 구성항목, 계산방법, 지불방법)또는 제6호(근로일 및 근로일별 근로시간)를 명시하지 않은 경우		50 (서면명시 사항 1개 호 당)	100 (서면명시 사항 1개 호 당)	200 (서면명시 사항 1개 호 당)
2) 법 제17조제2호(근로시간, 휴게), 제4호(휴일, 휴가)또는 제5호(취업의 장소와 종사하여야 할 업무)를 명시하지 않은 경우		30 (서면명시 사항 1개 호 당)	60 (서면명시 사항 1개 호 당)	120 (서면명시 사항 1개 호 당)

행정해석

기간제 근로자 근로계약서에 '휴게 · 휴일 · 휴가에 관한 사항은 취업규칙 또는 단체 협약에 따른다'고 규정한 경우 「기간제법」 제17조 위반 여부

원칙적으로 근로계약 체결 시 근로계약서에 근로조건 서면명시 항목을 명시적으로 기재하지 않으면 「기간제법」 제17조 위반에 해당한다고 보아야 할 것이나 휴게 · 휴일 · 휴가에 관한 사항을 근로계약서에 명시하지 않은 채 '동 사항은 취업규칙 또는 단체협약에 따른다'고 기재한 경우 근로계약 체결시 근로자가 그 취업규칙 및 단체협약 내용을 알 수 있도록 하였다면(설명, 해당부분 열람 등) 서면명시 의무를 이행한 것으로 볼 수 있을 것임.

고용차별개선과-2143, 2017.9.11.

행정해석

근로일별 근로시간을 정함이 없이 1일 3~6시간 등으로 소정근로시간을 범위로 정하는 것이 허용되는지 여부

귀 질의만으로는 구체적인 사실관계를 확인할 수 없어 명확한 답변을 드리기는 어려우나, 단시간근로자의 경우 근로일과 근로일별 근로시간을 명시해야 하므로 근로일별 근로시간을 정함이 없이 1일 3~6시간 등으로 소정근로시간을 범위로 정하는 것은 허용되지 않는다 할 것임.

근로기준정책과-1724, 2015.4.28.

4) 근로감독 시 자주 발생하는 위반 사례 및 해결 방안

case 01

☑ **위반 사례**

○○전자의 경우 정규직 근로자와 기간제 근로자가 동일한 근로계약서 양식을 사용하고 있음. 이에 따라 기간제 근로자의 서면명시 사항 중 '취업의 장소와 종사하여야 할 업무'가 누락됨 → 기간제 근로자 근로조건 서면명시 위반

☑ **해결 방안**

기간제 근로자의 서면명시 사항을 고려하여 근로계약서 양식을 별도로 관리하는 것이 필요함

case 02

☑ **위반 사례**

○○카페는 단시간 사원과 월, 수, 금 3일 간 소정근로시간 1일 5시간의 단시간 근로계약을 체결함. 그러나 근로계약서 작성 시 '근로일 및 근로일별 근로시간'을 서면으로 명시하지 않음 → 단시간 근로자 근로조건 서면명시 위반

☑ **해결 방안**

단시간 근로자의 경우 반드시 '근로일 및 근로일별 근로시간'을 서면으로 명시하여야 함

case 03

☑ **위반 사례**

○○공사의 경우 기간제 근로자와 단시간 근로자의 근로계약서 작성 시 휴일, 휴가와 관련하여 법정휴가(주휴일, 연차유급휴가)만을 서면명시하고 약정휴가는 서면명시하지 않음 → 기간제 및 단시간 근로자 근로조건 서면명시 위반

☑ **해결 방안**

기간제 및 단시간 근로자의 경우 주휴일 및 연차유급휴가를 포함한 휴일(법정 및 약정휴일)와 휴가(법정 및 약정휴가) 모두를 명시하여야 함. 실무적으로 볼 때 주휴일과 연차유급휴가를 서면명시한 후 '휴일과 휴가에 관한 사항은 취업규칙, 단체협약, 노동관계법령에 따른다'라는 문구를 추가하는 방법이 가장 현실적으로 가능한 대안임

5) 근로감독 대비 실무 포인트

- 근로조건의 서면명시 사항은 일반근로자와 기간제 및 단시간근로자를 구분하여 명확히 명시한다.
- 기간제 및 단시간근로자의 경우 서면명시 위반에 대하여 즉시 과태료가 부과되니 더욱 철저히 준비한다.
- 근로조건 서면 명시는 근로조건의 변경 시에도 작성함을 원칙으로 한다.

2. 단시간근로자의 연장근로(기간제법 제6조)

1) 체크리스트

구분	점검 내용	점검 결과	근로감독 결과 위반 시 조치 기준
단시간 근로자 연장 근로 제한	• 단시간근로자에게 소정근로시간을 초과하여 근로하게 하는 경우 1주간에 12시간을 초과하는지 여부 〈기간제법 제6조 제1항〉 ※ 위반 시 1천만원 이하의 벌금	① 단시간 근로자에게 소정근로시간을 초과하여 근로하게 하는 경우 1주간에 12시간을 초과하지 않음	시정기간 14일 이내 (미시정시 범죄인지)
		② 단시간 근로자에게 소정근로시간을 초과하여 근로하게 하는 경우 1주간에 12시간을 초과함	
단시간 근로자 연장 근로시 동의	• 단시간근로자에게 소정근로시간을 초과하여 근로하게 하는 경우 근로자의 동의를 받는지 여부 〈기간제법 제6조 제1항〉 ※ 위반 시 1천만원 이하의 벌금	① 단시간근로자의 동의를 받음	시정기간 14일 이내 (미시정시 범죄인지)
		② 단시간근로자의 동의를 받지 않음	

2) 체크포인트

기간제법 제6조에 따라 단시간근로자도 초과근로시간이 1주 12시간으로 제한된다. 또한 단시간근로자의 경우 근로시간을 짧게 근로하기로 약정한 근로자이기 때문에 초과근로 시 해당 근로자의 동의를 받도록 규정하고 있다. 따라서 단시간근로자에 대한 초과근로 시 동의서를 서면으로 받거나 근로계약 체결 시 초과근로에 대한 동의 내용을 근로계약서에 포함시켜 근로계약을 체결하는 것이 요구된다.

또한 연장근로 사전신청제도 등을 통한 연장근로 관리 방안이 근로감독 시에 도움이 될 수 있다.

3) 관련법령/행정해석/판례

관계법령

[기간제 및 단시간근로자 보호 등에 관한 법률]

제6조(단시간근로자의 초과근로 제한) ① 사용자는 단시간근로자에 대하여 「근로기준법」 제2조의 소정근로시간을 초과하여 근로하게 하는 경우에는 해당 근로자의 동의를 얻어야 한다. 이 경우 1주간에 12시간을 초과하여 근로하게 할 수 없다.
② 단시간근로자는 사용자가 제1항의 규정에 따른 동의를 얻지 아니하고 초과근로를 하게 하는 경우에는 이를 거부할 수 있다.
③ 사용자는 제1항에 따른 초과근로에 대하여 통상임금의 100분의 50 이상을 가산하여 지급하여야 한다.

4) 근로감독 시 자주 발생하는 위반 사례 및 해결 방안

case

☑ **위반 사례**

○○패밀리 레스토랑의 경우 단시간 근로자의 연장근로 시 별도의 동의를 받지 않음 → 단시간 근로자 연장근로 제한 위반

☑ **해결 방안**

단시간 근로자의 연장근로 시 별도의 동의를 받아야 함(동의 방식 : 별도의 동의서 징구 또는 입사 시 연장근로 동의내용을 포함한 근로계약 체결 등)

5) 근로감독 대비 실무 적용점

- 단시간근로자의 경우 1주 12시간 이내로 연장근로를 시행한다.
- 단시간근로자에 대한 연장근로 시 동의를 받는다. (동의 방식 : 별도의 동의서 징구 또는 입사 시 연장근로 동의 내용 포함하여 근로계약 체결)

3. 단시간근로자의 연장근로가산수당(기간제법 제6조)

1) 체크리스트

구분	점검 내용	점검 결과	근로감독 결과 위반 시 조치 기준
단시간 근로자 연장 근로 가산 수당	• 단시간근로자의 초과근로에 대하여 통상임금의 100분의 50이상을 가산하여 지급하는지 여부 〈기간제법 제6조 제3항〉 ※ 단시간근로자의 초과근로에 대하여 가산수당을 지급하지 않은 경우 임금 또는 퇴직금 체불이 발생함(재직자는 근로기준법 제43조 위반으로 3년 이하의 징역 또는 3천만원 이하의 벌금, 퇴직자는 근로기준법 제36조 위반으로 3년 이하의 징역 또는 3천만원 이하의 벌금)	① 통상임금의 100분의 50이상을 가산하여 지급함 ② 통상임금의 100분의 50이상을 가산하여 지급하지 않음	별도의 조치기준은 없으나, 연장근로 가산수당 미지급으로 인하여 근로기준법 제36조, 제43조 위반 시 조치기준이 적용될 수 있음 시정기간 14일 이내 (미시정시 범죄인지)

2) 체크포인트

단시간 근로자에 대한 근로감독 시 단시간근로자의 초과근로수당 지급여부는 매우 중요한 근로감독 사항이다. 법내 연장근로란 소정근로시간은 초과하나 법정근로시간을 초과하지 않는 연장근로를 말하며, 단시간근로자의 경우에는 기간제법 제6조에 따라 법내 연장근로이나 단시간 근로자의 소정근로시간이 초과되는 경우에 대해서도 통상임금의 100분의 50이상을 가산하여 지급하여야 한다. 즉, 단시간근로자의 소정근로시간(약정근로시간)을 초과하는 근로에 대해서는 연장근로가산수당을 지급해야 하는 것으로 이해하면 된다.

3) 관련법령/행정해석/판례

관계법령

[기간제 및 단시간근로자 보호 등에 관한 법률]

제6조(단시간근로자의 초과근로 제한) ① 사용자는 단시간근로자에 대하여 「근로기준법」 제2조의 소정근로시간을 초과하여 근로하게 하는 경우에는 당해 근로자의 동의를 얻어야 한다. 이 경우 1주간에 12시간을 초과하여 근로하게 할 수 없다.

② 단시간근로자는 사용자가 제1항의 규정에 따른 동의를 얻지 아니하고 초과근로를 하게 하는 경우에는 이를 거부할 수 있다.

③ 사용자는 제1항에 따른 초과근로에 대하여 통상임금의 100분의 50 이상을 가산하여 지급하여야 한다.

행정해석

단시간 근로자의 초과근로 관련 지침

단시간근로자의 경우 소정근로시간을 짧게 한 후 가산임금 지급 없이 상시적인 초과근로를 강요받는다는 지적이 지속적으로 제기됨. 이에 따라 법정근로시간 이내라도 단시간근로자의 소정근로시간 초과근로에 대해 가산임금(50%)을 지급하도록 기간제법을 개정함.

고용노동부, 2014.9.19.

4) 근로감독 시 자주 발생하는 위반 사례 및 해결 방안

case

☑ **위반 사례**

○○레져는 ○○○근로자와 1일 5시간, 1주 25시간의 단시간 근로계약을 체결함. 최근 주말 근무 시 업무량 증가로 1일 2시간의 연장근로를 시행하였으나 법내 연장근로(1일 8시간 이내 또는 주40시간 이내의 연장근로)를 적용하여 가산수당을 지급하지 아니함 → 단시간 근로자 연장근로가산수당 위반

☑ **해결 방안**
단시간 근로자의 경우 소정근로시간을 초과한 근로에 대하여 통상임금의 100분의 50이상을 가산하여 지급하여야 함

5) 근로감독 대비 실무 적용점

- 단시간근로자의 경우에도 연장근로가산수당을 지급하여야 한다.
- 단시간근로자의 경우에 소정근로시간을 초과한 근로에 대하여 통상임금의 100분의 50이상을 가산하여 지급한다.

4. 비정규직 근로자의 차별적 처우(기간제법 제8조, 파견법 제21조)

1) 체크리스트

구분	점검 내용	점검 결과	근로감독 결과 위반 시 조치 기준
비정규직 근로자의 차별적 처우	• 비정규직 근로자(기간제, 단시간, 파견 근로자)임을 이유로 동일사업장 내 동종·유사한 업무에 종사하는 비교대상 근로자(무기계약직, 통상근로자, 사용사업주가 직접 고용한 근로자)와 비교하여 차별적 처우를 하는지 여부 〈기간제법 제8조, 파견법 제21조〉 ※ 처벌 규정 없음	① 비정규직 근로자에게 차별적 처우를 하지 아니함 ② 비정규직 근로자에게 차별적 처우를 함	시정기간 25일 이내 (미시정시 노동위원회 통보)

2) 체크포인트

비정규직 근로자에 대한 차별적 처우는 근로감독 시 반드시 점검하는 항목이다. 최근 비정규직 차별 처우 문제는 사회적 문제로 확대되고 있기 때문에 매우 철저한 대비가 요구된다. 비정규직 차별이란 비정규직 근로자임을 이유로 동일 사업장 내 동종 유사한 업무에 종사하는 비교대상 근로자(무기계약직, 통상근로자, 사업주가 직접 고용한 근로자)에 비하여 임금, 상여금, 성과금, 그 밖에 복리후생 등을 불리하게 처우하는 것을 말한다.

비정규직 차별적 처우는 아래 그림과 같이 3단계의 절차를 통하여 판단하여야 한다. 1단계는 비교대상 근로자의 존재 여부 판단이다. 만약 비교대상 근로자(무기계약직, 통상근로자, 사용사업주가 직접 고용한 근로자)가 없는 경우라면 비정규직 차별은 존재하지 않기 때문에 논의가 종료된다. 그러나 비교대상 근로자가 존재한다면 2단계로 진행된다.

2단계는 차별적 처우가 있는지 여부 판단이다. 차별적 처우란 임금, 상여금, 성과금, 그 밖의 근로조건 및 복리후생을 말한다. 만약 차별적 처우가 없다면 비정규직 차별은 존재하지 않기 때문에 논의가 종료된다. 그러나 차별적 처우가 있다면 3단계로 진행된다.

3단계는 차별적 처우의 합리적이유가 있는지 여부 판단이다. 합리적 이유는 권한과 책임, 노동강도, 노동생산성 등의 차이 등을 고려하여 판단한다. 만약 합리적 이유가 있는 경우라면 비정규직 차별은 존재하지 않는 것으로 본다. 그러나 합리적 이유가 없다면 해당 차별적 처우를 비정규직 차별로 판단하게 된다.

최근 상여금, 성과금, 식대, 교통비 등이 비정규직 차별로 인정되는 경우가 계속적으로 발생하고 있기 때문에 사전에 비정규직 차별을 철저히 검토하는 것이 요구된다.

[참고] 비정규직 차별 판단 프로세스

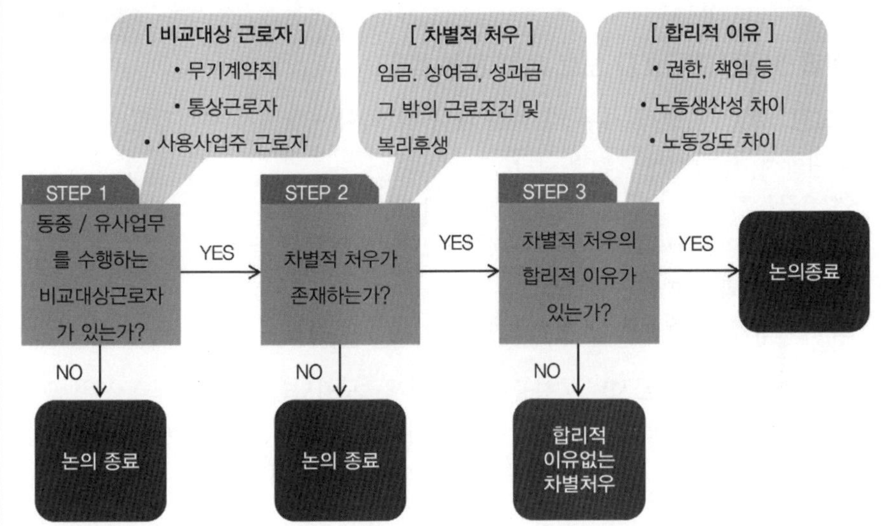

[참고] 합리적 이유의 예시(고용노동부 자료 참고)

1. 업무의 범위, 업무의 권한·책임 등이 다른 경우
2. 노동생산성이 다른 경우(직접적인 근로의 결과로서 객관적으로 입증 가능한 경우에 한함)
3. 임금 및 근로조건의 결정요소인 직무, 능력, 기능, 기술, 자격, 경력, 학력, 근속년수, 책임, 업적, 숙련도, 업무난이도 등의 차이에 따라 차등을 두는 경우
4. 채용조건·기준(경력 및 자격 등)이 다르고 이러한 사항이 임금결정요소인 경우
5. 단시간근로자에 대하여 임금 및 분할 가능한 근로조건을 시간비례에 따라 적용한 경우

3) 관련법령/행정해석/판례

관계법령

[기간제 및 단시간근로자 보호 등에 관한 법률]

제2조(정의) 3. "차별적 처우"라 함은 다음 각 목의 사항에서 합리적인 이유 없이 불리하게 처우하는 것을 말한다.

가. 「근로기준법」 제2조제1항제5호에 따른 임금

나. 정기상여금, 명절상여금 등 정기적으로 지급되는 상여금

다. 경영성과에 따른 성과금

라. 그 밖에 근로조건 및 복리후생 등에 관한 사항

제8조(차별적 처우의 금지) ① 사용자는 기간제근로자임을 이유로 해당 사업 또는 사업장에서 동종 또는 유사한 업무에 종사하는 기간의 정함이 없는 근로계약을 체결한 근로자에 비하여 차별적 처우를 하여서는 아니 된다.

② 사용자는 단시간근로자임을 이유로 해당 사업 또는 사업장의 동종 또는 유사한 업무에 종사하는 통상근로자에 비하여 차별적 처우를 하여서는 아니 된다.

[파견근로자 보호 등에 관한 법률]

제21조(차별적 처우의 금지 및 시정 등) ① 파견사업주와 사용사업주는 파견근로자라는 이유로 사용사업주의 사업 내의 같은 종류의 업무 또는 유사한 업무를 수

행하는 근로자에 비하여 파견근로자에게 차별적 처우를 하여서는 아니 된다.
② 파견근로자는 차별적 처우를 받은 경우 「노동위원회법」에 따른 노동위원회(이하 "노동위원회"라 한다)에 그 시정을 신청할 수 있다.
③ 제2항에 따른 시정신청, 그 밖의 시정절차 등에 관하여는 「기간제 및 단시간근로자 보호 등에 관한 법률」 제9조부터 제15조까지 및 제16조제2호·제3호를 준용한다. 이 경우 "기간제근로자 또는 단시간근로자"는 "파견근로자"로, "사용자"는 "파견사업주 또는 사용사업주"로 본다.
④ 제1항부터 제3항까지의 규정은 사용사업주가 상시 4명 이하의 근로자를 사용하는 경우에는 적용하지 아니한다.

행정해석

무기계약직 근로자와 신입 계약직 근로자간 임금차이가 차별에 해당하는지 여부

기간제법 제8조의 취지가 기간제 근로자와 무기계약직 근로자간에 합리적 이유 없이 불리한 처우를 하여서는 아니 된다는 것이지 무조건적으로 동일하게 처우하라는 것은 아니므로, 귀 질의와 같이 근속기간이 약 3년 6개월 정도 되는 무기계약직 근로자와 1년이 안 되는 기간제근로자간에 업무숙련도, 직무능력 등의 차이를 반영하여 "근속기간에 따른" 임금차등을 둔 경우에는 합리적 이유가 있다고 볼 수 있을 것임.

차별개선과-32601, 2008.9.24.

판례

기간제근로자에 대한 중식대와 통근비를 비교 대상 근로자에 비해 불리하게 지급한 것은 차별적 처우에 해당하는지 여부

원심판결 이유에 의하면, 원심은 제1심판결을 인용하여, 원고가 참가인들에 대한 중식대와 통근비를 비교 대상 근로자인 영업마케팅·내부통제점검자 및 자점검사전담자에 대한 중식대와 통근비보다 적은 금액으로 책정하여 지급한 것은 불리한 처우에 해당하고, 중식대와 통근비가 실비변상의 성격을 가진 점, 원고가 텔러직, 지원직 등 다른 기간제 근로자들에게도 중식대와 통근비를 지급한 사정에 비추어 이들 수당을 장기근속 유도와 직접 연관시키기 어려운 것으로 보이는 점 등을 종합하면, 위와 같이 원고가 참가인들에게 중식대와 통근비를 불리하게 지급한 데에 합리적인 이유가 있는 것으로 볼 수 없다고 판단하였다.

대법원 2012.10.25. 선고, 2011두7045 판결

판례

합리적 이유에 대한 판단

기간제법 제2조 제3호는 '차별적 처우'라 함은 임금 그 밖의 근로조건 등에 있어서 합리적인 이유없이 불리하게 처우하는 것을 말한다고 규정하고 있는 바, 기간제근로자가 임금 그 밖의 근로조건 등에 있어서 불리하게 처우를 받고 있다고 하더라도 그 불리한 처우에 합리적인 이유가 있는 경우에는 차별적 처우에 해당하지 않는다고 할 것이고, 불리한 처우의 이유가 합리적인 이유에 해당하는지 여부는 기간제근로자의 근속기간, 단기고용이라는 특성, 채용조건·기준·방법·절차, 업무의 범위·권한·책임, 노동시장의 수급상황 및 시장가치, 사용목적(수습·시용·직업훈련·인턴 등), 임금 및 근로조건의 결정요소(직무, 능력, 기능, 기술, 자격, 경력, 학력, 근속연수, 책임, 업무, 실적 등) 등을 고려하여 개별 사안별로 판단하여야 할 것이다.

서울고등법원 2010.11.11. 선고, 2010누15577 판결

4) 근로감독 시 자주 발생하는 위반 사례 및 해결 방안

case 01

☑ **위반 사례**

○○은행은 금융텔러직무에 종사하는 정규직 근로자에게는 교통비를 지급하고 단시간 근로자에게는 교통비를 지급하지 않음 → 비정규직 근로자의 차별적 처우 금지 위반

☑ **해결 방안**

단시간 근로자임을 이유로 복리후생에 대하여 차별적 처우를 하여서는 아니됨

case 02

☑ **위반 사례**

○○공사는 사무지원직에 종사하는 무기계약직 근로자에게는 출장비(일 2만원)를 지급하고 기간제 근로자에게는 출장비를 지급하지 않음 → 비정규직 근로자의 차별적 처우 금지 위반

☑ **해결 방안**

기간제 근로자임을 이유로 복리후생에 대하여 차별적 처우를 하여서는 아니됨

case 03

☑ **위반 사례**

○○의료원은 무기계약직 근로자에게는 중식비(월 15만원)를 지급하고 기간제 근로자에게는 지급하지 않음 → 비정규직 근로자의 차별적 처우 금지 위반

☑ **해결 방안**

기간제 근로자임을 이유로 복리후생에 대하여 차별적 처우를 하여서는 아니됨

case 04

☑ **위반 사례**

○○협동조합은 효도휴가비를 무기계약직 근로자에게는 40만원을 지급하고 기간제 근로자에게는 30만원을 지급함 → 비정규직 근로자의 차별적 처우 금지 위반

☑ **해결 방안**

기간제 근로자임을 이유로 복리후생에 대하여 차별적 처우를 하여서는 아니됨

case 05

☑ **위반 사례**

○○금융은 현금지급기 A/S 업무수행자에 대한 연말 성과급 지급 시 무기계약직 근로자에게는 기본급의 300%를 지급하고 기간제 근로자에게는 200%를 지급함 → 비정규직 근로자의 차별적 처우 금지 위반

☑ **해결 방안**

기간제 근로자임을 이유로 성과급에 대하여 차별적 처우를 하여서는 아니됨

5) 근로감독 대비 실무 적용점

- 중식비, 교통비, 출장비, 휴가비, 피복비, 휴일, 휴가 등 복리후생은 정규직과 비정규직근로자에 대하여 동일하게 적용하는 것을 원칙으로 한다.
- 비정규직에 대하여 합리적 이유 없이 차별하지 않는다.
- 직무주의 인사관리를 통하여 비정규직 차별문제를 근본적으로 해결한다.

5. 도급의 법적안정성

1) 체크리스트

구분	점검 내용	점검 결과	근로감독 결과 위반 시 조치 기준
수급인 등의 사업주로서의 실제 판단	• 수급인 등이 사업주로서 실체가 인정되는지 여부 (위장도급 여부 판단)	① 수급인 등이 사업주로서의 실체가 인정됨	수급인 등이 사업주로서의 실체가 인정되지 않는 경우 도급인과 수급인 사이에 직접적인 근로계약관계가 존재하는 것으로 봄
		② 수급인 등이 사업주로서의 실체가 인정되지 않음	
근로자 파견 여부 판단	• 근로자 파견에 해당하는지 여부 (불법파견 여부 판단)	① 근로자파견에 해당하지 않음	근로자 파견에 해당할 경우 파견근로자 보호 등에 관한 법률을 적용하여 조치함
		② 근로자파견에 해당함	

※ 주) 근로감독 결과 위장도급 또는 불법파견으로 판단될 경우 파견법 등 위반으로 처벌받을 수 있음

2) 체크포인트

도급의 적법한 운영은 근로감독 시 매우 중요한 항목이다. 그리고 최근 「근로자 파견 판단에 관한 지침」이 개정(2019.12.30.)되었기 때문에 더욱 철저히 대비할 필요가 있다.

도급계약의 적법성에 대해서는 아래의 기준에 의해 구체적으로 판단하게 된다. 먼저 수급인의 경영상의 독립성(수급인등의 실체 판단)을 판단한다. 경영상의 독립성은 채용 · 해고 등의 결정권, 소요자금 조달 및 지급에 대한 책임, 법령상 사업

주로서의 책임, 기계·설비·기자재의 자기책임과 부담, 전문적 기술·경험과 관련된 기획 책임과 권한 등을 종합적으로 고려하여 판단한다. 수급인이 경영상의 독립성이 없다고 판단되면 위장도급으로 본다. 위장도급으로 판단되면 도급인과 수급인 소속 근로자 사이에 직접적인 근로계약관계가 존재하는 것으로 보아 각종 노동관계법이 적용될 수 있다.

수급인이 경영상의 독립성이 있다고 판단되면 수급인의 인사노무관리상의 독립성(근로자파견 해당 여부 판단)을 판단하게 된다. 인사노무관리상의 독립성은 업무상 상당한 지휘·명령, 사용사업주등의 사업에의 실질적 편입, 인사·노무 관련 결정 권한 행사, 계약 목적의 확정 및 업무의 구별, 전문성·기술성, 계약목적 달성을 위해 필요한 기업 조직·설비 등 보유 등을 종합적으로 고려하여 판단한다. 만약 수급인이 인사노무관리상의 독립성이 없다고 판단되면 해당 도급계약을 근로자파견으로 보아 파견근로자 보호 등에 관한 법률을 적용하게 된다.

3) 관련법령/행정해석/판례

판례

근로자파견에 대한 판단

원고용주가 어느 근로자로 하여금 제3자를 위한 업무를 수행하도록 하는 경우 그 법률관계가 파견근로자 보호 등에 관한 법률의 적용을 받는 근로자파견에 해당하는지는 당사자가 붙인 계약의 명칭이나 형식에 구애될 것이 아니라, 제3자가 당해 근로자에 대하여 직·간접적으로 업무수행 자체에 관한 구속력 있는 지시를 하는 등 상당한 지휘·명령을 하는지, 당해 근로자가 제3자 소속 근로자와 하나의 작업집단으로 구성되어 직접 공동 작업을 하는 등 제3자의 사업에 실질적으로 편입되었다고 볼 수 있는지, 원고용주가 작업에 투입될 근로자의 선발이나 근로자의 수, 교육 및 훈련, 작업·휴게시간, 휴가, 근무태도 점검 등에 관한 결정 권한을 독자적으로 행사하는지, 계약의 목적이 구체적으로 범위가 한정된 업무의 이행으로 확정되고 당해 근로자가 맡은 업무가 제3자 소속 근로자의 업무와 구별되며 그러한 업무에 전문성·기술성이 있는지, 원고용주가 계약의 목적을 달성하기 위하여 필요한 독립적 기업조직이나 설비를 갖추고 있는지 등의 요소를 바탕으로 근로관계의 실질에 따라 판단하여야 한다.

대법원 2015.2.26. 선고, 2010다106436 판결

판례

자동차 등을 생산·판매하는 회사와 업무위탁계약을 체결한 사내협력업체의 소속 근로자가 근로자파견관계에 있다고 본 사례

원고용주가 어느 근로자로 하여금 제3자를 위한 업무를 수행하도록 하는 경우 그 법률관계가 파견근로자 보호 등에 관한 법률의 적용을 받는 근로자파견에 해당하는지는 당사자가 붙인 계약의 명칭이나 형식에 구애될 것이 아니라, 제3자가 그 근로자에 대하여 직간접적으로 업무수행 자체에 관한 구속력 있는 지시를 하는 등 상당한 지휘·명령을 하는지, 그 근로자가 제3자 소속 근로자와 하나의 작업집단으로 구성되어 직접 공동 작업을 하는 등 제3자의 사업에 실질적으로 편입되었다고 볼 수 있는지, 원고용주가 작업에 투입될 근로자의 선발이나 근로자의 수, 교육 및 훈련, 작업·휴게시간, 휴가, 근무태도 점검 등에 관한 결정 권한을 독자적으로 행사하는지, 계약의 목적이 구체적으로 범위가 한정된 업무의 이행으로 확정되고 그 근로자가 맡은 업무가 제3자 소속 근로자의 업무와 구별되며 그러한 업무에 전문성·기술성이 있는지, 원고용주가 계약의 목적을 달성하기 위하여 필요한 독립적 기업조직이나 설비를 갖추고 있는지 등의 요소를 바탕으로 근로관계의 실질에 따라 판단하여야 한다.

자동차 등을 생산·판매하는 甲 주식회사와 업무위탁계약을 체결한 사내협력업체의 소속 근로자로서 甲 회사의 공장에서 업무를 수행한 乙 등이 甲 회사를 상대로 근로자지위확인 등을 구한 사안에서, 甲 회사는 사내협력업체 근로자에 대하여 일반적인 작업배치권과 변경결정권을 행사하였다고 보이는 점 등 제반 사정에 비추어 사내협력업체가 乙 등으로 하여금 甲 회사를 위한 업무를 수행하도록 한 것은 구 파견근로자 보호 등에 관한 법률(2006.12.21. 법률 제8076호로 개정되기 전의 것) 또는 2006.12.21. 법률 제8076호로 개정된 파견근로자 보호 등에 관한 법률 제2조 제1호에서 정한 '근로자파견'에 해당하고, 甲 회사와 乙 등은 근로자파견관계에 있었다고 본 원심판단이 정당하다

대법원 2022.10.27. 선고, 2017다9732, 9749, 9756 판결

[참고] 도급 및 파견에 대한 법률적 판단 기준

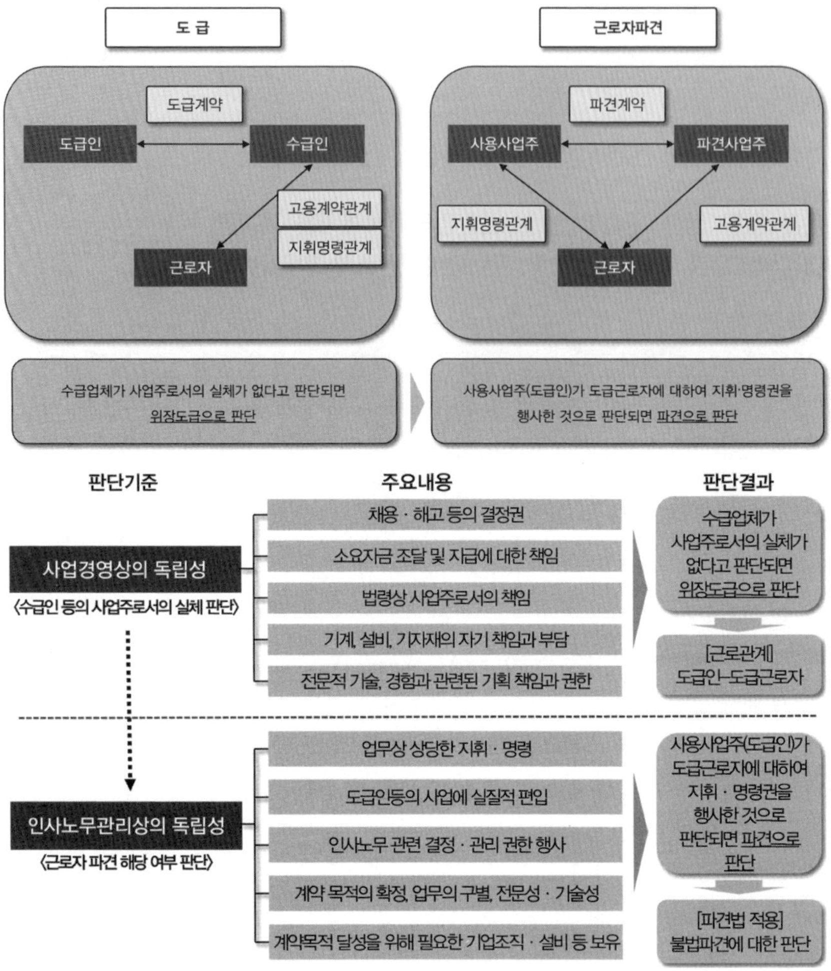

4) 근로감독 시 자주 발생하는 위반 사례 및 해결 방안

case 01

☑ **위반 사례**

○○공사는 ○○협력사와 도급계약을 체결하여 전산업무 일부를 도급으로 운영함. 그러나 ○○협력사의 대표이사는 ○○공사 인사팀장이고 ○○협력사의 자본금은 ○○공사의 사우회가 100% 출자함 → 위장도급으로 판단될 가능성이 높음

☑ **해결 방안**

도급의 경우 수급인이 사업경영상의 독립성이 있어야 함

case 02

☑ **위반 사례**

○○자동차는 ○○협력사와 도급계약을 체결하여 생산공정 일부를 도급으로 운영함. 그러나 ○○협력사(수급인)의 업무수행능력 미비로 인하여 ○○자동차(도급인)가 실질적인 인사노무관리를 하고 있음 → 불법파견으로 판단될 가능성이 높음

☑ **해결 방안**

도급의 경우 수급인이 인사노무관리상의 독립성을 유지하여야 함

5) 근로감독 대비 실무 적용점

- 도급계약 시 수급인의 사업경영상의 독립성과 인사노무관리상의 독립성을 철저히 확보한다.
- 일부업무를 아웃소싱으로 전환할 경우 사전에 도급의 법적 안정성에 대하여 면밀히 검토한다.

제10장

노사협의회 관련 체크포인트

1. 노사협의회 설치 등
2. 노사협의회 개최
3. 고충처리위원 선임

제10장 노사협의회 관련 체크포인트

1. 노사협의회 설치 등(근참법 제4조 및 제18조)
2. 노사협의회 개최(근참법 제12조 및 제19조)
3. 고충처리위원 선임 관련(근참법 제26조)

근로감독은 대부분 개별적 근로관계에 대한 내용을 중심으로 이루어진다. 노사협의회에 대한 근로감독은 집단적 노사관계에 대한 근로감독으로 볼 수 있다. 노사협의회 점검은 노사협의회가 설치되어 있는지 여부, 규정이 고용노동부에 제출되었는지 여부, 노사협의회 분기별 개최 여부, 고충처리위원회 설치 여부 등을 대상으로 이루어진다. 노사협의회 관련 근로감독은 평소 노사협의회의 정상적인 운영을 통해서 준비할 수 있는 영역이기 때문에 평상 시 노사관계에 관심을 가지고 업무에 임하는 것이 중요하다. 이번 장에서는 노사협의회 관련 근로감독 점검 사항에 대해서 세부내용을 살펴보도록 한다.

1. 노사협의회 설치 등(근참법 제4조 및 제18조)

1) 체크리스트

구분	점검 내용	점검 결과	근로감독 결과 위반 시 조치 기준
노사 협의회 설치 여부	• 사용자가 근로조건에 대한 결정권이 있는 상시 30명 이상 사업 또는 사업장에 노사협의회를 설치하였는지 여부 〈근로자 참여 및 협력 증진에 관한 법률(이하 "근참법") 제4조〉 ※ 위반 시 1천 만원 이하의 벌금(협의회의 설치를 정당한 사유 없이 거부하거나 방해한 자에 대한 것임)	① 상시 30인 이상 사업 또는 사업장으로서 노사협의회를 설치하였음	시정기간 25일 이내 (미시정시 범죄인지)
		② 상시 30인 이상 사업 또는 사업장으로서 노사협의회를 설치하지 아니하였음	
노사 협의회 규정 제출	• 사용자가 협의회규정을 제정하고 협의회를 설치한 날로부터 15일 이내에 고용노동부에 제출하였는지 여부(변경을 포함) 〈근참법 제18조 제1항〉 ※ 위반 시 200만원 이하의 과태료	① 협의회 규정을 제정하여 제출하였음	시정기한 14일 이내 (미시정시 과태료)
		② 협의회 규정을 제정하지 아니하였거나, 제정하였으나 제출하지 아니하였음	

2) 체크포인트

사용자는 근로자참여 및 협력 증진에 관한 법률(이하 "근참법") 제4조에 따라 근로조건의 결정권이 있는 상시 30인 이상 사업 또는 사업장에 노사협의회를 설치하여야 하며, 이를 정당한 이유 없이 거부하거나 방해하여서는 아니된다.

또한 노사협의회를 설치한 날부터 15일 이내에 노사협의회 규정을 고용노동부에 제출하여야 한다.

일반적으로 많은 기업들이 노사협의회 설치와 규정 제출의무 위반에 대한 제재

규정이 있다는 것을 잘 모르고, 상시 근로자 30인 이상 사업장임에도 이를 설치하지 아니하거나 노사협의회 규정을 제출하지 아니한 경우가 많아 평상 시 노무관리 체크 포인트로 설정하여 관리하여야 한다. 특히 근로자위원과 사용자 위원 등을 선출하는 것은 단시간에 할 수 있는 과정이 아니므로 충분한 여유를 가지고 준비하는 것이 필요하다.

3) 관련법령/행정해석/판례

관계법령

[근로자참여 및 협력증진에 관한 법률]

제4조(노사협의회의 설치) ① 노사협의회(이하 "협의회"라 한다)는 근로조건에 대한 결정권이 있는 사업이나 사업장 단위로 설치하여야 한다. 다만, 상시(常時) 30명 미만의 근로자를 사용하는 사업이나 사업장은 그러하지 아니하다.
② 하나의 사업에 지역을 달리하는 사업장이 있을 경우에는 그 사업장에도 설치할 수 있다.

제18조(협의회규정) ① 협의회는 그 조직과 운영에 관한 규정(이하 "협의회규정"이라 한다)을 제정하고 협의회를 설치한 날부터 15일 이내에 고용노동부장관에게 제출하여야 한다. 이를 변경한 경우에도 또한 같다.
② 협의회규정의 규정 사항과 그 제정·변경 절차 등에 관하여 필요한 사항은 대통령령으로 정한다.

행정해석

노사협의회를 운영하던 중 임원감소로 상시 근로자수가 30인 미만으로 되었을 때 노사협의회를 계속 운영해야 하는지 여부

노사협의회가 설치된 사업장이 일시적인 인원감소로 근로자수가 30인 미만이 된 경우라도 상태적으로 보아 사용 근로자수가 30인 이상이면 노사협의회를 계속 운영해야 하며, "상태적으로 사용 근로자수 30인 이상" 여부는 그간의 고용추이·향후 고용전망(30인 이상으로 회복 가능성)등을 고려하여 개별적·구체적으로 판단함. 다만, 해제와 재구성이 용이하지 않은 노사협의회의 특성상 사용 근로자수가

30인 이상으로 회복될 가능성이 희박한 경우를 제외하고는 계속 운영하는 것이 바람직하다고 생각됨.

노사 68107-2, 1998.1.6.

4) 근로감독 시 자주 발생하는 위반 사례 및 해결 방안

case 01

☑ **위반 사례**

○○상사(상시 100명 이상 사업장)는 대표이사 주관의 노사 간담회를 시행하고 있으나 노사협의회는 설치하지 않았음 → 노사협의회 설치 의무 위반

☑ **해결 방안**

상시 30인 이상 사업장은 노사협의회를 설치하여야 함

case 02

☑ **위반 사례**

○○물류(상시 50명 이상 사업장)는 노사협의회 규정 작성하지 않았고, 관할지청에 제출하지 아니하였음 → 노사협의회 규정 제정 및 제출의무 위반

☑ **해결 방안**

상시 30인 이상 사업장은 노사협의회를 설치함은 물론 노사협의회 규정을 제정하고, 관할지청에 제출하여야 함

5) 근로감독 대비 실무 적용점

- 상시 근로자 30인 이상 사업 또는 사업장으로서 근로조건의 결정권이 있는 경우 노사협의회를 설치하여야 한다.
- 또한 노사협의회 규정을 작성하여 고용노동부 관할지청에 제출하도록 한다.(변경 시에도 동일함.)

2. 노사협의회 개최(근참법 제12조 및 제19조)

1) 체크리스트

구분	점검 내용	점검 결과	근로감독 결과 위반 시 조치 기준
노사 협의회 개최	• 사용자가 노사협의회를 3개월마다 정기적으로 개최하는지 여부 〈근참법 제12조 제1항〉 ※ 위반 시 200만원 이하의 벌금	① 노사협의회를 3개월마다 정기적으로 개최함	시정기한 25일 이내 (미시정시 범죄인지)
		② 노사협의회를 3개월마다 정기적으로 개최하지 아니함	

2) 체크포인트

사용자는 근로자참여 및 협력 증진에 관한 법률(이하 "근참법") 제12조에 따라 노사협의회를 3개월마다 정기적으로 개최하여야 하며, 회의록을 작성하여야 하고 갖추어 두어야 한다. 회의록에는 개최일시 및 장소, 출석위원, 협의내용 및 의결된 사항 등이 기록되어야 한다.

3) 관련법령/행정해석/판례

관계법령

[근로자참여 및 협력증진에 관한 법률]

제12조(회의) ① 협의회는 3개월마다 정기적으로 회의를 개최하여야 한다.
② 협의회는 필요에 따라 임시회의를 개최할 수 있다.

제19조(회의록 비치) ① 협의회는 다음 각 호의 사항을 기록한 회의록을 작성하여 갖추어 두어야 한다.
1. 개최 일시 및 장소
2. 출석 위원

3. 협의 내용 및 의결된 사항
4. 그 밖의 토의사항
② 제1항에 따른 회의록은 작성한 날부터 3년간 보존하여야 한다.

행정해석

근로자위원이 선임되지 않아 정기 노사협의회를 미개최한 경우 법위반 여부 판단

근참법 제12조 제1항에 따라 노사협의회는 3개월마다 정기적으로 회의를 개최해야 하고, 사용자가 이를 이행하지 않을 경우에는 근참법 제32조에 따라 200만원 이하의 벌금에 처하도록 규정되어 있다. 그러나 근로자위원이 선출되지 못하는 등 사용자의 책임으로 볼 수 없는 사유로 회의를 개최하지 못하는 경우라면 사용자가 노사협의회 정기회의 개최의무를 이행하지 않은 것으로 보기는 어려울 것이다.

노사협력복지팀-1710, 2007.6.1.

4) 근로감독 시 자주 발생하는 위반 사례 및 해결 방안

case

☑ **위반 사례**

○○케미칼(상시 50명 이상 사업장)은 노사협의회를 설치하였으나 1년에 2회 노사협의회를 개최함 → 노사협의회 개최 의무 위반

☑ **해결 방안**

노사협의회를 3개월마다 정기적으로 개최하여야 함

5) 근로감독 대비 실무 적용점

- 근로자와의 소통 관점에서 노사협의회를 적극적으로 활용할 수 있는지 여부를 검토한다.
- 노사협의회는 최소한 3개월마다 정기적으로 협의회를 개최하고, 회의록을 남겨두어야 한다.

[참고] 근로자참여 및 협력증진에 관한 법률 시행규칙[별지 제3호서식]

제 차 (정기 · 임시) 노사협의회 회의록	
회 의 일 시	
회 의 장 소	
협 의 사 항	
보 고 사 항	
의 결 사 항	
의결된 사항 및 그 이행에 관한 사항	
그 밖의 참고사항 및 전분기 의결된 사항의 이행 상황	

3. 고충처리위원 선임(근참법 제26조)

1) 체크리스트

구분	점검 내용	점검 결과	근로감독 결과 위반 시 조치 기준
고충처리위원 선임	• 사용자가 상시 30명 이상 사업 또는 사업장에 근로자의 고충을 청취하고 이를 처리하기 위하여 고충처리위원을 두었는지 여부 〈근참법 제26조〉 ※ 위반 시 200만원 이하의 벌금	① 상시 30인 이상 사업 또는 사업장으로서 고충처리위원을 두었음	시정기간 25일 이내 (미시정시 범죄인지)
		② 상시 30인 이상 사업 또는 사업장으로서 고충처리위원을 두지 아니하였음	

2) 체크포인트

사용자는 근로자참여 및 협력 증진에 관한 법률(이하 "근참법") 제26조에 따라 상시 30명 이상 사업 또는 사업장에 근로자의 고충을 청취하고 이를 처리하기 위하여 고충처리위원을 두어야 한다.

고충처리위원은 노사를 대표하는 3명 이내의 위원으로 구성하되, 협의회가 설치되어 있는 사업이나 사업장의 경우에는 협의회가 그 위원 중에서 선임하고, 협의회가 설치되어 있지 아니한 사업이나 사업장의 경우에는 사용자가 위촉한다. 고충처리위원의 임기는 3년으로 하되 연임할 수 있다.

고충처리위원이 근로자로부터 고충사항을 청취한 경우에는 10일 이내에 조치사항과 처리결과를 근로자에게 통보하여야 한다. 또한 고충처리위원은 근로자참여 및 협력증진에 관한 법률 시행령 제9조에 따라 별지 제4호 서식의 고충사항 접수·처리대장을 작성하여 갖추어 두어야 한다.

3) 관련법령/행정해석/판례

관계법령

[근로자참여 및 협력증진에 관한 법률]

제26조(고충처리위원) 모든 사업 또는 사업장에는 근로자의 고충을 청취하고 이를 처리하기 위하여 고충처리위원을 두어야 한다. 다만, 상시 30명 미만의 근로자를 사용하는 사업이나 사업장은 그러하지 아니하다.

제27조(고충처리위원의 구성 및 임기) ① 고충처리위원은 노사를 대표하는 3명 이내의 위원으로 구성하되, 협의회가 설치되어 있는 사업이나 사업장의 경우에는 협의회가 그 위원 중에서 선임하고, 협의회가 설치되어 있지 아니한 사업이나 사업장의 경우에는 사용자가 위촉한다.
② 위원의 임기에 관하여는 협의회 위원의 임기에 관한 제8조를 준용한다.

제28조(고충의 처리) ① 고충처리위원은 근로자로부터 고충사항을 청취한 경우에는 10일 이내에 조치 사항과 그 밖의 처리결과를 해당 근로자에게 통보하여야 한다.
② 고충처리위원이 처리하기 곤란한 사항은 협의회의 회의에 부쳐 협의 처리한다.

[근로자참여 및 협력증진에 관한 법률 시행규칙]

제7조(고충사항 접수 및 처리대장의 작성 · 비치) 법 제26조에 따른 고충처리위원은 「근로자참여 및 협력증진에 관한 법률 시행령」 제9조에 따라 별지 제4호서식의 고충사항 접수 · 처리대장을 작성하여 갖추어 두어야 한다.

4) 근로감독 시 자주 발생하는 위반 사례 및 해결 방안

case

☑ **위반 사례**

ㅇㅇ화학(상시 300명 이상 사업장)은 노사협의회를 설치하여 운영하고 있으나, 고충처리위원을 선임하지 않음→ 고충처리 위원 선임 의무 위반

☑ **해결 방안**

상시 30인 이상 사업장은 고충처리위원을 선임하고 고충처리대장을 작성하여야 함

5) 근로감독 대비 실무 적용점

- 상시 근로자 30인 이상 사업 또는 사업장으로서 근로조건의 결정권이 있는 경우 고충처리위원을 두어야 한다.
- 고충처리위원은 고충처리 접수·처리대장을 작성하여 보관한다.

[참고] 근로자참여 및 협력증진에 관한 법률 시행규칙[별지 제4호서식]

고충사항 접수·처리대장

접수번호	접수일자	고충처리 요청인		고충내용	처리결과	회신일자	고충처리위원
		성명	소속부서				

제11장

노동관계법 위반 신고 등 형사절차 체크포인트

제11장 노동관계법 위반 신고 등 형사절차 체크포인트[10)]

1. 개 요

노동부에 법 위반으로 진정이 접수되거나 회사에 대한 고소·고발이 이루어지거나 근로감독 시 적발 사항에 대한 시정기한이 주어졌으나 기한 내 시정하지 않는 경우 또는 즉시 범죄인지가 필요한 경우 일정한 절차에 의하여 사건이 진행된다.

먼저, 진정사건의 경우 아직 형사절차라고 말하기 어려운 내사단계라고 볼 수 있으나, 고소·고발은 범죄인지 상태로 형사소송 절차에 따라 사건이 진행된다. 또한 근로감독 이후 범죄인지가 된 상태도 당연히 형사소송 절차에 따르게 되는데, 근로감독의 경우에 법 위반사항이 발생하더라도 일정기간의 시정기한이 주어지고 이 때 법 위반 사항이 대부분 해결되므로 범죄인지로 진행되는 경우는 많지 않다. 그러나 법 위반 사항 중 최저임금 위반과 같이 시정기한을 부과하지 않는 '즉시 범죄인지'에 해당하는 경우는 이러한 형사절차를 거칠 수밖에 없다. 이번 장에서는 노동관계법 위반 등과 관련한 신고사건의 A to Z를 이해함과 동시에 근로감독 이후 발생할 수 있는 형사사건 전반의 절차와 개념을 이해하도록 한다.

10) 고용노동부, 「초임 근로감독관을 위한 노동사범의 수사실무」, 2002.3. 수정인용(동 자료는 국가기록원(www.archives.go.kr)에서 공식적으로 공개하고 있는 자료임.) 형사사법포털(www.kics.go.kr) 함께 참조하여 정리함.

2. 노동관계법 위반과 신고사건

1) 개요

신고사건이란 사업 또는 사업장에서 근로기준법 기타 노동관계법령의 위반행위로 권익을 침해당한 자가 침해당한 사항에 대하여 문서・구두・전화・우편・기타의 방법으로 행정관청에 진정・청원・탄원・고소・고발 등을 한 사건을 의미한다.

2) 신고사건의 종류

가. 진정

개인이 침해받은 권리를 구제받거나, 시정을 위해 관계기관에 조치를 요구하는 것이다.

나. 고소

피해자 등 고소권자가 수사기관에 범죄사실을 신고, 그 처벌을 구하는 것이다.

다. 고발

고소권자 이외의 제3자가 수사기관에 범죄사실을 신고, 그 처벌을 구하는 것이다.

진정사건의 경우 내사단계에 해당되나, 고소・고발은 범죄인지 상태이므로, 그 처리절차는 형사소송법, 사법경찰관리집무규정 등의 규정에 따라야 한다. 또한 일상적으로 고소・고발을 구분하지 않고 사용하는 경우가 있으나, 고소는 피해자나 대리인 등 피해 당사자가 행하는 것이고, 고발은 제3자가 피해에 대해 신고하는 것으로서 고소・고발권자 및 제한 등에 있어 차이가 있으므로 혼동하여서는 아니 된다.

구분	고소	고발
제기권자	피해자, 법정대리인	고소권자 이외의 제3자
제기기간	제한 없음(친고죄 제외)	제한 없음
취소기간	1심 판결 선고전까지 취소가능	제한 없음
재신고 여부	취소후 재고소 불가	취소후 재고발 가능
대리신고 여부	가능	불가능
비고	피해자 본인 또는 배우자의 직계존속에 대해서는 고소·고발 불가	

※ 주) 고소의 경우 : 피해자의 법정대리인이나 피해자가 사망한 때에는 그 배우자, 직계존속, 또는 형제자매가 고소할 수 있으나 피해자의 명시한 의사에 반할 수 없음.

3) 신고사건의 처리절차

가. 진정사건(처리기간 : 25일)

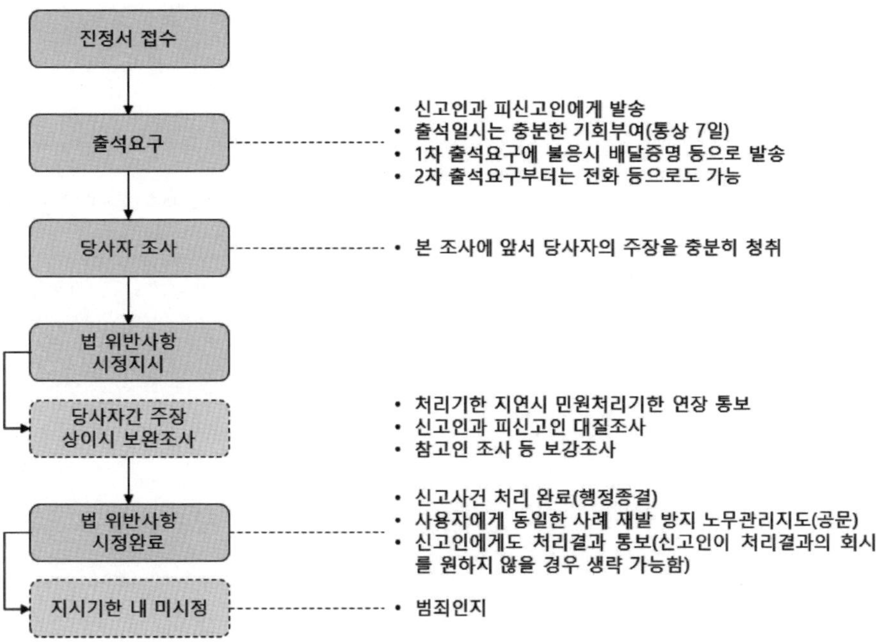

나. 고소 · 고발사건 / 범죄인지 사건(처리기간 : 2월)

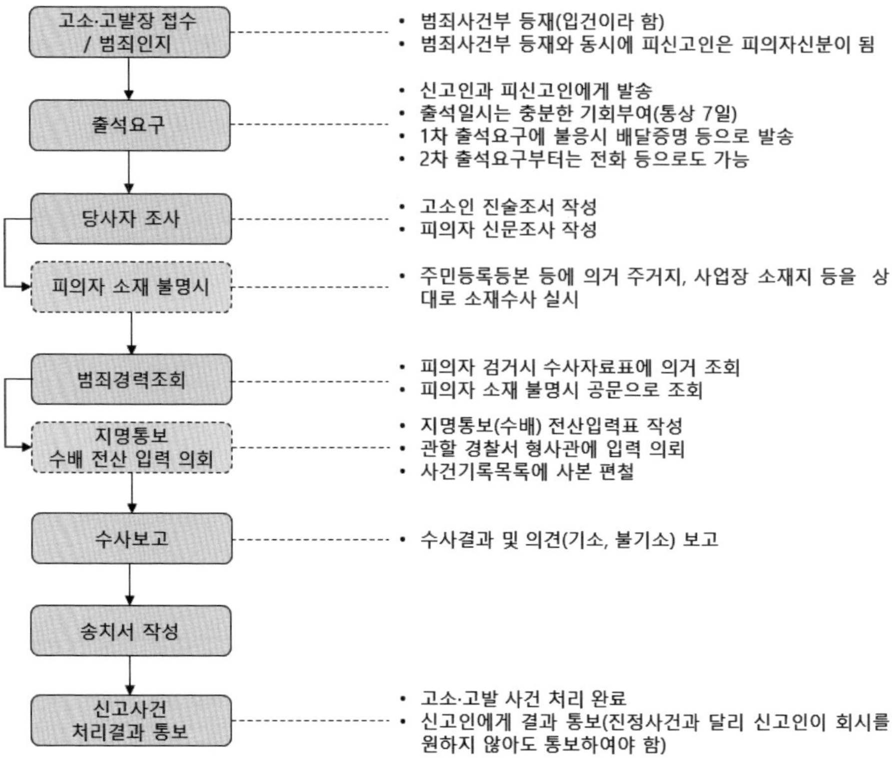

3. 노동관계법 위반과 형사절차

1) 개요

노동관계법 위반 관련 형사절차의 경우 전체적으로 사법경찰관인 근로감독관과 검찰에 의하여 이루어지는 수사절차와 검찰의 공소제기 이후 법원에 의하여 이루어지는 재판절차로 구분될 수 있다. 노동관계법 위반과 관련하여 근로감독관을 사법경찰관으로 이해하면 실무적으로 도움이 될 것으로 판단된다.

2) 형사사건의 전반적인 절차

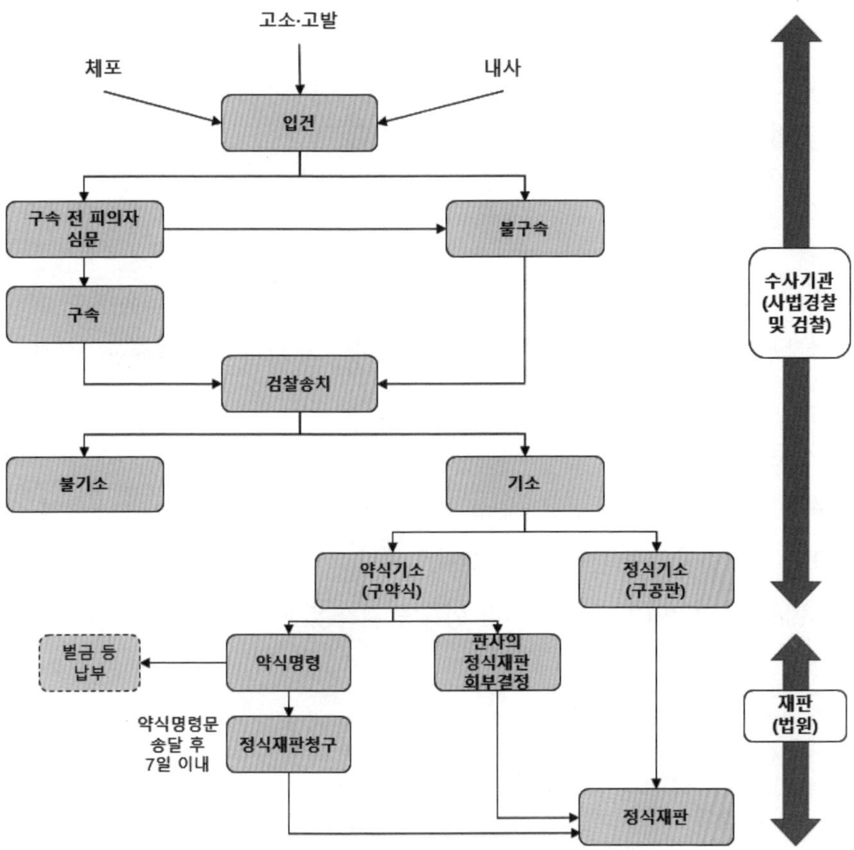

3) 형사절차와 관련한 용어 이해

가. 수사와 관련한 주요 용어

① 내사

범죄 혐의가 인정되기 전에 조사하는 단계로 정식으로 입건하지 않은 상태에서 진정이나 투서 또는 제공되는 정보 등에 따라 내부적으로 조사하는 단계를 말한다. 범죄인지 전에 반드시 내사 단계를 거쳐야 하는 것은 아니다. 조사 결과 혐의가 없어 조사를 종결하는 것을 내사종결이라고 한다.

② 범죄인지

수사기관이 고소, 고발, 자수 이외의 수사단서[11]가 있는 경우에 범죄의 혐의가 있다고 판단하여 수사를 개시하는 것을 말한다. 보통 입건이라고 하며, 실무상으로는 범죄접수부에 사건을 등재하게 되는 단계를 말한다.

③ 수사

범죄의 혐의 유무를 명백히 하고 공소의 제기와 유지여부를 결정하기 위하여 범인을 발견, 확보하고 증거를 수집 및 보전하는 수사기관의 활동을 말한다.

④ 신문과 심문

- 신문(訊問) : 수사기관이 진실발견을 위하여 피의자에게 범죄사실과 정황에 관한 필요한 사실을 질문하는 것을 말한다.
- 심문(審問) : 법원이 당사자나 기타 이해 관계가 있는 사람에게 개별적으로 서면

11) 수사기관이 수사를 개시하는 원인을 수사의 단서라고 한다. 고소・고발・신고와 같이 민원인이 수사기관에 범죄를 알리는 경우 이 외에도 풍문, 언론보도, 다른 사건 수사 중 범죄 발견 등 수사의 단서에는 제한이 없다. 고소・고발・자수가 있으면 수사가 개시되고, 피고소인 등은 피의자로서 조사받게 된다. 신고 등의 경우에는 수사기관의 범죄인지에 의하여 피의자로서 조사받게 된다.(형사사법포털, www.kics.go.kr)

또는 구술로 진술의 기회를 주는 행위를 말한다.

⑤ 송치

형사사건화 된 모든 사건은 검사만이 종결할 수 있는데 사법경찰관이 1차적으로 수사한 모든 형사사건에 대하여 기록과 증거물, 구속 사건의 경우 피의자를 검찰청으로 보내는 것을 말한다. 송치할 때에는 1차적으로 수사한 결과에 대한 사법경찰관의 의견서를 첨부하여야 한다.

나. 신체의 자유와 관련한 주요 용어

① 피고인 · 피의자 · 용의자

- 피고인 : 검사에 의하여 형사책임을 져야할 자로 "공소가 제기된 자 또는 공소가 제기된 자로 취급되어 있는 자"를 의미한다.
- 피의자 : 수사기관에 의하여 수사의 대상으로 되어 있는 자를 말한다.
- 용의자 : 범인이 아닌가 하는 상당한 의심이 가는 사람이 있으나, 범인이라는 뚜렷한 혐의가 발견되지 않은 사람을 말한다.

② 영장

강제처분의 재판을 기재한 재판서로 강제처분의 실시에 있어서는 원칙적으로 영장을 피처분자에게 제시하여야 하며, 강제처분의 남용을 피하고 인권을 옹호하는 것에 목적을 두고 있다. 체포, 구속, 수색, 압수 시 영장이 필요하다.

③ 구속

피고인 또는 피의자의 신체자유를 제한하는 대인적 강체처분으로서 출석의 보장과 함께 증거인멸에 의한 수사과 심리의 방해를 제거하여 형벌의 집행을 확보하기 위한 수단으로 구인과 구금을 포함한다.

④ 체포

수사기관 또는 사인이 피의자의 신체를 구인, 인치하여 일정기간 유치하는 것으로 강제처분의 일종이다.

⑤ 구속적부심

수사기관의 피의자에 대한 구속의 적부를 법원이 심사하여 그 구속이 위법하거나 부당하다고 인정되는 경우 구속된 피의자를 석방하는 제도이다.

다. 공소 및 재판 관련한 주요 용어

① 공소 및 공소권

법원에 대하여 특정한 형사사건의 심판을 요구하는 검사의 법률행위적 소송행위를 말하며, 그 권리를 공소권이라고 한다.

② 공소시효

검사가 일정기간 동안 공소를 제기하지 않고, 방치하는 경우에 국가의 소추권을 소멸시키는 제도로 형사시효의 일종이다. 법정 최고형이 5년 미만이면 공소시효는 5년이며, 5년 이상 10년 미만이면 7년이다. 공소시효는 범죄행위 종료시부터 진행하며, 초일도 산입하고 기간말일이 공휴일이더라도 산입하게 된다.

③ 약식기소

지방법원의 관할사건에 대하여 검사의 청구가 있는 때에 재판절차를 경유하지 않고 검사가 제출한 자료만을 조사하여 약식명령으로 피고인에게 벌금·과료 또는 몰수의 형을 과하는 간이한 재판절차이다. 약식명령의 청구가 있는 경우에도 판사가 그 사건이 약식명령으로 할 수 없거나 약식명령으로 하는 것이 적당하지 않다고 판단한 때에는 공판절차에 의하여 심판하게 되어 있다.(형사소송법 제450

조). 약식명령을 받은 피의자는 약식명령을 고지 받은 날로부터 7일 이내에 약식명령을 한 법원에 서면으로 정식재판을 해달라고 청구할 수 있다.(형사소송법 제453조). 또한 정식재판을 청구한 이후에도 피고인은 1심 판결이 선고되기 전까지는 정식재판 청구를 취소할 수 있다.(형사소송법 제454조)

④ 불기소

검사가 형사사건의 피의자에 대하여 공소를 제기하지 않는 결정을 통상 불기소 또는 불기소 처분이라고 부르고, 기소유예, 혐의없음(증거불충분), 혐의없음(범죄인정안됨), 죄가안됨, 공소권없음, 각하 처분이 이에 해당한다. 검사는 피의자의 범죄가 인정되더라도 ① 범인의 연령, 성행, 지능과 환경, ② 피해자에 대한 관계, ③ 범행의 동기, 수단과 결과, ④ 범행후의 정황을 참작하여 공소를 제기하지 않을 수 있고(형사소송법 제247조), 이를 기소유예 처분이라고 한다.

해당 형사사건이 범죄를 구성하지 않거나, 공소를 제기함에 충분한 혐의가 없거나 기타 소송조건을 구비하지 아니하여 적법한 공소제기를 할 수 없는 경우에 혐의없음, 죄가안됨, 공소권없음 처분을 하게 된다. 고소장이나 고발장으로도 불기소 사유에 해당함이 명백한 경우 등에는 검사는 조사 없이 불기소 처분을 할 수 있는데, 이를 각하 처분이라고 한다.

검사가 불기소처분을 하였을 때에는 그 결과를 피의자와 고소인·고발인에게 그 취지를 통지하여야 하고 (형사소송법 제258조 제1항), 고소인·고발인의 청구가 있는 때에는 그 이유도 서면으로 설명하여야 한다.(형사소송법 제259조) 또한 고소권을 가진 사람이 고소하였다가 불기소 처분을 받은 경우, 불기소 처분에 대하여 고등검찰청에 항고할 수 있다. 그리고 고소인(직권남용 등으로 고발한 고발인 포함)은 ① 항고 기각된 경우, ② 항고이후 사건을 재기하여 수사한 후 다시 불기소 처분을 받은 경우, ③ 항고 신청후 그에 대한 처분 없이 3개월을 경과한 경우, ④ 공소시효 30일 전까지 공소가 제기되지 않은 경우 해당 검찰청의 소재지를 관할하는 고등법원에 불기소 처분의 당부에 관한 재정신청을 할 수 있다.

⑤ 재판

법원 또는 법관이 행하는 법률행위를 재판이라고 하고, 재판은 그 형식에 따라 판결, 결정, 명령의 3가지로 나눌 수 있다. 법원이 검사가 기소한 피고인에 대하여 공판을 열어 유무죄를 가리고 유죄로 인정되는 경우에 형벌을 과하는 판결을 하게 되는데, 이 판결이 가장 중요한 재판의 형식이다. 공판은 기소된 사건에 대한 재판을 위해 심리하는 절차를 의미하고, 법원에 마련된 공판정에서 공판기일에 공개하여 진행된다. 공판절차는 재판장인 판사가 피고인에게 진술거부권을 고지한 후 성명과 연령 등을 묻는 인정신문으로부터 시작되며, 검사의 모두 진술, 피고인의 모두 진술, 재판장의 쟁점정리를 위한 질문, 증거조사, 검사의 피고인 신문, 변호인의 피고인 신문, 재판장의 피고인 신문, 검사의 의견진술(구형), 변호인의 변론, 피고인의 최후진술 순으로 진행됩니다. 재판장은 이러한 절차가 끝나면 변론을 종결하고 판결을 선고한다. 형사 판결의 종류에는 유죄 판결, 무죄 판결, 면소 판결, 공소기각 판결이 있으며, 유죄가 인정되어 형을 선고할 경우에도, 형의 집행을 유예하거나, 선고를 유예하거나, 형을 면제하는 판결을 할 수 있다.

라. 죄와 관련한 주요 용어

① 반의사불벌죄(反意思不罰罪)

피해자가 처벌을 희망하지 않는다는 의사를 표시하면 처벌할 수 없는 범죄를 말한다. 처벌을 희망하는 피해자의 의사표시가 없더라도 소추할 수 있으나, 피해자가 처벌을 원하지 아니한다는 의사표시를 하거나 처벌을 희망하는 의사표시를 철회한 때에는 공소를 제기할 수 없거나 기소 후인 경우에는 공소기간의 판결을 선고하여야 한다. 대표적으로 근로기준법 제109조 제2항에서는 '제36조, 제43조, 제44조, 제44조의2, 제46조, 제51조의3, 제52조 제2항 제2호 또는 제56조를 위반한 자에 대하여는 피해자의 명시적인 의사와 다르게 공소를 제기할 수 없다.'고 규정하여 반의사불벌죄를 규정하고 있다.

② 친고죄(親告罪)

공소제기에 피해자 기타 법률이 정한 자의 고소 또는 고발을 필요로 하는 범죄를 말한다. 근로기준법 제112조에서는 "제111조의 죄는 노동위원회의 고발이 있어야 공소를 제기할 수 있다."고 규정하여 노동위원회의 구제명령이 확정되거나 행정소송을 제기하여 확정된 구제명령 또는 구제명령을 내용으로 하는 재심판정을 이행하지 아니한 자에 대한 처벌의 경우 노동위원회의 고발이 없으면 공소를 제기할 수 없도록 하고 있다.

③ 양벌규정

직접적으로 행위를 한 자연인 외의 법인을 처벌하는 규정을 의미하며, 쌍벌규정이라고도 한다. 근로기준법 제115조에서는 "사업주의 대리인, 사용인, 그 밖의 종업원이 해당 사업의 근로자에 관한 사항에 대하여 제107조, 제109조부터 제111조까지, 제113조 또는 제114조의 위반행위를 하면 그 행위자를 벌하는 외에 그 사업주에게도 해당 조문의 벌금형을 과(科)한다. 다만, 사업주가 그 위반행위를 방지하기 위하여 해당 업무에 관하여 상당한 주의와 감독을 게을리하지 아니한 경우에는 그러하지 아니하다."고 규정하여 양벌규정을 명시하고 있다.

④ 벌금(罰金)과 과태료(過怠料)

과태료는 징역형이나 벌금 등 형법에 의한 형벌은 아니지만 금전적인 벌로서, 행정상 의무위반에 대한 행정법상의 제재로 볼 수 있다. 반면에 벌금은 과료(科料), 몰수(沒收)와 함께 재산형의 일종인 형사법상 제재이다. 노동관계법 위반 시 징역형이나 벌금 등이 규정되어 있는 경우에는 형사소송법에 따른 형사사건 절차에 의하여 법원에 의한 재판에 따라 최종 판단을 받게 되지만, 과태료가 규정되어 있는 경우에는 「노동관계법 위반자에 대한 과태료 부과·징수업무에 관한 규정」에 따라 고용노동부가 징수하게 된다.

제12장

근로감독 사전 진단 체크리스트

1. 근로계약체결 관련 체크리스트
2. 근로시간 관련 체크리스트
3. 휴식 관련 체크리스트
4. 임금 관련 체크리스트
5. 모성보호 등 관련 체크리스트
6. 취업규칙 및 퇴직 관련 체크리스트
7. 비정규직 등 관련 체크리스트
8. 노사협의회 관련 체크리스트

제12장 근로감독 사전 진단 체크리스트

1. 근로계약체결 관련 체크리스트
2. 근로시간 관련 체크리스트
3. 휴식 관련 체크리스트
4. 임금 관련 체크리스트
5. 모성보호 등 관련 체크리스트
6. 취업규칙 및 퇴직 관련 체크리스트
7. 비정규직 등 관련 체크리스트
8. 노사협의회 관련 체크리스트

근로감독 사전 진단 체크리스트는 회사의 노동관계법령 준수 수준을 사전에 파악하기 위하여 활용되는 진단지입니다. 근로감독 사전 진단 체크리스트는 근로계약체결, 근로시간, 휴식, 임금, 모성보호, 취업규칙 및 퇴직, 비정규직, 노사협의회 등 8개 항목으로 구성되어 있으며 항목별로 세부 체크리스트가 포함되어 있습니다. 근로감독은 감독 후 시정조치보다 감독 전 사전예방이 매우 바람직합니다. 따라서 본 근로감독 사전 진단 체크리스트를 통해서 회사의 근로감독점검 대비 수준을 사전에 파악하고 취약점을 개선하는데 적극 활용하시기 바랍니다.

근로감독 사전 진단
체크리스트

회사명 : ____________________

노무법인 YEDAM HR CONSULTING
YEDAM 예담HR컨설팅

[유 의 사 항]

1. 본 근로감독 사전 진단 체크리스트는 현재 회사의 근로감독 준비 수준을 스스로 진단하기 위하여 개발되었습니다.

2. 본 근로감독 사전 진단 체크리스트를 병원의 건강진단의 개념으로 이해하시고 평소 회사의 노동법 건강관리에 활용하시기 바랍니다.

3. 본 근로감독 사전 진단 체크리스트를 통하여 근로감독 점검사항 중 가장 핵심적인 내용에 대해서 대비가 가능합니다.

4. 점검 결과 몇 개의 항목에 위반사항이 발생하였는지 보다 무슨 항목에 위반사항이 발생하였는지를 확인하는 것이 중요합니다. 단, 하나의 항목에 대한 위반사항이 발생하였지만 향후 매우 큰 문제로 이어질 수 있습니다.

5. 본 근로감독 사전 진단 체크리스트를 통하여 정확하게 문제점을 발견하고 개선하고자 하시는 경우에는 공인노무사의 도움을 받는 것이 필요할 수 있습니다.

노무법인 예담HR컨설팅

1. 근로계약체결 관련 체크리스트

<table>
<tr><th>구분</th><th>진단 내용</th><th>진단 결과</th><th>진단 의견</th></tr>
<tr><td rowspan="3">근로조건
서면 명시</td><td rowspan="3">• 근로기준법에서 정하는 근로조건을 서면으로 명시하는지 여부
〈근로기준법 제17조 제2항〉
서면명시사항
1. 임금 구성항목
2. 임금 계산방법
3. 임금 지급방법
4. 소정근로시간
5. 제55조에 따른 휴일
6. 제60조에 따른 연차유급휴가
※ 위반 시 500만원 이하 벌금</td><td>① 근로기준법에서 정하는 근로조건을 모두 서면으로 명시함</td><td rowspan="3"></td></tr>
<tr><td>② 근로기준법에서 정하는 근로조건을 일부는 서면으로 명시하고 일부는 서면으로 명시하지 않음
[미명시 근로조건
(번호로 표기) :   ]</td></tr>
<tr><td>③ 근로기준법에서 정하는 근로조건을 모두 서면으로 명시하지 않음</td></tr>
<tr><td rowspan="2">근로계약서
교부</td><td rowspan="2">• 근로계약서를 근로자에게 교부하는지 여부
〈근로기준법 제17조 제2항〉
※ 위반 시 500만원 이하 벌금</td><td>① 교부함</td><td rowspan="2"></td></tr>
<tr><td>② 교부하지 않음</td></tr>
<tr><td rowspan="3">근로기준법
주요내용과
취업규칙
게시</td><td rowspan="3">• 근로기준법과 동법 시행령의 주요내용과 취업규칙 등을 게시하는지 여부
〈근로기준법 제14조〉
게시사항
1. 근로기준법과 시행령 주요내용
2. 취업규칙
3. 기숙사규정과 규칙(기숙사가 있을 경우에 한함)
※ 위반 시 500만원 이하 과태료</td><td>① 모두 게시함</td><td rowspan="3"></td></tr>
<tr><td>② 일부 게시함
[미게시 사항
(번호로 표기) :   ]</td></tr>
<tr><td>③ 모두 게시하지 않음</td></tr>
</table>

<table>
<tr><th>구분</th><th>진단 내용</th><th>진단 결과</th><th>진단 의견</th></tr>
<tr><td rowspan="3">근로자명부
작성</td><td rowspan="3">• 근로자 명부를 작성하는지 여부
〈근로기준법 제41조〉
근로자명부 기재사항
1. 성명
2. 성별
3. 생년월일, 주소
4. 이력
5. 종사하는 업무의 종류
6. 고용 또는 고용갱신 연월일
7. 계약기간을 정한 경우에는 그 기간, 그 밖의 고용에 관한 사항
8. 해고, 퇴직 또는 사망한 경우에는 그 연월일과 사유
9. 그 밖에 필요한 사항
※ 위반 시 500만원 이하 과태료</td><td>① 근로자 명부를 작성하고 기재사항을 모두 기재함</td><td rowspan="3"></td></tr>
<tr><td>② 근로자 명부는 작성하였으나 기재사항 일부를 기재하지 않음
[미게시 사항
(번호로 표기) :]</td></tr>
<tr><td>③ 근로자명부를 작성하지 않음</td></tr>
<tr><td rowspan="3">계약서류의
보존</td><td rowspan="3">• 근로자명부와 근로계약에 관한 중요한 서류를 3년간 보존하고 있는지 여부
〈근로기준법 제42조〉
보존 계약 서류
1. 근로자명부
2. 근로계약서
3. 임금대장
4. 임금의 결정·지급방법과 임금계산의 기초에 관한 서류
5. 고용·해고·퇴직에 관한 서류
6. 승급·감급에 관한 서류
7. 휴가에 관한 서류
8. 탄력적, 선택적, 사업장밖간주근로시간제, 근로시간의 특례 관련 서면합의 서류
9. 연소자증명 서류
※ 위반 시 500만원 이하 과태료</td><td>① 근로계약에 관한 중요한 서류를 모두 보존함</td><td rowspan="3"></td></tr>
<tr><td>② 근로계약에 관한 중요한 서류 중 일부를 보존하지 않음
[미보존 서류
(번호로 표기) :]</td></tr>
<tr><td>③ 근로계약에 관한 중요한 서류를 모두 보존하고 있지 않음</td></tr>
<tr><td rowspan="3">연소자
증명서</td><td rowspan="3">• 18세 미만 근로자(연소자)에 대하여 관련 서류를 갖추고 있는지 여부
〈근로기준법 제66조〉
연소자 증명서
1. 가족관계 기록사항에 관한 증명서
2. 친권자 또는 후견인 동의서
※ 위반 시 500만원 이하 과태료</td><td>① 관련서류를 모두 비치함</td><td rowspan="3"></td></tr>
<tr><td>② 관련서류를 일부 비치함
[미비치 서류
(번호로 표기) :]</td></tr>
<tr><td>③ 관련서류를 모두 비치하지 않음</td></tr>
</table>

구분		진단 내용	진단 결과	진단 의견
금지 되는 근로 계약	위약 예정의 금지	• 근로계약 불이행에 대한 위약금 또는 손해배상액을 예정하는 계약을 체결하는지 여부 〈근로기준법 제20조〉 ※ 위반시 500만원 이하 벌금	① 위약금 또는 손해배상액을 예정하는 근로계약을 체결하지 않음	
			② 위약금 또는 손해배상액을 예정하는 근로계약을 체결함	
	전차금 상계의 금지	• 전차금이나 그 밖에 근로할 것을 조건으로 하는 전대채권과 임금을 상계하는 계약을 체결하는지 여부 〈근로기준법 제21조〉 ※ 위반시 500만원 이하 벌금	① 전차금 또는 전대채권과 임금을 상계하는 근로계약을 체결하지 않음	
			② 전차금 또는 전대채권과 임금을 상계하는 근로계약을 체결함	
	강제 저금의 금지	• 근로계약에 덧붙여 강제 저축 또는 저축금의 관리를 규정하는 계약을 체결하는지 여부 〈근로기준법 제22조 제1항〉 ※ 위반 시 2년 이하의 징역 또는 2천만원 이하의 벌금	① 강제저축 또는 저축금의 관리를 규정하는 계약을 체결하지 않음	
			② 강제저축 또는 저축금의 관리를 규정하는 계약을 체결함	

근로계약체결 관련 체크리스트 진단 의견	

2. 근로시간 관련 체크리스트

구분		진단 내용	진단 결과	진단 의견
일반근로자 근로시간		• 근로계약 시 소정근로시간이 법정기준근로시간을 초과하는지 여부 〈근로기준법 제50조〉 ※ 위반 시 2년 이하의 징역 또는 2천만원 이하의 벌금	① 소정근로시간은 휴게시간을 제외하고 1주 40시간 또는 1일 8시간을 초과하지 않음	
			② 소정근로시간은 휴게시간을 제외하고 1주 40시간 또는 1일 8시간을 초과함	
일반근로자 연장근로 제한		• 연장근로시간이 1주간에 12시간을 초과하는지 여부 〈근로기준법 제53조 제1항, 제2항〉 ※ 위반 시 2년 이하의 징역 또는 2천만원 이하의 벌금	① 연장근로시간이 1주간에 12시간을 초과하지 않음	
			② 연장근로시간이 1주간에 12시간을 초과함	
연소근로자의 근로시간	연소근로자 근로시간	• 연소근로자 근로계약 시 소정근로시간이 법정기준근로시간을 초과하는지 여부 〈근로기준법 제69조 본문〉 ※ 위반 시 2년 이하의 징역 또는 2천만원 이하의 벌금	① 연소근로자의 소정근로시간은 휴게시간을 제외하고 1주 35시간 또는 1일 7시간을 초과하지 않음	
			② 연소근로자의 소정근로시간은 휴게시간을 제외하고 1주 35시간 또는 1일 7시간을 초과함	
	연소근로자 연장근로 제한	• 연소근로자의 연장근로시간이 1일 1시간 또는 1주간에 5시간을 초과하는지 여부 〈근로기준법 제69조 단서〉 ※ 위반 시 2년 이하의 징역 또는 2천만원 이하의 벌금	① 연소근로자의 연장근로시간이 1일 1시간 또는 1주간에 5시간을 초과하지 않음	
			② 연소근로자의 연장근로시간이 1일 1시간 또는 1주간에 5시간을 초과함	
	연소근로자 야간·휴일 근로 동의	• 연소근로자를 야간 또는 휴일에 근로시키는 경우 근로기준법에서 정한 절차를 준수하는지 여부(본인의 동의, 고용노동부장관 인가, 근로자대표 협의) 〈근로기준법 제70조 제2항, 제3항〉 ※ 제70조 제2항 위반 시 2년 이하의 징역 또는 2천만원 이하의 벌금	① 연소근로자를 야간 또는 휴일에 근로시키는 경우 근로기준법에서 정한 절차를 준수함	
			② 연소근로자를 야간 또는 휴일에 근로시키는 경우 근로기준법에서 정한 절차를 준수하지 않음	

구분		진단 내용	진단 결과	진단 의견
여성근로자 야간 및 휴일 근로		• 여성근로자를 야간 또는 휴일에 근로시키는 경우에 근로자의 동의를 받는지 여부 〈근로기준법 제70조 제1항〉 ※ 위반 시 2년 이하의 징역 또는 2천만원 이하의 벌금	① 여성근로자의 동의를 받음	
			② 여성근로자의 동의를 받지 않음	
임신 근로자 근로 시간	임신 근로자 연장 근로	• 임신근로자에게 시간외근로(연장근로)를 시행하는지 여부 〈근로기준법 제74조 제5항〉 ※ 위반 시 2년 이하의 징역 또는 2천만원 이하의 벌금	① 임신근로자에게 연장근로를 시행하지 않음	
			② 임신근로자에게 연장근로를 시행함	
	임신 근로자 야간 및 휴일 근로	• 임신근로자를 야간 또는 휴일에 근로시키는 경우 근로기준법에서 정한 절차를 준수하는지 여부(본인의 명시적 청구, 고용노동부장관 인가, 근로자대표 협의) 〈근로기준법 제70조 제2항, 제3항〉 ※ 제70조 제2항 위반 시 2년 이하의 징역 또는 2천만원 이하의 벌금 ※ 제70조 제3항 위반 시 500만원 이하의 벌금	① 임신근로자를 야간 또는 휴일에 근로시키는 경우 근로기준법에서 정한 절차를 준수함	
			② 임신근로자를 야간 또는 휴일에 근로시키는 경우 근로기준법에서 정한 절차를 준수하지 않음	
출산 후 1년 미만 근로자 근로 시간	출산 후 1년 미만 근로자 연장 근로	• 출산 후 1년 미만 근로자에게 시간외근로를 1일 2시간, 1주 6시간, 1년 150시간을 초과하여 시행하는지 여부 〈근로기준법 제71조〉 ※ 위반 시 2년 이하의 징역 또는 2천만원 이하의 벌금	① 출산 후 1년 미만 근로자에게 시간외 근로 시간 한도를 준수함	
			② 출산 후 1년 미만 근로자에게 시간외 근로 시간 한도를 준수하지 않음	
	출산 후 1년 미만 근로자 야간 및 휴일 근로	• 출산 후 1년 미만 근로자를 야간 또는 휴일에 근로시키는 경우 근로기준법에서 정한 절차를 준수하는지 여부(본인의 동의, 고용노동부장관 인가, 근로자대표 협의) 〈근로기준법 제70조 제2항, 제3항〉 ※ 제70조 제2항 위반 시 2년 이하의 징역 또는 2천만원 이하의 벌금 ※ 제70조 제3항 위반 시 500만원 이하의 벌금	① 출산 후 1년 미만 근로자를 야간 또는 휴일에 근로시키는 경우 근로기준법에서 정한 절차를 준수함	
			② 출산 후 1년 미만 근로자를 야간 또는 휴일에 근로시키는 경우 근로기준법에서 정한 절차를 준수하지 않음	

<table>
<thead>
<tr><th colspan="2">구분</th><th>진단 내용</th><th>진단 결과</th><th>진단 의견</th></tr>
</thead>
<tbody>
<tr><td colspan="2" rowspan="2">보상휴가제</td><td rowspan="2">• 근로자대표와의 서면합의에 따라 연장근로·야간근로 또는 휴일근로에 대하여 임금을 지급하는 것에 갈음하여 휴가를 부여하는지 여부(보상휴가는 임금기준 시간으로 부여해야 함. 예시 : 4시간을 연장근로 시 6시간(4시간×150%)의 보상휴가 부여)
〈근로기준법 제57조〉
※ 처벌규정은 없으나, 보상휴가제가 적법하게 부여되지 않은 경우 근로기준법 제56조 위반으로 처벌받을 수 있음(3년 이하의 징역 또는 3천만원 이하의 벌금)</td><td>① 보상휴가를 적법하게 부여함</td><td rowspan="2"></td></tr>
<tr><td>② 보상휴가를 적법하게 부여하지 않음</td></tr>
<tr><td rowspan="4">특별 연장 근로 인가 제도</td><td rowspan="2">특별 연장 근로 인가 제도</td><td rowspan="2">• 특별한 사정이 있는 경우 고용노동부장관의 인가와 근로자의 동의를 받아 1주 12시간을 초과하는 연장근로를 시행하는지 여부
〈근로기준법 제53조 제4항 본문〉
※ 위반 시 2년 이하의 징역 또는 2천만원 이하의 벌금</td><td>① 특별연장근로 시 법률을 준수함</td><td rowspan="2"></td></tr>
<tr><td>② 특별 연장근로 시 법률을 준수하지 않음</td></tr>
<tr><td rowspan="2">특별 연장 근로 사후 승인</td><td rowspan="2">• 특별 연장근로 시 사태가 급박하여 사전에 고용노동부 장관의 인가를 받지 못한 경우 사후에 고용노동부 장관의 인가를 받는지 여부
〈근로기준법 제53조 제4항 단서〉
※ 위반 시 500만원 이하의 벌금</td><td>① 사후에 고용노동부 장관의 인가를 받음</td><td rowspan="2"></td></tr>
<tr><td>② 사후에도 고용노동부 장관의 인가를 받지 않음</td></tr>
<tr><td rowspan="2">근로 시간 및 휴게 시간 특례</td><td rowspan="2">근로 시간 및 휴게 시간 특례</td><td rowspan="2">• 근로시간과 휴게시간의 특례 적용 시 법률에서 정한 사업에 해당하는지와 근로자대표와 서면합의를 하는지 여부
〈근로기준법 제59조 제1항〉
※ 처벌규정은 없으나, 특례가 적법하게 시행되지 않은 경우 근로기준법 제53조 제1항 및 제54조 위반으로 처벌받을 수 있음(2년 이하의 징역 또는 2천만원 이하의 벌금)</td><td>① 근로시간과 휴게시간 특례 적용 시 법률을 준수함</td><td rowspan="2"></td></tr>
<tr><td>② 근로시간과 휴게시간 특례 적용 시 법률을 준수하지 않음</td></tr>
</tbody>
</table>

<table>
<tr><th colspan="2">구분</th><th>진단 내용</th><th>진단 결과</th><th>진단 의견</th></tr>
<tr><td rowspan="2"></td><td rowspan="2">11시간 연속 휴식 시간 부여</td><td rowspan="2">• 근로시간 및 휴게시간의 특례 사업장에서 11시간 연속휴식시간 부여 여부
〈근로기준법 제59조 제2항〉
※ 위반 시 2년 이하의 징역 또는 2천만원 이하의 벌금</td><td>① 11시간 연속휴식시간을 부여함</td><td rowspan="2"></td></tr>
<tr><td>② 11시간 연속휴식시간을 부여하지 않음</td></tr>
<tr><td rowspan="8">유연 근로 시간제</td><td rowspan="2">탄력적 근로 시간 제도</td><td rowspan="2">• 탄력적 근로시간제도를 적법하게 운영하고 있는지 여부
〈근로기준법 제51조, 제51조의2〉
※ 처벌 규정 없음</td><td>① 탄력적 근로시간제도를 적법하게 운영함</td><td rowspan="2"></td></tr>
<tr><td>② 탄력적 근로시간제도를 적법하게 운영하지 않음</td></tr>
<tr><td rowspan="2">선택적 근로 시간 제도</td><td rowspan="2">• 선택적 근로시간제도를 적법하게 운영하고 있는지 여부
〈근로기준법 제52조〉
※ 처벌 규정 없음</td><td>① 선택적 근로시간제도를 적법하게 운영함</td><td rowspan="2"></td></tr>
<tr><td>② 선택적 근로시간제도를 적법하게 운영하지 않음</td></tr>
<tr><td rowspan="2">사업장 밖 간주 근로 시간 제도</td><td rowspan="2">• 사업장 밖 간주근로시간제도를 적법하게 운영하고 있는지 여부
〈근로기준법 제58조 제1항 제2항〉
※ 처벌 규정 없음</td><td>① 사업장 밖 간주근로시간 제도를 적법하게 운영함</td><td rowspan="2"></td></tr>
<tr><td>② 사업장 밖 간주근로시간 제도를 적법하게 운영하지 않음</td></tr>
<tr><td rowspan="2">재량 간주 근로 시간 제도</td><td rowspan="2">• 재량 간주 근로시간제도를 적법하게 운영하고 있는지 여부
〈근로기준법 제58조 제3항〉
※ 처벌 규정 없음</td><td>① 재량 간주근로시간제도를 적법하게 운영함</td><td rowspan="2"></td></tr>
<tr><td>② 재량 간주근로시간제도를 적법하게 운영하지 않음</td></tr>
<tr><td colspan="2" rowspan="2">근로시간 적용의 제외</td><td rowspan="2">• 근로시간 적용의 제외를 적법하게 운영하고 있는지 여부
〈근로기준법 제63조〉
※ 처벌규정은 없으나 제도시행요건 불이로 근로시간 적용제외 유효성을 인정받지 못하는 경우, 근로기준법 제5장 근로시간, 휴게와 휴일 규정위반으로 처벌받을 수 있음</td><td>① 근로시간 적용의 제외를 적법하게 운영함</td><td rowspan="2"></td></tr>
<tr><td>② 근로시간 적용의 제외를 적법하게 운영하지 않음</td></tr>
</table>

근로시간 관련 체크리스트 진단 의견	

3. 휴식 관련 체크리스트

구분		진단 내용	진단 결과	진단 의견
주휴일		• 1주 동안의 소정근로일을 개근한 근로자에게 1주에 평균 1회 이상 유급휴일을 부여하는지 여부 〈근로기준법 제55조 제1항〉 ※ 위반 시 2년 이하의 징역 또는 2천만원 이하의 벌금	① 1주일에 평균 1회 이상 유급휴일을 부여함	
			② 1주일에 평균 1회 이상 유급휴일을 부여하지 않음	
관공서의 공휴일과 유급 휴일	공휴일 유급 부여	• 「관공서의 공휴일에 관한 규정」상 공휴일과 대체공휴일을 유급휴일로 보장하는지 여부 〈근로기준법 제55조 제2항〉 ※ 위반 시 2년 이하의 징역 또는 2천만원 이하의 벌금	① 공휴일과 대체공휴일을 유급휴일로 보장함	
			② 공휴일과 대체공휴일을 유급휴일로 보장하지 않음	
	공휴일 대체시 근로자 대표와 서면 합의	• 「관공서의 공휴일에 관한 규정」상 공휴일과 대체공휴일에 대하여 휴일대체 시 근로자대표와의 서면합의 여부 〈근로기준법 제55조 제2항〉 ※ 위반 시 2년 이하의 징역 또는 2천만원 이하의 벌금	① 공휴일과 대체공휴일의 휴일대체 시 근로자대표와 서면합의를 함	
			② 공휴일과 대체공휴일의 휴일대체 시 근로자대표와 서면합의를 하지 않음	
연차 유급 휴가	연차 유급 휴가	• 1년간 80퍼센트 이상 출근한 근로자에게 15일의 연차휴가를 부여하는지 여부 〈근로기준법 제60조 제1항〉 ※ 위반 시 2년 이하의 징역 또는 2천만원 이하의 벌금	① 1년간 80퍼센트 이상 출근한 근로자에게 15일의 연차휴가를 부여함	
			② 1년간 80퍼센트 이상 출근한 근로자에게 15일의 연차휴가를 부여하지 않음	
	연차 유급 휴가 가산 휴가	• 3년이상 계속하여 근로한 근로자에게는 계속근로연수 매2년에 대해 1일을 가산하여 연차휴가를 부여하는지 여부 〈근로기준법 제60조 제4항〉 ※ 위반 시 2년 이하의 징역 또는 2천만원 이하의 벌금	① 계속근로년수 매2년에 대해 1일의 가산휴가를 부여함	
			② 계속근로년수 매2년에 대해 1일의 가산휴가를 부여하지 않음	

<table>
<tr><th colspan="2">구분</th><th>진단 내용</th><th>진단 결과</th><th>진단 의견</th></tr>
<tr><td rowspan="4">1년 미만 근로자 등 연차 유급 휴가</td><td rowspan="2">1년 미만 근로자 연차 유급 휴가</td><td rowspan="2">• 1년 미만 근로자에게 1개월 개근 시 1일의 연차유급휴가를 부여하는지 여부
〈근로기준법 제60조 제2항〉
※ 위반 시 2년 이하의 징역 또는 2천만원 이하의 벌금</td><td>① 1년 미만 근로자에게 1개월 개근 시 1일의 연차유급휴가를 부여함</td><td rowspan="2"></td></tr>
<tr><td>② 1년 미만 근로자에게 1개월 개근 시 1일의 연차유급휴가를 부여하지 않음</td></tr>
<tr><td rowspan="2">1년간 80% 미만 출근한 경우 연차 유급 휴가</td><td rowspan="2">• 1년간 80% 미만 출근한 근로자에게 1개월 개근 시 1일의 연차유급휴가를 부여하는지 여부
〈근로기준법 제60조 제2항〉
※ 위반 시 2년 이하의 징역 또는 2천만원 이하의 벌금</td><td>① 1년간 80% 미만 출근한 근로자에게 1개월 개근 시 1일의 연차유급휴가를 부여함</td><td rowspan="2"></td></tr>
<tr><td>② 1년간 80% 미만 출근한 근로자에게 1개월 개근 시 1일의 연차유급휴가를 부여하지 않음</td></tr>
<tr><td colspan="2" rowspan="2">연차유급휴가 사용촉진과 미사용 수당</td><td rowspan="2">• 연차유급휴가의 사용을 촉진하기 위하여 법률에서 정한 조치를 하지 않은 경우는 미사용 휴가에 대해 보상을 하는지 여부
〈근로기준법 제43조, 제61조〉
※ 처벌규정은 없으나, 연차유급휴가 사용촉진 절차 미준수 시 연차유급휴가 미사용수당 미지급 등으로 처벌받을 수 있음(재직자는 근로기준법 제43조 위반으로 3년 이하의 징역 또는 3천만원 이하의 벌금, 퇴직자는 근로기준법 제36조 위반으로 3년 이하의 징역 또는 3천만원 이하의 벌금)</td><td>① 휴가의 사용을 촉진하지 않은 경우는 미사용한 휴가에 대해 수당을 지급함</td><td rowspan="2"></td></tr>
<tr><td>② 휴가의 사용을 촉진하지 않고 미사용한 휴가에 대해서도 수당을 지급하지 않음</td></tr>
<tr><td colspan="2" rowspan="2">연차유급휴가 대체</td><td rowspan="2">• 연차유급휴가의 대체 시 근로자대표와의 서면합의를 하는지 여부
〈근로기준법 제62조〉
※ 처벌규정은 없으나, 연차유급휴가 대체요건 불비시 연차유급휴가 미사용수당 미지급 등으로 처벌받을 수 있음(재직자는 근로기준법 제43조 위반으로 3년 이하의 징역 또는 3천만원 이하의 벌금, 퇴직자는 근로기준법 제36조 위반으로 3년 이하의 징역 또는 3천만원 이하의 벌금)</td><td>① 근로자대표와의 서면합의를 통하여 연차유급휴가의 대체를 시행함</td><td rowspan="2"></td></tr>
<tr><td>② 근로자대표와의 서면합의를 하지 않고 연차유급휴가의 대체를 시행함</td></tr>
</table>

<table>
<tr><th colspan="2">구분</th><th>진단 내용</th><th>진단 결과</th><th>진단 의견</th></tr>
<tr><td rowspan="4">휴게</td><td rowspan="2">휴게
시간
부여</td><td rowspan="2">• 근로시간이 4시간인 경우에는 30분 이상, 8시간인 경우에는 1시간 이상의 휴게시간을 근로시간 도중에 부여하는지 여부
〈근로기준법 제54조 제1항〉
※ 위반 시 2년 이하의 징역 또는 2천만원 이하의 벌금</td><td>① 휴게시간을 적법하게 부여함</td><td rowspan="2"></td></tr>
<tr><td>② 휴게시간을 적법하게 부여하지 않음</td></tr>
<tr><td rowspan="2">휴게
시간
이용</td><td rowspan="2">• 휴게시간을 근로자가 자유롭게 이용할 수 있는지 여부
〈근로기준법 제54조 제2항〉
※ 위반 시 2년 이하의 징역 또는 2천만원 이하의 벌금</td><td>① 휴게시간을 근로자가 자유롭게 이용할 수 있음</td><td rowspan="2"></td></tr>
<tr><td>② 휴게시간을 근로자가 자유롭게 이용할 수 없음</td></tr>
<tr><td colspan="2" rowspan="2">근로자의 날</td><td rowspan="2">• 근로자의 날을 유급휴일로 운영하고 있는지 여부
〈근로자의 날 제정에 관한 법률〉
※ 처벌규정은 없으나, 근로자의 날이 적법하게 운영되지 않은 경우 근로기준법 제56조 위반으로 처벌 받을 수 있음(3년 이하의 징역 또는 3천만원 이하의 벌금)</td><td>① 근로자의 날을 유급휴일로 운영함</td><td rowspan="2"></td></tr>
<tr><td>② 근로자의 날을 유급휴일로 운영하지 않음</td></tr>
</table>

휴식 관련 체크리스트 진단 의견	

4. 임금 관련 체크리스트

<table>
<tr><th>구분</th><th>진단 내용</th><th>진단 결과</th><th>진단 의견</th></tr>
<tr><td rowspan="3">임금지급
4대원칙</td><td rowspan="3">• 임금은 매월 1회 이상 일정한 날짜를 정하여 통화로 직접 근로자에게 그 전액을 지급하는지 여부
〈근로기준법 제43조〉

임금지급 4대원칙
1. 직접불
2. 전액불
3. 통화불
4. 정기불

※ 위반 시 3년 이하의 징역 또는 3천만원 이하의 벌금</td><td>① 임금지급 4대원칙을 모두 준수함</td><td rowspan="3"></td></tr>
<tr><td>② 임금지급 4대원칙 중 일부원칙을 준수하지 않음
[미준수 원칙
(번호로 표기) :]</td></tr>
<tr><td>③ 임금지급 4대원칙을 모두 준수하지 않음</td></tr>
<tr><td rowspan="3">임금대장
작성</td><td rowspan="3">• 임금대장을 작성하고 임금과 가족수당의 기초가 되는 사항, 임금액, 그 밖의 대통령령으로 정하는 사항을 임금을 지급할 때마다 적는지 여부
〈근로기준법 제48조 제1항〉

임금대장 기재사항
1. 성명
2. 주민등록번호
3. 고용 연월일
4. 종사하는 업무
5. 임금 및 가족수당의 계산기초가 되는 사항
6. 근로일수
7. 근로시간수
8. 연장근로, 야간근로 또는 휴일근로를 시킨 경우에는 그 시간수
9. 기본급, 수당, 그 밖의 임금의 내역별 금액(통화 외의 것으로 지급된 임금이 있는 경우에는 그 품명 및 수량과 평가총액)
10. 법 제43조제1항 단서에 따라 임금의 일부를 공제한 경우에는 그 금액

※ 위반 시 500만원 이하 과태료</td><td>① 임금대장을 작성하고 기재사항을 모두 기재함</td><td rowspan="3"></td></tr>
<tr><td>② 임금대장은 작성하였으나 기재사항 일부를 기재하지 않음
[미게시 사항
(번호로 표기) :]</td></tr>
<tr><td>③ 임금대장을 작성하지 않음</td></tr>
</table>

<table>
<tr><th>구분</th><th>진단 내용</th><th>진단 결과</th><th>진단 의견</th></tr>
<tr><td rowspan="3">임금
명세서
작성</td><td rowspan="3">• 임금을 지급하는 때에 근로자에게 임금의 구성항목·계산방법, 임금공제내역 등 대통령령으로 정하는 사항을 서면으로 작성하는지 여부
〈근로기준법 제48조제2항〉

임금명세서 기재사항
1. 성명
2. 생년월일
3. 사원번호 등 근로자를 특정할 수 있는 정보
4. 임금지급일
5. 임금총액
6. 기본급, 각종 수당, 상여금, 성과금 그 밖의 임금의 구성항목별 금액(통화 이외의 것으로 지급된 임금이 있는 경우에는 그 품명 및 수량과 평가총액을 말한다)
7. 임금의 구성항목별 금액이 출근일수·시간 등에 따라 달라지는 경우에는 임금의 구성항목별 금액의 계산방법(연장근로, 야간근로 또는 휴일근로의 경우에는 그 시간수를 포함한다)
8. 법 제43조제1항 단서에 따라 임금의 일부를 공제한 경우에는 임금의 공제항목별 금액과 총액 등 공제내역
※ 위반 시 500만원 이하 과태료</td><td>① 근로기준법에서 정하는 사항을 모두 서면으로 작성함</td><td rowspan="3"></td></tr>
<tr><td>② 근로기준법에서 정하는 사항을 일부는 서면으로 작성하고 일부는 서면으로 작성하지 않음
[미명시 근로조건
(번호로 표기) :]</td></tr>
<tr><td>③ 근로기준법에서 정하는 근로조건을 모두 서면으로 작성하지 않음</td></tr>
<tr><td rowspan="2">임금
명세서
교부</td><td rowspan="2">• 임금명세서를 근로자에게 교부하였는지 여부
〈근로기준법 제48조제2항〉
※ 위반 시 500만원 이하 과태료</td><td>① 교부함</td><td rowspan="2"></td></tr>
<tr><td>② 교부하지 않음</td></tr>
</table>

구분	진단 내용	진단 결과	진단 의견
금품청산	• 근로자가 퇴직하면 14일 이내에 임금 등 모든 금품을 지급하며, 특별한 사정이 있는 경우 근로자와 합의하여 지급기일을 연장하는지 여부 〈근로기준법 제36조〉 ※ 위반 시 3년 이하의 징역 또는 3천만원 이하의 벌금	① 퇴직일로부터 14일 이내에 모든 금품을 지급함	
		② 퇴직일로부터 14일 이내에 모든 금품을 지급하지 않는 경우가 있음	
통상임금 산정	• 통상임금을 적법하게 산정하는지 여부 〈근로기준법 시행령 6조〉 ※ 통상임금이 잘못 산정되었을 경우 임금 또는 퇴직금 체불이 발생함(재직자는 근로기준법 제43조 위반으로 3년 이하의 징역 또는 3천만원 이하의 벌금, 퇴직자는 근로기준법 제36조 위반으로 3년 이하의 징역 또는 3천만원 이하의 벌금)	① 통상임금을 적법하게 산정함	
		② 통상임금을 적법하게 산정하지 않음	
평균임금 산정	• 평균임금을 적법하게 산정하는지 여부 〈근로기준법 제2조〉 ※ 평균임금이 잘못 산정되었을 경우 임금 또는 퇴직금 체불이 발생함(재직자는 근로기준법 제43조 위반으로 3년 이하의 징역 또는 3천만원 이하의 벌금, 퇴직자는 근로기준법 제36조 위반으로 3년 이하의 징역 또는 3천만원 이하의 벌금)	① 평균임금을 적법하게 산정함	
		② 평균임금을 적법하게 산정하지 않음	

구분		진단 내용	진단 결과	진단 의견
연장·야간·휴일 근로 가산 수당	연장 근로 가산 수당	• 연장근로에 대하여 통상임금의 100분의 50이상을 가산하여 지급하는지 여부 〈근로기준법 제56조 제1항〉 ※ 위반 시 3년 이하의 징역 또는 3천만원 이하의 벌금	① 연장근로에 대하여 통상임금의 100분의 50이상을 가산하여 지급함	
			② 연장근로에 대하여 통상임금의 100분의 50이상을 가산하여 지급하지 않음	
	야간 근로 가산 수당	• 야간근로에 대하여 통상임금의 100분의 50이상을 가산하여 지급하는지 여부 〈근로기준법 제56조 제2항〉 ※ 위반 시 3년 이하의 징역 또는 3천만원 이하의 벌금	① 야간근로에 대하여 통상임금의 100분의 50이상을 가산하여 지급함	
			② 야간근로에 대하여 통상임금의 100분의 50이상을 가산하여 지급하지 않음	
	휴일 근로 가산 수당	• 휴일근로에 대하여 통상임금의 100분의 50이상을 가산하여 지급하는지 여부(단, 8시간을 초과한 휴일근로에 대해서는 통상임금의 100분의 100이상을 가산하여 지급) 〈근로기준법 제56조 제3항〉 ※ 위반 시 3년 이하의 징역 또는 3천만원 이하의 벌금	① 휴일근로에 대하여 통상임금의 100분의 50이상을 가산하여 지급함. 단, 8시간을 초과한 휴일근로에 대해서는 통상임금의 100분의 100이상을 가산하여 지급함	
			② 휴일근로에 대하여 가산수당 규정을 준수하지 않음	
최저임금 수준		• 근로자에게 최저임금액(2023년 시급 9,620원)이상의 임금을 지급하는지 여부 〈최저임금법 제6조〉 ※ 위반 시 3년 이하의 징역 또는 2천만원 이하의 벌금(이 경우 징역과 벌금은 병과할 수 있음)	① 최저임금액 이상의 임금을 지급함	
			② 최저임금액 미만의 임금을 지급함	

구분	진단 내용	진단 결과	진단 의견
최저임금 게시 및 주지의무	• 최저임금을 근로자가 쉽게 볼 수 있는 장소에 게시하거나 적당한 방법으로 근로자에게 주지시키는지 여부 〈최저임금법 제11조〉 **주지사항** 1. 최저임금액 2. 법 제6조 제4항에 따라 최저임금에 산입하지 아니하는 임금 3. 법 제7조에 따라 해당 사업에서 최저임금의 적용을 제외할 근로자의 범위 4. 최저임금의 효력발생일 ※ 위반 시 100만원 이하의 과태료	① 최저임금을 근로자에게 게시하고 주지시킴	
		② 최저임금을 근로자에게 게시하지 않거나 주지시키지 않음	
휴업수당	• 사용자의 귀책사유로 휴업하는 경우에 평균임금의 100분의 70이상의 휴업수당을 지급하는지 여부 〈근로기준법 제46조〉 ※ 위반 시 3년 이하의 징역 또는 3천만원 이하의 벌금	① 사용자의 귀책사유로 휴업 시 휴업수당을 지급함	
		② 사용자의 귀책사유로 휴업 시 휴업수당을 지급하지 않음	

임금 관련 체크리스트 진단 의견	

5. 모성보호 등 관련 체크리스트

<table>
<tr><th colspan="2">구분</th><th>진단 내용</th><th>진단 결과</th><th>진단 의견</th></tr>
<tr><td rowspan="5">직장내 성희롱 예방 교육</td><td rowspan="3">직장내 성희롱 예방 교육 실시 여부</td><td rowspan="3">• 남녀고용평등법에서 정하고 있는 직장 내 성희롱의 예방을 위한 교육을 법에서 정하고 있는 방식에 따라 연 1회 이상 실시하는지 여부
〈남녀고용평등법 제13조 제1항〉

교육내용
1. 직장 내 성희롱에 관한 법령
2. 해당 사업장의 직장 내 성희롱 발생 시의 처리절차와 조치 기준
3. 해당 사업장의 직장 내 성희롱 피해 근로자의 고충상담 및 구제 절차
4. 그 밖에 직장 내 성희롱 예방에 필요한 사항

교육방식
사업의 규모나 특성 등을 고려하여 직원연수·조회·회의, 인터넷 등 정보통신망을 이용한 사이버 교육 등을 통하여 실시 가능함.(단, 단순 교육자료 등을 배포·게시하거나 전자우편을 보내거나 게시판에 공지하는 데 그치는 등 근로자에게 교육 내용이 제대로 전달되었는지 확인하기 곤란한 경우에는 예방 교육을 한 것으로 보지 아니함.)
※ 위반 시 500만원 이하의 과태료</td><td>① 남녀고용평등법에서 정하는 방식에 따라 연 1회 이상 실시함</td><td rowspan="3"></td></tr>
<tr><td>② 직장 내 성희롱 예방 교육을 연 1회 이상 실시하나 남녀고용평등법에서 정하는 방식(교육내용, 교육방식)은 따르지 아니함</td></tr>
<tr><td>③ 남녀고용평등법에서 정하는 직장 내 성희롱 예방교육을 전혀 실시하지 아니함</td></tr>
<tr><td rowspan="2">직장내 성희롱 예방 교육 내용의 상시 게시 의무</td><td rowspan="2">• 남녀고용평등법에서 정하고 있는 직장 내 성희롱의 예방을 위한 교육 내용을 상시 게시하고 있는지 여부
〈남녀고용평등법 제13조 제3항〉
※ 위반 시 500만원 이하의 과태료</td><td>① 성희롱 예방 교육의 내용을 근로자가 자유롭게 열람할 수 있는 장소에 항상 게시함</td><td rowspan="2"></td></tr>
<tr><td>② 성희롱 예방 교육은 실시하지만 성희롱 예방 교육의 내용을 게시하지는 않음</td></tr>
</table>

<table>
<tr><th colspan="2">구분</th><th>진단 내용</th><th>진단 결과</th><th>진단 의견</th></tr>
<tr><td rowspan="8">직장내 성희롱 발생시 조사 의무 등</td><td rowspan="2">직장내 성희롱 발생시 조사 의무</td><td rowspan="2">• 직장 내 성희롱 발생 시 사실 확인을 위한 조사의무를 이행하는지 여부
〈남녀고용평등법 제14조 제2항〉
※ 위반 시 500만원 이하의 과태료</td><td>① 직장 내 성희롱 발생 신고를 받거나 직장 내 성희롱 발생 사실을 알게 된 경우 지체 없이 그 사실 확인을 위한 조사를 실시함</td><td rowspan="2"></td></tr>
<tr><td>② 직장 내 성희롱 발생 신고를 받거나 직장 내 성희롱 발생 사실을 알게 되더라도 그 사실 확인을 위한 조치 등을 실시하지 않음</td></tr>
<tr><td rowspan="2">직장내 성희롱 발생시 적절한 조치 의무</td><td rowspan="2">• 직장 내 성희롱 발생 사실이 확인된 경우 피해근로자가 요청하여 근무장소의 변경 등 적절한 조치를 취하는지 여부
〈남녀고용평등법 제14조 제4항〉
※ 위반 시 500만원 이하의 과태료</td><td>① 피해근로자에 대한 근무장소의 변경, 배치전환, 유급휴가 명령 등 적절한 조치를 함</td><td rowspan="2"></td></tr>
<tr><td>② 피해근로자에 대한 근무장소의 변경, 배치 전환, 유급휴가 등 조치 등 적절한 조치를 취하지 않음</td></tr>
<tr><td rowspan="2">직장내 성희롱 가해자 징계등 조치 의무</td><td rowspan="2">• 직장 내 성희롱 발생 사실이 확인된 경우 직장 내 성희롱 행위를 한 자에 대하여 징계, 근무장소 변경 등 필요한 조치를 하는지 여부
〈남녀고용평등법 제14조 제5항〉
※ 위반 시 500만원 이하의 과태료</td><td>① 직장 내 성희롱 행위자에 대하여 징계, 근무장소 변경 등 필요한 조치를 함</td><td rowspan="2"></td></tr>
<tr><td>② 직장 내 성희롱 행위자에 대하여 징계, 근무장소 변경 등 필요한 조치는 취하지 않음</td></tr>
<tr><td rowspan="2">직장내 성희롱 신고 근로자 및 피해 근로자에 대한 불리한 처우 여부</td><td rowspan="2">• 직장 내 성희롱 발생 사실을 신고한 근로자 및 피해근로자 등에게 해고 등 불리한 처우를 하는지 여부
〈남녀고용평등법 제14조 제6항〉
※ 위반 시 3년 이하의 징역 또는 3천만원 이하의 벌금</td><td>① 직장 내 성희롱 발생 사실을 신고한 근로자 및 피해근로자 등에게 해고 등 불리한 처우를 함</td><td rowspan="2"></td></tr>
<tr><td>② 직장 내 성희롱 발생 사실을 신고한 근로자 및 피해근로자 등에게 해고 등 불리한 처우를 하지 않음</td></tr>
</table>

<table>
<tr><th colspan="2">구분</th><th>진단 내용</th><th>진단 결과</th><th>진단 의견</th></tr>
<tr><td rowspan="8">출산
전후
휴가</td><td rowspan="3">출산
전후
휴가
90일
부여
여부</td><td rowspan="3">• 임신 중의 여성 근로자에게 출산 전과 후를 통상 90일(한 번에 둘 이상의 자녀를 임신한 경우 120일)의 출산전후휴가를 부여하는지 여부(출산 후 45일 이상의 휴가가 부여되어 야 함. 단, 한 번에 둘 이상이 자녀를 임신한 경우에는 60일이 출산 후에 부여되어야 함.)
〈근로기준법 제74조 제1항〉
※ 위반 시 2년 이하의 징역 또는 2천만원 이하의 벌금</td><td>① 출산전후휴가를 법정기준에 따라 모두 부여함</td><td rowspan="3"></td></tr>
<tr><td>② 출산전후휴가를 법정 기준에 따라 부여하였으나, 출산후에 법정기준에 따라 부여하지 못함</td></tr>
<tr><td>③ 출산전후 휴가 법정기준 미만으로 부여함</td></tr>
<tr><td rowspan="2">출산
전후
휴가
분할
사용
허용
여부</td><td rowspan="2">• 임신 중인 여성 근로자가 유산의 경험 등을 이유로 출산전후휴가를 청구하는 경우 출산 전이라도 휴가를 나누어 사용할 수 있도록 하는지 여부
〈근로기준법 제74조 제2항〉

출산전후휴가 분할사용사유
1. 임신한 근로자에게 유산·사산의 경험이 있는 경우
2. 임신한 근로자가 출산전후휴가를 청구할 당시 연령이 만 40세 이상 인 경우
3. 임신한 근로자가 유산·사산의 위험이 있다는 의료기관의 진단서를 제출한 경우

※ 위반 시 2년 이하의 징역 또는 2천만원 이하의 벌금</td><td>① 임신 중인 여성 근로자에게 법정 분할사용사유가 있는 경우로써 근로자의 신청이 있는 경우 출산 전 분할 사용을 허용하였음</td><td rowspan="2"></td></tr>
<tr><td>② 임신 중인 여성 근로자에게 법정 분할 사용사유가 있었으며 근로자가 신청하였음에도 출산 전 분할 사용을 허용하지 않았음</td></tr>
<tr><td rowspan="2">출산
전후
휴가
기간 중
60일
유급
처리
의무</td><td rowspan="2">• 출산전후휴가 중 최초 60일(한 번에 둘 이상의 자녀를 임신한 경우에는 75일)을 유급으로 보장하는지 여부(단, 남녀고용평등법 제18조에 따른 출산전후휴가 급여 등이 지급된 경우 그 금액의 한도내에서는 지급의 책임을 면함)
〈근로기준법 제74조 제4항〉
※ 위반 시 2년 이하의 징역 또는 2천만원 이하의 벌금</td><td>① 출산전후휴가기간 중 법정으로 유급처리해야하는 기간은 유급으로 보장함</td><td rowspan="2"></td></tr>
<tr><td>② 출산전후휴가기간 중 법정으로 유급처리해야하는 기간을 유급으로 보장하지 않거나, 일부만 유급으로 보장함</td></tr>
</table>

<table>
<tr><th colspan="2">구분</th><th>진단 내용</th><th>진단 결과</th><th>진단 의견</th></tr>
<tr><td rowspan="4"></td><td rowspan="2">출산
전후
휴가 후
직무
복귀</td><td rowspan="2">• 출산전후휴가 종료 후 휴가 전과 동일한 업무 또는 동등한 수준의 임금을 지급하는 업무에 복귀시키는지 여부
〈근로기준법 제74조 제6항〉
※ 위반 시 500만원 이하의 벌금</td><td>① 근로자의 출산전후휴가 종료 후 휴가 전과 동일한 업무 또는 동등한 수준의 임금을 지급하는 업무에 복귀시킴</td><td rowspan="2"></td></tr>
<tr><td>② 근로자의 출산전후휴가 종료 후 휴가 전과 다른 업무 또는 휴가 전 임금 수준보다 낮은 임금을 지급하는 업무에 복귀시킴</td></tr>
<tr><td rowspan="2">유산
사산
휴가
부여
의무</td><td rowspan="2">• 임신 중인 여성근로자가 유산 또는 사산한 경우로서 근로자가 휴가를 청구하는 경우 유산·사산 휴가를 부여하는지 여부(단, 임신 중절 수술은 제외함.)
〈근로기준법 제74조 제3항〉
※ 위반 시 2년 이하의 징역 또는 2천만원 이하의 벌금</td><td>① 임신 중인 여성근로자가 유산·사산한 경우로서 그 근로자가 청구한 경우 법정 기준에 따른 휴가를 부여함</td><td rowspan="2"></td></tr>
<tr><td>② 임신 중인 여성근로자가 유산·사산한 경우로서 그 근로자가 청구한 경우에도 휴가를 부여하지 않거나, 법정 기준에 미달하는 휴가를 부여함</td></tr>
<tr><td colspan="2" rowspan="4">임신기
근로
시간
단축</td><td rowspan="2">• 임신 12주 이내 또는 36주 이후에 있는 여성 근로자가 1일 2시간의 근로시간 단축을 청구하는 경우 이를 허용하는지 여부
〈근로기준법 제74조제7항〉
※ 위반 시 500만원 이하 과태료</td><td>① 근로자가 임신기 근로시간단축을 청구하는 경우 이를 허용함</td><td rowspan="2"></td></tr>
<tr><td>② 근로자가 임신기 근로시간단축을 청구하는 경우 이를 허용하지 않음</td></tr>
<tr><td rowspan="2">• 임신기 근로시간 단축을 허용하는 경우 임금을 삭감하는지 여부
〈근로기준법 제74조제8항〉
※ 위반 시 500만원 이하 과태료</td><td>① 근로자가 임신기 근로시간단축을 사용하는 경우 임금을 삭감하지 않음</td><td rowspan="2"></td></tr>
<tr><td>② 근로자가 임신기 근로시간단축을 사용하는 경우 임금을 삭감함</td></tr>
</table>

구분	진단 내용	진단 결과	진단 의견
임신기 시업 및 종업 시각 변경 청구	• 임신 중인 여성 근로자가 1일 소정근로시간을 유지하면서 업무의 시작 및 종료 시각의 변경을 청구하는 경우 이를 허용하는지 여부 〈근로기준법 제74조제9항〉 ※ 위반 시 500만원 이하 과태료	① 근로자가 임신기 업무의 시작 및 종료 시각의 변경을 청구하는 경우 이를 허용함	
		② 근로자가 임신기 업무의 시작 및 종료 시각의 변경을 청구하는 경우 이를 허용하지 않음	
생리휴가	• 여성 근로자가 청구하면 월 1일의 생리휴가를 부여하는지 여부 〈근로기준법 제73조〉 ※ 위반 시 500만원 이하의 벌금	① 여성 근로자가 청구하면 월 1일의 생리휴가를 부여함	
		② 여성 근로자의 청구가 있었으나 월 1일의 생리휴가를 부여하지 않음	
배우자 출산 휴가	• 근로자가 배우자의 출산을 이유로 휴가를 청구한 경우 10일의 유급 휴가를 부여하는지 여부 〈남녀고용평등법 제18조의2〉 ※ 위반 시 500만원 이하의 과태료	① 근로자가 배우자의 출산을 이유로 휴가를 청구한 경우 10일의 휴가를 부여하며, 10일 모두 유급 처리함	
		② 근로자가 배우자의 출산을 이유로 휴가를 청구한 경우 전부를 부여하지 않거나 일부만 유급으로 부여함	
난임치료 휴가	• 근로자가 인공수정 또는 체외수정 등 난임치료를 받기 위하여 휴가를 청구한 경우 연간 3일 이내의 휴가를 부여하는지 여부(최초 1일은 유급처리) 〈남녀고용평등법 제18조의3〉 ※ 위반 시 500만원 이하의 과태료	① 근로자가 난임치료휴가를 청구하는 경우 연간 3일 이내의 휴가를 부여하였고, 최초 1일은 유급처리함	
		② 근로자가 난임치료휴가를 청구한 경우 휴가를 부여하지 않거나, 3일을 부여하였으나 모두 무급처리하였음	

구분		진단 내용	진단 결과	진단 의견
육아휴직	육아휴직 부여 의무	• 임신중인 여성 근로자가 모성을 보호하거나 근로자가 만 8세 이하 또는 초등학교 2학년 이하의 자녀를 양육하기 위하여 휴직을 신청하는 경우 이를 허용하는지 여부 〈남녀고용평등법 제19조 제1항〉 ※ 위반 시 500만원 이하의 벌금	① 근로자가 육아휴직을 신청한 경우 이를 허용함	
			② 근로자가 육아휴직을 신청한 경우 이를 허용하지 아니함	
	해고등 불이익 처우 여부	• 사업주가 육아휴직을 이유로 해고나 그 밖의 불리한 처우를 하였는지, 육아휴직기간 중 해고를 하는지 여부 〈남녀고용평등법 제19조 제3항〉 ※ 위반 시 3년 이하의 징역 또는 3천만원 이하의 벌금	① 육아휴직을 이유로 해고나 그 밖의 불리한 처우 등을 하지 않음	
			② 육아휴직을 이유로 해고나 그 밖의 불리한 처우 등을 함	
	육아휴직 종료후 직무 복귀	• 육아휴직을 마친 근로자를 휴직전과 같은 업무 또는 같은 수준의 임금을 지급하는 직무에 복귀시키는지 여부 및 육아휴직기간을 근속기간에 포함시키는지 여부 〈남녀고용평등법 제19조 제4항〉 ※ 위반 시 500만원 이하의 벌금	① 육아휴직을 마친 근로자를 휴직전과 같은 업무 또는 같은 수준의 임금을 지급하는 직무에 복귀시키며, 육아휴직기간도 근속기간에 포함함	
			② 육아휴직을 마친 근로자를 휴가직전과 다른 업무 또는 휴직 전 임금수준보다 낮은 임금을 지급하는 직무에 복귀시키나, 육아휴직기간은 근속기간에 포함함	
			③ 육아휴직을 마친 근로자를 휴가직전과 다른 업무 또는 휴직 전 임금수준보다 낮은 임금을 지급하는 직무에 복귀시키고, 육아휴직기간도 근속기간에 포함하지 아니함	

구분		진단 내용	진단 결과	진단 의견
육아기 근로 시간 단축	육아기 근로 시간 단축 허용 의무	• 근로자가 만 8세 이하 또는 초등학교 2학년 이하의 자녀를 양육하기 위하여 근로시간단축을 신청하는 경우 이를 허용하는지 여부 〈남녀고용평등법 제19조의2 제1항〉 ※ 위반 시 500만원 이하의 과태료	① 근로자가 육아기근로시간 단축을 청구한 경우 이를 허용함	
			② 근로자가 육아기근로시간단축을 청구한 경우 이를 허용하지 아니함	
	육아기 근로 시간 단축과 해고등 불이익 처우	• 사업주가 육아기근로시간 단축을 이유로 해고나 그 밖의 불리한 처우를 하는지 여부 〈남녀고용평등법 제19조의2 제5항〉 ※ 위반 시 3년 이하의 징역 또는 3천만원이 이하의 벌금	① 육아기근로시간단축을 이유로 해고나 그 밖의 불리한 처우를 하지 않음	
			② 육아기근로시간단축을 이유로 해고나 그 밖의 불리한 처우를 함	
	육아기 근로 시간 단축 종료후 직무 복귀	• 육아기근로시간단축을 마친 근로자를 휴직 전과 같은 업무 또는 같은 수준의 임금을 지급하는 직무에 복귀시키는지 여부 〈남녀고용평등법 제19조의2 제6항〉 ※ 위반 시 500만원 이하의 벌금	① 육아기근로시간단축을 마친 근로자를 휴직전과 같은 업무 또는 같은 수준의 임금을 지급하는 직무에 복귀시킴	
			② 육아아기근로시간단축을 마친 근로자를 휴가직전과 다른 업무 또는 휴직 전 임금수준보다 낮은 임금을 지급하는 직무에 복귀시킴	
	육아기 근로 시간 단축 이유 근로 조건 불이익 적용	• 육아기근로시간단축을 하고 있는 근로자에 대하여 근로시간에 비례하여 적용하는 경우 외에 육아기근로시간단축을 이유로 근로조건을 불리하게 적용하는지 여부 〈남녀고용평등법 제19조의3 제1항〉 ※ 위반 시 3년 이하의 징역 또는 3천만원 이하의 벌금	① 육아기근로시간단축을 하고 있는 근로자에 대하여 근로조건을 근로시간에 비례하여 적용하며 불리하게 적용하지 않음	
			② 육아아기근로시간단축을 하고 있는 근로자에게 근로조건을 근로시간에 비례하여 적용하지 않고, 불리하게 적용함	

<table>
<tr><th colspan="2">구분</th><th>진단 내용</th><th>진단 결과</th><th>진단 의견</th></tr>
<tr><td rowspan="4"></td><td rowspan="2">육아기 근로 시간 단축시 근로 조건 서면 명시</td><td rowspan="2">• 육아기근로시간단축을 하고 있는 근로자의 근로조건을 서면으로 정하는지 여부
〈남녀고용평등법 제19조의3 제2항〉
※ 위반 시 500만원 이하의 과태료</td><td>① 육아기근로시간단축을 하고 있는 근로자의 근로조건을 서면으로 정하여 근로계약을 다시 체결함</td><td rowspan="2"></td></tr>
<tr><td>② 육아기근로시간단축을 하고 있는 근로자의 근로조건을 별도로 서면으로 정하지 않음</td></tr>
<tr><td rowspan="2">육아기 근로 시간 단축시 연장 근로 제한</td><td rowspan="2">• 육아기근로시간단축을 하고 있는 근로자에게 연장근로를 요구하는지 여부
〈남녀고용평등법 제19조의3 제3항〉
※ 위반 시 1천만원 이하의 벌금</td><td>① 육아기근로시간단축을 하고 있는 근로자에게 연장근로를 요구하지 아니함</td><td rowspan="2"></td></tr>
<tr><td>② 육아기근로시간단축을 하고 있는 근로자에게 연장근로를 요구함</td></tr>
<tr><td colspan="2" rowspan="2">수유 시간</td><td rowspan="2">• 생후 1년 미만의 유아(乳兒)를 가진 여성 근로자가 청구하면 1일 2회 각각 30분 이상의 유급 수유 시간을 부여하는지 여부
〈근로기준법 제75조〉
※ 위반 시 2년 이하의 징역 또는 2천만원 이하의 벌금</td><td>① 생후 1년 미만의 유아를 가진 여성 근로자가 청구하면 법정 유급 수유 시간을 부여함</td><td rowspan="2"></td></tr>
<tr><td>② 생후 1년 미만의 유아를 가진 여성 근로자가 청구하면 법정 유급 수유 시간을 부여하지 않음</td></tr>
<tr><td rowspan="4">가족 돌봄 휴직</td><td rowspan="2">가족 돌봄 휴직 부여 여부</td><td rowspan="2">• 근로자가 가족돌봄을 이유로 휴직을 신청하는 경우 이를 허용하는지 여부
〈남녀고용평등법 제22조의2 제1항〉
※ 위반 시 500만원 이하의 과태료</td><td>① 근로자가 가족돌봄휴직을 신청한 경우 이를 허용함</td><td rowspan="2"></td></tr>
<tr><td>② 근로자가 가족돌봄휴직을 신청한 경우 이를 허용하지 아니함</td></tr>
<tr><td rowspan="2">가족 돌봄 휴직 이유 해고등 불이익 처우</td><td rowspan="2">• 사업주가 가족돌봄휴직을 이유로 해고나 그 밖의 불리한 처우를 하는지 여부
〈남녀고용평등법 제22조의2 제4항〉
※ 위반 시 3년 이하의 징역 또는 3천만원 이하의 벌금</td><td>① 가족돌봄휴직을 이유로 해고나 그 밖의 불리한 처우를 하지 않음</td><td rowspan="2"></td></tr>
<tr><td>② 가족돌봄휴직일 이유로 해고나 그 밖의 불리한 처우를 함</td></tr>
</table>

구분		진단 내용	진단 결과	진단 의견
가족돌봄휴가	가족돌봄휴가부여여부	• 근로자가 가족돌봄을 이유로 휴가를 신청하는 경우 이를 허용하는지 여부 〈남녀고용평등법 제22조의2 제2항〉 ※ 위반 시 500만원 이하의 과태료	① 근로자가 가족돌봄을 이유로 휴가를 신청한 경우 이를 허용함	
			② 근로자가 가족돌봄을 이유로 휴가를 신청한 경우 이를 허용하지 아니함	
	가족돌봄휴가이유해고등불이익처우	• 사업주가 가족돌봄휴가를 이유로 해고나 그 밖의 불리한 처우를 하는지 여부 〈남녀고용평등법 제22조의2 제5항〉 ※ 위반 시 3년 이하의 징역 또는 3천만원이 이하의 벌금	① 가족돌봄휴가를 이유로 해고나 그 밖의 불리한 처우를 하지 않음	
			② 가족돌봄휴가를 이유로 해고나 그 밖의 불리한 처우를 함	
가족돌봄등을위한근로시간단축	가족돌봄등을위한근로시간단축허용의무	• 근로자가 가족돌봄, 근로자 본인의 건강관리, 55세 이상 근로자의 은퇴준비, 근로자의 학업 등을 이유로 근로시간 단축을 청구하는 경우 이를 허용하는지 여부 〈남녀고용평등법 제22조의3 제1항〉 ※ 위반 시 벌칙 없음	① 근로자가 가족돌봄 등을 위한 근로시간 단축을 청구한 경우 이를 허용함	
			② 근로자가 가족돌봄 등을 위한 근로시간 단축을 청구한 경우 이를 허용하지 아니함	
	가족돌봄등을위한근로시간단축과해고등불이익처우	• 사업주가 가족돌봄 등을 위한 근로시간 단축을 이유로 해고나 그 밖의 불리한 처우를 하는지 여부 〈남녀고용평등법 제22조의3 제5항〉 ※ 위반 시 3년 이하의 징역 또는 3천만원 이하의 벌금	① 가족돌봄 등을 위한 근로시간 단축을 이유로 해고나 그 밖의 불리한 처우를 하지 않음	
			② 가족돌봄 등을 위한 근로시간단축을 이유로 해고나 그 밖의 불리한 처우를 함	

구분	진단 내용	진단 결과	진단 의견
가족돌봄 등을 위한 근로시간 단축 종료후 직무복귀	• 가족돌봄 등을 위한 근로시간단축을 마친 근로자를 휴직 전과 같은 업무 또는 같은 수준의 임금을 지급하는 직무에 복귀시키는지 여부 〈남녀고용평등법 제22조의3 제6항〉 ※ 위반 시 벌칙 없음	① 가족돌봄 등을 위한 근로시간단축을 마친 근로자를 휴직전과 같은 업무 또는 같은 수준의 임금을 지급하는 직무에 복귀시킴	
		② 가족돌봄 등을 위한 근로시간단축을 마친 근로자를 휴가직전과 다른 업무 또는 휴직 전 임금 수준보다 낮은 임금을 지급하는 직무에 복귀시킴	
가족돌봄 등을 위한 근로시간 단축 이유 근로조건 불이익 적용	• 가족돌봄 등을 위한 근로시간단축을 하고 있는 근로자에 대하여 근로시간에 비례하여 적용하는 경우 외에 가족돌봄 등 근로시간단축을 이유로 근로조건을 불리하게 적용하는지 여부 〈남녀고용평등법 제22조의4 제1항〉 ※ 위반 시 3년 이하의 징역 또는 3천만원 이하의 벌금	① 가족돌봄 등을 위한 근로시간단축을 하고 있는 근로자에 대하여 근로조건을 근로시간에 비례하여 적용하며 불리하게 적용하지 않음	
		② 가족돌봄 등을 위한 근로시간단축을 하고 있는 근로자에게 근로조건을 근로시간에 비례하여 적용하지 않고, 불리하게 적용함	

구분		진단 내용	진단 결과	진단 의견
	가족 돌봄 등을 위한 근로 시간 단축시 근로 조건 서면 명시	• 가족돌봄 등을 위한 근로시간단축을 하고 있는 근로자의 근로조건을 서면으로 정하는지 여부 〈남녀고용평등법 제22조의4 제2항〉 ※ 위반 시 벌칙 없음	① 가족돌봄 등을 위한 근로시간단축을 하고 있는 근로자의 근로조건을 서면으로 정하여 근로계약을 다시 체결함	
			② 가족돌봄 등을 위한 근로시간단축을 하고 있는 근로자의 근로조건을 별도로 서면으로 정하지 않음	
	가족 돌봄 등을 위한 근로 시간 단축 연장 근로 제한	• 가족돌봄 등을 위한 근로시간단축을 하고 있는 근로자에게 연장근로를 요구하는지 여부 〈남녀고용평등법 제22조의4 제3항〉 ※ 위반 시 1천만원 이하의 벌금	① 가족돌봄 등을 위한 근로시간단축을 하고 있는 근로자에게 연장근로를 요구하지 아니함	
			② 가족돌봄 등을 위한 근로시간단축을 하고 있는 근로자에게 연장근로를 요구함	

모성보호 관련 체크리스트 진단 의견	

6. 취업규칙 및 퇴직 관련 체크리스트

구분		진단 내용	진단 결과	진단 의견
취업 규칙 작성 및 신고 등	취업 규칙 작성 및 신고 여부	• 상시 근로자수 10인 이상 사업 또는 사업장에서 취업규칙을 작성하여 신고하였는지 여부 〈근로기준법 제93조〉 ※ 위반 시 500만원 이하의 과태료	① 취업규칙을 작성하여 신고하였음	
			② 취업규칙을 작성하였으나, 신고하지 아니하였음	
			③ 취업규칙을 작성하지 아니하였음	
	취업 규칙 작성 및 변경 절차 준수 여부	• 사용자가 취업규칙의 작성 또는 변경 시 근로자 과반수의 의견을 청취하거나 불이익 변경 시 근로자 과반수의 동의를 받는지 여부 〈근로기준법 제94조〉 ※ 위반 시 500만원 이하의 벌금	① 취업규칙 작성 또는 변경 시 근로자 과반수의 의견청취(또는 불이익 변경 시 동의)절차를 준수함	
			② 취업규칙 작성 또는 변경 시 근로자 과반수의 의견청취(또는 불이익 변경 시 동의)절차를 준수하지 아니함	
	취업 규칙의 법령 및 단체 협약 준수 여부	• 취업규칙이 법령이나 사업 또는 사업장에 대하여 적용되는 단체협약과 어긋나는지 여부 〈근로기준법 제96조〉 ※ 고용노동부장관이 법령이나 단체협약에 어긋나는 취업규칙의 변경을 명하였으나, 이 명령을 위반한 자는 500만원 이하의 벌금	① 취업규칙 내용이 법령이나 단체협약에 어긋나지 않음	
			② 취업규칙 내용이 법령이나 단체협약에 어긋남	

구분		진단 내용	진단 결과	진단 의견
직장 내 괴롭힘 금지	직장 내 괴롭힘 관련 사항 취업 규칙 반영 여부	• 「직장 내 괴롭힘의 예방 및 발생 시 조치 등에 관한 사항」을 반영하는지 여부 〈근로기준법 제93조〉 ※ 위반 시 500만원 이하의 벌금	① 「직장 내 괴롭힘의 예방 및 발생 시 조치 등에 관한 사항」을 취업 규칙에 반영함 ② 「직장 내 괴롭힘의 예방 및 발생 시 조치 등에 관한 사항」을 취업 규칙에 반영하지 않음	
	직장 내 괴롭힘 발생 시 조사 의무	• 직장 내 괴롭힘 발생 사실을 인지한 경우 지체 없이 사실 확인을 위한 객관적 조사를 실시하는지 여부 〈근로기준법 제76조의3 제2항〉 ※ 처벌 규정 없음	① 직장 내 괴롭힘 발생 사실을 인지한 경우 지체 없이 사실 확인을 위한 조사를 실시함 ② 직장 내 괴롭힘 발생 사실을 인지한 경우 지체 없이 사실 확인을 위한 조사를 실시하지 않음	
	직장 내 괴롭힘 발생 시 적절한 조치 의무	• 직장 내 괴롭힘 발생 사실이 확인된 경우 피해근로자가 요청 시 근무장소의 변경 등 적절한 조치를 하는지 여부 〈근로기준법 제76조의3 제4항〉 ※ 처벌 규정 없음	① 직장 내 괴롭힘 피해근로자 요청 시 근무장소의 변경, 배치전환, 유급휴가 명령 등 적절한 조치를 함 ② 직장 내 괴롭힘 피해근로자 요청 시 근무장소의 변경, 배치전환, 유급휴가 명령 등 적절한 조치를 하지 않음	
	직장 내 괴롭힘 가해자 징계 등 조치 의무	• 직장 내 괴롭힘 발생 사실이 확인된 경우 행위자에 대하여 징계, 근무장소의 변경 등 필요한 조치를 하는지 여부 〈근로기준법 제76조의3 제5항〉 ※ 처벌 규정 없음	① 직장 내 괴롭힘 행위자에게 징계, 근무장소의 변경 등 필요한 조치를 함 ② 직장 내 괴롭힘 행위자에게 징계, 근무장소의 변경 등 필요한 조치를 하지 않음	

구분		진단 내용	진단 결과	진단 의견
	직장 내 괴롭힘 신고 근로자 및 피해근로자에 대한 불리한 처우 여부	• 직장 내 괴롭힘 발생 사실을 신고한 근로자 및 피해근로자등에게 해고 등 불리한 처우를 하는지 여부 〈근로기준법 제76조의3 제6항〉 ※ 위반 시 3년 이하의 징역 또는 3천만원 이하의 벌금	① 직장 내 괴롭힘 발생 사실을 신고한 근로자 및 피해근로자에게 해고 등 불리한 처우를 함	
			② 직장 내 괴롭힘 발생 사실을 신고한 근로자 및 피해근로자에게 해고 등 불리한 처우를 하지 않음	
퇴직급여제도 설정	퇴직급여제도 차등설정 여부	• 사용자가 퇴직급여제도를 설정하는 경우 하나의 사업에서 급여 및 부담금 산정방법의 적용 등에 관하여 차등을 두는지 여부 〈근로자퇴직급여 보장법 제4조 제2항〉 ※ 위반 시 2년 이하의 징역 또는 1천만원 이하의 범금	① 퇴직급여제도를 차등설정하지 아니함	
			② 퇴직급여제도를 차등설정함	
	퇴직급여제도 설정·변경시 동의 여부	• 사용자가 퇴직급여제도를 설정하거나 설정된 퇴직급여제도를 다른 퇴직급여제도로 변경하려는 경우 근로자대표의 동의를 받는지 여부 〈근로자퇴직급여 보장법 제4조 제3항〉 ※ 위반 시 500만원 이하의 벌금	① 퇴직급여제도 설정 또는 변경 절차를 준수함	
			② 퇴직급여제도 설정 또는 변경 절차를 준수하지 않음	
	퇴직급여제도 설정·변경시 동의 여부	• 사용자가 설정되거나 변경된 퇴직급여제도의 내용을 불리하게 변경하려는 경우 근로자대표의 의견을 듣는지 여부(다만, 근로자에게 불리하게 변경하는 경우 근로자대표의 동의를 받는지 여부 〈근로자퇴직급여 보장법 제4조 제4항〉 ※ 위반 시 500만원 이하의 벌금	① 설정되거나 변경된 퇴직급여제도 '내용' 변경 절차를 준수함	
			② 설정되거나 변경된 퇴직급여제도 '내용' 변경 절차를 준수하지 않음	

<table>
<tr><th colspan="2">구분</th><th>진단 내용</th><th>진단 결과</th><th>진단 의견</th></tr>
<tr><td colspan="2" rowspan="2">퇴직금
지급</td><td rowspan="2">• 퇴직금제도 하에서 사용자는 근로자가 퇴직한 경우 그 지급사유가 발생한 날부터 14일 이내에 퇴직금을 지급하고 있는지 여부
〈근로자퇴직급여 보장법 제9조 제1항〉
※ 위반 시 3년 이하의 징역 또는 2천만원 이하의 벌금</td><td>① 근로자 퇴직 시 14일 이내에 퇴직금을 지급함</td><td rowspan="2"></td></tr>
<tr><td>② 근로자 퇴직 시 14일이 초과하여 퇴직금을 지급함</td></tr>
<tr><td colspan="2" rowspan="2">근로자
개인형
퇴직연금
계정
지급</td><td rowspan="2">• 퇴직금제도 하에서 사용자가 퇴직금을 지급하는 경우 근로자의 개인형퇴직연금제도의 계정으로 지급하는지 여부
〈근로자퇴직급여 보장법 제9조 제2항〉
※ 위반 시 처벌규정 없음</td><td>① 퇴직금 지급 시 근로자의 개인형퇴직연금제도의 계정으로 지급함</td><td rowspan="2"></td></tr>
<tr><td>② 퇴직금 지급 시 근로자의 개인형퇴직연금제도의 계정으로 지급하지 않음</td></tr>
<tr><td rowspan="4">퇴직
연금
제도</td><td rowspan="2">퇴직
연금
규약
신고
여부</td><td rowspan="2">• 퇴직연금제도를 설정하려는 사용자가 퇴직연금규약을 작성하여 신고하였는지 여부
〈근로자퇴직급여 보장법 제13조, 제19조〉
※ 위반 시 500만원 이하의 과태료</td><td>① 퇴직연금규약을 작성하여 신고하였음</td><td rowspan="2"></td></tr>
<tr><td>② 퇴직연금규약을 작성하여 신고하지 아니하였음</td></tr>
<tr><td rowspan="2">확정
급여형
퇴직
연금
제도
퇴직
급여
지급</td><td rowspan="2">• 확정급여형 퇴직연금제 하에서 사용자가 가입자의 퇴직 등 지급사유가 발생한 날부터 14일 이내에 퇴직연금사업자로 하여금 적립금의 범위에서 지급의무가 있는 급여 전액을 지급하도록 하는지 여부
〈근로자퇴직급여 보장법 제17조 제2항, 제3항〉
※ 위반 시 3년 이하의 징역 또는 2천만원 이하의 벌금</td><td>① 14일 이내에 퇴직급여가 지급되도록 함</td><td rowspan="2"></td></tr>
<tr><td>② 14일을 초과하여 퇴직급여가 지급되도록 함</td></tr>
</table>

<table>
<tr><th colspan="2">구분</th><th>진단 내용</th><th>진단 결과</th><th>진단 의견</th></tr>
<tr><td rowspan="2"></td><td rowspan="2">확정 기여형 퇴직 연금 제도 부담금 및 지연 이자 납입</td><td rowspan="2">• 확정기여형 퇴직연금 하에서 사용자가 가입자의 퇴직 등 지급사유가 발생한 때에 그 가입자에 대한 부담금을 미납한 경우 그 지급사유가 발생한 날부터 14일 이내에 부담금 및 지연이자를 납입하는지 여부
〈근로자퇴직급여 보장법 제20조 제5항〉
※ 위반 시 3년 이하의 징역 또는 2천만원 이하의 벌금</td><td>① 14일 이내에 퇴직연금 부담금 및 지연이자를 납입함</td><td rowspan="2"></td></tr>
<tr><td>② 14일을 이내에 퇴직연금 부담금 및 지연이자를 납입하지 않음</td></tr>
<tr><td rowspan="4">퇴직 연금 제도 교육 등</td><td rowspan="2">퇴직 연금 교육 실시 여부</td><td rowspan="2">• 퇴직연금제도를 설정한 사용자(개인형퇴직연금제도는 제외)가 매년 1회 이상 가입자에게 해당 사업의 퇴직연금제도 운영 상황의 교육을 하는지 여부
〈근로자퇴직급여 보장법 제32조 제2항〉
※ 위반 시 1천만원 이하의 과태료</td><td>① 법정기준에 부합하도록 교육을 실시함</td><td rowspan="2"></td></tr>
<tr><td>② 법정기준에 부합하는 교육을 실시하지 아니함</td></tr>
<tr><td rowspan="2">퇴직 연금 감소 등에 대한 고지 및 조치 여부</td><td rowspan="2">• 확정급여형 퇴직연금제도 또는 퇴직금제도를 설정한 사용자가 법령상 정한 경우 근로자에게 퇴직급여가 감소할 수 있음을 미리 알리고 근로자대표와 협의를 통하여 퇴직급여감소를 위한 필요한 조치를 하는지 여부
〈근로자퇴직급여 보장법 제32조 제4항〉
〈사유〉
1. 사용자가 단체협약 및 취업규칙을 통하여 임금피크제를 시행하는 경우
2. 사용자가 근로자와 합의하여 소정근로시간을 단축(1일 1시간 이상 또는 1주 5시간 이상)하고 3개월 이상 근무하기로 한 경우
3. 주52시간제 시행에 따라 근로시간이 단축되어 근로자의 임금이 감소하는 경우
4. 그 밖에 고용노동부령으로 정한 경우
※ 위반 시 500만원 이하의 벌금</td><td>① 법령상 정한 경우에 해당하여 알리고, 필요한 조치를 함</td><td rowspan="2"></td></tr>
<tr><td>② 법령상 정한 경우에 해당하나 알리지 않고, 필요한 조치를 하지 아니함</td></tr>
</table>

구분		진단 내용	진단 결과	진단 의견
해고	해고등 정당한 이유	• 사용자는 근로자에 대하여 해고, 휴직, 정직, 전직, 감봉 그 밖의 징벌을 할 경우 정당한 이유가 있는지 여부 〈근로기준법 제23조 제1항〉 ※ 위반 시 벌칙은 없음	① 해고 등 처분 시 정당한 이유가 있음	
			② 해고 등 처분 시 정당한 이유가 있지 아니함	
	업무상 질병자 등 해고 금지	• 사용자가 업무상 부상 또는 질병의 요양을 위하여 휴업한 기간과 그 후 30일 동안 또는 산전·산후의 여성이 이 법에 따라 휴업한 기간과 그 후 30일 동안 해고하지 아니하는지 여부 〈근로기준법 제23조 제2항〉 ※ 위반 시 5년 이하의 징역 또는 5천만원 이하의 벌금	① 해고금지기간 중에는 해고를 시행하지 않음	
			② 해고금지기간 중 해고를 시행함	
	경영상 해고 요건 준수 여부	• 사용자가 경영상 이유에 의하여 근로자를 해고하는 경우 긴박한 경영상 필요, 해고회피 노력, 합리적이고 공정한 해고기준 설정, 50일전 근로자대표와 협의 등 요건을 준수하는지 여부 〈근로기준법 제24조〉 ※ 위반 시 벌칙은 없음	① 경영상 이유에 의한 해고 요건을 준수함	
			② 경영상 이유에 의한 해고 요건을 전부(또는 일부) 준수하지 아니함	
	해고 예고 이행 여부	• 사용자가 근로자를 해고하는 경우 적어도 30일 전에 예고를 하거나 30일 분 이상의 통상임금을 해고 예고수당으로 지급하는지 여부 〈근로기준법 제26조〉 ※ 위반 시 2년 이하의 징역 또는 2천만원 이하의 벌금	① 해고예고를 하거나 해고예고수당을 지급함	
			② 해고예고도 하지 않고, 해고예고수당도 지급하지 아니함	
	해고 사유 서면 통지 여부	• 사용자가 근로자를 해고하는 경우 해고사유와 해고시기를 서면으로 통지하는지 여부 〈근로기준법 제27조〉 ※ 위반 시 벌칙은 없음	① 근로자 해고 시 해고사유와 해고시기를 서면으로 통지함	
			② 근로자 해고 시 해고사유와 해고시기를 서면으로 통지하지 아니함	

취업규칙 및 퇴직 관련 체크리스트 진단 의견	

7. 비정규직 등 관련 체크리스트

<table>
<tr><th colspan="2">구분</th><th>진단 내용</th><th>진단 결과</th><th>진단 의견</th></tr>
<tr><td colspan="2" rowspan="3">기간제 및 단시간 근로자의 근로조건 서면 명시</td><td rowspan="3">• 근로계약 체결 시 기간제법에서 정하는 사항을 서면으로 명시하는지 여부
〈기간제법 제17조〉
서면명시 사항
1. 근로계약기간
2. 근로시간 · 휴게
3. 임금의 구성항목 · 계산방법 · 지급방법
4. 휴일 · 휴가
5. 취업의 장소와 종사하여야 할 업무
6. 근로일 및 근로일별 근로시간(단시간 근로자에 한함)
※ 위반 시 500만원 이하의 과태료</td><td>① 기간제법에서 정하는 근로조건을 모두 서면으로 명시함</td><td rowspan="3"></td></tr>
<tr><td>② 기간제법에서 정하는 근로조건을 일부는 서면으로 명시하고 일부는 서면으로 명시하지 않음
[미명시 근로조건
(번호로 표기) :　　　]</td></tr>
<tr><td>③ 기간제법에서 정하는 근로조건을 모두 서면으로 명시하지 않음</td></tr>
<tr><td rowspan="4">단시간 근로자의 연장 근로</td><td rowspan="2">단시간 근로자 연장 근로 제한</td><td rowspan="2">• 단시간근로자에게 소정근로시간을 초과하여 근로하게 하는 경우 1주간에 12시간을 초과하는지 여부
〈기간제법 제6조 제1항〉
※ 위반 시 1천만원 이하의 벌금</td><td>① 단시간 근로자에게 소정근로시간을 초과하여 근로하게 하는 경우 1주간에 12시간을 초과하지 않음</td><td rowspan="2"></td></tr>
<tr><td>② 단시간 근로자에게 소정근로시간을 초과하여 근로하게 하는 경우 1주간에 12시간을 초과함</td></tr>
<tr><td rowspan="2">단시간 근로자 연장 근로시 동의</td><td rowspan="2">• 단시간근로자에게 소정근로시간을 초과하여 근로하게 하는 경우 근로자의 동의를 받는지 여부
〈기간제법 제6조 제1항〉
※ 위반 시 1천만원 이하의 벌금</td><td>① 단시간근로자의 동의를 받음</td><td rowspan="2"></td></tr>
<tr><td>② 단시간근로자의 동의를 받지 않음</td></tr>
</table>

<table>
<tr><th colspan="2">구분</th><th>진단 내용</th><th>진단 결과</th><th>진단 의견</th></tr>
<tr><td colspan="2" rowspan="2">단시간
근로자
연장
근로
가산
수당</td><td rowspan="2">• 단시간근로자의 초과근로에 대하여 통상임금의 100분의 50이상을 가산하여 지급하는지 여부
〈기간제법 제6조 제3항〉
※ 단시간근로자의 초과근로에 대하여 가산수당을 지급하지 않은 경우 임금 또는 퇴직금 체불이 발생함(재직자는 근로기준법 제43조 위반으로 3년 이하의 징역 또는 3천만원 이하의 벌금, 퇴직자는 근로기준법 제36조 위반으로 3년 이하의 징역 또는 3천만원 이하의 벌금)</td><td>① 통상임금의 100분의 50 이상을 가산하여 지급함</td><td rowspan="2"></td></tr>
<tr><td>② 통상임금의 100분의 50 이상을 가산하여 지급하지 않음</td></tr>
<tr><td colspan="2" rowspan="2">비정규직
근로자의
차별적
처우</td><td rowspan="2">• 비정규직 근로자(기간제, 단시간, 파견근로자)임을 이유로 동일사업장 내 동종·유사한 업무에 종사하는 비교대상 근로자(무기계약직, 통상근로자, 사용사업주가 직접 고용한 근로자)와 비교하여 차별적 처우를 하는지 여부
〈기간제법 제8조, 파견법 제21조〉
※ 처벌 규정 없음</td><td>① 비정규직 근로자에게 차별적 처우를 하지 아니함</td><td rowspan="2"></td></tr>
<tr><td>② 비정규직 근로자에게 차별적 처우를 함</td></tr>
<tr><td rowspan="4">도급의
법적
안정성</td><td rowspan="2">수급인
등의
사업주
로서의
실제
판단</td><td rowspan="2">• 수급인 등이 사업주로서 실체가 인정되는지 여부</td><td>① 수급인 등이 사업주로서의 실제가 인정됨</td><td rowspan="2"></td></tr>
<tr><td>② 수급인 등이 사업주로서의 실체가 인정되지 않음</td></tr>
<tr><td rowspan="2">근로자
파견
여부
판단</td><td rowspan="2">• 근로자 파견에 해당하는지 여부</td><td>① 근로자파견에 해당하지 않음</td><td rowspan="2"></td></tr>
<tr><td>② 근로자파견에 해당함</td></tr>
</table>

<table>
<tr><td>비정규직 등 관련
체크리스트
진단 의견</td><td></td></tr>
</table>

8. 노사협의회 관련 체크리스트

구분		진단 내용	진단 결과	진단 의견
노사 협의회 설치 관련	노사 협의회의 설치 여부	• 사용자가 근로조건에 대한 결정권이 있는 상시 30명 이상 사업 또는 사업장에 노사협의회를 설치하였는지 여부 〈근로자 참여 및 협력 증진에 관한 법률(이하 “근참법”) 제4조〉 ※ 위반 시 1천 만원 이하의 벌금(협의회의 설치를 정당한 사유 없이 거부하거나 방해한 자에 대한 것임)	① 상시 30인 이상 사업 또는 사업장으로서 노사협의회를 설치하였음	
			② 상시 30인 이상 사업 또는 사업장으로서 노사협의회를 설치하지 아니하였음	
	노사 협의회 규정 제출	• 사용자가 협의회규정을 제정하고 협의회를 설치한 날로부터 15일 이내에 고용노동부에 제출하였는지 여부(변경을 포함) 〈근참법 제18조 제1항〉 ※ 위반 시 200만원 이하의 과태료	① 협의회 규정을 제정하여 제출하였음	
			② 협의회 규정을 제정하지 아니하였거나, 제정하였으나 제출하지 아니하였음	
노사 협의회 개최		• 사용자가 노사협의회를 3개월 마다 정기적으로 개최하였는지 여부 〈근참법 제12조 제1항〉 ※ 위반 시 200만원 이하의 벌금	① 노사협의회를 3개월마다 정기적으로 개최하였음	
			② 노사협의회를 3개월마다 정기적으로 개최하지 아니하였음	
고충 처리 위원 선임		• 사용자가 상시 30명 이상 사업 또는 사업장에 근로자의 고충을 청취하고 이를 처리하기 위하여 고충처리위원을 두었는지 여부 〈근참법 제26조〉 ※ 위반 시 200만원 이하의 벌금	① 상시 30인 이상 사업 또는 사업장으로서 고충처리위원을 두었음	
			② 상시 30인 이상 사업 또는 사업장으로서 고충처리위원을 두지 아니하였음	

노사협의회 관련 체크리스트 진단 의견	

[종합의견]

제13장

근로감독 참고자료

1. 근로감독관 집무규정 [별표3]
2. 근로감독관 집무규정 [별표2]
3. 근로시간 단축 관련 근로기준법 설명자료
4. 근로감독 시 참고할 지침
5. 근로감독 시정지시서

제13장 근로감독 참고자료

1. 근로감독관 집무규정 [별표3](개별근로관계법 위반사항 조치기준)

〈훈령 제374호, 2021.10.25.〉

구분	법조문	위반사례	조치기준
근로기준법	제6조	차별대우	• 시정기간 25일 이내(미시정시 범죄인지)
	제7조	강제근로	• 즉시 범죄인지
	제8조	폭행	• 즉시 범죄인지
	제9조	중간착취	• 즉시 범죄인지
	제10조	공민권행사 침해	• 즉시 시정(미시정시 범죄인지)
	제13조	보고, 출석불이행	• 즉시 시정(미시정시 과태료)
	제14조	법령요지 등의 게시 위반	• 시정기간 14일 이내(미시정시 과태료)
	제17조	주요 근로조건 서면 명시 및 교부의무 위반	• 시정기간 14일 이내(미시정시 범죄인지)
	제20조	위약예정금지 위반	• 즉시 범죄인지
	제21조	전차금 상쇄금지 위반	• 즉시 범죄인지
	제22조 제1항	강제저축금지 위반	• 즉시 범죄인지
	제22조 제2항	저축금 관리 위반	• 시정기간 14일 이내(미시정시 범죄인지)
	제23조 제2항	업무상부상·질병자 등 해고	• 시정기간 14일 이내(미시정시 범죄인지)
	제26조	해고예고 미이행	• 시정기간 25일 이내(미시정시 범죄인지) - 다만, 부당해고 구제명령에 따라 임금상당액 지급·금전보상이 이미 이루어진 진정사건에 대해서는 법 위반 확인시 시정지시(해고예고수당 지급) 없이 즉시 범죄인지 - 신고내용 조사과정에서 당사자간 합의 등으로 신고가 철회·취소된 경우에는 내사종결
	제34조 제1항, 제2항	〈삭제 2012.7.31〉	

구분	법조문	위반사례	조치기준
근로기준법	제36조	각종금품 미청산	• 시정기간 14일 이내(미시정시 범죄인지, 반의사불벌) – 다만, 평균임금 산정 등 임금 계산상의 단순 착오로 인한 체불인 경우 시정기간 25일 이내
	제39조	사용증명서 교부 위반	• 즉시 시정(미시정시 과태료)
	제40조	취업방해의 금지	• 즉시 범죄인지
	제41조	근로자명부 미비치	• 시정기간 14일 이내(미시정시 과태료)
	제42조	계약서류 미보존	• 시정기간 14일 이내(미시정시 과태료)
	제43조	임금의 체불, 부정기불, 비통화불, 간접불 등	• 시정기간 14일 이내(미시정시 범죄인지, 반의사불벌) – 다만, 평균임금 산정 등 임금 계산상의 단순 착오로 인한 체불인 경우 시정기간 25일 이내
	제44조	수차의 도급에 의해 행하여지는 사업에 대한 임금 미지급	• 시정기간 14일 이내(미시정시 범죄인지, 반의사불벌) – 다만, 평균임금 산정 등 임금 계산상의 단순 착오로 인한 체불인 경우 시정기간 25일 이내
	제44조의2	건설업에서의 임금지급 연대책임 위반	• 시정기간 14일 이내(미시정시 범죄인지, 반의사불벌) – 다만, 평균임금 산정 등 임금 계산상의 단순 착오로 인한 체불인 경우 시정기간 25일 이내
	제45조	비상시 지불위반	• 시정기간 14일 이내(미시정시 범죄인지) – 다만, 평균임금 산정 등 임금 계산상의 단순 착오로 인한 체불인 경우 시정기간 25일 이내
	제46조	휴업수당 미지급	• 시정기간 14일 이내(미시정시 범죄인지, 반의사불벌) – 다만, 평균임금 산정 등 임금 계산상의 단순 착오로 인한 체불인 경우 시정기간 25일 이내

구분	법조문	위반사례	조치기준
근로기준법	제47조	도급근로자에 대한 일정액의 임금미보장	• 시정기간 14일 이내(미시정시 범죄인지) - 다만, 평균임금 산정 등 임금 계산상의 단순 착오로 인한 체불인 경우 시정기간 25일 이내
	제48조	임금대장 미작성 등	• 시정기간 14일 이내(미시정시 과태료)
	제50조	근로시간 위반	• 시정기간 14일 이내(미시정시 범죄인지)
	제53조 제1항, 제2항, 제4항	연장근로한도 위반	• 시정기간 3개월 이내(미시정시 범죄인지)
	제54조	휴게시간 미부여	• 시정기간 3개월 이내(미시정시 범죄인지)
	제55조	주휴일 미부여	• 즉시 시정(미시정시 범죄인지)
	제56조	연장·야간·휴일근로 수당 미지급	• 시정기간 14일 이내(미시정시 범죄인지, 반의사불벌) - 다만, 평균임금 산정 등 임금 계산상의 단순 착오로 인한 체불인 경우 시정기간 25일 이내
	제59조 제2항	근로시간특례도입 사업장에서 11시간 연속 휴식시간 미부여	• 시정기간 3개월 이내(미시정시 범죄인지)
	제60조 제1항, 제2항, 제4항, 제5항	연차유급휴가 미부여	• 시정기간 25일 이내(미시정시 범죄인지)
	제64조	최저연령 위반	• 즉시 시정(미시정시 범죄인지)
	제65조	여성과 18세 미만자 사용금지 위반	• 즉시 시정(미시정시 범죄인지)
	제66조	연소자 증명서 미비치	• 즉시 시정(미시정시 과태료)
	제67조	미성년자 근로계약 위반	• 즉시 시정(미시정시 범죄인지)
	제69조	18세 미만자 근로시간 위반	• 즉시 시정(미시정시 범죄인지)
	제70조 제1항	18세 이상 여성근로자의 야간 및 휴일근로의 제한	• 시정기간 14일 이내(미시정시 범죄인지)

구분	법조문	위반사례	조치기준
근로기준법	제2항	임산부와 18세 미만자의 야간 및 휴일근로의 제한	• 즉시 시정(미시정시 범죄인지)
	제3항	인가 전 근로자대표와 미협의	• 시정기한 14일 이내(미시정시 범죄인지)
	제71조	산후 1년이 경과하지 아니한 여성에 대한 연장근로한도 위반	• 즉시 시정(미시정시 범죄인지)
	제72조	여성과 18세 미만자의 갱내근로 금지	• 즉시 범죄인지
	제73조	생리휴가 미실시	• 의사표시 또는 청구에도 불구하고 휴가를 부여하지 않은 경우 즉시 범죄인지
	제74조 제1항	출산전후휴가 90일 미부여	• 즉시 범죄인지(다만, 출산지연으로 산후 45일이 안되는 경우 내사종결)
	제2항	출산전후휴가 분할사용 불허용	• 즉시 시정(미시정시 범죄인지)
	제3항	유산·사산휴가 미부여	• 즉시 범죄인지(다만, 출산지연으로 산후 45일이 안되는 경우 내사종결)
	제4항	출산전휴휴가 기간 중 최초 60일분 임금 미지급	• 시정기간 14일 이내(미시정시 범죄인지) - 다만, 평균임금 산정 등 임금계산상의 단순 착오로 인한 체불인 경우 시정기간 25일 이내
	제5항	임신 중 여성근로자의 시간외근로 제한	• 즉시 시정(미시정시 범죄인지)
	제5항	임신 중인 여성근로자의 요구가 있는 경우에도 쉬운 종류의 근로 전환 미실시	• 시정기간 14일 이내(미시정시 범죄인지)

구분	법조문	위반사례	조치기준
근로기준법	제6항	출산전후휴가 종료 후 휴가 전과 동일한 업무 또는 동등한 수준의 임금을 지급하는 직무복귀 의무 위반	• 시정기간 25일(미시정시 범죄인지)
	제7항	임신기 근로시간 단축 미허용	• 시정기간 14일(미시정시 과태료)
	제75조	육아시간 미부여	• 즉시 시정(미시정시 범죄인지)
	제76조의3 제6항	직장 내 괴롭힘 발생 사실을 신고한 근로자 및 피해근로자등에게 해고 등 불리한 처우	• 시정기간 14일 이내(미시정시 범죄인지)
	제77조	기능습득자에 대한 혹사 및 가사업무 종사	• 시정기간 14일 이내(미시정시 범죄인지)
	제78조	요양보상 미이행	• 시정기간 25일 이내(미시정시 범죄인지)
	제79조	휴업보상 미이행	• 시정기간 25일 이내(미시정시 범죄인지)
	제80조	장해보상 미이행	• 시정기간 25일 이내(미시정시 범죄인지)
	제82조	유족보상 미이행	• 시정기간 25일 이내(미시정시 범죄인지)
	제83조	장의비 미지급	• 시정기간 25일 이내(미시정시 범죄인지)
	제91조	재해보상서류 미보존	• 시정기간 14일 이내(미시정시 과태료)
	제93조	취업규칙 미신고	• 시정기간 25일 이내(미시정시 과태료)
	제94조	취업규칙 변경절차 위반	• 시정기간 25일 이내(미시정시 범죄인지)
	제95조	제재규정 위반	• 시정기간 25일 이내(미시정시 범죄인지)

구분	법조문	위반사례	조치기준
근로기준법	제96조 제1항, 제2항	취업규칙 변경명령 불이행	• 근로기준법 시행규칙 제20호서식에 따라 25일 이내에 시정하도록 변경명령 - 변경 신고한 취업규칙은 재심사하고, 다시 변경명령 사유에 해당하는 경우(변경 신고한 취업규칙이 법령, 단체협약에 어긋나거나 또는 변경신고를 하지 아니한 경우)에는 15일 이내에 시정하도록 재변경 - 재 변경명령에도 불구하고 시정되지 아니한 경우(재변경한 취업규칙이 법령, 단체협약에 어긋나거나 또는 재 변경신고를 하지 아니한 경우)에는 10일 이내에 보고하도록 제7호서식의 보고요구서에 따라 보고를 촉구하고, 이에 응하지 아니한 경우(보고한 취업규칙이 법령, 단체협약에 어긋나거나 또는 보고를 하지 아니한 경우)에는 수사에 착수
	제98조 제2항	기숙사 생활의 자치에 필요한 임원 선거 간섭	• 시정기간 14일 이내(미시정시 과태료)
	제99조	기숙사 규칙작성 등 위반	• 시정기간 25일 이내(미시정시 과태료)
	제100조	부속기숙사에 대한 설치·운영 기준 미충족	• 시정기간 3개월 이내(미시정시 범죄인지)
	제102조	근로감독관의 업무에 대한 방해, 기피 등의 행위	• 즉시 시정(미시정시 과태료)
	제104조 제2항	감독기관에 대한 신고를 이유로 한 해고 등 불리한 처우	• 시정기간 14일 이내(미시정시 범죄인지)

구분	법조문	위반사례	조치기준
최저임금법	제6조 제1항, 제2항	최저임금액 미달	• 즉시 시정(미시정시 범죄인지) - 다만, 최근 3년 이내 최저임금액 미달로 행정지도 또는 범죄인지한 사실이 있는 경우에는 즉시 범죄인지 보고 후 수사에 착수
	제6조 제7항	도급인의 귀책사유로 인한 최저임금액 미달에 대한 연대책임 이행지시 불이행	• 시정기간 14일 이내(미시정시 범죄인지) - 다만, 평균임금 산정 등 임금계산상의 단순 착오로 인한 체불인 경우 시정기간 25일 이내
	제11조	최저임금 주지의무 위반	• 시정기간 14일 이내(미시정시 과태료)
	제25조	임금에 관한 사항 미보고 및 허위보고	• 즉시 시정(미시정시 과태료)
	제26조 제2항	자료제출·검사거부·방해 또는 기피·허위진술	• 즉시 시정(미시정시 과태료)
남녀고용 평등과 일·가정 양립 지원에 관한 법률	제7조	모집과 채용에서 평등기회 미부여	• 모집기간이 경과한 경우 1차 서면경고 조치하고 그 이후 3년 이내에 재차위반시 즉시 범죄인지 보고후 수사에 착수 • 모집기간이 경과하지 않은 경우는 즉시 서면 시정지시 하되(다만, 3년 이내 행정지도 또는 범죄인지한 사실이 있는 경우에는 즉시 범죄인지보고후 수사에 착수) - 시정완료하면 내사 종결하고 - 시정하지 아니하면 범죄인지 보고후 수사에 착수 • 채용과 관련한 사항의 경우 25일 이내에 시정하도록 서면 지시하되 - 시정완료하면 내사종결하고 - 시정하지 아니하면 범죄 인지보고후 수사에 착수

구분	법조문	위반사례	조치기준
남녀고용 평등과 일·가정 양립 지원에 관한 법률	제8조 제1항	임금차별	• 시정기간 14일 이내(미시정시 범죄인지) – 다만, 평균임금 산정 등 임금 계산상의 단순 착오로 인한 체불인 경우 시정기간 25일 이내
	제9조	임금외의 금품 등 차별	• 시정기간 14일 이내(미시정시 범죄인지) – 다만, 평균임금 산정 등 임금 계산상의 단순 착오로 인한 체불인 경우 시정기간 25일 이내
	제10조	교육, 배치 및 승진 차별	• 시정기간 25일 이내(미시정시 범죄인지)
	제11조	정년·퇴직 및 해고차별	• 시정기간 25일 이내(미시정시 범죄인지)
	제12조	사업주의 성희롱 금지	• 즉시 조사 후 과태료 부과
	제13조 제1항	직장 내 성희롱의 예방을 위한 교육 미실시	• 최근 1년 이내(회계년도 기준) 교육을 미실시하였을 경우 25일 이내에 교육 실시하도록 시정지시 (미지정시 과태료) – 다만, 최근 3년 이내 2회 이상 교육을 미실시하였을 경우 즉시 과태료
	제13조 제3항	직장 내 성희롱 예방 교육 내용 상시 게시 의무 위반	• 시정기간 14일 이내(미시정시 과태료)
	제14조 제2항	직장 내 성희롱 발생 사실 확인을 위한 조사 의무 위반	• 즉시 과태료
	제14조 제4항	직장 내 성희롱 피해근로자 요청시 근무장소의 변경 등 적절한 조치 의무위반	• 시정기간 14일 이내(미시정시 과태료)
	제14조 제5항	직장 내 성희롱을 한 자에 대한 징계 등 조치 위반	• 시정기간 25일 이내(미시정시 과태료)

구분	법조문	위반사례	조치기준
남녀고용 평등과 일·가정 양립 지원에 관한 법률	제14조 제6항	직장 내 성희롱 신고근로자 등에 대한 불리한 처우 금지 위반	• 즉시 범죄인지
	제14조 제7항	직장 내 성희롱 조사한 사람, 보고받은 사람 등 피해자 의사에 반하여 비밀누설 금지 의무 위반	• 즉시 과태료
	제14조의2 제1항	고객 등의 의한 성희롱 피해자 보호조치 의무 위반	• 시정기간 14일 이내(미시정시 과태료)
	제14조의2 제2항	고객 등에 의한 성희롱 피해 근로자에게 고용상 불이익한 조치금지 위반	• 즉시 과태료
	제17조의3 제1항	적극적 고용개선조치 시행계획 미제출	• 시정기간 14일 이내(미시정시 과태료)
	제17조의3 제2항	남녀근로자 현황미제출 또는 허위제출	• 시정기간 14일 이내(미시정시 과태료)
	제17조의4 제1항	적극적 고용개선 조치 이행실적 미제출 또는 허위제출	• 시정기간 14 이내(미시정시 과태료)
	제18조 제4항	출산전후휴가급여 신청 관련 사업주의 미협력	• 즉시 시정(미시정시 과태료)
	제18조의2	근로자 청구에도 불구하고 배우자 출산휴가 최소 3일 이상(최대 5일) 미부여	• 배우자 출산 후 30일 이내의 경우 즉시 시정 (미시정시 과태료)
		배우자 출산휴가 기간 중 최초 3일분 임금 미지급	• 시정기간 14일 이내(미시정시 범죄인지) - 다만, 평균임금 산정 등 임금 계산상의 단순 착오로 인한 체불인 경우 시정기간 25일 이내
	제18조의3	난임 치료 휴가 미부여	• 즉시 시정(미시정시 과태료)

구분	법조문	위반사례	조치기준
남녀고용 평등과 일·가정 양립 지원에 관한 법률	제19조 제1항	육아휴직 미부여	• 즉시 시정(미시정시 범죄인지)
	제19조 제3항	육아휴직을 이유로 해고 그 밖에 불리한 처우금지 위반	• 해고시 즉시 범죄인지 • 그 밖에 불리한 처우시 시정기간 14일 이내 (미시정시 범죄인지)
	제19조 제4항	육아휴직전과 동일한 업무 또는 동등한 수준의 임금을 지급하는 직무로의 복귀 위반 및 근속기간에 미포함	• 시정기간 14일 이내(미시정시 범죄인지)
	제19조의2 제1항	육아기 근로시간 단축 신청 미허용	• 즉시 시정(미시정시 범죄인지)
	제19조의2 제2항	사업주의 육아기 근로시간 단축 서면통지의무 위반	• 시정기간 14일 이내(미시정시 과태료)
	제19조의2 제5항	육아휴직을 이유로 해고 그 밖에 불리한 처우금지 위반	• 즉시 범죄인지
	제19조의2 제6항	육아기 근로시간단축 후 같은 업무 또는 같은 수준의 임금을 지급하는 직무로의 미복귀	• 시정기간 14일 이내(미시정시 범죄인지)
	제19조의3 제1항	육아기 근로시간단축을 이유로 근로조건 불이익	• 즉시 시정(미시정시 범죄인지)
	제19조의3 제2항	육아기 근로시간단축 근로자의 근로조건 서면명시 의무위반	• 시정기간 14일 이내(미시정시 과태료)
	제19조의3 제3항	육아기 근로시간단축 근로자의 연장근로제한 위반	• 즉시 시정(미시정시 범죄인지)
	제22조의2 제1항	가족돌봄휴직 미부여	• 즉시 시정(미시정시 과태료)
	제22조의2 제4항	가족돌봄휴직을 이유로 한 해고 등 그 밖에 불리한 처우 금지 위반	• 고시 즉시 범죄인지 • 그 밖에 불리한 처우시 시정기간 14일 이내 (미시정시 범죄인지)

구분	법조문	위반사례	조치기준
남녀고용 평등과 일·가정 양립 지원에 관한 법률	제24조 제3항	명예감독관의 정당한 활동을 이유로 당해근로자에 대해불이익 조치	• 시정기간 14일 이내(미시정시 범죄인지)
	제31조 제1항	보고 또는 서류제출을 거부하거나 허위보고 또는 허위서류 제출, 검사거부, 방해 또는 기피	• 즉시 시정(미시정시 과태료)
	제33조	동법 제33조 및 시행령 제23조와 관련된 서류를 고의로 파기	• 즉시 과태료
		동법 제33조 및 시행령 제23조와 관련된 서류 미보존	• 시정기간 14일 이내(미시정시 과태료)
임금채권 보장법	제12조 제2항	〈삭제〉	
	제13조	재산목록 제출거부 또는 허위재산목록 제출	• 즉시 시정(미시정시 범죄인지)
	제22조	보고나 서류제출 불응 또는 허위보고, 허위서류 제출	• 즉시 시정(미시정시 과태료)
	제24조 제1항	질문에 답변거부, 검사를 거부·방해 또는 기피	• 즉시 시정(미시정시 과태료)
	제28조 제1호, 제2호	허위 기타 부정한 방법으로 체당금을 지급받은 자 또는 체당금을 지급받을 수 있도록 허위보고 또는 증명을 한 자	• 즉시 범죄인지
근로복지 기본법	제6조	보조 또는 융자받은 자금의 목적외 사용	• 시정기간 14일 이내(미시정시 과태료)
	제32조 제4항	확정급여형퇴직연금제도 및 퇴직금제도를 설정한 사용자가 근로자에게 퇴직급여가 감소할 수 있음을 미리 알리지 않거나 퇴직급여 감소 예방을 위해 필요한 조치 미실시	• 시정기간 25일 이내(미시정시 범죄인지)

구분	법조문	위반사례	조치기준
근로복지 기본법	제35조 제3항 단서	총회 의결사항 의결결여	• 시정기간 14일 이내(미시정시 과태료)
	제35조 제4항	총회 또는 대의원회 미개최	• 시정기간 14일 이내(미시정시 과태료)
	제35조 제5항	임원과 대의원 선출방식 위반	• 시정기간 14일 이내(미시정시 과태료)
	제35조 제7항	우리사주운영 관련 장부의 작성·보관(10년) 위반	• 시정기간 14일 이내(미시정시 과태료)
	제37조	우리사주 취득에 따른 계정관리 위반	• 취득한 주식을 법이 정한 방법에 따라 배정하지 않은 경우 - 즉시시정(미시정시 과태료) • 취득한 주식을 다시 매도한 경우 - 즉시 과태료
	제42조의2	우리사주 취득 강요금지 등	• 즉시 범죄인지〈개정 2014.8.1〉
	제43조 제1항	우리사주 예탁 위반	• 시정기간 14일 이내(미시정시 과태료)
	제43조 제3항	예탁 우리사주 양도 또는 담보제공금지 위반	• 시정기간 14일 이내(미시정시 과태료)
	제46조	의결권 행사방식 위반	• 즉시 과태료
	제47조	조합 해산절차 및 보고 위반	• 즉시 시정(미시정시 과태료)
	제57조	복지기금협의회 회의록 작성·보관(10년) 위반	• 시정기간 14일 이내(미시정시 과태료)
	제60조 제2항	직무수행을 이유로 한 불이익한 처우금지 위반	• 시정기간 25일 이내(미시정시 과태료)
	제62조	기금법인의 사업(용도) 위반	• 시정기간 25일 이내(미시정시 범죄인지)
	제63조	기금의 운용방법 위반	• 시정기간 25일 이내(미시정시 범죄인지)
	제64조	기금의 회계 위반	• 시정기간 25일 이내(미시정시 과태료)

구분	법조문	위반사례	조치기준
근로복지 기본법	제65조	기금법인의 관리·운영 서류의 작성·보관(5년) 위반	• 시정기간 14일 이내(미시정시 과태료)
	제66조	기금관리의 관리·운영사항 공개 위반	• 시정기간 25일 이내(미시정시 과태료)
	제67조	기금법인의 부동산 소유금지 위반	• 시정기간 3개월 이내(미시정시 범죄인지)
	제68조 제1항	기금설치를 이유로 근로복지제도 또는 근로복지시설의 운영을 중단·단축	• 즉시 범죄인지
	제71조	해산시 재산처리 방법 위반	• 즉시 범죄인지
	제78조	직무상 비밀누설	• 즉시 범죄인지
		겸직 또는 자기거래 금지 위반	• 즉시 범죄인지
	제93조 제1항 제1호 및 제2호	공단의 기금관리 및 운영실태, 근로복지 시설을 수탁·운영하는 비영리단체의 업무·재산 등에 대한 미보고, 거짓보고, 명령위반, 검사거부·방해·기피	• 즉시 시정(미시정시 과태료)
	제93조 제1항 제3호	기금법인의 업무·회계·재산에 관한 사항에 대하여 미보고, 거짓보고, 명령위반, 검사거부·방해·기피	• 즉시 시정(미시정시 과태료)
	제93조 제2항	우리사주조합 등에 대한 감독상 필요에 의한 미보고, 거짓보고, 명령위반, 검사거부·방해·기피	• 즉시 시정(미시정시 과태료)

구분	법조문	위반사례	조치기준
건설 근로자의 고용개선 등에 관한 법률	제5조 제3항	고용관리책임자 미신고	• 시정기간 14일 이내(미시정시 과태료)
	제7조의2	식당, 탈의실, 화장실 설치의무 위반	• 시정기간 14일 이내(미시정시 과태료)
	제10조의4 제1항	퇴직공제의무가입 불이행	• 시정기간 14일 이내(미시정시 과태료)
	제13조 제1항	공제부금미납	• 시정기간 14일 이내(미시정시 과태료)
	제15조 제2항	피공제자의 증명요구 불응	• 시정기간 14일 이내(미시정시 과태료)
	제23조 제1항	보고나 서류제출 불응 또는 허위보고, 허위서류 제출 시정명령이나 지시 불응	• 시정기간 14일 이내(미시정시 과태료)
	제23조 제3항	시정명령 또는 지시 불응〈신설 2016.2.1〉	• 시정기간 14일 이내(미시정시 과태료)〈신설 2016.2.1〉
	제24조	허위·부정 수급자	• 즉시 범죄인지
파견근로자 보호 등에 관한 법률	제5조 제5항	파견대상업무 위반(파견사업주 및 사용사업주)	• 시정기간 25일 이내(미시정시 범죄인지. 다만, 해당 근로자가 아래 시정사항을 거부하여 시정하지 못한 경우에는 내사종결) - 시정지시 내용 : 사용사업주가 직접 고용 ※ 파견사업주에 대해서는 「파견근로자 보호 등에 관한 법률 시행규칙」(이하 이 표에서 "시행규칙"이라 함) 별표에 따른 행정처분 즉시 병과
	제6조 제1항, 제2항, 제4항	파견기간 위반(파견사업주 및 사용사업주)	• 시정기간 25일 이내(미시정시 범죄인지. 다만, 해당 근로자가 아래 시정사항을 거부하여 시정하지 못한 경우에는 내사종결) - 시정지시 내용 : 사용사업주가 직접 고용〈개정 2012.7.31〉 ※ 파견사업주에 대해서는 시행규칙 별표에 따른 행정처분 즉시 병과

구분	법조문	위반사례	조치기준
파견근로자 보호 등에 관한 법률	제6조의2 제1항	파견근로자 직접 고용 불이행(사용사업자)	• 시정기간 25일 이내에 직접 고용 토록지시 (미시정시 과태료)
	제7조 제1항 전단	파견사업 허가위반(파견사업주)	• 즉시 범죄인지
	제7조 제1항 후단	파견사업 변경 허가 위반	• 시정기간 25일 이내(미시정시 범죄인지) ※ 시행규칙 별표에 따른 행정처분 즉시 병과
	제7조 제3항	무허가 근로자 파견의 역무사용(사용 사업주)	• 시정기간 25일 이내(미시정시 범죄인지. 다만, 해당 근로자가 아래 시정사항을 거부하여 시정하지 못한 경우에는 내사종결) – 시정지시 내용 : 사용사업주가 직접 고용
	제10조 제2항	부정 갱신허가(파견사업주)	• 즉시 범죄인지〈개정 2013.10.15〉 ※ 시행규칙 별표에 따른 행정처분 즉시 병과
	제11조 제1항	사업폐지 미신고 및 허위신고(파견사업주)	• 시정기간 14일 이내(미시정시 과태료) ※ 시행규칙 별표에 따른 행정처분 즉시 병과
	제12조 제1항 각 호	근로자 파견사업의 허가취소 및 영업정지에 해당하는 경우(파견사업주)	• 시행규칙 별표에 따라 즉시 행정처분 ※ 제12조제1호, 제4호부터 제6호까지, 제8호, 제11호, 제12호, 제14호, 제18호, 제20호부터 제23호까지의 규정은 파견법 위반 조항별로 시정지시 · 범죄인지 · 과태료 등의 조치사항을 병과
	제12조 제1항	영업정지 명령을 위반하여 파견사업을 계속한 자 (파견사업주)	• 즉시 범죄인지
	제15조	명의대여의 금지 위반 (파견사업주)	• 즉시 범죄인지 ※ 시행규칙 별표에 따른 행정처분 즉시 병과

구분	법조문	위반사례	조치기준
파견근로자 보호 등에 관한 법률	제16조	파견근로자 사용제한 위반(파견사업주 및 사용사업주)	• 즉시 범죄인지 ※ 파견사업주에 대해서는 시행규칙 별표에 따른 행정처분 즉시 병과
	제18조	사업보고서를 제출하지 아니 하거나 허위로 제출한 경우 (파견사업주)	• 시정기간 14일 이내(미시정시 과태료) ※ 시행규칙 별표에 따른 행정처분 즉시 병과
	제21조 제1항	차별적 처우의 금지	• 시정기간 25일 이내(미시정시 노동위원회 통보)
	제21조 제3항	확정된 시정명령 불이행(파견사업주 및 사용사업주)	• 시정기간 14일 이내(미시정시 과태료)
	제21조 제3항	이행상황 제출요구 불응(파견사업주 및 사용사업주)	• 즉시 과태료
		불리한 처우금지 위반 (파견사업주 및 사용사업주)	• 시정기간 14일 이내(미시정시 범죄인지)
	제26조 제1항	취업조건의 고지 위반 (파견사업주)	• 즉시 시정(미시정시 과태료) ※ 시행규칙 별표에 따른 행정처분 즉시 병과
	제26조 제3항	근로자파견의 대가내역의 미제시(파견사업주)	• 즉시 시정(미시정시 과태료)
	제27조	파견사업주 통지의무 위반(파견사업주)	• 즉시 시정(미시정시 과태료)
	제29조	파견사업관리대장 작성·보존 위반(파견사업주)	• 시정기간 14일 이내(미시정시 과태료) ※ 시행규칙 별표에 따른 행정처분 즉시 병과
	제33조	사용사업관리대장 작성·보존 위반(사용사업주)	• 시정기간 14일 이내(미시정시 과태료)
	제34조 제2항	근로기준법 특례규정 위반(파견사업주 및 사용사업주)	• 시정기간 14일 이내(미시정시 범죄인지)

구분	법조문	위반사례	조치기준
파견근로자 보호 등에 관한 법률	제35조 제3항, 제5항	건강진단결과 미송부(사용사업주 제3항, 파견사업주 제5항)	• 시정기간 14일 이내(미시정시 과태료) ※ 파견사업주에 대해서는 시행규칙 별표에 따른 행정처분 즉시 병과
	제37조	개선명령 위반(파견사업주)	• 즉시 과태료 ※ 시행규칙 별표에 따른 행정처분 즉시 병과
	제38조 제1항	보고명령 위반 및 허위보고(파견사업주 및 사용사업주)	• 즉시 과태료 ※ 파견사업주에 대해서는 시행규칙 별표에 따른 행정처분 즉시 병과
	제38조 제2항	검사 거부·방해, 기피(파견사업주 및 사용사업주)	• 즉시 시정(미시정시 과태료) ※ 파견사업주에 대해서는 시행규칙 별표에 따른 행정처분 즉시 병과
	제42조	공중위생 또는 공중도덕상 유해업무에 취업시킬 목적으로 근로자 파견을 행한 경우(파견사업주)	• 즉시 범죄인지
근로자퇴직급여 보장법	제4조 제2항	퇴직급여제도 차등 설정	• 시정기간 14일 이내(미시정시 범죄인지)
	제4조 제3항 및 제4항, 제25조 제1항, 제25조 제2항제1호	퇴직급여제도 또는 개인형퇴직연금제도 설정·변경시 근로자 대표 또는 개별근로자의 동의를 받지 아니하거나 의견을 듣지 아니한 경우	• 시정기간 14일 이내(미시정시 범죄인지)
	제9조	퇴직금 미청산	• 시정기간 14일 이내(미시정시 범죄인지, 반의사불벌) – 다만, 평균임금 산정 등 임금 계산상의 단순 착오로 인한 체불인 경우 시정기간 25일 이내
	제13조, 제19조	퇴직연금규약 미신고	• 시정기간 14일 이내(미시정시 과태료)

구분	법조문	위반사례	조치기준
근로자퇴직급여 보장법	제17조 제2항 및 제3항	확정급여형퇴직연금제도의 퇴직급여 미지급	• 시정기간 14일 이내(미시정시 범죄인지, 반의사불벌) - 다만, 평균임금 산정 등 임금 계산상의 단순 착오로 인한 체불인 경우 시정기간 25일 이내
	제20조 제5항, 제25조 제3항	확정기여형퇴직연금제도 부담금 및 지연이자 미납, 개인형 퇴직연금제도 가입자의 부담금 및 지연이자 미납	• 시정기간 14일 이내(미시정시 범죄인지, 반의사불벌) - 다만, 평균임금 산정 등 임금 계산상의 단순 착오로 인한 체불인 경우 시정기간 25일 이내
	제27조 제4항	퇴직연금사업자의 가입자 보호조치 미실시	• 해당 퇴직연금사업자에 대한 감독을 금융위원회에 요청(법 제39조에 따라 감독결과, 시정명령 등 조치내용과 조치내용의 이행 여부 등 제출 요구) - 금융위원회의 시정명령 등 조치사항 미이행시 즉시 범죄인지
	제31조 제3항	퇴직연금제도 모집인으로 등록하지 아니한 자가 퇴직연금 제도 모집업무를 수행한 경우	• 즉시 시정지시(미시정시 범죄인지) - 다만, 최근 3년 이내 행정지도 또는 범죄인지한 사실이 있는 경우에는 시정지시 절차없이 즉시 범죄인지
	제31조 제4항	퇴직연금제도 모집인 이외의 자에게 퇴직연금제도 모집업무를 위탁한 경우	• 해당 퇴직연금사업자에 대한 감독을 금융위원회에 요청(법 제39조에 따라 감독결과, 시정명령 등 조치내용과 조치내용의 이행 여부 등 제출 요구) - 금융위원회의 시정명령 등 조치사항 미이행시 즉시 범죄인지
	제31조 제7항	퇴직연금제도 모집인이 모집업무를 재위탁하거나 모집인 준수사항을 미이행한 경우	• 해당 퇴직연금제도 모집인에 대한 조사를 금융감독원장에게 요청(법 제39조에 따라 금융위원회에 조사결과, 시정명령 등 조치내용과 조치내용의 이행 여부 등 제출 요구) - 금융위원회의 시정명령 등 조치사항 미이행시 즉시 범죄인지

구분	법조문	위반사례	조치기준
근로자퇴직급여 보장법	제32조 제2항	가입자에 대한 교육 미실시	• 시정기간 25일 이내(미시정시 과태료)
	제32조 제3항 제1호	사용자가 자기 또는 제3자의 이익을 도모할 목적으로 운용·자산관리 계약을 체결하는 행위	• 시정기간 25일 이내(미시정시 범죄인지)
	제32조 제3항 제2호	자료의 고의누락 및 거짓작성, 특별한 이익의 제공 등	• 시정기간 25일 이내(미시정시 과태료)
	제32조 제4항	근로자에게 퇴직급여가 감소할 수 있음을 미고지, 퇴직급여 감소 예방을 위한 필요한 조치 미이행	• 시정기간 25일 이내(미시정시 범죄인지)
	제33조 제2항, 제5항	퇴직연금사업자의 계약내용 미준수, 개인형 퇴직연금사업자의 매년 1회 이상 가입자 교육 미실시	• 시정기간 25일 이내(미시정시 과태료)
	제33조 제6항	퇴직연금사업자의 퇴직연금제도 취급실적 미제출	• 시정기간 25일 이내(미시정시 과태료)
	제33조 제3항, 제4항	퇴직연금사업자의 금지행위 위반 〈신설 2012.7.31〉	• 해당 퇴직연금사업자에 대한 감독을 금융위원회에 요청(법 제39조에 따라 감독결과, 시정명령 등 조치내용과 조치내용의 이행 여부 등 제출 요구) - 금융위원회의 시정명령 등 조치사항 미이행시 즉시 범죄인지〈신설 2012.7.31〉
	제35조 제1항	퇴직연금제도의 설정 또는 그 운영 관련 또는 규약 위반	• 시정기간 25일 이내(미시정시 운영 중단)
	제35조 제2항	시정명령의 불이행	• 시정기간 25일 이내(미시정시 운영 중단)

구분	법조문	위반사례	조치기준
근로자퇴직급여 보장법	제37조 제6항	알게 된 거래정보 타인 제공 또는 누설, 목적 외 사용	• 즉시 범죄인지
기간제 및 단시간 근로자 보호 등에 관한 법률	제6조 제1항	단시간근로자의 초과 근로제한	• 시정기간 14일 이내(미시정시 범죄인지)
	제8조	차별적 처우 금지	• 시정기간 25일 이내(미시정시 노동위원회 통보)
	제14조	확정된 시정명령 불이행	• 시정기간 14일 이내(미시정시 과태료)
	제15조 제1항	시정명령 이행상황의 제출요구 불이행	• 즉시 과태료
	제16조	불리한 처우의 금지 위반	• 시정기간 14일 이내(미시정시 범죄인지)
	제17조	근로조건의 서면명시 의무 위반	• 즉시 과태료
고용상 연령차별 금지 및 고령자 고용촉진에 관한 법률	제4조의4 제1항 제1호	모집·채용 차별 〈부칙 제3조 참조〉	• 모집기간이 경과한 경우 1차 서면경고 조치하고 그 이후 3년 이내에 재차 위반시 즉시 범죄인지 보고후 수사에 착수 • 모집기간이 경과하지 않은 경우는 즉시 서면 시정지시 하되(다만, 3년 이내 행정지도 또는 범죄인지한 사실이 있는 경우에는 즉시 범죄인지보고후 수사에 착수) – 시정완료하면 내사 종결하고 – 시정하지 아니하면 범죄인지보고후 수사에 착수 • 채용과 관련한 사항의 경우 25일 이내에 시정하도록 서면 지시하되 – 시정완료하면 내사종결하고 – 시정하지 아니하면 범죄 인지보고 후 수사에 착수 • 국가인권위원회로부터 구제조치 등의 권고를 받아 시정명령이 필요한 경우 시정기간 25일 이내(미시정시 과태료)

구분	법조문	위반사례	조치기준
고용상 연령차별 금지 및 고령자 고용촉진에 관한 법률	제4조의4 제1항 제2호	임금, 임금외의 금품지급 및 복리후생 차별	• 국가인권위원회로부터 구제조치 등의 권고를 받아 시정명령이 필요한 경우 시정기간 25일 이내(미시정시 과태료)
	제4조의4 제1항 제3호	교육 · 훈련 차별	• 국가인권위원회로부터 구제조치 등의 권고를 받아 시정명령이 필요한 경우 - 시정기간 25일(미시정시 과태료)
	제4조의4 제1항 제4호	배치 · 전보 · 승진 차별	• 국가인권위원회로부터 구제조치 등의 권고를 받아 시정명령이 필요한 경우 시정기간 25일 이내(미시정시 과태료)
	제4조의4 제1항 제5호	퇴직 · 해고 차별	• 국가인권위원회로부터 구제조치 등의 권고를 받아 시정명령이 필요한 경우 시정기간 25일 이내(미시정시 과태료)
	제4조의8	시정명령 이행상황 제출요구 불응	• 시정기간 14일 이내(미시정시 과태료)
	제4조의9	연령차별행위에 대한 진정 등을 이유로 한 해고 등 불리한 처우 〈부칙 제3조 참조〉	• 시정기간 14일 이내(미시정시 범죄인지)

2. 근로감독관 집무규정 [별표2](사업장 감독 시 점검확인 주요서류)

1. 근로기준법 분야

- 취업규칙, 기숙사 규칙, 인사규정, 징계규정, 단체협약
- 근로계약서, 근로자 명부, 출근부
- 임금결정·지급방법 또는 계산의 기초에 관한 사항(임금협약, 급여규정 등)
- 상여금 지급기준 및 지급서류(상여금지급규정 등)
- 단시간근로자의 근로조건 관련서류
- 임금대장(근로시간, 통상임금 산정의 적정여부 등)
- 승급 또는 감급 관련
- 해고·퇴직 관련
- 평균임금 산정 관련
- 경영상 이유에 의한 고용조정 관련
- 퇴직금 지급 관련
- 취직인허증 및 연소근로자 취업동의서
- 산전후휴가, 시간외근로, 경미한 근로 전환 관련 등
- 근로시간제도 관련서류(탄력적근로시간제, 선택적근로시간제, 근로시간계산의 특례, 근로시간 및 휴게시간의 특례 도입관련 서면합의서 등)
- 인가·허가·승인·인정 관련서류(야업·휴일근로 인가시 법 제68조 제3항에 의한 근로자대표와의 협의서류)
- 연·월차 유급휴가 적치·사용대장
- 재해보상 서류
- 사용증명서 발급 관련

2. 최저임금법 분야

- 최저임금 적용제외 인가 서류

- 최저임금사항 주지 관련 서류
- 도급으로 사업을 행하는 경우 인건비 단가 등 도급계약 관련 서류〈신설 2012.7.31.〉
- 감시적 또는 단속적 근로종사자에 대한 적용제외 승인서, 수습근로자의 근로계약서 등 최저임금 감액적용 관련 서류〈신설 2012.7.31.〉

3. 근로자퇴직급여 보장법 분야〈신설 2013.10.15.〉
- 퇴직급여제도의 선택·변경 관련 근로자 대표의 동의서
- 퇴직연금제도의 내용 변경 관련 근로자 대표의 의견청취자료 및 동의서
- 퇴직연금규약
- 규약에서 정한 사항의 이행 관련 서류
- 운용관리업무 및 자산관리업무의 수행 계약서
- 퇴직연금제도 가입자의 교육실시와 관련된 서류
- 규약에서 정한 사항의 이행 관련 서류(DB제도 재정 검정 관련 서류, DC제도 부담금 납입관련 서류 등)

4. 기간제 및 단시간근로자보호등에관한법률 관련분야〈신설 2007.7.1〉
- 근로계약서, 취업규칙, 단체협약 등
- 단시간근로자의 초과근로 관련서류
- 노동위 시정명령 관련서류
- 기간제근로자 및 단시간근로자의 차별적 처우 여부를 판단하는데 필요한 관련 서류〈신설 2012.7.31.〉

5. 파견근로자 보호 등에 관한 법률 분야〈신설 2005.2.26.〉
- 근로자파견사업 대상업무 관련 서류
- 근로자파견사업 허가기준 관련 서류

- 근로자파견계약 관련 서류
- 파견근로자 근로조건 보호 관련 파견·사용 사업주의 조치필요사항 관련 서류
- 근로자파견사업 운영 관련 서류
- 파견근로자의 차별적 처우 여부를 판단하는 데 필요한 관련 서류〈신설 2012.7.31.〉
- 기타 사내하도급 관련 서류

6. 〈삭제 2011.12.23〉

7. 근로복지기본법 분야〈개정 2011.12.23.〉
- 기금의 용도사업 및 증식사업 관련
- 기금의 부동산 소유 관련
- 법 시행을 위한 시정명령 이행관련
- 보조 또는 융자받은 자금의 사용과 관련한 분야
- 우리사주조합 규약
- 우리사주조합 회계장부 및 서류
- 우리사주조합원(대의원)총회 회의록
- 우리사주조합 및 조합원의 주식취득·관리에 관한 장부와 서류

8. 남녀고용평등과 일 · 가정 양립 지원에 관한 법률 분야〈개정 2008.12.31.〉
- 모집과 채용 관련
- 동일가치 동일임금 관련
- 임금외의 금품 등
- 교육·배치 및 승진 관련
- 정년·퇴직 및 해고 관련
- 직장 내 성희롱의 금지 및 예방 관련

- 직장 내 성희롱 발생시 조치 관련
- 직장 내 성희롱의 예방교육 관련
- 고객 등에 의한 성희롱 방지 관련
- 적극적 고용개선조치 관련
- 산전후휴가급여 신청 관련
- 배우자 출산휴가 관련
- 육아휴직 등(육아기 근로시간 단축 포함)
- 직장보육시설 설치 및 지원 관련
- 명예고용평등감독관 위촉 관련
- 고충처리기관 설치 관련

9. 근로자 참여 및 협력증진에 관한 법률 분야

- 노사협의회 규정
- 노사협의회 회의록
- 노사협의회 설치 및 규정신고 관련
- 노사협의회 위원 구성 관련
- 정기노사협의회 개최 관련
- 고충처리위원 선임 및 처리 관련

10. 건설근로자의 고용개선 등에 관한 법률 분야〈신설 2004.8.2.〉

- 건설공사도급계약서 등 공사착공 등의 관련서류
- 고용보험 근로내역 확인신고서〈개정 2011.12.23.〉
- 기타 건설근로자퇴직공제사업과 관련된 자료

11. 고용상 연령차별금지 및 고령자고용촉진에 관한 법률 관련분야〈신설 2009.3.20.〉

- 모집·채용 관련

- 임금, 임금외의 금품지급 및 복리후생 관련
- 교육 · 훈련 관련
- 배치 · 전보 · 승진 관련
- 퇴직 · 해고 관련
- 그 밖에 연령차별금지제도 운영 관련

12. 노동조합 및 노동관계조정법 분야〈신설 2013.10.15.〉

- 단체협약서(부속합의서 등)
- 근로시간면제 제도 운영 관련 서류
- 단체교섭 · 노사협의회 · 노사공동위원회 활동 관련 서류
- 기타 사용자의 부당노동행위 여부를 판단하는데 필요한 관련 서류

3. 근로시간 단축 관련 근로기준법 설명자료(주52시간 상한제 관련)

Q1. 1주에 최대 근로할 수 있는 시간은?

- 현행 행정해석은 연장근로와 휴일근로를 구분하여, 휴일(일반적으로 토요일, 일요일)에 근로한 경우 연장근로에 포함하지 않음
  - ◦ 따라서 1주 최대 근로시간은 법정근로시간 40시간, 연장근로 12시간, 휴일근로 16시간(사업장에 따라 휴일이 1일인 경우 8시간)이 가능하여 총 68시간(60시간) 근로가 가능
- 그러나 휴일근로를 포함하여 1주 최대 연장근로를 12시간으로 제한하는 금번 근로기준법 개정에 따라 법정근로시간 40시간, 연장근로 한도 12시간으로 1주 최대 근로시간은 52시간임
  - ◦ 따라서, 기업규모별 시행시기 이후에 1주 52시간을 초과하여 근로한 경우 법 위반이 발생(2년 이하 징역, 2천만원 이하 벌금)
    - 300인 이상 : 2018.7.1(특례업종에서 제외된 21개 업종은 2019.7.1.부터 시행)
    - 50~300인 미만 : 2020.1.1
    - 5~50인 미만 : 2021.7.1

Q2. 5인 미만 영세사업장에도 이번 개정안이 적용되는지요?

- 개정 내용 중 18세 미만 연소근로자의 근로시간 단축은 적용됨
  - ◦ 1주 최대 46시간에서 40시간으로 제한 (1주 법정시간 35시간+연장근로 한도 5시간)
- 그 외 개정 내용은 적용되지 않음
  - ◦ 5인 미만 사업장에 대해서는 근로기준법의 일부 규정만을 적용

Q3. 다양한 근로형태가 있는데 1주가 '월~일'인 사업장에서 연장근로시간을 산정하는 일반적 기준은 무엇인가요?

- 개정법은 '1주는 휴일을 포함한 7일'(제2조 제1항 제7호)로 정의하여 휴일근로를 포함한 연장근로가 1주간 12시간(총 근로 52시간)을 초과할 수 없음
  - 여기서 '연장근로'는 실 근로시간을 기준으로 1일 기준 8시간, 1주 기준 40시간을 초과하는 시간을 말하며, 소정근로일과 휴일을 구분하지 않음
  - 1주 44시간은 실근로시간을 말하는 것으로 1주 중의 유급휴가일은 실근로시간에 포함되지 않음 (근기 01254-16100, 1991.11.6)
- 휴일은 근로자의 소정근로일이 아니므로 휴일근로를 위해서는 근로자와의 합의가 필요하며
  - 연장근로 포함여부와 관계없이 법 제56조 제2항에 따른 휴일근로 가산수당을 지급해야함

〈사례 1〉 연장근로시간 위반여부 등을 판단하는 '1주'는 월~일 등 특정 단위기간의 7일을 의미하는지, 아니면 임의로 정한 7일을 의미하는지요?

- 근로기준법은 근로시간을 산정하는 '1주'의 기산점에 대해 별도로 규정하지 않으므로 노사가 협의하여 내부규정, 취업규칙, 단체협약 등으로 정할 수 있음
  - 특별한 정함이 없다면 사업장에서 노무관리 · 근로시간 · 급여산정 등을 위해 사실상 산정단위로 적용하고 있는 기간이 될 것임
- 1주 연장근로 한도 위반 여부 등도 사업장에서 적용하는 단위기간별로 판단함
- 산정 예

항목	1주							2주						
요일	월	화	수	목	금	토	일(휴)	월	화	수	목	금	토	일(휴)
실근로시간(연장근로시간)	8(0)	8(0)	8(0)	10(2)	10(2)	8(8)	–	10(2)	10(2)	8(0)	8(0)	8(0)	–	–

1주 총근로시간 (연장근로시간)	52 (12)	44 (4)

◦ 산정단위(월~일) 내 연장근로 12시간 이내이므로 위반 없음

◦ 임의의 7일(목~수)간 연장한도 12시간 초과하였더라도 위반으로 보지 않음

〈사례 2〉 주중 명절 3일(월~수) 동안 매일 8시간씩 휴일근로를 하였다면, 이 3일의 휴일근로도 연장근로시간에 포함되는지?

- 1일 8시간, 1주 40시간을 초과하지 않았다면 연장근로시간은 없음
- 산정 예

항목	1주						
요일	월(휴)	화(휴)	수(휴)	목	금	토	일(휴)
실근로시간 (연장근로시간)	8 (0)	8 (0)	8 (0)	8 (0)	8 (0)	–	–
1주 총근로시간 (연장근로시간)	40 (0)						

◦ 월~수 근로는 법정 근로시간(40시간) 내 휴일근로에 해당, 연장근로는 아님

◦ 법 제56조 제2항에 따른 휴일근로 가산수당 지급해야함

〈사례 3〉 토요일이 무급휴무일인 사업장에서 '화~금'(일 8시간)과 토요일 8시간 근로를 한 경우, 토요일 근무가 연장근로시간에 포함되는지요?

- 실근로시간이 1주 40시간, 1일 8시간을 초과해야 연장근로에 해당
  - ◦ 무급휴무일인 토요일에 근로하였더라도 1주 40시간, 1일 8시간을 초과하지 않았다면 연장근로에 해당하지 않고, 가산임금이 발생하지 않음
- 한편, 무급휴무일은 근로자의 소정근로일이 아니므로 휴무일에 근로자를 근로시키기 위해서는 근로자와의 합의가 필요

[토요일의 법적 성격]

1. 법정근로시간이 1주 40시간이라고 하여 당연히 토요일이 휴일로 되는 것은 아니며, 토요일을 소정근로일에서 제외하더라도 그날을 반드시 유급으로 하여야 하는 것은 아님.
2. 근로기준법 제55조에서 사용자는 1주일에 평균 1회 이상의 유급휴일을 주도록 규정하고 있으므로, 1주일 중 소정근로일이 5일(통상 월~금요일)인 경우 법상 유급휴일을 1일(통상 일요일)이고 나머지 1일(통상 토요일)은 노사가 별도로 정하지 않는 이상 무급휴무일임.
3. 이 경우 토요일에 근로를 시키는 경우 휴일근로수당은 발생하지 않으며 주40시간을 초과하였거나 1일 8시간을 초과한 경우 연장근로수당만 발생함.

• 산정 예1 : 월요일에 휴일이 있어 월요일에 근로를 하지 않은 경우

항목	1주						
요일	월(휴)	화	수	목	금	토	일(휴)
실근로시간 (연장근로시간)	–	8 (0)	8 (0)	8 (0)	8 (0)	8 (0)	–
1주 총근로시간 (연장근로시간)	40 (0)						

◦ 토요일 근로는 법정 근로시간(40시간) 내 근로에 해당

• 산정 예2 : 월~금 40시간을 채우고 토요일에 근로한 경우

항목	1주						
요일	월	화	수	목	금	토	일(휴)
실근로시간 (연장근로시간)	8 (0)	8 (0)	8 (0)	8 (0)	8 (0)	8 (8)	–
1주 총근로시간 (연장근로시간)	48 (8)						

◦ 토요일 근로는 법정 근로시간(40시간)을 초과하였으므로 연장근로에 해당

〈사례 4〉 1일 15시간씩 1주에 3일 근무하여 1주 근로시간이 45시간이므로 주 52시간을 초과하지 않는데 근로시간 위반인가요?

• 근로기준법은 1주 연장근로시간이 12시간을 초과할 수 없도록 규정(제53조 제1항)하고 있으므로, 1주 총 근로시간이 52시간 이내 이더라도 1주 연장근로시간이 12시간을 초과하면 법 위반에 해당함

• 산정 예

항목	1주						
요일	월	화	수	목	금	토	일(휴)
실근로시간 (연장근로시간)	15 (7)	–	15 (7)	–	15 (7)	–	–
1주 총근로시간 (연장근로시간)	45 (21)						

◦ 1일 8시간을 초과하는 7시간은 연장근로에 해당, 3일간 연장근로 합계 21시간으로 1주 연장 한도 12시간을 초과

〈사례 5〉 월~금(5일)에 10시간을 연장근로한 후, 일요일에 휴일근로 8시간을 추가하였다면 연장근로시간 한도 위반한 것인가요?

• 법 개정 이전의 행정해석은 연장근로와 휴일근로를 구분하여, 휴일(일반적으로 토요일, 일요일)근로는 연장근로에 포함하지 않아 법정근로시간 40시간, 연장근로 12시간, 휴일근로 16시간(사업장에 따라 휴일이 1일인 경우 8시간)이 가능하여 총 68시간(60시간) 근로가 가능하였으나

◦ 금번 법 개정을 통해 휴일근로를 포함하여 1주 최대 연장근로를 12시간으로 제한하여 1주 최대 근로시간은 법정근로시간 40시간, 연장근로 한도 12시간을 합한 52시간임

• 아울러, 현장의 연착륙을 위해 사업장 규모에 따라 근로시간 단축 적용시점을 달리 정하고 있음

◦ 300인 이상 : 2018.7.1(특례업종에서 제외된 21개 업종은 2019.7.1.부터 시행)

◦ 50~300인 미만 : 2020.1.1

◦ 5~50인 미만 : 2021.7.1

• 개정된 근로기준법에 따르면 아래 사례의 경우 주휴일 8시간 근로가 1주 40시간을 초과하는 연장근로에 해당되어 주의 연장근로 합계는 18시간으로 법 제53조 제1항 위반임

• 다만, 사업장 규모에 따라 근로시간 단축 적용시기가 다르므로 사례와 같이 근로한 경우에도 시점에 따라 법 위반 여부 판단이 달라짐

◦ 예시 : 200인 규모의 사업장의 경우 근로시간 단축 적용시기는 2020.1.1이므로 사례와 같이 근로한 시점이 2018.9월이면 개정법 적용 이전이므로 법 위반이 아님

• 산정 예

항목	1주						
요일	월	화	수	목	금	토	일(휴)
실근로시간 (연장근로시간)	10 (2)	10 (2)	10 (2)	10 (2)	10 (2)	–	8 (8)
1주 총근로시간 (연장근로시간)	58 (18)						

◦ 주중 1일 8시간 초과 2시간씩 연장 (5×2=10), 일요일 1주 40시간 초과 8시간 연장

〈사례 6〉 '월~금'에 12시간 연장근로한 후, '일요일'근로가 불가피하여 근로자와 사전 합의로 '휴일 대체'하여 일요일에 근로하였다면 일요일 근로시간도 연장근로에 포함되는지요?

• 사전에 근로자와 합의하여 당초 휴일에 근로를 하고 다른 날에 휴일을 부여하는 '휴일대체'를 하였다면, 당초의 휴일은 통상의 근로일이 되고 대체한 날이 휴일

이 됨

• 다음 주의 특정한 날과 대체하였더라도 당초 휴일의 근로는 '통상의 근로'가 되고 1주 12시간을 초과하였으므로 위반임

• 또한, 당초 휴일은 통상의 근로이므로 '휴일 가산수당'은 발생하지 않지만, 이때도 주 40시간을 초과한 시간은 '연장 가산수당'은 발생함

• 산정 예 : (휴일 대체) 1주 일요일 ↔ 2주 수요일

항목	1주							2주						
요일	월	화	수	목	금	토	일 (평일)	월	화	수 (휴일)	목	금	토	일 (휴)
실근로시간 (연장근로시간)	10 (2)	10 (2)	10 (2)	11 (3)	11 (3)	–	8 (8)	10 (2)	10 (2)	–	10 (2)	10 (2)	–	–
1주 총근로시간 (연장근로시간)	60 (20)							40 (8)						

◦ 주중 1일 8시간 초과 2~3시간씩 연장 (12시간), 일요일 1주 40시간 초과 8시간 연장 → 따라서 1주차에 연장근로는 총 20시간이므로 법 위반이 되며, 법 위반과 별개로 20시간에 대한 연장근로 수당 지급의무 발생

〈사례 7〉 취업규칙에 1주 소정근로시간을 1일 7시간, 주 35시간으로 규정하고 있는 사업장에서 35시간 외에 13시간을 추가로 근로하였다면 근로시간 위반에 해당하는지요?

• '연장근로'는 1일 8시간, 주 40시간을 초과하는 시간을 말하므로, 당사자 사이에 약정한 근로시간인 7시간을 초과하더라도 1일 8시간, 1주 40시간을 초과하지 않으면 연장근로에는 해당하지 않음

◦ 따라서 사례와 같이 주 35시간이 소정근로시간인 경우 13시간을 추가 근로하였다고 하더라도, 총 48시간 근로(연장근로 8시간)이므로 법 위반이 아님

• 산정 예 : 토요일이 휴무일인 경우

항목	1주						
요일	월	화	수	목	금	토	일(휴)
실근로시간 (소정근로 초과 → 법정 연장)	7 (0 → 0)	7 (0 → 0)	7 (0 → 0)	10 (3 → 2)	10 (3 → 2)	7 (7 → 4)	–
1주 총근로시간 (연장근로시간)	48 (8)						

- 월~금 법정근로 내 근로 (37시간) : 7+7+7+8+8
- 주중 1일 8시간 초과한 목, 금 2시간씩 연장 (4시간)
- 토요일 1주 40시간 초과한 4시간 연장 : 37+3+4시간(연장근로)

〈사례 8〉 그렇다면 '단시간 근로자'의 1주 소정근로시간이 35시간인 경우에도 13시간을 추가로 근무해도 되는지요?

- 단시간 근로자란 1주 동안의 소정근로시간이 그 사업장에서 같은 종류의 업무에 종사하는 통상 근로자의 1주 동안의 소정근로시간에 비하여 짧은 근로자를 말함 (법 제2조 제1항 제8호 정의)
- 통상근로자보다 주 소정근로시간이 적은 단시간 근로자의 연장 근로 한도 및 가산수당 지급에 대해서는 「기간제법」에 별도로 규정함
  - 기간제법 제6조는 소정근로시간외에 1주 12시간을 초과하여 근로하게 할 수 없고, 초과근로에 대하여 통상임금의 50% 이상을 가산하여 지급하도록 규정
- 따라서, 단시간 근로자는 주 40시간 이내이더라도 당사자가 정한 소정근로시간보다 12시간을 초과하여 근로하게 하면 기간제법 제6조 위반임
- 산정 예 : 토요일이 휴무일인 경우

항목	1주						
요일	월	화	수	목	금	토	일(휴)
실근로시간 (소정근로 초과 → 법정 연장)	7 (0 → 0)	7 (0 → 0)	7 (0 → 0)	10 (3 → 3)	10 (3 → 3)	7 (7 → 7)	–
1주 총근로시간 (연장근로시간)	48 (13)						

- 월~금 법정근로 내 근로 (35시간) : 7+7+7+7+7
- 주중 1일 소정근로 7시간 초과한 목, 금 3시간씩 연장 (6시간)
- 토요일 1주 소정근로 35시간 초과한 7시간 연장 : 35+7시간(연장근로)

관계법령

[기간제 및 단시간근로자 보호 등에 관한 법률]

제6조(단시간근로자의 초과근로 제한) ① 사용자는 단시간근로자에 대하여 「근로기준법」 제2조의 소정근로시간을 초과하여 근로하게 하는 경우에는 당해 근로자의 동의를 얻어야 한다. 이 경우 1주간에 12시간을 초과하여 근로하게 할 수 없다.

② 단시간근로자는 사용자가 제1항의 규정에 따른 동의를 얻지 아니하고 초과근로를 하게 하는 경우에는 이를 거부할 수 있다.

③ 사용자는 제1항에 따른 초과근로에 대하여 통상임금의 100분의 50 이상을 가산하여 지급하여야 한다.

4. 근로감독 시 참고할 지침

(1) 전자근로계약서 활성화를 위한 가이드라인(2016.8.30)

근로계약을 체결할 때에는 근로조건을 명확히 하여 당사자 간 분쟁을 예방하고 근로자를 보호할 수 있도록 함이 중요하며, 이를 위한 첫걸음이 바로 근로계약서 작성이다. 그러나 산업 현장에서 근로계약서를 작성하는 비율은 약 60%에 불과한 실정이다.

이러한 상황에서 최근 IT 기술을 바탕으로 한 전자근로계약서 방식이 작성과 보존이 용이하다는 점에서 근로계약서 작성률을 높일 수 있는 새로운 수단으로 주목받고 있다.

다만, 전자근로계약서가 활성화되기 위해서는 서면근로계약서와 같은 수준의 안정성・신뢰성 등을 확보할 필요가 있는 바, 이에 정부는 「근로기준법」, 「전자문서 및 전자거래 기본법」 등 관련 법령을 토대로 전자근로계약서의 작성・교부・보존에 관한 가이드라인을 마련함으로써 노동시장 전반에 합리적이고 투명한 근로계약 체결 문화와 관행이 확산되도록 하고자 한다.

• 이 가이드라인에서 사용하는 용어에 관하여 「근로기준법」(이하 '법'이라 한다)과 「전자문서 및 전자거래기본법」(이하 '전자문서법'이라 한다)에 따라 다음과 같이 정의한다.

1. "전자근로계약서"란 근로자가 사용자에게 근로를 제공하고 사용자는 이에 대하여 임금을 지급하기로 하는 법 제2조 제1항 제4호에 따른 근로계약이 체결되었음을 증명하는 출력이 즉시 가능한 전자문서를 말한다.
2. "전자문서"란 전자문서법 제2조 제1호에 따라 정보처리시스템에 의하여 전자적 형태로 작성, 송신・수신 또는 저장된 정보를 말한다.
3. "정보처리시스템"이란 전자문서법 제2조 제2호에 따라 전자문서의 작성・변환, 송신・수신 또는 저장을 위하여 이용되는 정보처리능력을 가진 전자적

장치 또는 체계를 말한다.

- 사용자와 근로자는 전자근로계약서를 작성하는 방법으로 근로계약을 체결할 수 있다.
  1. 전자문서법 제4조 제1항에 따라 근로계약서도 전자적 형태로 되어 있다는 이유로 문서로서의 효력이 부인되지 않는다.
  2. 전자근로계약서는 PC, 스마트폰 등 정보처리시스템 상 전자문서 생성 전용프로그램(훈글, 오피스, 웹 에디터, PDF 등)이나 전자근로계약서 작성을 지원하기 위하여 별도로 마련한 정보처리시스템 등을 활용하여 작성할 수 있다.

[예시] 전자근로계약서 작성으로 인정되는 경우 예시

- 사내전산망, 인터넷 구인·구직 사이트 등에 마련된 근로계약서 작성프로그램을 이용하여 작성
- 수기(手技), 훈글 프로그램 등으로 작성한 근로계약서를 PDF, 사진 파일 등으로 전자화하여 저장(전자화문서)

  3. 사용자, 인터넷 구인·구직사이트 운영자 등이 전자근로계약서 작성을 지원하는 정보처리시스템을 마련하여 운영하는 경우에는 해당 시스템을 통하여 근로계약서를 작성·확인·수정할 수 있고, 작성된 전자근로계약서가 계약 당사자들에게 자동으로 배포되어 열람·출력할 수 있도록 하는 등 안정성과 신뢰성을 담보하는 장치를 갖추어야 한다.
  4. 사용자와 근로자는 근로계약을 체결하는 경우에 법 제17조 제1항에 따라 근로조건에 관한 사항을 명시할 의무가 있으므로 전자근로계약서를 작성할 때에도 다음의 사항을 명시하여야 한다.

     가. 임금(임금의 구성항목·계산방법·지급방법을 포함한다)

     나. 소정근로시간

     다. 법 제55조에 따른 휴일

     라. 제60조에 따른 연차유급휴가

마. 취업의 장소와 종사하여야 할 업무에 관한 사항

바. 법 제93조 제1호부터 제12호까지의 규정에서 정한 사항

5. 사용자가 근로자와 기간제 또는 단시간 근로계약을 체결하고 전자근로계약서를 작성하는 경우에도 「기간제 및 단시간근로자 보호에 관한 법률」 제17조에 따라 다음의 사항을 전자근로계약서에 모두 명시하여야 한다.

가. 근로계약기간에 관한 사항

나. 근로시간·휴게, 휴일·휴가에 관한 사항

다. 임금의 구성항목·계산방법 및 지불방법

라. 취업의 장소와 종사하여야 할 업무에 관한 사항

마. 근로일 및 근로일별 근로시간(단시간 근로자에 한함)

6. 전자근로계약서를 작성하는 사용자와 근로자는 근로계약에 관한 분쟁을 사전에 예방할 수 있도록 가급적 당사자의 서명을 포함한 문서를 전자화하거나 「전자서명법」에 의한 전자서명을 하는 등의 방법으로써 해당 계약 당사자 쌍방의 의사가 합치하여 전자근로계약서에 명시된 내용대로 근로계약을 체결하였음을 명확히 하여야 한다.

7. 전자근로계약서는 최종 작성 또는 서명 이후에 어느 일방이 임의로 수정할 수 없도록 가급적 읽기전용문서*로 저장하여야 한다. 전자근로계약서 작성을 지원하는 정보처리시스템을 마련하는 경우 계약 당사자 일방이 서명 이후 근로계약서의 내용을 수정하면 상대 당사자가 이를 바로 확인할 수 있는 장치**를 마련하여야 한다.

* 읽기전용 PDF 파일, 배포용 HWP 문서, 이미지 파일(JPG,TIF 등) 등

** 파일의 내용과 크기 등에 따라 고유의 값을 갖게 되는 해시 값(MD5) 생성(근로계약서 작성프로그램에 내장 또는 문서파일에 대해 생성 가능), DRM 워터마크 도입(근로계약서 작성프로그램에 내장) 등

• 사용자는 작성된 전자근로계약서를 법 제17조 제2항에 따라 근로자에게 교부하

여, 근로자가 자신의 근로조건을 명확히 알 수 있도록 하여야 한다.

1. 전자근로계약서를 교부하는 방법은 다음과 같다.

   가. 전자근로계약서를 종이로 출력하여 근로자에게 직접 전달

   나. 전자근로계약서를 작성하고 자동으로 송·수신되도록 구축된 정보처리시스템, 사내전산망의 정보처리시스템, 근로자가 지정한 소프트웨어 및 이에 부속한 저장공간(애플리케이션), 전자문서법에 따른 공인전자주소('샵메일'), 포털사이트 등에서 제공하는 이메일 등 각종 전자적 방법을 이용하여 근로자에게 전송

2. 사용자가 전자적 방법으로 근로계약서를 교부한 경우 교부의무를 이행하였는지는 다음의 구분에 따라 판단한다.

   가. 근로자가 전자근로계약서를 수신할 정보처리시스템을 지정한 경우

      1) 근로자가 전자근로계약서를 수신할 정보처리시스템을 지정한 경우에는 사용자가 해당 정보처리시스템에 전자근로계약서를 입력한 때* 사용자가 근로계약서를 교부한 것으로 볼 수 있다(참조 : 전자문서법 제6조 제2항 제1호 본문).

      * 해당 정보처리시스템 서버에 전자근로계약서가 수신된 때를 말함

      2) 사용자가 근로자가 지정한 정보처리시스템이 아닌 다른 정보처리시스템에 입력한 경우에도 근로자가 이를 확인하여 출력한 경우에는 근로계약서를 교부한 것으로 볼 수 있다(참조 : 전자문서법 제6조 제2항 제1호 단서).

   나. 근로자가 전자근로계약서를 수신할 정보처리시스템을 지정하지 않은 경우

      1) 근로자가 전자근로계약서를 수신할 정보처리시스템을 지정하지 아니한 경우에도 사용자가 근로자가 관리하는 정보처리시스템에 입력한 때*에는 근로계약서를 교부한 것으로 볼 수 있다(참조 : 전자문서법 제6조 제2항 제2호). 다만, 근로자가 근로계약서를 전자적 방법으로 받는 것에 동의하지 않는 경우 사용자는 근로계약서를 서면으로 교부하여야 한다.

* 해당 정보처리시스템 서버에 전자근로계약서가 수신된 때를 말함

다. 사용자가 근로계약서를 교부하면서 근로자가 수신을 확인할 것을 조건으로 한 경우

1) 사용자가 이메일 등 전자적 방법으로 근로계약서를 교부하면서 근로자가 수신을 확인할 것을 조건으로 한 경우에는 사용자가 근로자로부터 수신확인 통지를 받은 때 근로계약서를 교부한 것으로 볼 수 있다(참조 : 전자문서법 제9조 제1항).

• 사용자는 근로자에게 교부한 전자근로계약서를 법 제42조 및 시행령 제22조에 따라 해당 근로자와의 근로관계가 유지되고 있는 동안 뿐 아니라 근로관계 종료 후에도 3년까지 보존하여야 한다.

1. 사용자가 다음의 요건을 갖추어 전자근로계약서를 보관한 경우에는 근로계약서 보존의무를 이행한 것으로 볼 수 있다(참조 : 전자문서법 제5조).

가. 전자근로계약서의 내용을 열람할 수 있을 것

나. 전자근로계약서가 작성 및 송신·수신된 때의 형태 또는 그와 같이 재현될 수 있는 형태로 보존되어 있을 것

다. 전자근로계약서의 작성자, 수신자 및 송신·수신 일시에 관한 사항이 포함되어 있는 경우에는 그 부분이 보존되어 있을 것

라. 종이에 작성된 근로계약서 등 전자적 형태로 작성되지 않은 근로계약서를 PDF, 사진 파일 등으로 전자화하는 등 정보처리시스템이 처리할 수 있는 형태로 변환하여 보관하는 경우에는 위 요건에 더하여 근로계약서 원본과 내용 및 형태가 동일할 것

* 전자화 과정에서의 신뢰성을 확보하기 위하여 전자문서법 제5조 제3항에 따라 미래창조과학부장관이 고시한 「전자화문서의 작성 절차 및 방법에 관한 규정」을 준수하도록 노력할 필요가 있음

(2) 근로기준법 적용범위 관련 상시근로자 수 판단기준

근로기준과-877, 2008.6.30.

1) 일반사업(법 제11조제3항, 영 제7조의2) 시행지침

가. 상시근로자 수의 산정근거(법 제11조제3항)

- 「근로기준법」 제11조에서 상시 5명 이상의 근로자를 사용하는 사업(장)에의 해당여부에 따라 법 적용범위를 규정하고 있으며
  ※ 취업규칙 작성.신고(법 제93조)는 상시 10명 이상 사업장 적용
  - 그 상시근로자 수의 산정방법은 개정법(제11조 제3항)에서 시행령으로 위임하여 규정(영 제7조의2)

나. 상시근로자 수의 산정방법(영 제7조의2)

- 「상시 사용하는 근로자 수」는 해당 사업 또는 사업장에서 법적용 사유 발생일 전 1개월(이하 '산정기간'이라 한다) 동안 사용한 근로자의 연인원을 같은 기간 중의 가동 일수로 나누어 산정

[참고] 상시근로자 수 산정방법

- 상시근로자 수=(산정기간 동안 사용한 근로자 연인원)÷(산정기간 중 가동일수)
- 예시) 법 적용사유 발생일이 2008.9.15, 산정기간(8.15~9.14) 동안 사용근로자의 연인원이 132명, 산정기간 중의 가동일수가 24일인 경우 상시근로자 수 산정은?
  - 상시근로자 수(5.5)=132명(산정기간 중 연인원)÷24일(산정기간 중 가동일수)

- 이때, 산정기간이 사업 성립한 날부터 1개월 미만인 경우에는 그 사업이 성립한 날 이후의 기간을 말하며, "법 적용사유"란 휴업수당 지급, 근로시간 적용 등 법 또는 이 영의 적용 여부를 판단하여야 하는 사유를 말함.

다. 사업 또는 사업장의 상시근로자 수가 5명 또는 10명(이하 '법적용기준'이라 한다) 이상에 해당되지 아니한 경우로서 법 적용사업 또는 사업장으로 보는 경우(영 제7조의2제1항제1호)

- 「법 적용 사업 또는 사업장」이란 사업 또는 사업장에 대하여 5명 또는 10명 이상의 근로자를 사용하는 사업 또는 사업장을 말함.
- 해당 사업 또는 사업장에서 산정기간동안에 산정한 상시근로자 수가 법 적용기준(5명)에 해당하지 않는 경우에도 산정기간에 속하는 일별로 근로자 수를 파악하였을 때, 법 적용기준에 미달한 일수가 2분의 1 미만인 경우에는 법 적용사업(장)으로 봄.

[참고] 상시근로자 수 산정방법

- 예시) 2008.10.15에 휴업수당 등 법적용 사유가 발생하고, 산정기간(9.15~10.14) 동안 사용연인원이 106명, 사업 가동일수가 22일이어서 상시근로자수가 4.8명이 되나, 5명 이상인 날이 15일, 5명 미만인 날이 7일인 경우?
  - 휴업수당 등에 대하여 법적용 사업(장)으로 봄.
  - 상시근로자수가 5명 이상이 아니지만 산정기간 동안 5명에 미달되는 일수가 2분의 1 미만인 경우에 해당되어 법 적용

- 따라서 산정기간의 상시근로자 수가 법 적용기준(5명) 미만이더라도 산정기간 동안에 일별 근로자 수가 법 적용기준 미만인 일수가 1/2 미만인 경우에는 법 적용 사업(장)으로 봄.

라. 사업 또는 사업장의 상시근로자 수가 법 적용기준 이상에 해당되는 경우로서 법 적용 사업 또는 사업장으로 보지 않는 경우(영 제7조의2제1항제1호)

- 해당 사업(장)에서 산정기간 동안에 산정한 상시근로자 수가 법 적용기준(5인 또는 10인)에 해당되는 경우에도
  - 산정기간에 속하는 일별로 근로자 수를 파악하였을 때, 법 적용 기준에 미달하는 일수가 2분의 1 이상인 경우에는 법 적용 사업(장)으로 보지 아니함.

[참고] 상시근로자 수 산정방법

- 예시) 2008.10.15에 근로시간 등 법적용 사유가 발생하고, 산정기간(9.15~10.14) 동안 사용연인원이 119명, 사업 가동일수가 22일인 경우에 상시근로자수는 5.4명이 되나, 5명 이상인 날이 10일, 5명 미만인 날이 12일인 경우?
  - 근로시간 등에 대하여 법적용 사업(장)으로 보지 아니함.
  - 상시근로자수가 5명 이상에 해당되지만 산정기간 중 5명에 미달되는 일수가 2분의 1 이상이 되어 법 미적용

- 따라서, 산정기간의 상시근로자 수가 법 적용기준(5명) 이상이더라도 산정기간 동안에 일별 근로자 수가 법 적용기준 미만인 일수가 1/2 이상인 경우에는 법 적용 사업(장)으로 보지 않음.

마. 연차유급휴가 등의 규정에 대한 적용여부를 판단하는 기준(영 제7조의2 제3항)

- 해당 사업(장)에 대하여 영 제7조의2 제1항 및 제2항에 따라 월 단위로 근로자 수를 산정한 결과,
  - 법 적용 사유발생일 전 1년 동안 계속하여 법적용 기준에 해당되는 것으로 보는 사업(장)에 대하여 연차유급휴가 등(법 제60조부터 제62조)의 규정이 적용됨.
- 다만, 계속 근로기간이 1년 미만인 근로자에게 1개월 마다 주어지는 법 제60조 제2항에 의한 연차유급휴가 부분은 이에 따르지 아니하고,
  - 영 제7조의2 제1항 및 제2항에 따라 매월 산정하여 법 적용 판단

[참고] 연차유급휴가 발생 여부에 대한 판단기준

- 당해 사업(장)에서 1년간 계속하여 매월 법 적용요건*에 해당되는 경우에만 연차유급휴가(법 제60조 제1항)가 발생되고, 회계연도에 따라 연차유급휴가 산정시, 1월~12월까지 각각의 월에 대하여 법 적용요건 충족시 연차유급휴가 발생
  * 법 적용요건 : 영 제7조의2 제1항 및 제2항의 규정에 따른 법 적용요건을 말함.

- 1년 동안 법 적용요건에 해당되는 월과 해당되지 않는 월이 함께 있을 경우에는 연차유급휴가가 발생되지 않음.
  - 예컨대, 1년간 법 적용 월 11개월, 법 적용 제외 월이 1개월인 경우에는 연차유급휴가 미발생
- 다만, 최초 입사일로부터 계속 근속기간이 1년 미만인 경우에는 월 단위 연차유급휴가(법 제60조 제2항)의 발생여부를 영 제7조의2 제1항 및 제2항에 따라 판단

바. "상시근로자 수의 산정"에 있어 연인원에 포함되는 근로자의 범위(영 제7조의2 제4항)

- 해당 사업 또는 사업장에 사용하는 통상근로자, 「기간제 및 단시간근로자 보호 등에 관한 법률」에 따른 기간제근로자, 단시간근로자 등 고용형태를 불문하고 하나의 사업 또는 사업장에서 근로하는 모든 근로자와 해당 사업 또는 사업장에 동거하는 친족과 함께 상기의 근로자에 해당되는 근로자가 1명이라도 있으면 동거하는 친족인 근로자
- 다만, 「파견근로자 보호 등에 관한 법률」에 따른 파견근로자에 대하여는 연인원에서 제외하고 있으며, 도급근로자, 용역근로자도 연인원 산정에서 제외함.
  - 시행시기 : 2008.7.1
- 2008.7.1자 이후 법적용 사유발생 사건부터 적용
- 근로기준법 적용범위 관련 상시근로자 수 판단기준(근로기준팀-8048, 2007.11.29)은 개정법령 시행과 동시에 폐지함.
- 개정법령 시행 전에 사업주가 노동부 행정해석(근로기준팀-8048. 2007.11.29)을 신뢰함으로써 발생한 법위반 사항에 대하여는 책임을 물을 수 없음.

2) 건설공사 등의 특례(법 부칙 제5조의2) : 이하 생략

(3) 근로기준법상 근로자 대표의 개념과 서면합의의 효력 등에 관한 해석 기준

제정 : 근기 68207-735, 1997.6.5
개정 : 근로기준팀-8048, 2007.11.29

1) 목적

근로기준법(1997.3.13)은 사용자가 근로시간제도의 변경을 하고자 하는 경우 등에 있어 일정한 사항에 대하여 근로자 대표와 서면합의를 하도록 함. 이 경우 근로자 대표는 "당해 사업 또는 사업장에 근로자의 과반수로 조직된 노동조합이 있는 경우에는 그 노동조합, 근로자의 과반수로 조직된 노동조합이 없는 경우에는 근로자의 과반수를 대표하는 자"를 의미함(법 제24조 제3항). 그러나 동 규정만으로 근로자 대표를 선출하는 근로자의 범위, 근로자 대표의 선정단위 및 선정방법, 근로자 대표의 대표권 행사방법, 서면합의서의 효력 등이 명확하지 않음. 따라서 이에 관련한 문제에 대한 명확한 해석 기준을 제시하여 법 해석과 운영을 둘러싼 혼선을 예방하고자 함.

[참고] 근로자대표와의 서면합의 사항

관련 조문	서면합의 사항
제51조	3월 단위로 탄력적 근로시간제의 도입과 관련된 사항
제52조	선택적 근로시간제의 도입과 관련된 사항
제57조	보상휴가제
제58조 제2항	사업장밖 간주근로시간제
제59조	운송업 등 특수업종에 있어 연장근로 및 휴게시간의 특례에 관한 사항

2) 해석기준

가. 근로자의 범위 및 근로자 대표의 선정단위

① 근로자 대표를 선출하는 근로자의 범위

근로자 대표를 선출하는 근로자의 범위 즉, 노동조합이 근로자의 과반수를 조직하고 있는지 여부를 판단함에 있어 근로자의 범위와 근로자 대표를 선출함에 있어 투표에 참여하는 근로자 범위는 다음과 같이 산정함

※ 근로자대표를 선출하는 근로자의 범위=근로기준법상의 근로자(법 제2조 제1호)-근로기준법상의 사용자(법 제2조 제2호)

따라서 근로자와 사용자의 이중적 지위를 갖는 자는 제외되는 바, 이는 설사 이들이 근로자로서 향후 합의내용의 적용을 받더라도 노사서면 합의과정에서는 사용자를 위하여 행위하는 자로 볼 수 있기 때문임

② 근로자 대표의 선정단위

근로자 대표는 당해 사업 또는 사업장 단위로 선정되어야 함. 따라서 하나의 사업이 수개의 사업장으로 구성되어 있는 경우, 근로시간제도를 사업단위로 도입하고자 하면 근로자 대표는 사업단위로 선정하고, 또는 일부 사업장에만 도입하고자 하면 사업장단위로 선정해야 함

동일사업 또는 사업장내의 일부 부서에만 적용하고자 하더라도 근로자대표는 반드시 사업 또는 사업장단위로 선정하여야 함. 근로자 대표를 선정하는 범위는 반드시 노동조합의 조직범위, 노사협의회의 구성단위와 일치할 필요는 없음

나. 근로자대표의 선정방법

① 근로자 과반수로 조직된 노동조합이 있는 경우

노동조합이 근로자의 과반수를 조직하고 있는지 여부는 사업단위로 도입하는 경우는 사업단위에서, 사업장단위로 도입하는 경우는 사업장단위에서 판단해야 함

노동조합이 근로자 과반수를 조직하고 있으면 근로자 대표는 노동조합의 대표자 또는 노동조합으로부터 대표권을 위임받은 자(예 : 노동조합지부장)가 됨

② 노동조합이 근로자 과반수로 조직되지 않은 경우

노동조합이 근로자의 과반수로 조직되지 않은 경우에는 근로자의 과반수를 대표하는 자를 선정하여야 함. 이 경우 선정방법에는 특별한 제한이 없으며, 근로시간제도에 대한 대표권을 행사한다는 것을 근로자에게 주지시킨 상태에서 근로자의 의사를 모으는 적당한 방법이면 됨

따라서 반드시 직접 투표에 의하지 않아도 되며, 1인의 대표는 물론 복수의 근로자 대표를 선정하는 것도 가능함. 근로시간제도를 도입하고자 하는 사업 또는 사업장단위에 근로자참여및협력증진에관한법률에 의한 노사협의회가 설치되어 있으면 그 근로자위원을 근로자 대표로 볼 수 있음. 다만, 구법에 의해 근로자 과반수를 조직하고 있지 못한 노동조합이 근로자위원을 위촉한 경우는 근로자 대표로 볼 수 없음

다. 근로자 대표의 대표권 행사방법

① 노동조합이 대표권을 행사하는 경우

노동조합의 대표자 또는 노동조합으로부터 대표권을 위임받은 자가 대표권을 행사함. 단체협약의 부속(별도)협약으로 체결하거나, 단체협약과는 별개의 서면합의서로 작성할 수 있음

② 노사협의회 근로자 위원이 대표권을 행사하는 경우

서면합의의 방식은 노사협의회의 근로자위원들이 정한 대표권 행사방법에 따름. 즉, 정하는 바에 따라 1인의 대표자를 선출하거나 당해 사안에 한하여 1인의 근로자위원에 대표권을 위임하거나 별도의 의사결정방법을 설정하거나(예를들어

과반수 이사의 찬성, 2/3 이상의 찬성 등) 근로자위원 전원이 서면합의에 참여하는 등의 모든 방법이 가능함. 따라서 사용자가 일방적으로 일부 근로자위원과만 서면합의하는 경우 법적 효력이 발생하지 않음

③ 새로이 근로자 대표를 선정하는 경우

1인의 근로자 대표가 선정된 경우는 선정된 대표가 대표권을 행사하면 됨. 복수의 근로자 대표가 선정되는 경우는 노사협의회 근로자 위원이 대표권을 행사하는 방법에 준하여 대표권을 행사함

라. 서면합의서의 효력

① 단체협약의 별도(부속)협약의 형식으로 체결하는 경우

노동조합의 대표자 또는 노동조합으로부터 위임을 받은 자와 단체협약의 별도(부속)협약의 형식으로 체결하는 경우에는 단체협약의 효력을 개폐하는 효력이 발생함

노동조합으로부터 위임을 받은 자가 단체협약의 별도(부속)협약이 아닌 단순한 서면합의 형식으로 체결하는 경우에는 기존 단체협약의 개정 효력을 인정할 수 없음

② 노사협의회 근로자 위원과의 서면합의 형식으로 체결하는 경우

단체협약을 개폐하는 효력은 발생하지 않으므로, 단체협약에 배치되는 경우 단체협약의 적용을 받는 근로자에게도 적용하려면 별도로 단체협약의 개정 절차를 밟아야 함. 단체협약의 적용을 받지 않는 근로자에게는 서면합의만으로도 적용 가능

취업규칙과 관련해서는 반드시 기존 취업규칙의 변경이 없어도 적용이 가능. 다만 근로조건 규정의 통일성을 기하기 위해 기존 취업규칙을 변경하는 것이 바람

직함. 취업규칙을 변경하는 경우 별도의 취업규칙 변경절차(근로자 대표 또는 근로자 과반수의 의견청취 또는 동의)는 거치지 않아도 됨

③ 새로이 선출된 근로자 대표와 서면합의하는 경우

노사협의회 근로자위원과의 서면합의 효력에 준하여 판단함.

마. 기타 노사협의회에서 근로시간과 관련하여 의결하는 경우

근로자참여및협력증진에관한법률은 노사협의회에서 '작업 및 휴게시간의 운용'에 관한 사항을 협의하거나 의결할 수 있도록 하고 있음(제19조 제1항 제8호). 이 경우 노사협의회의 의결만으로 탄력적 근로시간제를 도입할 수 있는지의 여부와 의결된 사항에 대한 법적 효력이 문제가 됨

탄력적 근로시간제의 도입과 관련한 사항 등 근로기준법상 사용자가 근로자 대표와의 서면합의를 하도록 한 규정은 동 제도의 도입을 위한 기본적인 법적 요건이므로 노사협의회의 의결만으로는 도입이 불가함

따라서 탄력적 근로시간제 도입 등에 관한 사항을 노사협의회에서 의결하더라고 별도로 서면합의서를 작성하거나 취업규칙을 변경하여야 함

(4) 근로기준법상 사업 · 사업장 판단기준

제정 : 근기 01254-5653, 1991.4.20
개정 : 근로기준팀-8048, 2007.11.29.

- 본사, 지점, 출장소, 공장 등이 동일한 장소에 있는 경우에는 원칙적으로 분할하지 않고 1개의 사업으로 봄.
  - 다만, 동일 장소에 있더라도 현저하게 근로의 형태가 다른 부문이 있고 그러한 부문이 주된 부문과 비교하여 노무관리, 회계 등이 명확하게 구분되는 동시에 주된 부문과 분리하여 취급하는 것이 보다 적절한 법적용을 가능케 한다면 그러한 부문을 독립된 사업으로 봄,

- 본사, 지점, 출장소, 공장 등이 장소적으로 분산되어 있을 경우에는 원칙적으로 각각 별개의 사업으로 봄.
  - 다만, 장소적으로 분산되어 있다 할지라도 지점, 출장소, 공장 등이 업무처리 능력 등을 감안할 때 하나의 사업이라고 말할 정도의 독립성이 없으면 직근상위 조직과 일괄하여 하나의 사업으로 봄.

- 본사와 장소적으로 분산되어 있는 지점, 출장소, 공장 등이 다음 각1호에 해당하는 경우는 독립성이 있는 것으로 보고 별개의 사업 또는 사업장으로 봄.
  - 한국표준산업분류(통계청고시 91-1호,1991.9.9)상 산업(대분류)이 다른 경우
  - 서로 다른 단체협약 또는 취업규칙을 적용받는 경우
  - 노무관리, 회계 등이 명확하게 독립적으로 운영되는 경우

(5) 근로자의 날 관련 근로기준법 적용지침

지침번호 : 임금근로시간정책팀-3356
제정일자 : 2007-11-13

1) 검토배경

• 근로자의 날(5월 1일)은 「근로자의 날 제정에 관한 법률」에 의하여 근로기준법에 의한 유급휴일로 하도록 규정하고 있음

- 그러나, 근로자의 날에 휴일대체 및 보상휴가제가 가능한지 여부, 특히 감시·단속적 근로자에게 근로자의 날을 적용하는 방법에 대하여 명확하지 않아 논란이 있는 바, 이에 대하여 적용지침을 마련하고자 함

2) 관련 규정

• 「근로자의 날 제정에 관한 법률」

- 5월 1일을 근로자의 날로 하고 이날을 「근로기준법」에 의한 유급휴일로 한다.

• 「근로기준법」

- 사용자는 근로자에게 1주일에 평균 1회 이상의 유급휴일을 주어야 한다.(법 제55조)
- 사용자는 연장근로와 야간근로 또는 휴일근로에 대하여는 통상임금의 100분의 50이상을 가산하여 지급하여야 한다.(법 제56조)
- 사용자는 근로자대표와의 서면 합의에 따라 제56조에 따른 연장근로·야간근로 및 휴일근로에 대하여 임금을 지급하는 것을 갈음하여 휴가를 줄 수 있다.(법 제57조)
- 이 장과 제5장에서 정한 근로시간, 휴게와 휴일에 관한 규정은 다음 각호의 어느 하나에 해당하는 근로자에 대하여는 적용하지 아니한다.(법 제63조)

  1. 토지의 경작·개간, 식물의 재식·재배·채취 사업, 그 밖의 농림사업

2. 동물의 사육, 수산 동식물의 채포·양식사업, 그 밖의 축산, 양잠, 수산 사업
3. 감시 또는 단속적으로 근로에 종사하는 자로서 사용자가 노동부장관의 승인을 받은 자
4. 대통령령으로 정하는 업무에 종사하는 근로자(관리·감독업무 또는 기밀을 취급하는 업무)

3) 관련 해석

• 근로자의 날은 유급휴일임

- 근로자의 날은 1963년 「근로자의 날 제정에 관한 법률」(법률 제1326호)에 따라 한국노총의 창립일인 3월 10일을 노동절 대신 근로자의 날로 제정한 것에서 비롯되어, 1994년에는 세계적으로 5월 1일을 노동절로 기념하여 온 것에 맞추어 날짜를 5월 1일로 변경함
- 근로자의 날 제정취지는 근로자들의 노고를 위로하고, 근무의욕을 높이기 위한 것으로 「국경일에 관한 법률」 또는 「관공서의 공휴일에 관한 규정」에서 정한 법정공휴일로 보기는 어려우나, 「근로기준법」의 적용을 받는 근로자에게 부여하는 주휴일과 같이 법정휴일이므로 해당일에 근로제공이 없더라도 임금을 지급해야 함(근로기준과-2116, 2004.4.29)

• 근로자의 날의 근로에 대하여는 휴일근로수당을 지급하거나 보상휴가제를 실시할 수 있음

- 근로자의 날은 주휴일과 같이 근로자에게 적용되는 휴일이므로 해당일에 근로제공을 한 때에는 「근로기준법」 제56조에 따라 휴일근로수당으로 통상임금의 100분의 50 이상을 가산하여 지급하여야 함(대법 90다14089, 1991.5.14)
- 또한 「근로기준법」 제57조에서 같은법 제56조의 야간·휴일·연장근로에 대하여 보상휴가제를 실시할 수 있다고 규정하고 있을 뿐 근로자의 날을 제외하

고 있지 않으므로 근로자의 날의 근로에 대하여 임금을 지급하는 것을 갈음하여 휴가를 부여할 수 있음(임금근로시간정책팀-2363, 2007.7.13)

• 근로자의 날은 휴일대체가 불가함
 - 근로자의 날은 법률로서 5월 1일을 특정하여 유급휴일로 정하고 있으므로 다른 날로 대체할 수 없다고 보아야 함(근기-829, 2004.2.19)

• 감시・단속적 근로자 등의 적용방법
 - 감시・단속적 근로자 등 에게도 근로자의 날은 보장됨
 - 감시・단속적 근로자를 포함한 「근로기준법」 제63조의 적용제외 근로자는 제4장과 제5장에서 정한 휴일에 관한 규정은 적용되지 않음
  * 농림, 축산, 수산업 종사자, 관리 감독업무 및 기밀취급자
  * 따라서 제63조의 적용제외 근로자가 휴일에 근로를 제공한다고 하더라도 휴일근로로 보지 않음
  * 다만, 근로자의 날은 「근로자의 날 제정에 관한 법률」에 의해 특정일을 기념하여 휴일로 규정하고 있으므로 제63조의 적용제외 근로자에게도 유급휴일로 보장(근기 01254-6550, 1991.5.9)
 - 감시・단속적 근로자 등 에게는 근로기준법상 보상휴가제는 적용되지 아니하나 당사자 합의로 실시 가능함
  * 「근로기준법」 제63조의 적용제외 근로자는 제4장과 제5장에서 정한 휴일에 관한 규정은 적용되지 않으므로 제57조의 보상휴가제도는 적용되지 않는 것임. 다만, 당사자간 합의로 제도를 도입하여 운영할 수는 있음
 - 통상 하루에 지급하는 임금을 추가 지급하여야 함
  * 「근로기준법」 제63조의 적용제외 근로자가 근로자의 날에 근로제공을 하지 않고 쉬더라도 통상 하루에 지급하는 소정임금을 추가로 지급하여야 함
  * 예) 1일 2교대 10시간(휴게 2시간 제외) 근무자 : 10시간분의 임금 지급

* 단, 격일제 근무자는 근무일 다음의 휴무일(비번일)은 전일의 근무를 전제로 주어지는 것이므로, 격일제 근무자에게 지급하여야 할 통상 하루의 소정임금은 근무일의 절반에 해당하는 근로시간의 소정임금으로 함*(임금근로시간정책팀-3961, 2006.12.27)
* 예) 24시간 격일제 근무자 : 근무일의 절반에 해당하는 12시간분의 임금 지급
* 만약, 제63조 적용제외 근로자가 격일제 근무 등을 이유로 근로자의 날 당일을 쉬지 못하고 근로를 제공한 경우라도 휴무자(비번자)와 동일하게 통상 하루의 소정임금을 추가로 지급하면 됨

4) 행정사항

• 이 지침과 배치되는 기존의 행정해석은 이 지침시행과 동시에 폐지함

(6) 연차유급휴가청구권 · 수당 · 미사용수당과 관련된 지침

임금근로시간정책팀-3295, 2007.11.5.

1) 개정배경

- 연차유급휴가를 사용하지 아니하고 퇴직한 경우의 연차유급휴가수당 지급범위에 대한 기존 행정해석과 대법원 판례(대판 2003다 48549, 48556, 2005.5.27)의 입장이 상이
  - 판례는 퇴직시 휴가를 사용할 수 있는 기간이 없었다 하더라도 유급으로 인정되는 연차휴가수당은 이와 상관없이 그대로 지급해야 한다고 보는 반면
  - 행정해석은 사용할 수 있는 기간이 없는 경우 이를 지급할 필요가 없다고 보아왔는 바, 이를 판례와 동일하게 변경함.
- 다만 퇴직함으로써 비로소 지급사유가 발생하는 연차유급휴가미사용수당이 「퇴직금 산정을 위한 평균임금 산정 기준임금」에 포함되지 않는다는 해석은 현행유지

2) 개념

가. 연차유급휴가청구권

- 연차유급휴가는 전년도에 계속 근로한 근로자에 대해 정신적 · 육체적 휴양을 통한 노동의 재생산 유지와 문화생활의 기회를 부여하기 위해 마련된 것임.
- 따라서 사용자는 근로자가 전년도에 8할 이상 출근한 경우에는 15일의 연차유급휴가를 부여하여야 하고 (근로기준법 제60조 제1항), 근로자는 전년도의 출근율에 따라 연차유급휴가청구권이 발생함.

나. 연차유급휴가수당 청구권

- 연차유급휴가수당청구권은 재직근로자가 전년도 근로 대가로 발생한 연차유급휴가를 사용할 경우 그 기간에 대하여 사용자에게 수당 지급을 요청할 수 있는 권리이며, 이와 같이 지급되는 연차유급휴가수당은 임금에 해당함 (근로기준법 제60조 제5항).

다. 연차유급휴가미사용수당 청구권

- 연차유급휴가미사용수당 청구권은 근로자가 전전년도의 근로의 대가로 발생한 연차유급휴가를 전년도에 사용하지 아니하고 근로를 제공한 경우 그 미사용 연차유급휴가일수에 해당하는 연차유급휴가미사용수당을 사용자에 대하여 청구할 수 있는 권리로서 연차유급휴가청구권이 소멸된 시점에 발생
  - 또한, 퇴직 등 근로관계가 종료되는 근로자가 이로 인해 사용하지 못하는 미사용 연차휴가일수에 해당하는 수당을 사용자에 대하여 청구할 수 있는 권리임.
- 다만 사용자가 근로기준법에 따른 연차유급휴가 사용촉진을 한 경우 연차유급휴가미사용수당 청구권이 소멸됨 (근로기준법 제61조).

[사용자의 연차유급휴가 사용촉진조치](근로기준법 제61조)

1. 연차유급휴가사용기간이 끝나기 3월전을 기준으로 10일 이내에 사용자가 근로자별로 미사용휴가일수를 알려주고, 근로자가 그 사용시기를 정하여 사용자에게 통보하도록 서면으로 촉구할 것
2. 위 촉구에 불구하고 근로자가 촉구를 받은 때부터 10일 이내에 미사용 휴가의 전부 또는 일부의 사용시기를 정하여 사용자에게 통보하지 아니한 경우 연차유급휴가사용기간이 끝나기 2월 전까지 사용자가 미사용휴가의 사용시기를 정하여 근로자에게 서면으로 통보할 것

3) 연차유급휴가(미사용)수당 지급시기 및 지급범위

가. 연차유급휴가수당

- 재직근로자의 경우 해당 근로자가 연차유급휴가를 사용할 경우 연차유급휴가수당을 지급하며, 그 범위는 취업규칙이나 그 밖의 정하는 바에 의한 통상임금 또는 평균임금으로 지급하여야 하며 (근로기준법 제60조 제5항)
  - 그 지급시기는 연차유급휴가를 주기 전 또는 준 직후의 임금지불일에 지급하여야 함 (근로기준법 시행령 제33조).

나. 연차유급휴가미사용수당

- 근로자가 전전년도 근로의 대가로 발생한 연차유급휴가를 전년도에 사용하지 아니하고 근로를 제공한 경우
  - 연차유급휴가청구권이 소멸된 다음날에 연차유급휴가미사용수당청구권이 발생
  - 이 경우 전년도에 사용하지 않고 근로를 제공한 연차유급휴가일수에 대하여 취업규칙이나 그 밖의 정하는 바에 의하여 통상임금 또는 평균임금을 지급하여야 함.
- 연차유급휴가미사용수당은 취업규칙 등으로 연차유급휴가청구권이 소멸된 날 이후 첫 임금 지급일에 지급하는 것으로 규정하여도 근로기준법 위반으로 볼 수 없음.
- 퇴직근로자의 경우 퇴직 전년도(예 : 2005년도) 출근율에 의하여 퇴직연도(예 : 2006년)에 발생한 연차유급휴가청구권이 근로관계가 종료됨에 따라 발생하며, 이 경우 사용자는 퇴직연도의 휴가사용가능일수에 상관없이 미사용한 연차휴가일수에 대하여 퇴직일로부터 14일 이내에 취업규칙이나 그 밖의 정하는 바에 의한 통상임금 또는 평균임금을 지급하여야 함.
- 연차유급휴가 산정 기산일은 개별근로자의 입사일 등 실제로 근로제공을 개시한

날이 되는 것이 원칙이나, 노무관리의 편의상 단체협약·취업규칙 등에 의하여 전 근로자에 대하여 일률적으로 회계년도를 기준으로 연차유급휴가를 산정하는 경우 연차유급휴가미사용수당청구권은 연차유급휴가 사용 가능년도 다음해의 첫날 발생함.

4) 연차유급휴가수당의 퇴직금 산정을 위한 평균임금 포함여부

가. 퇴직하기전 이미 발생한 연차유급휴가미사용수당

- 퇴직 전전년도 출근율에 의하여 퇴직 전년도에 발생한 연차유급휴가 중
  - 미사용하고 근로한 일수에 대한 연차유급휴가미사용수당액의 3/12을
  - 「퇴직금 산정을 위한 평균임금 산정 기준임금」에 포함.

나. 퇴직으로 인해 비로소 지급사유가 발생한 연차유급미사용수당

- 퇴직전년도 출근율에 의하여 퇴직년도에 발생한 연차유급휴가를 미사용하고 퇴직함으로써 비로소 지급사유가 발생한 연차유급휴가미사용수당은
  - 평균임금의 정의상 산정사유 발생일 이전에 그 근로자에 대하여 지급된 임금이 아니므로
  - 「퇴직금 산정을 위한 평균임금 산정 기준임금」에 포함되지 아니함.

5) 연차유급휴가의 대체

- 사용자는 근로자대표와의 서면합의에 의하여 연차유급휴가일에 갈음하여 특정근로일에 근로자를 휴무시킬 수 있음(근로기준법 제62조).
  - 여기서 특정근로일이라 함은 근로의무가 있는 소정근로일 중의 특정일을 의미함.

6) 기타 행정사항

- 기존의 행정해석 중 이 지침과 배치되는 행정해석은 이 지침 시행과 동시에 폐지함.
- 동 행정해석 변경 전에 사업주가 노동부 행정해석을 신뢰함으로써 임금 등의 미지급이 발생하였다면 근로기준법 제43조(임금지불) 또는 제36조(금품청산) 위반의 책임을 물을 수 없음.

(7) 평균임금산정 특례 고시

고용노동부고시 제2015-77호, 2015.10.14.

제1조(평균임금의 계산에서 제외되는 기간이 3개월 이상인 경우) ①「근로기준법 시행령」(이하 "영"이라 한다) 제2조제1항에 따라 평균임금의 계산에서 제외되는 기간이 3개월 이상인 경우 제외되는 기간의 최초일을 평균임금의 산정사유가 발생한 날로 보아 평균임금을 산정한다.

② 영 제5조는 제1항에 따라 평균임금을 산정할 때 이를 준용한다. 이 경우 영 제5조제1항 중 "부상 또는 질병이 발생한 달"은 "평균임금의 계산에서 제외되는 기간의 최초일이 속한 달"로 본다.

제2조(근로제공의 초일에 평균임금 산정사유가 발생한 경우) 근로를 제공한 첫 날(「근로기준법」 제35조제5호에 따라 수습기간 종료 후 첫 날을 포함한다)에 평균임금 산정사유가 발생한 경우에는 그 근로자에게 지급하기로 한 임금의 1일 평균액으로 평균임금을 추산한다.

제3조(임금이 근로자 2명 이상 일괄하여 지급되는 경우) 근로자 2명 이상을 1개조로 하여 임금을 일괄하여 지급하는 경우 개별 근로자에 대한 배분방법을 미리 정하지 않았다면 근로자의 경력, 생산실적, 실근로일수, 기술·기능, 책임, 배분에 관한 관행 등을 감안하여 근로자 1명당 임금액을 추정하여 그 금액으로 평균임금을 추산한다.

제4조(임금총액의 일부가 명확하지 아니한 경우) 평균임금의 산정기간 중에 지급된 임금의 일부를 확인할 수 없는 기간이 포함된 경우에는 그 기간을 빼고 남은 기간에 지급된 임금의 총액을 남은 기간의 총일수로 나눈 금액을 평균임금으로

본다.

제5조(임금총액의 전부가 명확하지 아니한 경우 등) 이 고시 제1조부터 제4조까지의 규정에 따라 평균임금을 산정할 수 없는 경우에는 지방고용노동관서장이 다음 각 호의 사항을 감안하여 적정하다고 결정한 금액을 해당 근로자의 평균임금으로 본다.

1. 해당 사업장이 있는 지역의 임금수준 및 물가사정에 관한 사항
2. 해당 근로자에 대한 「소득세법」 및 관련 법령에 따라 기재된 소득자별 근로소득원천징수부, 「국민연금법」·「국민건강보험법」·「고용보험법」에 따라 신고된 보수월액·소득월액·월평균임금 등에 관한 사항
3. 해당 사업장이 있는 지역의 업종과 규모가 동일하거나 유사한 사업장에서 해당 근로자와 동일한 직종에 종사한 근로자의 임금에 관한 사항
4. 해당 사업장의 근로제공기간 중에 받은 금품에 대하여 본인 또는 그 가족 등이 보유하고 있는 기록(이 경우 사업주가 인정하는 경우에만 한정한다) 등 증빙서류에 관한 사항
5. 고용노동부장관이 조사·발간하는 "고용형태별근로실태조사보고서" 및 "사업체노동력조사보고서" 등 고용노동통계에 관한 사항

제6조(재검토기한) 고용노동부장관은 이 고시에 대하여 2019년 1월 1일 기준으로 매 3년이 되는 시점(매 3년째의 12월 31일까지를 말한다)마다 그 타당성을 검토하여 개선 등의 조치를 하여야 한다.

5. 근로감독 시정지시서(예시)

[예시] 근로감독 시정지시서(1)

시 정 지 시 서

결재	근로감독관			

우 ○○○○○ ○○시 ○○구 전화 : 전송 : 담당자 :			
문서번호	노사상생지원과 -		
사업장명		대표자	
소 재 지			
위반법조항	시정지시내용		시정기한
근로기준법 제17조	근로계약을 체결할 때에 근로자에게 임금, 소정근로시간, 주휴일, 연차유급휴가 등 주요근로조건을 명시·교부하여야 하나, 근로자 ________의 근로계약서상 휴일에 관한 규정이 미비하므로 이를 보완하고 증빙자료(근로계약서 사본 등)를 제출하시기 바랍니다.		2022.12.29.
근로기준법 제93조	상시 10명 이상의 근로자를 사용하는 사용자는 근로기준법 제93조 각 호의 사항에 관한 취업규칙을 작성하여 고용노동부장관에게 신고(또는 변경신고)하여야 함에도 불구하고 귀사의 취업규칙이 변경되었음에도 미신고하였으므로 변경된 취업규칙을 신고하고 증빙자료(취업규칙 변경신고 접수증 등)를 제출하시기 바랍니다.		2023.01.13.

2022.12.14. 실시한 취약계층보호(여성분야-고용평등 및 모성보호) 결과 지적된 노동관계법 위반 사항에 대하여 위와 같이 시정 지시하니, 이시정지시서를 근로자가 잘 볼 수 있는 장소에 게시하시고, 시정결과와 게시 사실에 대한 증빙자료를 첨부하여 2023.01.13.까지 제출하시기 바랍니다.

2022. 12. 15.

[예시] 근로감독 시정지시서(2)

시 정 지 시 서

결재	근로감독관		

우 ○○○○○ ○○시 ○○구 전화 : 전송 : 담당자 :			
문서번호	광역근로감독과 -		
사업장명		대표자	
소 재 지			
위반법조항	시정지시내용		시정기한
근로기준법 제17조	근로계약을 체결할 때에 근로자에게 임금, 소정근로시간, 주휴일, 연차유급휴가 등 주요근로조건을 서면으로 명시하여야하나, 근로자 40명의 근로조건 일부(임금의 구성항목)를 서면으로 명시하지 않았으므로 이를 이행하고 증빙자료(근로계약서 사본 등)를 제출하시기 바랍니다.		2022.10.11.
근로자참여 및 협력증진에 관한 법률 제18조 제1항	________의 상시 근로자수가 30명 이상임에도 노사협의회 규정을 제출하지 않았으므로, 이를 제출하고 접수증을 제출하기 바랍니다.		2022.10.11.
파견근로자 보호 등에 관한 법률 제5조 제5항	일시적·간헐적으로 인력을 확보할 명백한 사유가 있는 경우에만 직접생산 제조업무에 파견근로자를 사용할 수 있음에도 일시적·간헐적 사유없이 제품 포장, 상품 운반 등 직접생산공정 업무에 파견근로자 2명을 사용하였으므로 위 파견근로자 2명을 직접고용하고 그 결과(근로계약서 사본, 4대보험 가입확인서 등)를 보고하시기 바랍니다.		2022.10.26.

2022.9.16. 비정규직(근로자파견_사용업체) 결과 지적된 노동관계법 위반사항에 대하여 위와 같이 시정지시하니, 이 시정지시서를 근로자가 잘 볼 수 있는 장소에 게시하시고, 시정 결과와 게시 사실에 대한 증빙자료를 첨부하여 2022.10.26.까지 제출하시기 바랍니다.

2022. 9. 22.

[예시] 근로감독 시정지시서(3)

시 정 지 시 서

결재	근로감독관		

우 ○○○○○ ○○시 ○○구 전화 : 전송 : 담당자 :

문서번호	근로개선지도1과 -		
사업장명		대표자	
소 재 지			

위반법조항	시정지시내용	시정기한
근로기준법 제17조 제1항	사용자는 근로자와 근로계약 체결 후 임금, 소정근로시간, 주휴일, 연차유급휴가 등을 변경하는 경우에 변경 사항을 명시하여야 하나, 재직 근로자 ______의 근로조건 변경사항을 서면으로 명시하지 않았으므로 이를 이행하고 증빙자료(근로계약서 사본)를 제출하시기 바랍니다.	2021.12.09.
근로기준법 제36조	사용자는 당사자 사이에 지급기일 연장에 관한 합의가 없는 한 퇴직일로부터 14일 이내에 임금 등 일체의 금품을 지급하여야 하나, 2021.9.1.자로 퇴직한 ______의 특근수당 320,260원등 10명의 수당 합계 5,807,870원을, 2021.9.11.자로 퇴직한 ______의 미사용연차수당 3,272,560원 등 2명의 수당 합계 6,639,440원을 지급하지 않았으므로 이를 지급하고 증빙자료(입금증)를 제출하여 주시기 바랍니다.	2021.12.13.
근로기준법 제43조 제1항	임금은 통화로 직접 근로자에게 그 전액을 매월 1회 이상 지급하여야 함에도 ______의 특근수당 2,093,520원 등 22명의 수당 합계 7,928,220원을 지급하지 않았으므로 이를 지급하고 증빙자료(이체 확인증 등)을 제출하시기 바랍니다.	2021.12.13.
근로기준법 제93조	상시 10명 이상의 근로자를 사용하는 사용자는 근로기준법 제93조 각 호의 사항에 관한 취업규칙을 작성하여 고용노동부장관에게 신고(또는 변경신고)하여야 함에도 불구하고 귀사는 취업규칙 변경사항을 미신고 하였으므로 취업규칙을 신고하고 증빙자료(접수증 등)를 제출하시기 바랍니다.	2021.12.17.

남녀고용평등과 일·가정 양립 지원에 관한 법률 제13조 제1항	사업주는 직장 내 성희롱을 예방하고 근로자가 안전한 근로환경에서 일할 수 있는 여건을 조성하기 위하여 직장 내 성희롱의 예방을 위한 교육을 연1회 이상 실시하여야 하나, 귀사에서는 20___년도에 대표 _______에 대하여 동 교육을 실시하지 않았음이 확인된 바, 추후 법 위반이 발생하지 않도록 개선하시기 바랍니다.	2021.12.13.
남녀고용평등과 일·가정 양립 지원에 관한 법률 제13조 제3항	사업주는 성희롱 예방 교육의 내용을 근로자가 자유롭게 열람할 수 있는 장소에 항상 게시하거나 갖추어 두어 근로자에게 널리 알려야 하나, 귀 사업장에서는 이를 이행하지 않은 사실이 확인되어 시정지시하오니 교육 자료 게시 후 증빙자료를 제출하시기 바랍니다.	2021.12.13
근로자퇴직급여 보장법 제9조	근로자가 퇴직한 날부터 14일 이내에 퇴직금을 지급하여야 하나, 당사자간 지급기일의 연장 합의 없이 근로자 _______의 퇴직금 116,930원 등 6명의 퇴직금 합계 1,056,850원을 지급하지 않았으므로, 이를 지급하고 증빙자료(이체확인증 등)를 제출하시기 바랍니다.	2021.12.13
근로자참여 및 협력증진에 관한 법률 제4조 제1항	상시 30명 이상의 근로자를 사용하는 사업이나 사업장은 근로조건에 대한 결정권이 있는 사업이나 사업장 단위로 노사협의를 설치해야 하나, 귀사에서는 노사협의회를 설치하니 않은 것이 확인되어 시정요구 하오니 시정기한까지 설치 후 입증자료(접수증)를 첨부하여 보고하시기 바랍니다.	2021.12.24
근로자참여 및 협력증진에 관한 법률 제12조 제1항	노사협의회는 3개월마다 정기적으로 회의를 개최하여야 하나, 귀사에서는 회의를 개최하지 않은 사실이 확인되어 시정요구하오니 시정기한까지 4/4분기 회의 개최 후 입증자료(회의록)를 첨부하여 보고하시기 바랍니다.	2021.12.24
근로자참여 및 협력증진에 관한 법률 제26조	상시 30명 이상의 근로자를 사용하는 모든 사업 또는 사업장에서는 근로자의 고충을 청취하고 이를 처리하기 위하여 고충처리위원을 두어야 하며, 고충처리대장을 비치해야하나, 고충처리위원을 미선임 한 사실이 확인되어 시정요구하오니 고충처리위원을 법규정에 따라 선임하시고, 고충처리대장을 만들어 그 결과를 제출하시기 바랍니다.	2021.12.24

2021.10.28. 실시한 종합예방점검(여성 다수 고용사업장) 결과 지적된 노동관계법 위반 사항에 대하여 위와 같이 시정 지시하니, 이 시정지시서를 근로자가 잘 볼 수 있는 장소에 게시하시고, 시정 결과와 게시 사실에 대한 증빙자료를 첨부하여 2021.12.24.까지 제출하시기 바랍니다.

2021. 11. 22.

[예시] 근로감독 시정지시서(4)

시 정 지 시 서

결재	근로감독관			

우 ○○○○○ ○○시 ○○구 전화 : 전송 : 담당자 :			
문서번호	광역근로감독과 -		
사업장명		대표자	
소 재 지			
위반법조항	시정지시내용		시정기한
근로기준법 제17조 제1항	근로계약을 체결할 때에 근로자에게 임금, 소정근로시간, 주휴일, 연차유급휴가 등 주요 근로조건을 명시·교부하여야 하나, 근로자 ________의 휴게시간 항목을 서면으로 명시·교부하지 않았으므로 이를 이행하고 증빙자료 (근로계약서 사본)를 제출하시기 바랍니다.		2021.11.12.
근로기준법 제41조	근로자의 성명, 생년월일, 이력 등이 포함된 근로자 명부를 작성하여야 하나, 근로자 ________의 근로자 명부를 작성하지 않았으므로 이를 이행하고 증빙자료(근로자 명부 사본)를 제출하시기 바랍니다.		2021.11.12.
근로기준법 제93조	상시 10명 이상의 근로자를 사용하는 사용자는 근로기준법 제93조 각 호의 사항에 관한 취업규칙을 작성하여 고용노동부장관에게 신고(또는 변경신고)하여야 함에도 불구하고 귀사의 취업규칙에 배우자 출산휴가 등 법 개정사항을 반영하여 변경신고 하지 않았으므로 취업규칙을 변경 작성하여 신고하고 증빙자료(취업규칙 (변경)신고 접수증)를 제출하시기 바랍니다.		2021.11.23.

최저임금법 제11조	최저임금의 적용을 받는 사용자는 대통령령으로 정하는 바에 따라 해당 최저임금을 그 사업의 근로자가 쉽게 볼 수 있는 장소에 게시하거나 그 외의 적당한 방법으로 근로자에게 널리 알려야 함에도 불구하고 최저임금 주지의무를 위반하였으므로 이를 이행하고 증빙자료(게시사진)를 제출하여 주시기 바랍니다.	2021.11.05.
남녀고용평등과 일·가정 양립 지원에 관한 법률 제13조 제3항	사업주는 성희롱 예방 교육의 내용을 근로자가 자유롭게 열람할 수 있는 장소에 항상 게시하거나 갖추어 두어 근로자에게 널리 알려야 함에도 게시의무를 위반하였으므로 이를 이행하고 증빙자료(게시사진)을 제출하여주시기 바랍니다.	2021.11.12.
근로자참여 및 협력증진에 관한 법률 제18조 제1항	노사협의회는 그 조직과 운영에 관한 규정(이하 "협의회규정"이라 한다)을 제정하고 협의회를 설치한 날부터 15일 이내에 고용노동부장관에게 제출하여야 한다. 이를 변경한 경우에도 또한 같다. 그럼에도 불구하고 근로자위원에 관한 사항을 변경하여 신고하지 않았으므로 협의회 규정을 변경 신고하고 증빙자료(변경 신고 접수증)를 제출하시기 바랍니다.	2021.11.12.

2021.10.29. 실시한 수시감독(일반) 결과 지적된 노동관계법 위반 사항에 대하여 위와 같이 시정 지시하니, 이 시정지시서를 근로자가 잘 볼 수 있는 장소에 게시하시고, 시정 결과와 게시 사실에 대한 증빙자료를 첨부하여 위 시정기한까지 제출하시기 바랍니다.

2021. 11. 1.

[예시] 근로감독 시정지시서(5)

시 정 지 시 서

결재	근로감독관			

우 ○○○○○ ○○시 ○○구 전화 : 전송 : 담당자 :

문서번호	근로개선지도1과 -		
사업장명		대표자	
소 재 지			

위반법조항	시정지시내용	시정기한
근로기준법 제93조	상시 10명 이상의 근로자를 사용하는 사용자는 근로기준법 제93조 각 호의 사항에 관한 취업규칙을 작성하여 고용노동부장관에게 신고(또는 변경신고)하여야 함에도, - 귀사의 취업규칙상 육아휴직 등 일부규정이 현행 법령에 미달하므로 취업규칙을 변경하여 신고하고 증빙자료(취업규칙 변경신고 접수증 등)를 제출하시기 바랍니다.	2019.10.29.
근로기준법 제36조	사용자는 당사자 사이에 지급기일 연장에 관한 합의가 없는 한 퇴직일로부터 14일 이내에 임금 등 일체의 금품을 지급하여야하나, - 시간외근로에 대한 가산수당 미지급으로 퇴직근로자 11명에게 수당 합계 7,341,540원 과소지급한 바, 이를 지급하고 증빙자료(입금증 또는 지급확인서 등)를 제출하여 주시기 바랍니다.	2019.10.18.
근로기준법 제43조 제2항	임금은 통화로 직접 근로자에게 그 전액을 매월1회 이상 지급하여야 함에도, - 시간외근로에 대한 가산수당 미지급으로 재직근로자 33명에게 수당 합계 60,066,510원 과소지급한 바, 이를 지급하시고 증빙자료(이체 확인증 등)를 제출하여 주시기 바랍니다.	2019.10.18.

근로자퇴직급여 보장법 제20조 제5항	매년 1회 이상 부담금을 정기 납입하여야 하나, - 당사자간 지급기일 연장의 합의 없이 퇴직자 ________등 7명에게 부담금 등 합계 661,000원 과소 납입한바, 이를 납입하고 증빙자료(이체확인증 등)를 제출하시기 바랍니다. *재직자에 대하여도 부담금 및 지연이자 납입하여야 함	2019.10.18.
근로기준법 제17조 제2항	근로계약을 체결할 때에 근로자에게 임금, 소정근로시간, 주휴일, 연차유급휴가 등 주요 근로조건을 명시·교부하여야 하나, - _______과 근로계약 시 근로장소, 담당업무에 대해 특정하지 않고, 임금도 총액만 명시한바, 이를 변경하고 증빙자료(근로계약서 사본 등)를 제출하시기 바랍니다.	2019.10.18.
남녀고용평등과 일·가정 양립 지원에 관한 법률 제 13조 제1항	매년 1회 이상 직장 내 성희롱 예방을 위한 교육을 실시하여야 함에도, - 일부 근로자에 대해 2018년도 성희롱 예방교육을 실시하지 아니 하였으므로, 이를 실시하고 증빙자료(교육자료, 참석자명단 등)를 제출하시기 바랍니다.	2019.10.25.
남녀고용평등과 일·가정 양립 지원에 관한 법률 제 13조 제3항	사업주는 성희롱 예방 교육의 내용을 근로자가 자유롭게 열람할 수 있는 장소에 항상 게시하거나 갖추어 두어 근로자에게 널리 알려야 함에도, - 성희롱 예방교육 자료를 게시하지 아니한바, 이를 이행하고 증빙자료(게시 사진 등)를 제출하기 바랍니다.	2019.10.18.

2019.9.23. 실시한 사업장 감독 결과 지적된 노동관계법 위반 사항에 대하여 위와 같이 시정 지시하니, 이 시정지시서를 근로자가 잘 볼 수 있는 장소에 게시하시고, 시정 결과와 게시 사실에 대한 증빙자료를 첨부하여 2019.11.29.까지 제출하시기 바랍니다.

2019. 10. 5.

[예시] 근로감독 시정지시서(6)

시 정 지 시 서

결재	근로감독관	과장		

우 ○○○○○ ○○도 ○○○시 전화 : 전송 :
담당부서 : 근로개선지도1과 담당자 : 근로감독관

문서번호	근로개선지도1과 -		
사업장명		대표자	
소 재 지	○○도		
위반법조항	시정지시내용		시정기한
근로기준법 제36조	퇴사자 ____연차휴가 지급 차액분 ________원을 지급하고 그 결과를 제출하시기 바랍니다.		2019.06.07
근로기준법 제93조	취업규칙 규정 내용 중 최근 개정된 법제도, 예컨대 해고예고, 직장 내 괴롭힘, 연차휴가 등을 반영하여 개정하고 그 결과를 제출하시기 바랍니다.		2019.06.07
최저임금법 제6조 제1항	사업장 내 근로자들이 쉽게 볼 수 있는 장소에 2019년도 최저임금 내용을 게시하고 그 결과를 제출하시기 바랍니다.		2019.06.07
근로자퇴직급여 보장법 제9조	퇴사자 ____의 연차유급휴가 미지급분 _____원을 반영하여 퇴직금을 다시 산정된 퇴직금 차액분 _____원을 추가 지급하고 그 결과를 제출하시기 바랍니다.		2019.06.07
남녀고용평등과 일·가정 양립 지원에 관한 법률 제13조 제1항	2019년도 직장 내 성희롱 예방교육을 실시하고 그 결과를 제출하시기 바랍니다.		2019.06.07
근로자참여 및 협력증진에 관한 법률 제12조 제1항	2019년도 2분기 노사협의회를 개최하고 그 결과를 제출하시기 바랍니다.		2019.06.07

2019. 5. 2. 실시한 지방관서 자체(수시) 결과 지적된 노동관계법 위반 사항에 대하여 위와 같이 지정 지시하니, 이 시정지시서를 근로자가 잘 볼 수 있는 장소에 게시하시고, 시정 결과와 게시 사실에 대한 증빙자료를 첨부하여 2019. 6. 7까지 제출하시기 바랍니다.

2019. 5. 3.

[예시] 근로감독 시정지시서(7)

시 정 지 시 서

결재	근로감독관		

우 ○○○○○ ○○시 ○○구 전화 : 전송 : 담당자 :		
문서번호	근로개선지도1과 -	
사업장명		대표자
소 재 지		
위반법조항	시정지시내용	시정기한
근로기준법 제93조	별지 취업규칙 시정사항을 반영하여 취업규칙을 변경 신고하고 증빙자료 제출	2019.5.21.
최저임금법 제11조	최저임금에 관한 사항을 근로자가 쉽게 볼 수 있는 장소에 게시하거나 그 외의 적당한 방법으로 근로자에게 널리 알리고 증빙자료 제출	2019.4.24.
남녀고용평등과 일·가정 양립 지원에 관한 법률 제 13조 제1항	재직 근로자 ____, ____, ____, ____, ____ 등 5명에게 직장 내 성희롱 예방교육을 실시하고 증빙자료 제출	2019.5.21.

2019.4.10. 실시한 비정규직 정기감독(사용사업체) 결과 지적된 노동관계법 위반 사항에 대하여 위와 같이 시정 지시하니, 이 시정지시서를 근로자가 잘 볼 수 있는 장소에 게시하시고, 시정 결과와 게시 사실에 대한 증빙자료를 첨부하여 2019.5.21.까지 제출하시기 바랍니다.

2019. 4. 14.

[예시] 근로감독 시정지시서(8)

시 정 지 시 서

결재	팀장	과장		

우 ○○○○○ ○○시 ○○구 전화 : 전송 :
담당부서 : 노사상생지원과 담당자 : 근로감독관 ○ ○ ○

문서번호	노사상생지원과 -		
사업장명		대표자	
소 재 지	○○시		
위반법조항	시정지시내용		시정기한
근로기준법 제93조	법령개정 등에 의하여 법령 기준에 미달하는 취업규칙 내용에 대하여 필요적 기재사항을 포함하여 법령에 부합하도록 변경한 후 과반수 근로자의 의견청취 또는 동의(불이익변경시) 자료 등을 첨부하여 변경 신고하고, 그 관련 자료(접수증 등)를 제출하시기 바랍니다.		2018.12.24.
기간제 및 단시간근로자 보호 등에 관한 법률 제8조 제1항	사용자는 기간제근로자임을 이유로 당해 사업 또는 사업장에서 동종 또는 유사한 업무에 종사하는 기간의 정함이 없는 근로계약을 체결한 근로자에 비하여 차별적 처우를 하여서는 아니 되나, 합리적 이유없이 ○○부, ○○부 정규직 근로자와 동종 또는 유사업무를 수행하는 기간제 근로자 ○○○등 99명에 대하여 식비(월 10만원)을 차별하여 차별금품 합계 100,099,829원을 미지급하고 있으므로 이를 개선ㆍ지급하고 그 증빙자료(개별지급내역, 지급품의서 등)를 제출하여 주시기 바랍니다. ※ 개별내역 별첨		2018.12.24

2018. 11. 23. 실시한 장시간 근로 감독 결과 지적된 노동관계법 위반 사항에 대하여 위와 같이 시정 지시하니, 이 시정지시서를 근로자가 잘 볼 수 있는 장소에 게시하고, 시정 결과와 게시 사실에 대한 증빙자료(회사 시정조치결과 공문에 첨부)를 첨부하여 2018. 12. 24. 까지 제출하시기 바랍니다.

2018. 11. 30.

[예시] 근로감독 시정지시서(9)

시 정 지 시 서

결재	근로감독관	팀장	과장	

우 ○○○○○ ○○시 ○○구 　　　　전화 : 　　　전송 :
담당부서 : 노사상생지원과 　　　　담당자 : 근로감독관 ○ ○ ○

문서번호	노사상생지원과 -		
사업장명		대표자	
소 재 지	○○시		
위반법조항	시정지시내용		시정기한
근로기준법 제48조	사용자는 각 사업장별로 임금대장을 작성하고 임금 계산의 기초가 되는 사항, 임금액, 그밖에 대통령령으로 정하는 사항(근로일수, 근로시간 등)을 임금을 지급할 때마다 적어야 하나, 귀사는 동 대장에 근무일수, 근로시간을 작성하지 아니한바, 이를 시정하고 그 결과(임금대장 등)를 제출하여 주시기 바랍니다.		2018. 12.24.
근로기준법 제70조 제1항	사용자는 18세 이상 여성을 오후 10시부터 오전 6시까지의 시간에 근로시키려면 그 근로자의 동의를 받아야 하나, 귀사는 ○○○에 대하여 합의없이 야간 근로를 실시한 바, 이를 시정하고 그 결과(야간근로 동의서)를 제출하여 주시기 바랍니다.		2018. 12.24
근로기준법 제93조	상시 10명 이상의 근로자를 사용하는 사용자는 취업규칙을 작성하여 관할 고용노동관서에 신고하여야 하며 변경하는 경우에도 또한 동일하나, 귀사는 취업규칙 변경 신고(연차규정 개정사항 등)를 하지 아니한 사실이 확인 된 바 이를 시정하고 그 결과(취업규칙 사본, 접수증 등)를 제출하여 주시기 바랍니다.		2019. 01.17
기간제 및 단시간 근로자 보호 등에 관한 법률 제8조 제1항	사용자는 기간제근로자임을 이유로 당해 사업 또는 사업장에서 동종 또는 유사한 업무에 종사하는 기간의 정함이 없는 근로계약을 체결한 근로자에 비하여 차별적 처우를 하여서는 아니되나, 귀사는 2018년부터 시행한 학자금 지원 규정 적용대상에 단시간 근로자를 배제함으로써 단시간 근로자 ______의 중학교 1학년 자녀에 대한 200,000원 지원액이 미지급되었으므로 이를 시정하고 그 결과(학자금 규정, 이체증)를 제출하여 주시기 바랍니다.		2019. 01.17

2018. 11. 8. 실시한 지방관서 자체 결과 지적된 노동관계법 위반 사항에 대하여 위와 같이 시정 지시하니, 이 시정지시서를 근로자가 잘 볼 수 있는 장소에 게시하고, 시정 결과와 게시 사실에 대한 증빙자료를 첨부하여 2019. 1. 17. 까지 제출하시기 바랍니다.

2018. 12. 13.

[예시] 근로감독 시정지시서(10)

시 정 지 시 서

결재	근로감독관	과장		

우 ○○○○○ ○○시 ○○구 전화 :
근로감독관 전송 :

문서번호	광역근로감독관 -		
사업장명		대표자	
소 재 지	○○시		

위반법조항	시정지시내용	시정기한
근로기준법 제41조	근로자의 성명, 생년월일, 이력 등이 포함된 근로자 명부를 작성하여야 함에도 불구하고, ○○○ 등 근로자 14명의 근로자 명부를 작성하지 않았고, ○○○ 등 근로자 18명의 근로자 명부상 종사업무를 누락하였으나, 이를 현장 즉시 시정 완료하였으나 향후 동일한 위반사례가 발생하지 않도록 하시기 바랍니다.	2017. 4.4.
근로기준법 제42조	근로자 명부와 대통령령으로 정하는 근로계약에 관한 중요한 서류를 3년간 보존하여야 함에도 불구하고, 근로시간 등 임금계산의 기초에 관한 서류에 대하여 보존하지 않았으므로 이를 이행하고 관련 증빙자료(근태서류 등)를 제출하시기 바랍니다.	2017. 4.4.
근로기준법 제48조	사용자는 각 사업장별로 임금대장을 작성하고 임금과 가족수당 계산의 기초가 되는 사항, 임금액, 그 밖에 대통령령으로 정하는 사항을 임금을 지급할 때마다 근로자 개인별로 적어야 함에도 불구하고 임금대장에 근로일수, 근로시간, 연장·야간·휴일근로의 시간수 등을 미기재하였으므로 이를 기재하고 관련 증빙자료(임금대장 사본 등)을 제출하시기 바랍니다.	2017. 4.4.
근로기준법 제93조	상시 10명 이상의 근로자를 사용하는 사용자는 근로기준법 제93조 각 호의 사항에 관한 취업규칙을 작성하여 고용노동부장관에게 신고하여야 하고, 이를 변경하는 경우에도 또한 같음에도 불구하고 2014.1.1. 변경된 취업규칙을 미신고하였으므로, 이를 관할 지방 고용노동관서(○○지방고용노동청)에 신고하고 관련 증빙자료(접수증 등)를 제출하시기 바랍니다.	2017. 4.28.
근로자참여 및 협력 증진에 관한 법률 제8조 제1항	노사협의회는 그 조직과 운영에 관한 규정을 제정하고 협의회를 설치한 날부터 15일 이내에 고용노동부장관에게 제출하여야 하며 이를 변경한 경우에도 또한 같음에도 불구하고 2015.2.1. 제정된 노사협의회 규정을 제출하지 아니하였으므로, 이를 관할 지방고용노동관서(○○지방고용노동청)에 제출하고 관련 증빙자료(접수증 등)을 제출하시기 바랍니다.	2017. 4.13.

2017. 3. 24. 실시한 반복·상습체불사업장 감독 결과 지적된 노동관계법 위반 사항에 대하여 위와 같이 시정 지시하니, 이 시정지시서를 근로자가 잘 볼 수 있는 장소에 게시하시고, 시정결과와 게시 사실에 대한 증빙자료를 첨부하여 2017. 4. 28 까지 보고하시기 바랍니다.

2017. 3. 24.

[예시] 근로감독 시정지시서(11)

시 정 지 시 서

결재	근로감독관	과장		

우 ○○○○○ ○○시 ○○구	전화 :	전송 :

문서번호	노사상생지원과 -		
사업장명		대표자	
소 재 지	○○시		

위반법조항	시정지시내용	시정기한
근로기준법 제17조 제1항	_____과 기간의 정함이 없는 근로계약을 체결하면서 근로기준법 제17조의 서면 명시사항 중 일부를 누락 하였으므로, 이를 명시(근로계약서 재작성 또는 보완)하여 근로자에게 교부하시고, 근로계약서 사본을 제출하여 주시기 바랍니다.	2016. 11.18.
기간제법 제17조	_____(2016.10.27. 퇴직)과 기간의 정함이 있는 근로계약을 체결하면서 '종사업무'를 기재하지 않았으며, 이에 대하여는 과태료를 부과할 예정입니다.	-
근로기준법 제60조 제2항	아르바이트(시급제) 근로자에게 연차유급휴가를 부여하지 않은 바, 2016.11.11.현재 재직 중인 아르바이트 근로자의 연차휴가대장을 작성하여 제출하여 주시기 바랍니다. ※ 퇴직한 아르바이트 근로자의 연차유급휴가 및 미사용수당 내역은 2016.11.4.제출하였으므로, 퇴직자는 작성하지 않아도 됨.	2016. 11.23
근로기준법 제36조	퇴직한 아르바이트(시급제) 근로자 34명에게 연차유급휴가 미사용수당 3,279,525원을 지급하시고, 입금증 등 증빙자료를 제출하여 주시기 바랍니다. ※ 근로자별 미지급 금액은 2016.11.4. 제출한「아르바이트 근로자 연차유급휴가 및 미사용 수당지급내역」참고하시기 바람.	2016. 11.23
근로기준법 제56조	영업점 근로자 36명에게 야간근로 및 휴일근로에 대한 가산수당 1,391,231원을 지급하시고, 입금증 등 증빙자료를 제출하여 주시기 바랍니다. ※ 근로자별 미지급 금액은 2016.11.4. 제출한「연장근로 수당 조정 지급 세무내역서」참고하시기 바람.	2016. 11.23
기간제 및 단시간근로자 보호 등에 관한 법률 제8조제1항	영업점의 정규직 근로자(1일 8시간 근로)와 동종 유사한 업무를 수행하는 아르바이트 근로자(기간제·시급제, 1일 8시간 근로) 5명에게 후생수당(식대) 750,481원을 지급하시고, 입금증 등 증빙자료를 제출하여 주시기 바랍니다. ※ ○○○ 334,513원, ○○○ 196,774원, ○○○ 100,000원, ○○○ 100,000원, ○○○ 19,194원	2016. 11.23

2016. 10. 28. 실시한 관서별 취약사업장 지도점검결과 지적된 노동관계법 위반 사항에 대하여 위와 같이 시정 지시하니, 이 시정지시서를 근로자가 잘 볼 수 있는 장소에 게시하고, 시정결과와 게시 사실에 대한 증빙자료를 첨부하여 2016. 11. 30 까지 보고하시기 바랍니다.

2016. 11. 11.

[예시] 근로감독 시정지시서(12)

시 정 지 시 서

결재	팀장	과장		

우 ○○○○○ ○○시 ○○구
전화 : 전송 : 근로감독관

문서번호			
사업장명		대표자	
소 재 지			
위반법조항	시정지시내용		시정기한
근로기준법 제17조 제1항	근로자 _____, _____, _____, _____, _____ 등 5명에 대해 근로계약서에 퇴직급여에 관한 사항을 명시하고 그 결과를 증빙자료 첨부하여 기한내 제출하시기 바랍니다.		2015.08.17.
최저임금법 제11조	2015년도 최저임금을 근로자가 쉽게 볼 수 있는 장소에 게시하고 그 결과를 증빙자료 첨부하여 기한내 제출하시기 바랍니다.		2015.08.10.
남녀고용평등과 일·가정 양립 지원에 관한 법률 제13조 제1항	근로자 _____등 27명에 대해 성희롱 예방교육을 실시하고 그 결과를 증빙자료 첨부하여 기한내 제출하시기 바랍니다.		2015.08.28
근로자참여 및 협력증진에 관한 법률 시행령 제9조	근로자 고충을 처리하기 위한 고충처리위원을 선임하고 고충처리대장을 작성하여 그 결과를 증빙자료 첨부하여 기한내 제출하시기 바랍니다.		2015.08.28

2015.7.29. 실시한 지역별 취약사업장 점검결과 지적된 노동관계법 위반 사항에 대하여 위와 같이 시정 지시하니, 이 시정지시서를 근로자가 잘 볼 수 있는 장소에 게시하시고, 시정 결과와 게시 사실에 대한 증빙자료를 첨부하여 각 시정지시 기한내에 보고하시기 바랍니다.

2015. 08. 03.

[예시] 근로감독 시정지시서(13)

시 정 지 시 서

결재	근로감독관	과장		

우 ○○○○○ ○○시 ○○구	전화 :	전송 :	근로감독관 :
문서번호			
사업장명		대표자	
소 재 지			

위반법조항	시정지시내용	시정기한
근로기준법 제93조	육아휴직 등 취업규칙 관련규정을 현행법에 맞게 변경하시고 시정기일까지 변경신고 하고 이를 증빙하는 서면(변경신고 접수증 등 사본)을 제출하실 것	2015. 7.31
남녀고용평등법 제13조제1항	2014년 성희롱 예방교육시 일부근로자(3명)가 교육을 미수료하였으므로 조속히 실시하시고 시정기일까지 교육을 했음을 증빙할 수 있는 자료(교육일자, 교육사진, 교육자료, 참석자 명부 사본 등)를 제출하실 것	2015. 7.31
근로기준법 제17조	근로자 _____과의 근로계약서에 연장근로시간 등 임금의 기초가 되는 사항을 명시하고 시정기일까지 수정근로계약서 사본을 제출하실 것	2015. 7.31
근로기준법 제36조	퇴직근로자 _____에게 2013년 연차휴가미사용수당 284,912원, 근로자 _____에게 2013년 연차휴가미사용수당 697,845원을 지급하시고 시정기일까지 입금증 등 시정을 증빙하는 자료를 제출하실 것	2015. 8.7
근로기준법 제43조	재직근로자 4명에게 2013년 연차휴가미사용수당을 각각 지급하고 시정기일까지 지급을 증빙할 수 있는 자료(입금증 등)를 제출하실 것 (_____에게 176,852원, _____에게 145,011원, _____에게 292,954원, _______에게 66,659원)	2015. 8.7
근로자참여 및 협력증진에 관한 법률 제12조제1항	노사협의회는 3개월마다 정기적으로 개최하여야 함에도 2014년 3,4분기에 노사협의회 정기회를 개최한 사실이 없으므로 조속히 개최하시고 시정기일까지 그 개최를 증빙할 수 있는 자료(회의록 사본, 회의사진 등)를 제출하실 것	2015. 8.7
퇴직급여보장법 제9조	근로자 ______에게 퇴직일로부터 14일이 경과된 이후 퇴직금을 지급한 사실이 있으므로 향후 이러한 사실이 재발하지 않도록 확인서 등 재발을 방지할 수 있는 서류를 제출하실 것	2015. 7.31
근로기준법 제48조	관리직 임금대장에 근로시간, 연장근로시간, 수당 등 임금의 내역별 금액이 미기재 되어 있으므로 이를 수정하시고 그 증빙자료로 2015년 6월 반드시 임금대장 사본을 제출하실 것	2015. 8.7

2015.7.15 실시한 여성 다수 고용 사업장 감독 결과 지적된 노동관계법 위반 사항에 대하여 위와 같이 시정 지시하니, 이 시정지시서를 근로자가 잘 볼 수 있는 장소에 게시하시고, 시정 결과와 게시 사실에 대한 증빙자료를 첨부하여 2015.8.7.까지 보고하시기 바랍니다.

2015. 07. 20.

[예시] 근로감독 시정지시서(14)

시 정 지 시 서

결재	근로감독관	과장		

우 ○○○○○ ○○시 ○○구	전화 : 전송 : 담당자 :	
문서번호	근로개선지도-	
사업장명	대표자	
소 재 지		
위반법조항	시정지시내용	시정기한
파견근로자 보호 등에 관한 법률 제7조 제3항	사용사업주는 고용노동부장관의 허가를 받지 않고 근로자파견사업을 행하는 자로부터 근로자파견의 역무를 제공 받아서는 아니됨에도 근로자파견사업 허가를 받지 않은 ______ 등 5개 업체로부터 근로자 59명을 파견받아 사용하여 동법을 위반한바 불법파견받아 사용한 근로자 39명(명단별첨)을 직접 고용하시기 바람 ※ 외국인고용허가를 받지 않고 사용할 수 없는 외국인근로자(H2) 20명에 대해서는 「외국인근로자의고용등에관한법률」에 따라 조치	2013. 8.5
근로기준법 제36조	사용자는 근로자가 퇴직한 경우에는 퇴직일로부터 14일 이내에 임금 등 일체의 금품을 지급하여야 함에도 퇴직근로자 _____ 등 9명에게 2013년 5월분 임금 합계 10,189,220원(개인별내역 별첨)을 미지급하여 동법을 위반한 바 해당 근로자에게 미지급 임금을 지급하시기 바람	2013. 8.5
근로기준법 제43조	임금은 매월 임금정기지급일에 그 전액을 지급하여야 함에도 재직 근로자 ______ 등 18명에게 2013년 5월분 임금 합계 49,273,930원(개인별내역 별첨)을 미지급하여 동법을 위반한바 해당 근로자에게 미지급 임금을 지급하시기 바람	2013. 8.5
근로기준법 제56조	임금지급시 직책·직무수당을 통상임금에서 제외하고 산정하여 지급함으로써 ______ 등 근로자 57명에게 최근 1년간 연장·야간근로수당(가산금 포함) 차액분 합계 22,488,480원(개인별내역 별첨)을 미지급하여 동법을 위반한 바 해당 근로자에게 미지급한 차액분을 지급하시기 바람	2013. 8.5
퇴직급여 보장법 제9조	사용자는 근로자가 퇴직한 경우에는 퇴직일로부터 14일 이내에 퇴직금을 지급하여야 함에도 퇴직근로자 _______ 등 13명에게 퇴직금 합계 39,299,949원(개인별내역 별첨)을 미지급하여 동법을 위반한 바 해당 근로자에게 미지급 퇴직금을 지급하시기 바람	2013. 8.5
근로기준법 제93조	근로시간 등 근로계약과 불일치한 내용, 기타 개정된 노동관계법령등을 반영하여 취업규칙을 변경 작성한 후 우리지청에 신고하시기 바람 (근로자 과반수의 의견을 들어야 하며, 근로자에게 불리하게 변경하는 경우에는 그 동의를 받아야 함)	2013. 8.5
남녀고용 평등법 제13조제1항	상시근로자 10명 이상임에도 직장 내 성희롱 예방 교육을 최근 1년 이내에 실시하지 않은 것으로 확인된 바, 성희롱 예방 교육을 실시하시기 바람(연1회 실시하여야 함)	2013. 8.5

2013.6.17~18 및 6.21 실시한 불법파견 의심사업장 수시감독 결과 지적된 노동관계법 위반 사항에 대하여 위와 같이 시정 지시하니, 이 시정지시서를 근로자가 잘 볼 수 있는 장소에 게시하시고, 시정 결과와 게시 사실에 대한 증빙자료를 첨부하여 ________까지 보고하시기 바랍니다.

김복수(金福洙)

- **노무법인 예담HR컨설팅 대표 공인노무사**
- 한화그룹(한화갤러리아)에서 근무(1998~2007)하면서 인사·조직 업무를 수행하였고 2008년부터 현재까지 노무법인 예담HR컨설팅의 대표 공인노무사로 활동하고 있다. 약 20년간의 인사·조직·노사관계 업무 경험을 바탕으로 강의, 코칭, 컨설팅 등의 업무를 수행하고 있다. HR과 노동법을 통합한 인사노무관리를 통하여 '기업의 건강한 성장과 직원의 행복을 돕는 일'을 비전(vision)으로 삼고 일하고 있다.
- **학력사항**
  - 중앙대학교 대학원 경영학과 졸업
(경영학 석사, 인사/조직 전공)
  - 중앙대학교 경영대학 경영학과 졸업
- **경력사항**
  - 現. 노무법인 예담HR컨설팅 대표 공인노무사
(2008~현재)
  - 現. 예담 인사평가연구소 소장
  - 現. 중앙경제 HR교육원 교수
  - 現. KPC 한국생산성본부 교수
  - 現. 노동법률 편집위원
  - 前. 한화그룹[한화갤러리아] 근무(1998~2007)
  - 前. KPC 한국생산성본부 책임컨설턴트
  - 前. HRM전문가 인증 출제위원
- **저서**
  - 스토리텔링 인사노무관리[노동법편](개정판, 2021)
- 김복수 · 정호영 공저, 중앙경제 -
  - 스토리텔링 인사노무관리[HR편](2020)
- 중앙경제 -
  - 노동법 좀 아는 리더(2022)
- 중앙경제 -
- boksoo.kim@hryedam.co.kr
- https://blog.naver.com/yedamkbs

정호영(鄭昊榮)

- **노무법인 예담HR컨설팅 부대표 공인노무사**
- 노동법 전문성에 기반하여 HR이슈의 실무적 대안 제시에 강점을 가지고 있다. 대기업과 중견기업, 공공기관 및 제조업, 화학, 서비스업, 금융업 등 다양한 분야의 HR컨설팅과 코칭, 교육을 통해 회사의 지속적 성장을 돕고 있다. 동반자로 생각하는 김복수 대표 노무사와 노무법인 예담HR컨설팅에서 하나의 비전(vision)을 품고 '기업의 건강한 성장과 직원이 행복을 돕는 일'에 열심히 매진하고 있다.
- **학력사항**
  - 고려대학교 대학원 법학과 졸업
(법학 석사, 노동법 전공)
  - 국립 부경대학교 법학과 졸업
- **경력사항**
  - 現. 노무법인 예담HR컨설팅 부대표 공인노무사
(2008~현재)
  - 現. 중앙경제 HR교육원 교수
  - 現. KPC 한국생산성본부 교수
  - 前. KPC 한국생산성본부 책임컨설턴트
  - 前. 월간 노동법률 칼럼니스트
- **저서**
  - 스토리텔링 인사노무관리[노동법편](개정판, 2021)
- 김복수 · 정호영 공저, 중앙경제 -
- hoyoung.jung@hryedam.co.kr
- https://blog.naver.com/horay9979